# 安徽
# 调查年鉴

ANHUI SURVEY YEARBOOK

2015

国家统计局安徽调查总队 编

全国百佳图书出版单位
APGTIME 时代出版
时代出版传媒股份有限公司
安徽人民出版社

# 编 辑 委 员 会

# Editorial Board

# 编 辑 说 明

一、《安徽调查年鉴2015》由国家统计局安徽调查总队首次独立编辑出版，是一部全面反映安徽省农村社会经济、城市社会经济、企业发展情况的资料性年刊。本书收录了全省和市、县（区）2014年经济和社会发展各有关方面的调查统计数据，以及全国和各省（市、区）重要历史年份主要统计调查数据。

二、本年鉴统计调查数据分为五个篇章，即：1.综合；2.农业调查；3.人民生活；4.价格调查；5.专项。为方便读者理解和使用有关数据，各篇章前设有《简要说明》，对本篇章的主要内容、资料来源、统计范围、统计方法以及历史变动情况予以简要概述，篇末附有《主要统计指标解读》，介绍了统计指标的含义、统计范围和统计方法。

三、资料中所使用的度量衡单位均采用国际统一标准计量单位。

四、本年鉴部分数据合计数或相对数，由于单位取舍不同产生的计算误差未作机械调整。

五、本书凡带有续表的资料，有关注解均列在最后一张续表的下方。

六、本书符号使用说明："…"表示该数据不足本表最小计量单位数；"空格"表示该项无统计数据；"#"表示其中的主要项；"*"或"①"表示本表下有注解。

# Editor's Notes

Ⅰ. *Anhui Survey Yearbook 2015* is an annual statistical publication, which reflects comprehensively the rural and urban economic and social development of Anhui. It covers key statistical and survey data in recent years.

Ⅱ. The yearbook contains five chapters: 1. General Survey; 2. Agriculture Survey; 3. People's Living Conditions; 4. Price Survey; 5. Special Survey. To facilitate readers, the Brief Introduction at the beginning of each chapter provides a summary of the main contents of the chapter, data sources, statistical scope, statistical methods and historical changes. At the end of each chapter, Explanatory Notes on Main Statistical Indicators are included.

Ⅲ. The units of measurement used in this yearbook are internationally standard measurement units.

Ⅳ. Statistical discrepancies on totals and relative figures due to rounding are not adjusted in this yearbook.

Ⅴ. All tables with continued ones, the footnotes are at the bottom of the last continued table.

Ⅵ. Notations used in the yearbook: "…" indicates that the figure is not large enough to be measured with the smallest unit in the table; "blank space" indicates that data are unknown, or are not available; "#" indicates a major breakdown of the total; and "*" or "①" indicates footnotes at the end of the table.

# 锐意进取　开拓创新
# 为经济发展新常态提供统计调查保障
## ——骆飞总队长在2015年安徽调查工作会议上的讲话

(2015年1月14日)

同志们：

这次会议的主要任务是，深入贯彻落实党的十八大、十八届三中四中全会、全国统计工作会议、全省经济工作会议精神，总结2014年工作，部署2015年重点任务。

### 一、2014年主要工作

2014年，在国家统计局正确领导下，在省委、省政府的关心支持下，紧紧围绕深化改革这条主线，以加快现代化服务型统计调查建设为着力点，坚持依法统计，切实夯实调查基层基础，认真开展党的群众路线教育实践活动，转作风，祛“六不”，统计调查事业取得了长足的发展。

（一）加强作风建设，党的群众路线教育实践活动取得丰硕成果

总队高度重视党的群众路线教育实践活动，持续用力，第一批和第二批活动叠浪推进，均取得丰硕成果。

——第一批教育实践活动成果巩固。总队自觉践行“三严三实”的要求，继续打好整改工作攻坚战。总队确定的36项限时办结整改项目整改35项；15项专项整治项目全部整改落实；11项制度建设完成10项。全体党员干部思想上受到了洗礼，行为上得到了校准，“四风”方面存在的问题得以有效改正。

——第二批教育实践活动成效明显。马建堂局长将滁州调查队确定为教育实践活动联系点，4—6月先后三次来皖，认真听取活动开展情况汇报，对开展好教育实践活动提出严格要求，并亲自参加了滁州队专题民主生活会。中央第12巡回督导组实地指导联系点教育实践活动开展。滁州队的教育实践活动，在全国调查队系统发挥了示范引领作用。总队党组切实履行主体责任，成立6个督导组，每位总队领导联系两个市县队，对活动单位进行分类指导。各市县队多种形式开展学习教育，集中学习达370多次，撰写心得体会700多篇。广泛开展谈心谈话，认真撰写对照检查材料，运用批评与自我批评的武器，高标准高质量地召开了专题民主生活会。活动期间，各市县队共确定966项整改任务，精简各类领导小组和议事协调机构，“三公”经费开支、文件、会议大幅减少。“三经普”八万个体经营户抽样调查和千村调查，检验了基层队教育实践活动成果。

（二）增强责任担当，统计方法制度改革得到深化

——继续深化住户一体化改革。着力抓好制度建设、数据审核、人员培训，严格规范样本管理，抓好电话回访和全覆盖检查。首创“三维评估法”，不仅实现了新老口径数据的顺利衔接，分省数据与分市数据、分市数据与分县区数据的总量、速度也同步衔接，全面统一发布省、市、县新口径城乡居民收入调查数据。积极争取省政府支持，专门下发文件，为样本轮换打下了基础。

——圆满完成农作物对地调查试点。2014年，总队承接了农作物对地调查试点任务，在全国首家通过PDA设备进行粮食及农作物调查监测。我们及时制订实施方案，购置高精度的PDA设备，召开现场会，编印《对地调查工作手册》，派出专业人员进行现场指导。勘测数据一次性通过国家验收，新点已全部启用。

——顺利实现PPI联网直报并轨。总队专门成立了工作小组，制定下发联网直报实施方案，不断完善实施流程，重点配置力量，认真做好各级培训。积极开展联网直报试报工作，顺利实施双轨运行，上报率达百分之百。10月份成功实现联网直报单轨运行，成为同方平台唯一实现单轨运行的省份，获国家统计局城市司通报表彰。

——启动新设立小微企业和个体经营户跟踪调查。第一时间召开专题会议研究部署，确定牵头部门和协同配合部门负责调查工作，联合省统计局、省工商局转发国家统计局等部门文件，建立联席会议制度。开展实地调查，完成调查样本的数据采集，查找未完成上报单位，进行专题调研，形成了调研报告。

（三）“三经普”抽样调查顺利实施，各项调查工作圆满完成

2014年，总队十分重视业务建设，通过强化流程规范、质量控制、审核评估等环节，调查数据质量不断提高。

个体经营户抽样调查是调查队首次承担的大型普查任务，我们精心组织并圆满完成了国家试点，为国家普查方案的完善提供意见和建议。组建机构，强力推动，制定《实施方案》、《实施细则》和《数据质量控制办法》，规范各环节操作，确立严格的数据质量控制措施。广泛开展宣传，营造了良好氛围。现场调查，严守红线，摸排普查小区378个，入户访问8.3万家，顺利完成各项工作。马鞍山队、凤台队两个先进集体，孔二娟、肖婧两位先进个人受到国务院“三经普”领导小组表彰，高丽萍被评为最美普查员。

精心实施了常规统计调查，积极开展贫困监测等统计监测工作，高质量地完成了全国文明城市调查、政务公开政务服务调查、党风廉政建设和国企反腐倡廉民意调查等专项调查任务。

认真执行调查业务规范化操作规程，对各项统计调查制度的实施进行严格控制，坚持独立调查，独立上报，坚决不搞变通。积极加强调查网点建设，调整充实了5个消费品价格调查网点，优化了采购经理调查样本。统计调查经费继续向基层倾斜，基层经费保障能力进一步提高。修订《市县队综合考核评比办法》，进一步规范考核原则、时间、内容和方法程序。

（四）创新服务模式，分析信息服务水平全面提升

当前经济社会发展出现新变化，我们主动变招，调查服务更加指向民生，统计宣传更加面向大众，取得了新突破。

——重塑机制，强化分析信息。我们对组织搜集重大经济信息的职能进行了调整，分析信息职能归口管理，服务工作职责更加明晰，人员力量得到整合加强。建立了常态化专题分析研究工作机制，启动“五个一”重点专题研究。加强了专题分析研究管理机制，加大对专题分析研究组织指导力度。优化分析信息采编，建立约稿信息采编新模式，狠抓重点专题信息的撰写，坚持信息采编上报月度约稿制度。全年被国家统计局《每日调查》和“上报两办”采用64篇次，国家领导批示17篇次，国家“两办”采用35篇次，国家统计局领导批示14篇次，在国家局采用居第三位，被省“两办”采用143篇次，政务信息被国家局采用180多篇，信息工作继续保持领先。

——及时跟进，做好数据解读。总队紧扣宏观调控重点、政策落实情况和民生问题开展专项调查，形成调查报告，《2014年安徽高校毕业生就业状况分析》被省委书记张宝顺批示，《当前农村生活环境及美好乡村建设现状的调研与思考》被省委书记张宝顺和省委常委、秘书长唐承沛批示，《“旅游法”实施后安徽旅游消费状况调查》被副省长花建慧批示。依托年鉴、《安徽调查》、《安徽调查季度资料》和《调查信息专报》等平台发布调查报告，定期为省委省政府和职能部门提供调查数据和分析报告，参与了《2014年政府工作报告》等重要文稿和考核方案的修改，成为领导决策和其他部门工作的“智库”。

——公开透明，扩大信息共享。首次开通了政务微博、微信，信息服务和统计宣传渠道更丰富。通过安徽调查网等渠道，向社会公开统计调查分析96篇次，各类信息1067条，数据量达万笔。利用安徽电视台、《安徽日报》等报纸媒体、微博微信和内外网等多种渠道，对农作物对地调查工作进行宣传。围绕2014年统计开放日主题，邀请新闻媒体介入，吸引社会公众参与，开展了“三最美”评选、统计进校园等宣传活动。

（五）贯彻四中全会精神，统计法制建设步伐加快

2014年，我们认真贯彻落实党的十八届四中全会精神，推进依法统计，强化统计法制保障，法制工作开创新局面。在全系统广泛开展国家宪法日和法治统计宣传，编印《法律宣传手册》，组织干部职工参加《宪法》和《统计法》知识竞赛活动，总队联合合肥队开展了广场法制宣传活动，执法用法思维进一步巩固。召开统计法制工作座谈会，明确了大力推进依法统计调查的思路。深入开展统计“六五”普法督导，分别对10个市县调查队进行了抽查。严格执行国家统计局有关规定，认真履行调查队承接地方委托调查项目审批程序。加强全省调查队“两证”的动态管理，强化了执法队伍力量。

（六）拓宽交互通道，拓展现代信息技术应用

利用网络技术，顺利实现PPI调查全面联网直报，推进规下工业样本企业联网直报，对全省170个消费价格调查规格品试行网上采价。应用PDA设备开展三经普个体经营户、反腐倡廉、农作物对地调查，扩展了源头数据直接上报的新领域。启动VPN远程接入系统建设，配发移动电子终端等工作，总队机关和基层队远程网络接入和移动办公需要得到满足。建设了总队机关视频会议系统。各专业也积极应用内网、局域网FTP、QQ群等手段，强化信息沟通，加强工作交流。加强系统信息安全和信息化建设工作的组织领导，明确工作职责，建立安全检查登记制度，构建了有效的工作机制。增加安全软件资源投入，提升

了信息网络的防护能力，进一步提升了安全防护水平。

（七）落实“两个责任”，党风廉政建设进一步加强

2014年，我们把党风廉政建设放在更加突出的位置，坚持“两手抓、两手都要硬”的方针，扎扎实实地把党风廉政建设推向深入。

——强化党风廉政好思维。一年来，组织干部职工认真学习中纪委十八届三次全会、国务院第二次廉政会议和全国统计系统警示教育视频会议精神。张贴优秀廉政公益广告，发送节日“廉政短信”，组织警示教育，丰富了廉政教育形式。

——构建廉政建设新常态。召开安徽调查队系统党风廉政建设工作会议，制定了《2014年党风廉政建设工作要点》。总队党组与各市县队队长、总队机关各处室主要负责人就党风廉政建设责任进行“背书”，职责进一步明确。按照《国家统计局党组关于全面落实党风廉政建设主体责任和监督责任的暂行规定》要求，划分党组廉政建设的主体责任、纪检监察部门的专职监督责任，制订印发《贯彻落实主体责任和监督责任实施意见》。

——营造风清气正廉环境。总结过去三年巡查工作经验，修订《安徽调查总队巡查工作办法》。制定《2014年统计巡查方案》，巡查6个市级队并提出了整改意见。结合党的群众路线教育实践活动、专项检查等工作，对已巡查单位整改措施落实情况进行抽查，确保巡查工作不走过场。

（八）强化系统管理，干部队伍管理水平显著提高

认真贯彻落实中央新颁布的《党政领导干部选拔任用工作条例》，干部选拔任用工作逐步制度化、科学化、规范化。

——选拔任用提升整体活力。强化市县队领导班子建设，分别从市队和总队机关选拔了2名市队队长，其他队级干部6名；县级队1名队长，队级干部6名。研究制定《关于规范市级调查队科级干部选拔任用工作的通知》，明确了选拔任用的基本程序以及选拔任用工作监督要求。

——队伍整合统筹调查资源。总队党组高度重视调查资源整合，认真贯彻落实国家统计局关于市队、区队合并的指导意见，深入基层调查研究，广泛听取各方意见，反复酝酿研究，科学制定了实施方案，把改革作为充分调动各方面积极因素的契机，努力实现改革成果最大化。初步完成了池州队与贵池队、宿州队与埇桥队的合并任务。

——干部锻炼交流形式多样。从总队选派2名正科级干部到县队分别担任队长和挂任副队长，选派1名年轻干部到扶贫村担任村党支部第一书记。根据公务员招录计划，录用了10名工作人员，补充了新鲜力量。

——教育培训提升综合能力。总队先后组织举办4期学习贯彻“习近平总书记系列讲话精神集中轮训班”，总队机关、市级调查队副处级以上干部以及县级调查队主要负责人共145名同志参加学习。举办了2期“市县调查队统计人员岗位知识培训班”，200多名年轻干部参加培训。选派30人参加了国家统计局举办的不同层次培训学习。培训工作实现多层次、全方位。

一年来，我们深化精神文明创建、效能建设和政务公开工作，总队被评为省级文明单位、省直文明单位，连续 8 年被评为效能建设先进单位，并荣获省直机关政风行风建设先进单位。政务管理、财务管理、后勤保障、机关党建、群团工作、老干部工作也取得了新进展、新成效。

上述成绩的取得，是国家统计局正确领导的结果，是各级党委、政府和社会各界关心支持的结果，更是全系统干部职工奋发进取、真抓实干的结果。在此，我代表总队党组，向辛勤工作在调查工作岗位上的一线同志们，表示衷心的感谢并致以崇高的敬意！

**二、充分认识新常态，善于把握新要求，在深化统计调查改革中实现新作为**

党中央、国务院历史地、辩证地分析了我国经济发展态势，在中央经济工作会议上全面深刻阐述了经济发展新常态的特点和内涵。会议认为，新常态是我国经济发展阶段性特征的必然反映，是经济规律、社会规律、自然规律作用的客观体现。新常态下，经济增长速度正从高速转向中高速，发展方式正从规模速度型粗放增长转向质量效率型集约增长，结构调整正从增量扩能为主，转向存量与增量并存的深度调整，发展动力正从传统增长点转向新增长点。

在全国统计工作会议上，马建堂局长强调：认识新常态、适应新常态、引领新常态，是当前和今后一段时期我国经济发展的大逻辑，对于推动经济持续健康发展意义重大，对于促进统计改革发展具有重要指导意义。统计系统要认真学习、深刻领会、全面贯彻习近平总书记、李克强总理关于新常态的科学论述，将思想和行动高度统一到中央重大认识判断和决策部署上，切实做好新形势下的统计工作，加快建成与经济发展新常态相适应的现代化服务型统计。马建堂局长深刻阐释了新常态下统计调查工作的根本取向、路径方法和原则遵循，我们观念上要对接，方法上要对路，工作要用力，与时俱进地抓好新常态下的统计调查工作。

——要更加注重提高调查数据质量。当前，经济运行趋势研判，需要 CPI、PPI 和 PMI 等宏观经济先行指标数据；监测扩大投资、拉动消费、服务业增长等新动力转换，需要农民工、固定资产投资价格、小微企业情况等数据；关注保障和改善民生情况，需要居民收支、贫困监测等民生监测数据，加快推进农业现代化，需要农作物产量、畜禽产量等调查数据，调查工作对于决策的基础性作用凸显，成为经济社会发展的“监测仪”、科学决策的“指南针”，统计调查数据的社会关注度进一步提高。如果我们的工作不实，数据质量不高，决策可能会挂错挡、偏方向，造成难以估量的影响。我们要以强烈的使命担当，始终严格执行国家制度，始终坚持“独立调查，独立上报”，始终执行调查过程质量管控，确保调查数据质量经得起社会检验和历史考验。

——要更加注重深化统计调查改革。经济发展进入新常态，统计调查事业必须增强改革动力。去年，我们承担了不少改革试点和改革任务，主动作为，为国家统计局推进统计改革提供了生动实践。当前统计改革正处于深化阶段，要加强组织领导，完善推进机制，主动承担，扎实做好各项改革工作，要把狠抓落实放在突出位置，不折不扣贯彻落实国家局和总队各项决策部署，要立足本地实际，勇于创新，形成具有安徽特色的改革成果。

——要更加注重提供优质调查服务。历史的经验表明，越是经济发展复杂多变，社会各界对统计调查的需求“势能”就越强劲。单纯的调查数字反映不出结构、规模、速度的变化，深入加工的服务产品才能让“我懂的”转化为“你懂的”。要不断提升调查服务能力，更好地揭示新常态下的新问题、新特征、新规律，为认识新常态、适应新常态、引领新常态提供调查服务保障。特别是安徽纳入长江经济带发展战略，需要我们提供更多更好的调查数据、分析报告和咨询建议，为调查事业赢得声誉和地位。

——要更加注重优化干部职工队伍。做好新形势下的统计调查工作，关键在调查工作的力度，取决于干部职工的能力和水平。当前，干部职工的担当意识是强的，精神状态是好的，但力量和任务的矛盾日益显现。做好当前的统计调查工作，必须面对这些矛盾，努力解决问题。要正确认识、妥善处理人员力量和工作任务的关系，千方百计提高人员素质，消除能力与要求的差距。要提前谋划，注重选人用人，培养选拔一批政治强、善管理的领导干部，实现市县队领导班子新老更替。领导干部要带头学法用法，自觉用法治思维和法治方式深化改革、推动工作。

**三、2015 年的主要工作任务**

今年，安徽调查工作总体思路是：深入学习贯彻党的十八大、十八届三中四中全会、中央经济工作会议、全国统计工作会议精神，主动适应新常态，全面建设法治统计，进一步深化统计改革，坚定夯实统计调查基础，全力推进现代化服务型统计调查建设，为经济发展新常态提供更加扎实的统计调查保障。

（一）强化“两个意识”，在完成国家任务中展现新实力

牢固树立“两个意识”，认真执行国家统计局各项调查制度，提供科学、完整、及时的统计调查数据。切实把握好重点调查环节，适应调查制度的新变化，维护巩固调查新网点，积极探索提升能力的新方法，组织实施好农作物产量、住户、消费价格、生产价格、投资价格、房地产价格、农产品价格、农产品中间消耗、规下工业、规下服务业、限下商业、新设立小微企业和采购经理等各项常规调查工作，继续加大力度，做好畜禽、输出地农民工、贫困、退耕还林（草）等监测调查工作。

认真做好新一轮 CPI、PPI 价格调查基期轮换和规格品调整，开展权数资料收集整理和典型调查，作为消费价格权数调查华东片区组长单位，要及时完成各项组织协调任务。切实做好规模以下工业、规模以下服务业、限额以下商业、农产品价格等调查主题的样本轮换及后续工作，提高样本代表性，确保调查数据的衔接。

在全力完成国家统计局布置的专项调查任务的同时，充分发挥调查队系统“第三方评估”的体制优势，接受地方委托调查项目。各实施单位要严格按照审批内容开展调查，不得随意扩大范围，改变调查频率，更改调查表式，务必依法实施调查。

（二）强化“改革思维”，在深化改革中激发新动力

——做好输入地农民工监测调查。围绕“建立输入和输出地相结合、综合统计和部门统计相结合、标准统一、信息共享的农民工统计监测体系”总目标，开展输入地农民工监测调查。要认真做好建立抽样框、选聘辅助调查员、组织学习培训，进行全面摸底调查等基础工作，使用 PDA 设备入户开展现场调查。

——继续扩大联网直报范围。今年农产品价格调查将实施联网直报，样本结构也将出现根本性变化，要不断加强应对措施研究。规模以下工业抽样调查要总结2014年年报联网直报的经验，适应报送方式的改变，提高规下工业企业联网直报率。积极研究以市为总体调查模式，联网直报中可能出现的新情况、新问题，进一步改进组织模式，提高数据质量。

——探索“大数据”应用新轨。2015年，要每月两次对7个基本分类140种规格品价格开展网络采价，开展网络采价环比指数计算方法研究。尝试利用网络搜索技术、数据导入技术、网络爬虫技术搜集网络价格数据，发挥大数据对常规渠道价格统计数据的参考、补充和替代作用。在固定资产投资价格调查领域开展大数据应用研究。努力在大数据研究上应用新方法，提高处理分析速度，促进大数据变成“快数据”。

此外，继续实施住户调查样本轮换，加强新换入户辅导培训，确保数据平稳衔接，稳步推进住户电子化记账。退耕还林监测、规下服务业、限下商业调查实施新调查制度，规下服务业调查扩充代表性，新基期消费价格调查使用新规格品目录等都是重要工作，要抓好落实。

（三）强化“质量标准”，在基层基础建设中树立新标杆

——严格执行国家制度方案。严格按照制度方案开展调查，实施严密的数据质量控制，切实做到依规操作。严格执行《基础工作规范化操作规程》，完善数据生产各环节质量标准，确保统计调查各环节工作规范统一。涉及联网直报、使用手持移动终端设备的专业要修订完善各专业的《规范化操作规程》、数据质量控制和评估办法，保证统计调查生产关系和生产力相匹配。要加强调查网点的运行管理，住户、农业等调查专业，继续完善调查对象名录，及时跟踪维护。

——坚持独立调查要求。要强化一线人员的责任意识，提高调查人员现场访问、手持移动终端设备使用的水平。严谨规范地做好现场调查，实施现场调查责任追究制度，出现数据质量责任问题，要一追到底，严肃处理。加大对现场检查情况的督导力度，督促调查对象及时准确联网报送数据，发现问题，及时整改。管好辅助调查员队伍，做好选聘搞好培训，不断提高辅助调查员业务技能，积极争取经费保障，足额发放补助，调动其工作积极性。

——执行失信企业统计信息公示。国家统计局颁布《统计上严重失信企业信息公示暂行办法》，是加强依法统计，推进诚信统计，建立保障企业独立真实报送统计信息长效机制，保证源头统计数据质量，提高政府统计公信力的重要举措。要建立公示工作机制，建立和完善公示工作制度规范，建设“公示栏”，严肃公示失信企业信息。要加强与相关部门联动，将失信企业信息纳入金融、工商等行业和部门信用信息系统，与企业融资、政府补贴等挂钩，维护政府统计权威。

（四）强化“服务理念”，在提供决策服务中走出新路子

咨询服务工作要紧紧围绕认识新常态、适应新常态、引领新常态扎实有效开展，做到贴近决策，提高质量，保持领先。

——为经济“新常态”提供决策服务。紧紧围绕“转方式调结构”，深入开展调查分析，提供信息服务。重点是解读民生指标，反映民意民声；亮点是及时发现经济运行的苗头性、趋势性问题，加强监测，

抓紧解读；突破口是加强小规模经济体、新业态、新商业模式发展状况的分析研究。主动向各地“两办”征求意见，确定决策服务重点方向，及时开展分析研究，为各级党委政府提供针对性更强、附加值更高的决策咨询。

——为调查对象提供实用服务。进一步提高统计调查新闻宣传的策划能力，利用电视、报纸、广播等传统媒体，有效发布调查工作成果。发挥微博、微信等“微”媒体在发布数据、解读数据、调查科普方面的作用。继续做好向住户调查记账户反馈调查资料，在更大范围内向统计调查对象提供有用及时的数据和信息，增强调查工作认同感。依法发布和使用法定数据，决不允许出现违反规定提供数据的行为。

——为统计科研增添有力服务。刻不容缓地提高课题研究水平。总队领导分别主持一个课题项目。精心选择研究方向，一方面联合大中专院校开展课题攻关，重点攻关方法制度研究、经济趋势数量模型方面课题，另一方面注重发挥各专业作用，重点选择现场调查方法研究、大数据分析建模的项目。

（五）强化“法治观念”，在建设法治统计中彰显新高度

要进一步强化法制宣传，大力推行“统计法律事务告知制度”，增强统计调查对象依法履行统计调查义务的法律意识。丰富形式，力求实效，在法制宣传日、统计法颁布纪念日等重要节点上加强统计法制宣传。积极联合人大、司法等力量，继续开展好“六五”普法宣传工作。进一步严格统计执法，采取“三结合”方式，加大统计执法检查力度，坚决查处调查中指令报送和冒名报送等违法违规行为，严肃追究责任单位和责任人员的法律责任。积极开展统计调查执法，规范《统计报表催报通知书》等常用法律文书使用，严格案件查处流程和操作流程。研究制定相关制度，充分发挥市级调查队统计执法作用，确定3个市队为总队法制联系点，作为重点，强化指导，发挥示范带动作用。进一步加强执法队伍建设，加强督促、检查和考核，完善法制工作考核机制。进一步强化法制人员培训，继续建好执法骨干人才库，调配执法骨干查处统计违法案件，增强统计调查执法实践。

（六）强化“技术思路”，在强基兴业上构筑新根基

为顺利实现2015年“四大工程”建设三个“全部”的目标，我们务必在信息化建设上投入更大的力量和支持。

——提升联网直报保障水平。开展总队局域网环境改造，进行广域网建设可行性研究，继续提升系统联通运行速度。各市县队要升级拓宽网络带宽，为联网直报提供高速畅通的网络环境。积极做好网报宣传、权限认证、人员培训等前期准备工作，保障农产品价格调查联网直报顺利开展。设立分专业的联网直报技术支持服务热线，建立数据报送期间的值守制度。尽快实现联网直报专业工作流程的信息化管理，抓紧实施传统专业与信息化管理的有机融合。

——启动系统办公自动化平台建设。贯彻落实国家统计局顶层设计，及时开展我省OA系统建设。认真开展调研，做好公文流转程序设计，嵌入督查督办、资产管理、讯息提醒等管理模块；做好办公平台的测试、培训，管理和维护好系统后台，逐步实现机关政务活动电子化、数字化，提升协同办公能力，提高工作效率。努力推进市队视频会议系统建设。

——构建信息安全工作机制。要根据国家局统一要求，建成客户端安全管理系统，实现统一管理和集中监控。增加防火墙等安全设置，安装信息安全管理软件，进一步提升全系统计算机网络安全管理和防范能力。建立信息安全通报制度，开展信息安全和计算机网络知识培训，进行网络信息安全现场督查。

（七）强化“整体意识”，推动干部队伍建设呈现新局面

——加强班子自身建设。要把《党政领导干部选拔任用工作条例》与党风廉政建设和加强领导班子建设结合起来，形成正确的选人用人导向。认真落实领导干部个人重大事项报告制度，切实抓好干部管理工作。完成市级国家调查队和驻地所在市辖区国家调查队的整合工作。严格执行组织纪律，落实总队领导联系点制度，认真执行请示报告制度。

——加大干部培养力度。加强对年轻干部的培养，做好关心、教育、引导工作，激发其投身事业、勇于创新、敢于担当的热情。落实《关于规范市级调查队科级干部选拔任用工作的通知》要求，精心培育后备干部队伍。要充分发挥系统交流的主渠道作用，加大挂职锻炼、交流轮岗力度，拓展干部成长空间。继续开展2015年度公务员招录工作，严格招录程序，发挥政审程序作用，切实做好岗前技能培训，迅速形成战斗力。

——加大教育培训力度。重点抓好领导能力、领导方法、领导艺术和党性教育、党风廉政建设等方面的领导干部培训。加强与地方高校、科研机构、学术团体的合作，形成资源共享机制，抓好统计调查业务技能和专业素养等方面的业务骨干培训。抓好政治品德、社会主义核心价值观和统计核心价值观等方面的优秀年轻干部培训。

（八）丰富“文化内涵”，在统计文化建设中展现新风貌

适应统计工作新常态，需要用新常态的统计文化，将全体干部职工团结起来，目标一致拥护改革，奋勇争先投身建设。

——围绕中心工作，践行统计核心价值观。围绕“真实可信、科学严谨、创新进取、服务人民”的统计核心价值观，在全系统进行大讨论。把大讨论活动与深化统计改革、建设现代化服务型统计结合起来，深化统计职业道德教育，大力弘扬统计核心价值观，提高践行的主动性和自觉性，为实现“改革创新、公开透明”的统计梦，团结拼搏，凝聚力量。

——丰富文化活动，拓展统计文化建设空间。面向安徽调查队管理体制改革10周年，组织开展隆重简朴、有纪念意义的活动，展现安徽调查队系统改革建设成果。发挥共青团等组织联系青年的桥梁纽带作用，当好党的助手和后备军。开展系统第二届“十大杰出青年”评选，激励年轻干部干事创业的激情。组织开展积极健康、丰富多彩的文体活动，创造既严肃认真又轻松活泼的工作氛围。

——提升档案管理水平，丰富统计文化建设形式。加强组织领导，夯实基础工作，积极开展宣传，做好各类档案资料整理归档工作。结合办公自动化建设，推进档案数字化建设，提高档案利用率。按照《安徽调查总队档案规范化管理五年规划》，推进系统档案规范化建设，指导市县队开展档案达标活动。

**四、大力推进党风廉政建设 为调查事业发展保驾护航**

要认真落实国家统计局关于加强党风廉政建设、作风建设、党的建设的决策部署，为统计调查工作新常态提供保障。

（一）在落实两个责任中体现政治定力

马建堂局长把明确党风廉政建设责任作为落实“两个责任”的第一关口，对主体责任和监督责任进行了高度概括：党组主要负有9项主体责任，党组书记负有5项责任，党组其他成员负有4项责任，党组纪检组负5项监督责任，准确丈量了“责任田”。各级党组要按照“谁的责任，谁负责”的原则，划分责任边界，划定责任范围，明确具体任务，对各自职责范围内的党风廉政建设，常态研究、常态监督、常态推进。严格执行“两个责任”落实机制、考核和责任追究制度，把“两个责任”落到实处。各队纪检组长（纪检员）要按照“三转”要求，集中精力开展执纪监督。要根据国家统计局党组的部署，对安徽调查队系统纪检监察工作实施重大调整，市队党组纪检组长不仅履行市队的党风廉政建设监督责任，还对所辖区域县队党风廉政建设负有责任，进一步强化安徽调查队系统纪检监察建设工作。

（二）在落实从严治党上体现管理水平

——严肃党内生活。对市县队党组（队委会）主要负责同志来说，抓好党建工作是最大的主业，是不可推卸的分内职责。坚持民主集中制原则，严格遵守党组议事规则。继续运用好批评和自我批评的武器，防止出现“马放南山刀枪入库”的松懈思想。要密切联系群众，严肃纪律，上紧从严治党的发条。规范执行“三会一课”制度，对贯彻落实情况进行检查。加大培训力度，努力建设一支高素质的党务工作者队伍，认真做好总队机关党支部换届改选工作。

——从实做好整改。总队党组对国家局党组巡视整改工作负起总责，认真确定整改突破口，建立整改工作机制，层层落实责任，人人明确任务，定期听取进度汇报，强力推动整改工作开展，确保半年内完成整改任务。整改落实情况将在适当范围向党内和机关公开，接受广大党员干部和群众监督。要通过整改，进一步坚定党员领导干部的理想信念，强化党的纪律观念，强化履职守责意识，以党员领导干部的表率作用，带动党风廉政建设和调查工作不断取得新成效。

——从严做好巡查。继续开展2015年巡查工作，对11个县队党风廉政、业务建设、财务管理、效能建设、选人用人、贯彻执行总队重大决策部署开展巡查。检查部分市县队巡查整改措施落实情况，整改不过关的，要责令重新整改，予以通报批评。要认真回顾第一轮巡查工作，总结巡查经验，完善巡查机制办法，为进一步开展好新一轮巡查做足准备。

（三）在落实作风转变上体现严实要求

——巩固强化教育实践成果。认真回顾审视教育实践活动，逐项进行“回头看”，进一步查漏补缺、深化“四风”整治。坚决克服“六症”，摈弃“六不”，以钉钉子精神长期持续整改。切实抓好教育实践活动成果转化，以改革创新谋划发展、优良作风推动发展和服务经济新常态的成果检验成效，不断巩固和扩大党的群众路线教育实践活动成果。

——严格执行中央八项规定。继续抓好中央八项规定的贯彻执行，重点抓好深入基层调查研究、“文山会海”现象、“三公”经费使用等关键问题整改。推行系统财会业务“市管县”模式，市队负责管理市辖区县级队的会计业务；县级队不再设会计和出纳岗位，只设立具有会计能力的报账员，负责本单位日常经费支出的相关会计业务工作。同时，围绕财会业务管理模式改革进行规范，在全系统开展资产清查和内部审计工作，明确市县队会计、报账员的岗位职责、工作流程和规范，开展财务管理网络化、信息化业务培训。深入推进政务公开，打造阳光统计。建立健全财务公开制度，加强专项审计工作，完善固定资产管理。提前介入，吃透公车制度改革方案精神，结合调查队工作实际，稳妥做好全系统公车改革。加强对继有车辆的管理，杜绝公车私用。抓好对八项规定精神落实情况的监督检查，对有令不行、有禁不止的，要严肃问责，推动作风建设常态化、长效化。

同志们，回顾过去，心潮澎湃；展望未来，豪情满怀，2015年，我们将迎来安徽调查队管理体制改革十周年，让我们在国家统计局党组正确领导下，在地方各级党委、政府关心支持下，振奋精神，凝心聚力，锐意进取，开拓创新，全力深化统计改革，奋力推进“三个提高”，努力建设现代化服务型统计，为经济发展新常态提供保障，做出新的更大的贡献。

2014年2月，安徽总队召开全省调查工作会议

2014年2月，安徽总队召开党的群众路线教育实践活动大会

2014 年 4 月，时任国家统计局局长马建堂（左一）一行来安徽调研指导群众路线教育实践活动

2014 年 6 月，总队长骆飞（中）在宣城队指导教育实践活动

2014 年 11 月，副总队长方正亚（左二）赴基层调研指导教育实践活动

2014 年 5 月，副总队长张鹏（左）赴基层调研指导教育实践活动

2014年6月，纪检组长牟为民（右二）赴基层调研指导教育实践活动

2014年9月，副总队长邓德平（左一）参加“统计进高校”活动

2014 年 7 月，陈冬青巡视员（左一）赴芜湖调研一体化住户工作

2014 年 8 月，苏维亚副巡视员（右）赴涡阳观摩无人机对地调查项目

2014 年 5 月，总队乒乓球队在省直机关七运会上取得佳绩

2014 年 6 月，总队太极拳队在省直机关七运会上喜获佳绩

2014 年 6 月，安徽总队荣获省直机关全民健身工作先进单位

2014 年 7 月，安徽总队“三四三”要求提升调查服务能力

2014年8月，安徽总队召开全省对地调查工作培训会

2014年9月，总队表彰三经普获奖单位

2014 年 9 月，总队开展新任干部任职谈话

2014 年 9 月，总队开展第三届扑克牌比赛

2014 年 9 月，安徽总队与合肥队联合开展“统计开放日”宣传

2014 年 10 月，中央纪委、国家统计局赴安徽督导检查党风廉政建设民意调查工作

2014年12月，总队圆满完成市县级调查队统计人员岗位知识培训及考核

2014年12月，安徽总队、合肥、肥西队联合开展登山活动

2014 年 1 月，合肥队领导走访住户

2014 年 5 月，合肥队在开展实割实测

2014 年 1 月，淮北队、濉溪队开展春节活动

2014 年 9 月，淮北队在中秋节慰问记账户

2014 年 7 月，亳州调查队在涡阳义门镇慰问辅导记账户

2014 年 12 月，亳州调查队与统计局联合开展法制宣传

2014 年 6 月，宿州调查队领导在埇桥区西二铺乡实地收割小麦样本

2014 年 3 月，宿州调查队消费价格科工作人员在苏果超市现场采价

2014 年 2 月，蚌埠调查队在养老院开展调查

2014 年 6 月，蚌埠调查队干部职工参观沈浩事迹纪念馆

2014 年 5 月，阜阳调查队干部职工在刘邓大军淮西指挥部旧址接受革命传统教育

2014 年 8 月，阜阳队领导到调查户家中调研

2014 年 2 月，淮南队领导检查指导记账工作

2014 年 5 月，淮南队赴上窑新四军纪念林接受革命传统教育

2014年10月，滁州队领导陪同中国信息报记者实地采访马建堂局长慰问过的地方

2014年12月，滁州队开展法制宣传

2014 年 1 月，六安队陪同总队领导深入总队定点帮扶村，开展调研及送温暖慰问活动

2014 年 11 月，六安队深入县区检查一体化住户记账工作

2014年7月，马鞍山队领导陪同总队住户专业人员，在记账户家中访谈

2014年3月，马鞍山队到和县历阳镇检查贫困监测台账

2014 年 9 月，芜湖队领导深入繁昌大阳村调查个体户经营情况

2014 年 4 月，芜湖队普查员在风雨中询问和记录个体户情况

2014年3月，宣城队领导深入贫困户家中调研

2014年4月，宣城队领导查看记账情况

2014 年 4 月，铜陵队领导到调查户家中走访

2014 年 9 月，铜陵队开展“统计开放日”宣传咨询活动

2014年12月，池州日报社就市民关注度比较高的居民收支与CPI物价两项调查，对池州队进行专题采访

2014年10月，池州调查队工作人员入户进行调查问卷填写

2014 年 4 月，安庆市委领导来安庆队视察

2014 年 4 月，安庆队领导对三经普进行督察

2014 年 9 月，黄山队领导到上草市结对社区慰问困难党员

2014 年 5 月，黄山队对调查记账户进行走访

2014 年 4 月，合肥地区调查队组织群众路线教育实践活动参观李克农同志故居

2014 年 5 月，巢湖队开展小麦预产调查

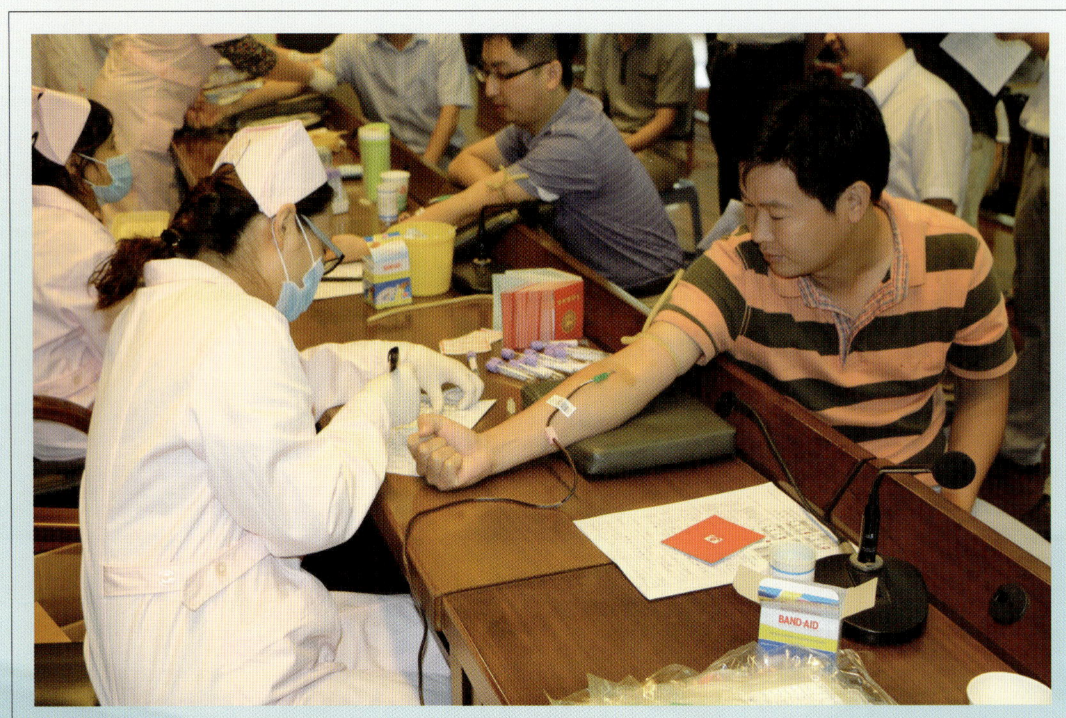

2014 年 8 月，巢湖队干部职工积极参与无偿献血活动

2014 年 5 月，庐江队领导在记账户家中检查慰问

2014 年 9 月，庐江队业务人员认真核对 PDA 与现场画图是否一致

2014 年 2 月，利辛队领导开展困难调查户帮扶慰问工作

2014年8月，利辛县与亳州市联合检查住户工作

2014年12月，涡阳队领导检察苗情

2014 年 8 月，阜南队开展对地调查

2014 年 6 月，临泉队举办第三届职工运动会

2014 年 9 月，临泉队开展农作物对地调查工作

2014 年 12 月，临泉队开展“12·4”宪法宣传活动

2014 年 6 月，全椒队领导深入农户家中进行“千村调查”

2014 年 5 月，全椒队工作人员深入田间地头进行居民收支调查

2014 年 5 月，定远队领导参加夏粮实割实测

2014 年 8 月，定远队在产量调查村进行对地调查

2014 年 10 月，凤阳队开展对地调查

2014 年 11 月，寿县队领导率队下乡检查住户记账情况

2014 年 8 月，寿县队领导带队进行对地调查测量工作

2014 年 5 月，舒城队调研农产量工作

2014 年 5 月，舒城队下乡检查住户工作

2014 年 8 月，当涂队开展农作物对地调查摸底调查

2014 年 10 月，当涂队割取倒伏田块小样本

2014 年 4 月，无为队领导在调查户家中检查住户记账情况

2014 年 9 月，无为队陪同总队人员开展基础工作检查

2014 年 8 月，青阳队领导指导水稻实割实测

2014 年 9 月，青阳队现场指导住户记账

2014 年 2 月，枞阳队工作人员实地参与中稻实割实测

2014 年 5 月，枞阳队领导深入田间地头，现场查看小麦长势情况

2014年9月，宿松队领导参加实割实测

2014年12月，宿松队开展法制宣传

2014 年 8 月，祁门队对地调查实地摸底测量

2014 年 11 月，祁门队开展住户一体化记账户培训

2014 年 8 月，歙县队在南源口村小梅口寻找对地调查样本途中

2014 年 9 月，歙县调查队在郑村镇棠樾村开展对地调查现场试点

# 2014年安徽调查工作大事记

## 一 月

**16日至17日** 总队召开全省三经普个体经营户抽样调查工作培训会议，培训三经普个体经营户抽样调查技巧、数据处理平台、数据质量控制、PDA软硬件使用及移动终端平台等内容。国家统计局数管中心黄德会处长到会指导，总队副巡视员邓德平到会讲话。

**24日** 由总队主编的《安徽调查年鉴2013》正式出版发行。该书通过大量统计调查数据，真实、全面地记录了安徽省2012年经济社会的发展变化，为政府决策、企业经营和公众知晓提供权威、准确的统计调查数据。

**29日** 国家统计局党组书记、局长马建堂在《国家统计局安徽调查总队关于报送2013年工作总结暨2014年工作打算的报告》上作出重要批示："2013年，国家统计局安徽调查总队坚决贯彻落实国家统计局的各项部署，坚持改革抓创新，建章立制抓落实，统筹兼顾抓规范，'三个面向'抓服务，多措并举抓管理，凝心聚力抓队伍，塑造灵魂抓文化，各项工作都取得了新的成绩。2014年是全面贯彻落实党的十八届三中全会精神、全面深化改革的第一年，也是统计事业奋力改革创新、加快建设现代化服务型统计的关键之年。希望你们进一步深入贯彻落实十八大、十八届二中、三中全会和中央经济工作会议精神，进一步增强国家队意识和调查队意识，始终坚持依法独立直接调查，高质量完成全国经济普查个体工商户抽样调查和各项常规国家调查任务，继续巩固深化统计四大工程建设，大力推进统计调查改革创新，不断提高调查工作的规范化和标准化水平，努力打造现代化服务型统计，力争开创安徽统计调查事业新局面。"

**1月至2月** 根据工作安排，总队机关和市县调查队开展了2013年度考核工作。总队领导班子成员带队组成考核组，对16个市级调查队和部分县级调查队领导班子（队委会）、队级干部进行了全面年度考核。

## 二 月

**11日** 总队召开了全省分市县农村贫困人口监测调查工作会议，部署全省贫困监测调查工作。

**17日** 安徽省委办公厅给总队发来感谢函，对总队上报省委信息工作表示感谢："2013年度，省调查总队紧紧围绕省委中心工作，及时、准确、全面收集、整理和报送了大量信息，为省委领导了解情况、指导工作和科学决策发挥了重要作用。全年报送信息445条，采用信息75条，其中，《我省高校毕业生就业情况及存在问题》被评为全省党委系统优秀决策信息，发挥了重要的决策参考作用。特致函表示衷心感谢！”

22日至23日 安徽调查队系统公务员招录面试工作顺利举行。计划招录12名工作人员，30名考生参加面试。经过严谨有序、客观公正的组织实施，招录面试工作圆满完成。

25日 党的群众路线教育实践活动第一批总结暨市第二批部署会议在肥召开。总队党组书记、总队长、总队党的群众路线教育实践活动领导小组组长骆飞做了总结，并对市县队第二批教育实践活动进行动员部署。国家统计局第四督导组组长刘世德代表督导组作了讲话，市县队长、总队机关全体干部，国家统计局第四督导组全体成员参加了会议。

25日 全省调查工作会议在合肥召开，会议传达并学习了全国统计工作会议精神及国家统计局局长马建堂对安徽调查工作的批示，总结回顾2013年工作，部署2014年工作任务。总队党组书记、总队长骆飞作了题为《改革创新 勤政敬业 奋力推进安徽调查事业新发展》的工作报告。

府办公厅印发《省直机要文件交换站关于表彰2013年度先进个人的通报》，总队张雪莲在2013年机要文件交换工作中被评为“安徽省省直机要文件交换站2013年度先进个人”。

## 三 月

3日 安徽省政府开展的2013年度政风行风评议中，总队综合评价得分83.599，位居中直驻皖单位第二名。这次是安徽调查总队首次被列入政风行风评议单位，并获得殊荣。

3月10日至4月4日 总队先后举办四期学习贯彻习近平总书记系列讲话精神集中轮训班，总队机关、市级调查队副处级以上干部以及县级调查队主要负责人共145名同志参加培训。

18日 安徽省直属机关计划生育协会下发了《关于表彰2013年度省直机关计划生育工作先进集体和先进个人的通报》（直工计〔2014〕1号），总队韩溪荣获“省直机关2013年度计划生育工作先进个人”。

20日 总队召开全系统综合工作会议，传达贯彻全国综合统计暨新闻宣传工作会议和全省调查工作会议精神，总结2013年全省综合调查工作，研究部署2014年工作。

## 四 月

4月4日 总队召开全省调查队系统党风廉政建设工作会议。学习贯彻全国统计系统党风廉政建设工作视频会议精神，具体部署全省调查队系统党风廉政建设工作，交流党风廉政建设工作经验。

**8日** 中共安徽省委保密工作办公室对2013年度全省保密工作考核结果进行了揭晓，总队荣获“2013年度安徽省保密工作成绩突出单位”的荣誉称号。

**16日至17日** 国家统计局党组书记、局长马建堂一行来安徽滁州调查队、全椒调查队调研指导第二批党的群众路线教育实践活动。安徽省委常委、副省长陈树隆，省政府副秘书长、办公厅主任韦伟等陪同调研。

**4月至10月** 党组成员、副总队长方正亚上挂国家统计局服务业司副司长。

**4月至5月** 安徽调查队系统全面开展了安徽第三次全国经济普查个体经营户抽样调查现场。

## 五　月

**4日** 总队党组书记、总队长、总队党的群众路线教育实践活动领导小组组长骆飞出席了滁州队寻乌调查精神专题学习会，国家统计局第二督导组副组长、国家统计局人事司副司长刘克明、总队第一督导组组长许善军列席会议。

**12日** 国家统计局党组书记、局长马建堂通过实地走访和召开座谈会的形式，深入定远县调研指导第二批党的群众路线教育实践活动。总队党组书记、总队长骆飞，省统计局党组书记、局长钱晓康，滁州市委常委、常务副市长章义，定远县委书记郑斌等陪同调研。

**13日** 中央第12巡回督导组在国家统计局党组书记、局长马建堂，副局长、党组副书记张为民，总队党组书记、总队长骆飞，总队党组成员、纪检组长牟为民陪同下，深入到滁州调查队调研指导。中央党的群众路线教育实践活动第12巡回督导组组长邢元敏、副组长钟攸平及督导组全体成员到国家统计局滁州调查队调研指导教育实践活动。省委常委、常务副省长詹夏来会见了巡回督导组和马建堂一行。

**21日** 总队召开全系统党的群众路线教育实践活动推进会，贯彻落实习近平总书记重要批示和刘云山同志重要讲话精神，国家局动员部署教育实践活动第二环节工作视频会议精神，总结了教育实践活动前期工作，部署了第二环节工作任务。

## 六　月

**3日** 安徽省人民政府副省长花建慧在总队撰写的《“旅游法”实施后安徽旅游消费状况调查》上批示：“请省旅游局重视旅游市场存在的问题，加强研究、推动解决。”

**5日** 国家统计局党组书记、局长马建堂到第二批党的群众路线教育实践活动联系点滁州队，指导滁州队党组专题民主生活会，中央第12巡回督导组副组长钟攸平一行到会指导，国家统计局局第8巡回督导组副组长、国家统计局人事司副司长刘克明、总队第一督导组参加了会议。省委常委、常务副省长詹夏来等会见了中央巡回督导组和马建堂一行。

**6日** 安徽省委书记张宝顺在总队撰写的《当前农村生活环境及美好乡村建设现状的调研与思考》上批示。省委常委、秘书长唐承沛同志也在此文上批示。

**16日至17日** 总队召开全系统办公室工作会议。全省16个市级队、32个县级队办公室负责人参加了会议。

**20日** 总队被评为2011—2013年度省直机关全民健身工作先进单位，并在省直机关“七运会”上获得表彰。

## 七 月

**1日至4日** 国家统计局数据管理中心许剑毅主任带队的信息安全督查组一行来安徽督查网络与信息安全工作。分别到国家统计局安徽调查总队、安徽省统计局，安庆市统计局、安庆市调查队，桐城市统计局、桐城市调查队进行了统计网络与信息安全检查，总队长骆飞、副总队长邓德平等相关单位人员参加陪同。

**3日** 安徽省委办公厅、省政府办公厅联合下发了《关于2013年度省直机关效能建设先进单位的通报》（厅〔2014〕18号），国家统计局安徽调查总队在2013年省直机关效能建设考核中获得先进等次。这也是安徽调查总队自成立以来连续八年获此荣誉。

**16日** 安徽省委书记张宝顺在总队撰写的《2014年安徽高校毕业生就业状况分析》上批示。

**24日** 总队在六安召开加强调查队管理工作座谈会，研讨如何加强调查队管理，重点加强人事、财务和党风廉政建设等方面的管理工作。

**7月30日至8月1日** 总队举办全系统现代数据分析技术培训班。

## 八 月

**7日至9日** 总队召开全省农作物对地调查工作布置暨培训会议。总队党组书记、总队长骆飞出席会议并发表重要讲话，国家局农村司黄加才处长和余新华处长出席会议并对粮食产量和对地调查工作进行讲解和布置，总队副巡视员苏维亚主持会议并做总结讲话。

**27日** 总队与省统计局联合召开全省规模以下工业统计调查工作会议。会议研究了规模以下工业抽样框整理工作、样本轮换和联网直报工作，通报了规模以下工业数据质量，布置了三季度规模以下工业调查工作，对今后规下抽样调查工作提出了要求。

## 九 月

**19日** 总队与合肥队联合在合肥师范学院隆重开展“统计进校园”系列活动。围绕“统计人统计情统计梦”这一主题，通过现场咨询、媒体采访、图书捐赠、多媒体展示、发放宣传材料、统计大课堂等多种形式宣传展示统计调查工作，与高校师生深入互动。

23 日　总队召开全省第三次全国经济普查个体经营户抽样工作总结表彰大会，对先进集体和先进个人进行表彰。高丽萍被评选为“最美普查员”，马鞍山调查队和凤台调查队获“先进集体”称号，总队孔二娟和芜湖队肖婧获“先进个人”称号。服务业处张尚煌受到国务院三经普办公室来函表彰。

30 日　安徽省人民政府办公厅印发《关于做好住户调查样本轮换工作的通知》（皖政办明电〔2014〕36 号），对全省居民收支调查样本轮换工作做出全面部署，提出明确要求。

9 月　总队组成 4 个检查组，对全省 16 个市队、33 个县区调查队（统计局）、64 个调查点进行了农民工等调查基础工作大检查。

## 十　月

14 日　总队党组印发了《中共国家统计局安徽调查总队党组关于落实党风廉政建设主体责任和监督责任的实施意见》，明确了各级党组（队委会）、各级党组（队委会）主要负责人、各级班子成员、总队机关处室负责人和各级纪检监察部门（人员）对党风廉政建设履行职责方面的责任，进一步推动了党风廉政建设主体责任和监督责任的有效落实。

16 至 30 日　国家统计局党组 2014 年第一巡视组来皖，监督检查遵守政治纪律、组织纪律、财经纪律的情况；监督检查履行党组党风廉政建设主体责任和纪检监察部门的监督责任落实情况；监督检查纠正“四风”，贯彻落实中央八项规定的情况；监督检查遵守廉洁从政各项纪律规定情况；监督检查执行干部选任管理制度规定，抵制选人用人上不正之风的情况；监督检查履行国家调查职责，落实树立国家意识、调查意识、责任担当意识的情况。

16 日　省纪委和总队联合发出《关于认真做好 2014 年全省党风廉政和国有企业反腐倡廉民意调查工作的通知》（皖纪明电〔2014〕5 号）。要求各地高度重视，加强组织领导；明确责任，周密组织实施；严明纪律，切实执行方案，确保安徽党风廉政和国有企业反腐倡廉民意调查工作圆满完成。

24 日　总队和省统计局联合召开了全省新设立小微企业和个体经营户跟踪调查工作会议，传达国家统计局视频会议精神，布置我省新设立小微企业和个体经营户跟踪调查工作。

29 日　中央纪委、国家统计局联合督导检查组按照来皖对总队及合肥、黄山和歙县等队开展的党风廉政建设民意调查进行了督导检查。

31 日　滁州队召开第二批党的群众路线教育实践活动总结大会。总队党组书记、总队长骆飞出席会议并讲话，国家统计局第八巡回督导组副组长刘克明等参加了会议。

31 日　《国家统计局城市司关于 PPI 联网直报

工作进展情况的通报》（城市司函〔2014〕40号）中，总队受到国家统计局城市司的表扬，成为率先实现并轨的七个省份之一。

## 十一月

17日 总队发文增加庐江、阜南、金寨三个县作为农村消费价格调查点

## 十二月

4日 总队联合省政府办公厅、省发改委、省人行、省统计局等十部门召开全省居民收入形势分析座谈会，全面分析当前经济形势，准确了解安徽省民生状况和政策执行情况。

15日 党组会议研究决定，对总队机关部分处室职能进行了调整。

5日至12月 总队巡查组完成了对合肥、六安、铜陵、黄山、淮北、宿州等队的统计巡查工作。

# 2014年总队工作获奖情况

| 工作内容 | 奖 次 | 授予单位 |
|---|---|---|
| 办公室工作 | 优秀等次 | 国家统计局 |
| 综合统计工作 | 优秀等次 | 国家统计局 |
| 贸易外经统计工作 | 优秀等次 | 国家统计局 |
| 城市统计调查工作 | 优秀等次 | 国家统计局 |
| 服务业统计工作 | 优秀等次 | 国家统计局 |
| 网络信息报送工作 | 优秀等次 | 国家统计局 |
| 统计设计管理工作 | 良好等次 | 国家统计局 |
| 工业统计工作 | 良好等次 | 国家统计局 |
| 农村统计调查工作 | 良好等次 | 国家统计局 |
| 住户调查工作 | 良好等次 | 国家统计局 |
| 人事管理工作 | 良好等次 | 国家统计局 |
| 纪检监察审计工作 | 良好等次 | 国家统计局 |
| 信息化建设工作 | 良好等次 | 国家统计局 |
| 第十届安徽省文明单位 | 文明单位 | 安徽省文明委 |
| 2011—2013年度省直机关文明单位 | 文明单位 | 安徽省直工委 |
| 安徽省2014年度政风行风民主评议 | 第四名 | 安徽省政府 |
| 2013年度省直机关效能建设 | 先进单位 | 安徽省委办公厅<br>安徽省政府办公室 |

## 主要年份全省粮食产量及增幅

## 主要年份全省棉花产量及增幅

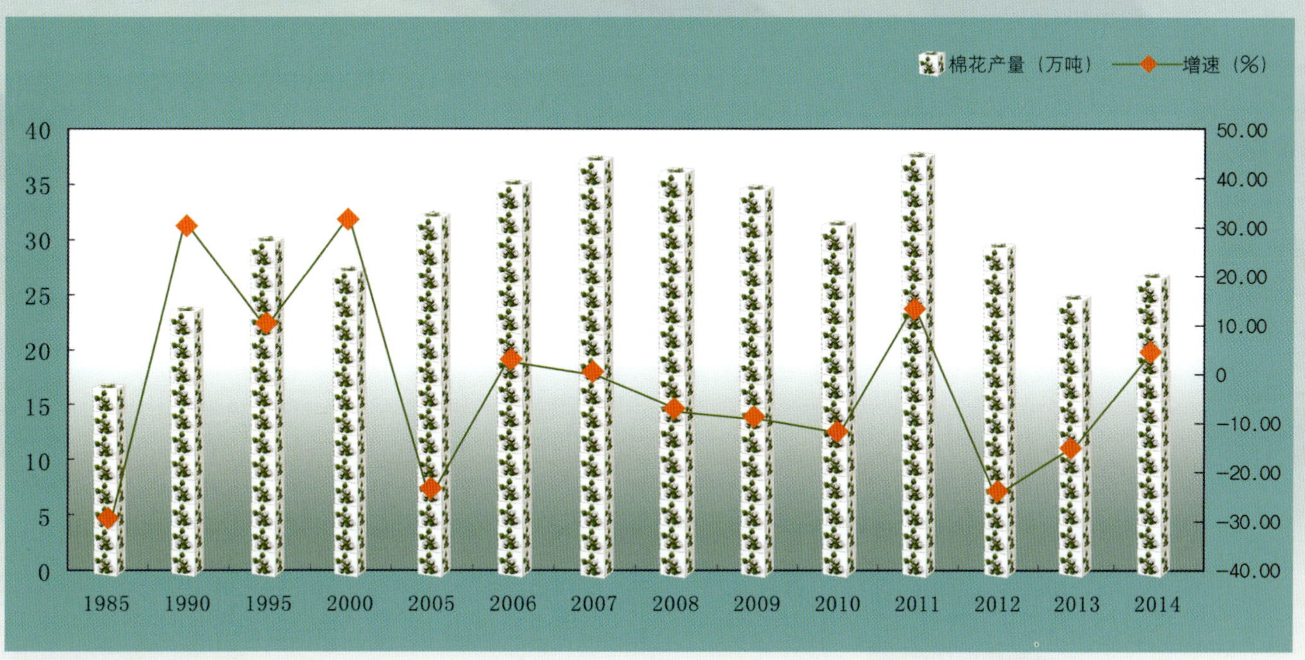

## 主要年份全省油料产量及增幅

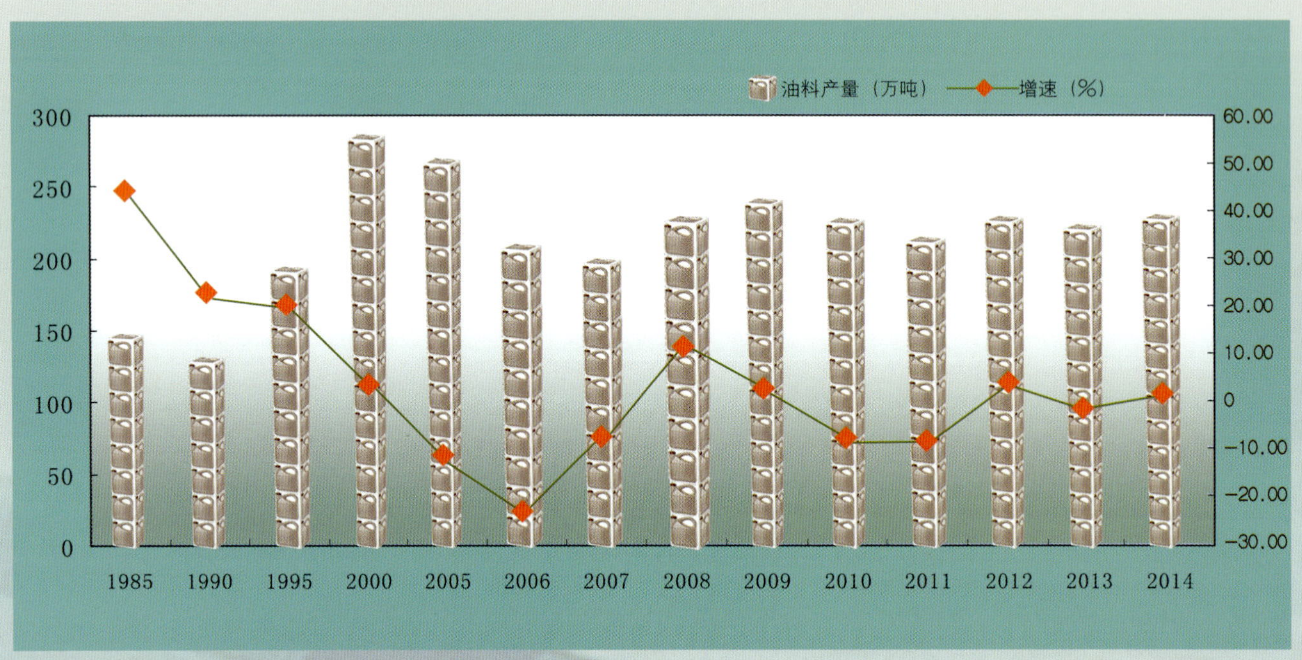


## 2005—2014年全省猪肉产量及增幅

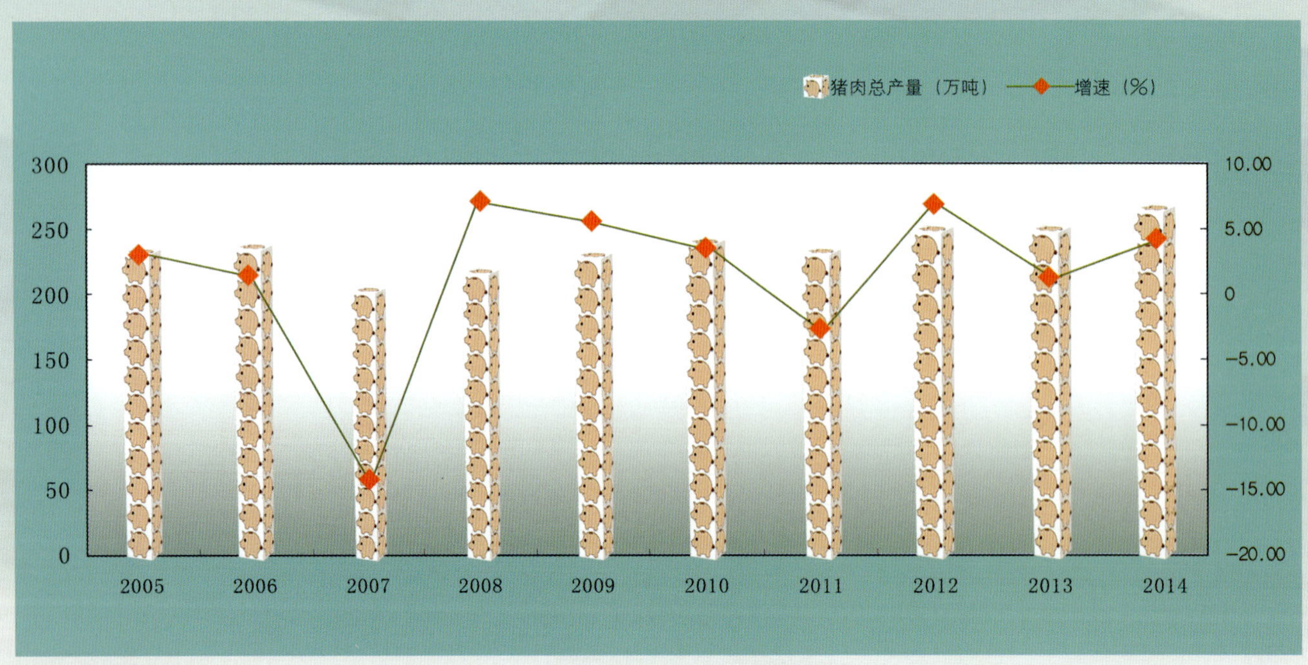

2014 年安徽城镇居民人均可支配收入构成（%）

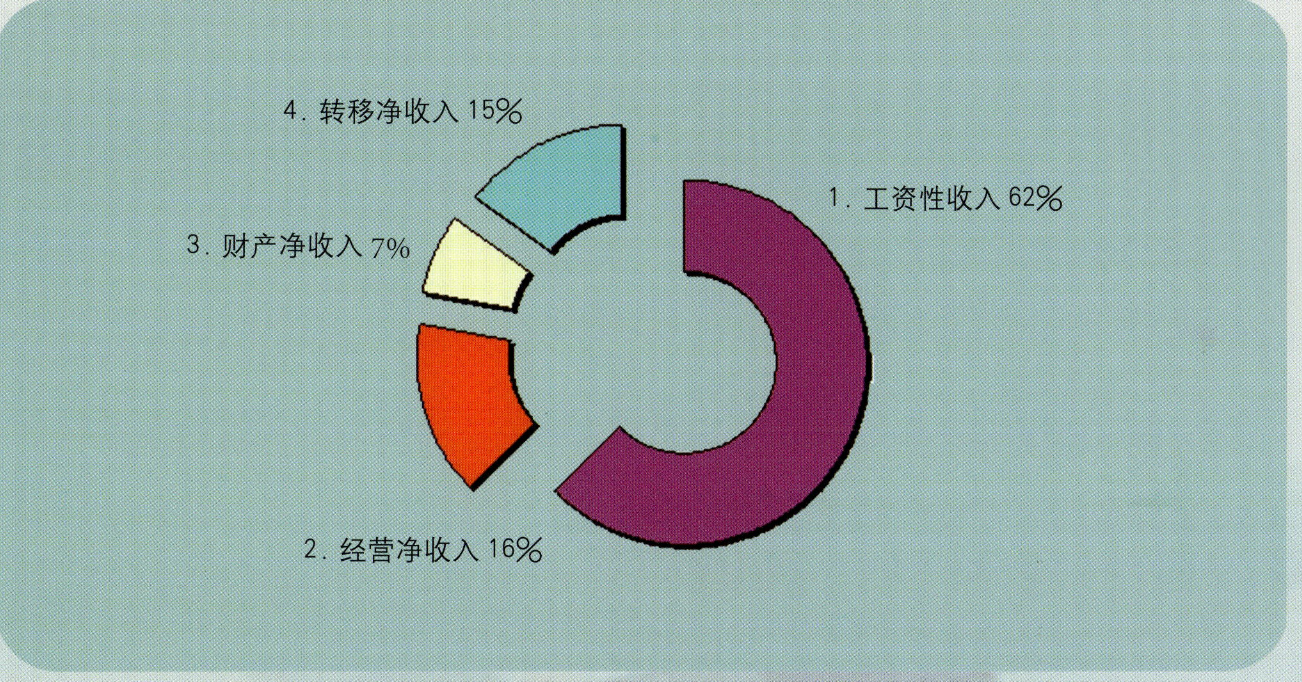


2014 年安徽农村居民人均可支配收入构成（%）

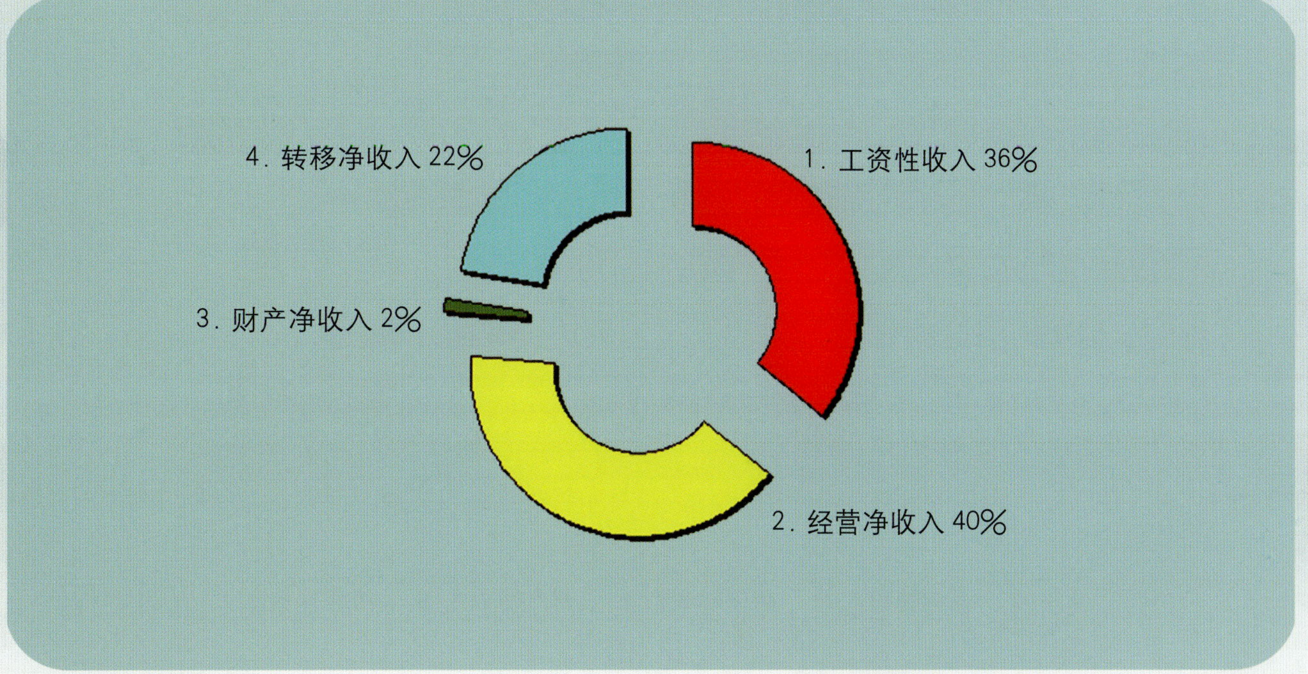

## 2014年安徽省及各市城镇居民人均可支配收入分项情况（单位：元）

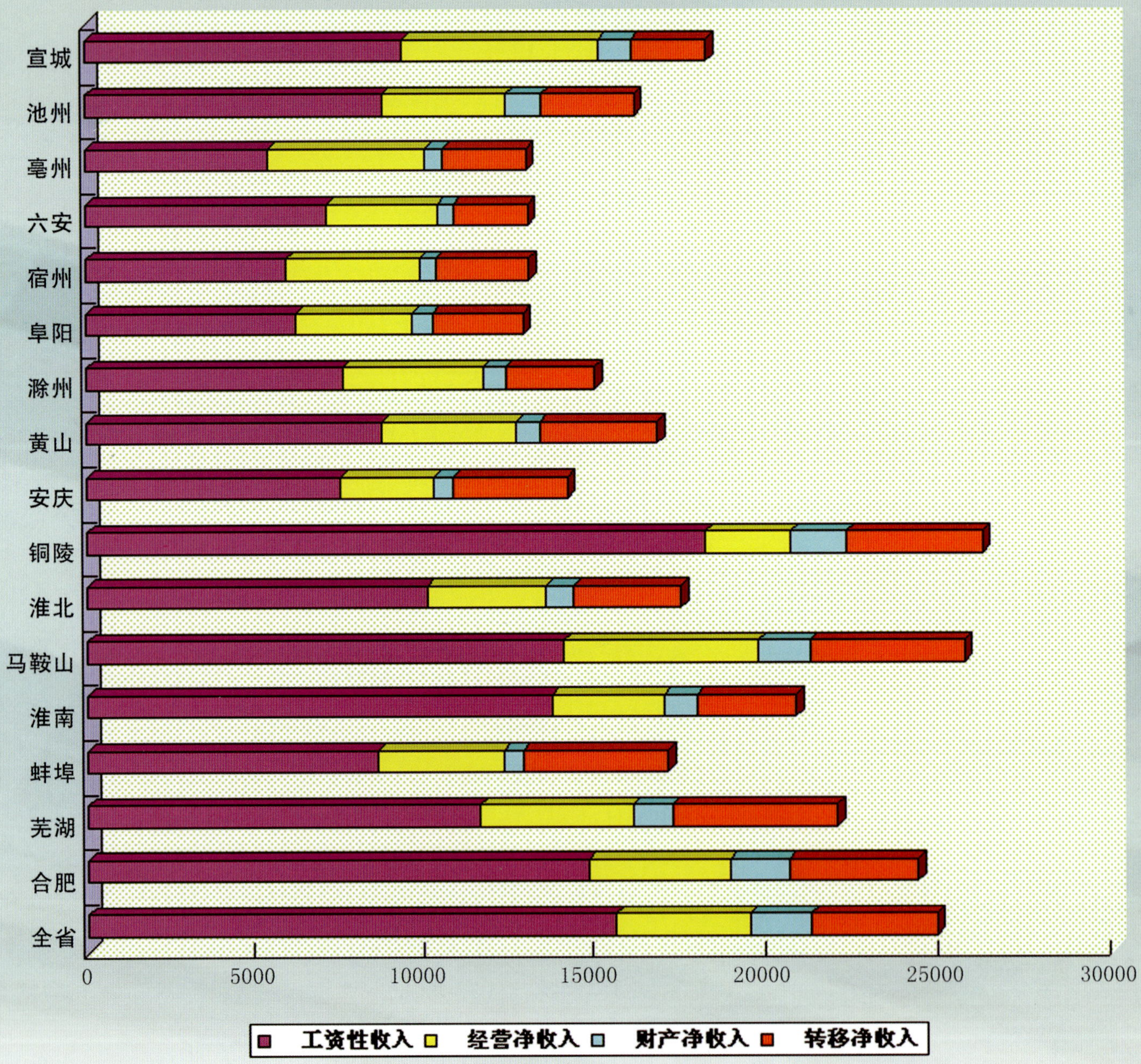

宣城
池州
亳州
六安
宿州
阜阳
滁州
黄山
安庆
铜陵
淮北
马鞍山
淮南
蚌埠
芜湖
合肥
全省

0 5000 10000 15000 20000 25000 30000

工资性收入 经营净收入 财产净收入 转移净收入

2014 年按收入等级分的城镇居民家庭人均收支情况

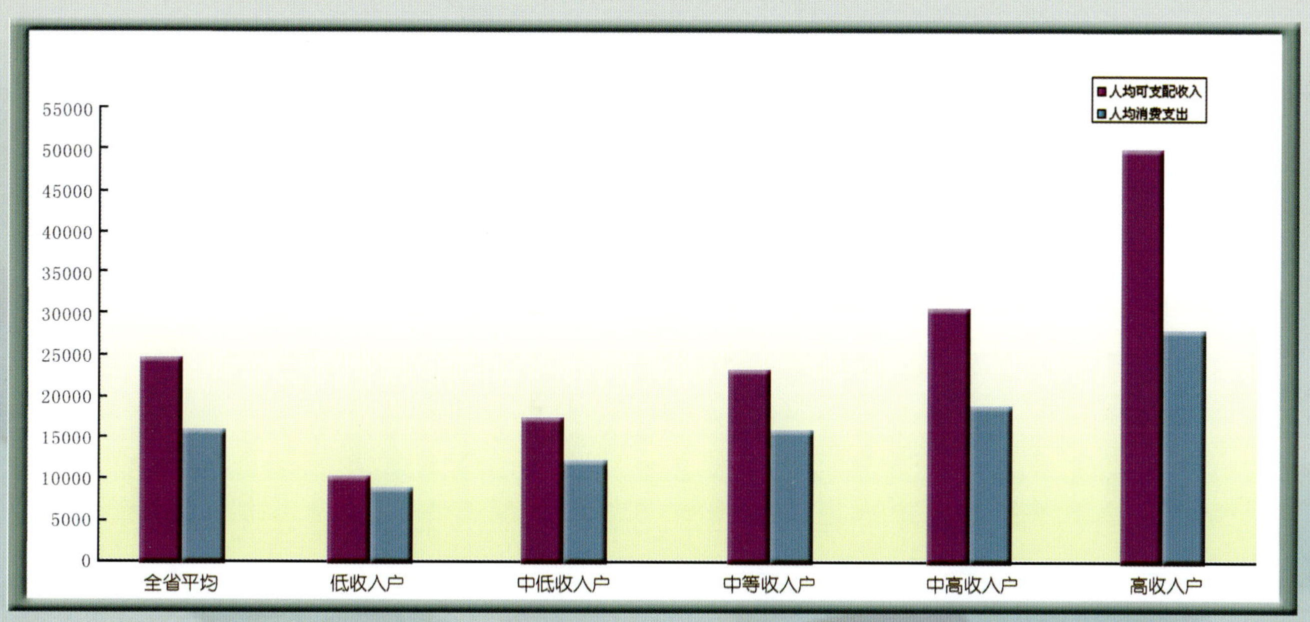


2014 年按收入等级分的农村居民家庭人均收支情况

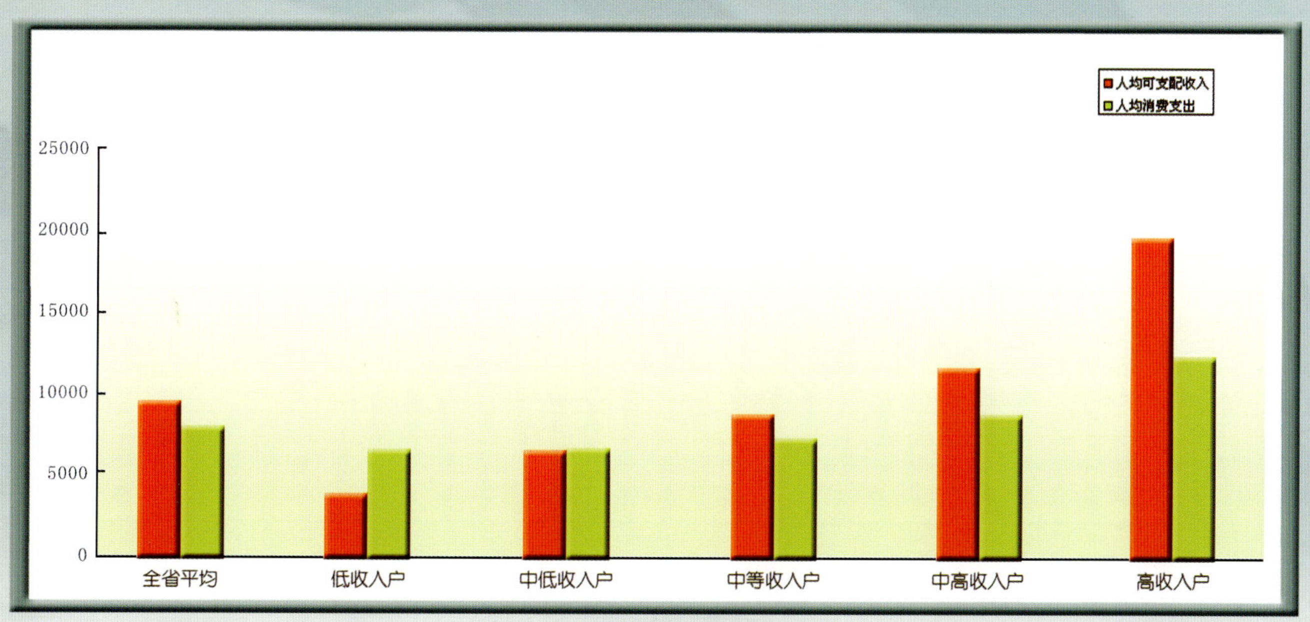

## 2014 年全国各省城镇居民人均可支配收入（元）

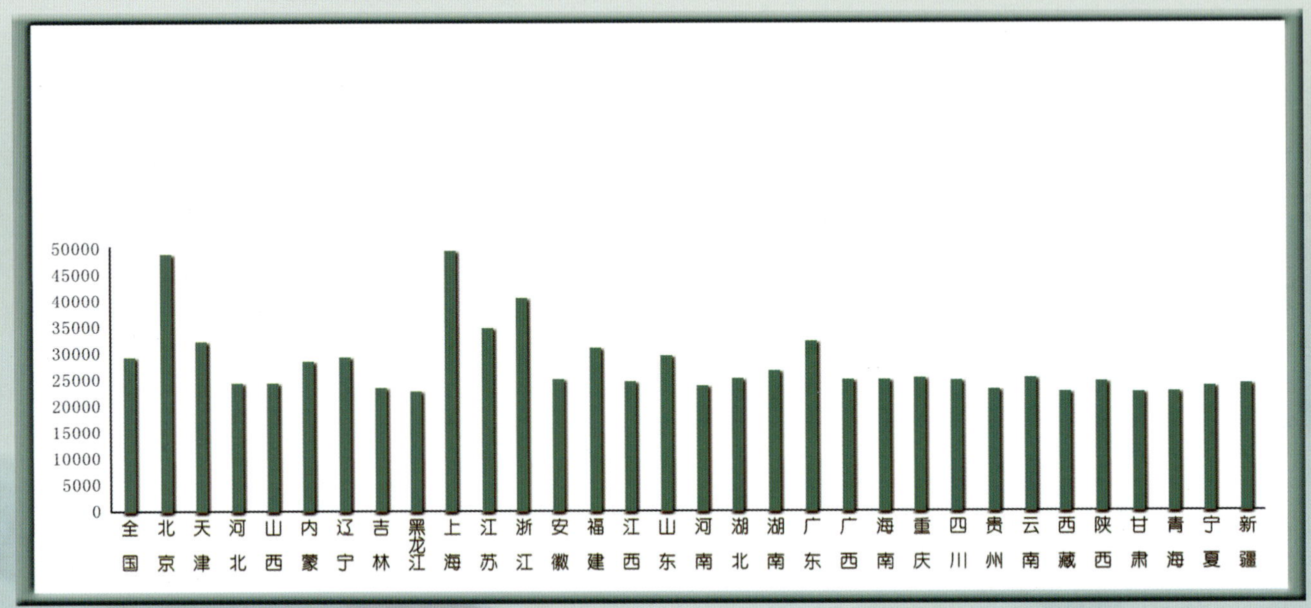


## 2014 年全国各省农村居民人均可支配收入（元）

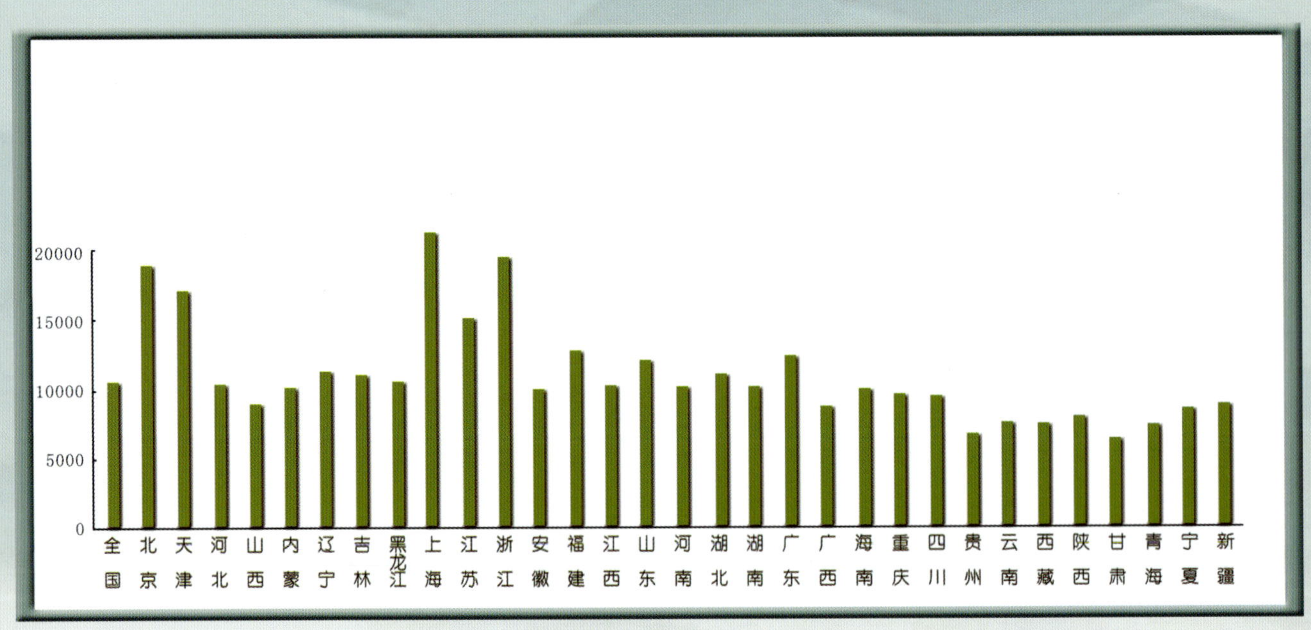

## 2014年安徽城镇居民消费性支出构成（%）

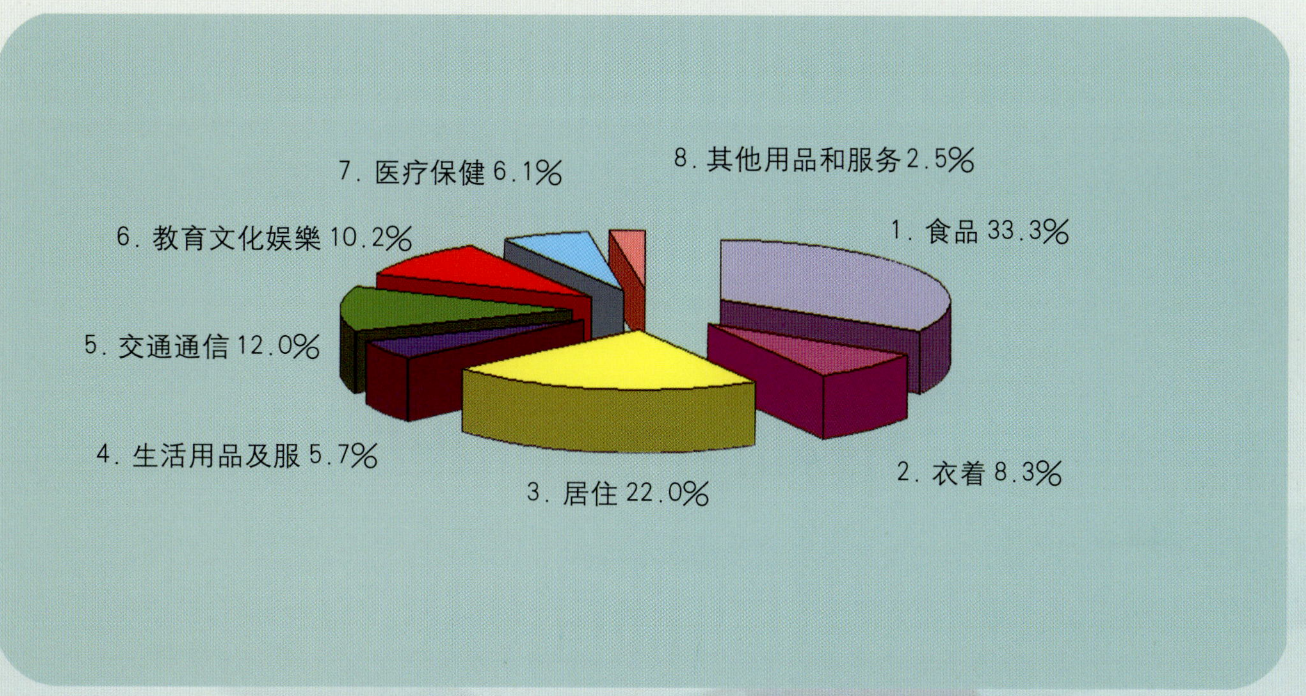


## 2014年安徽农村居民消费性支出构成（%）

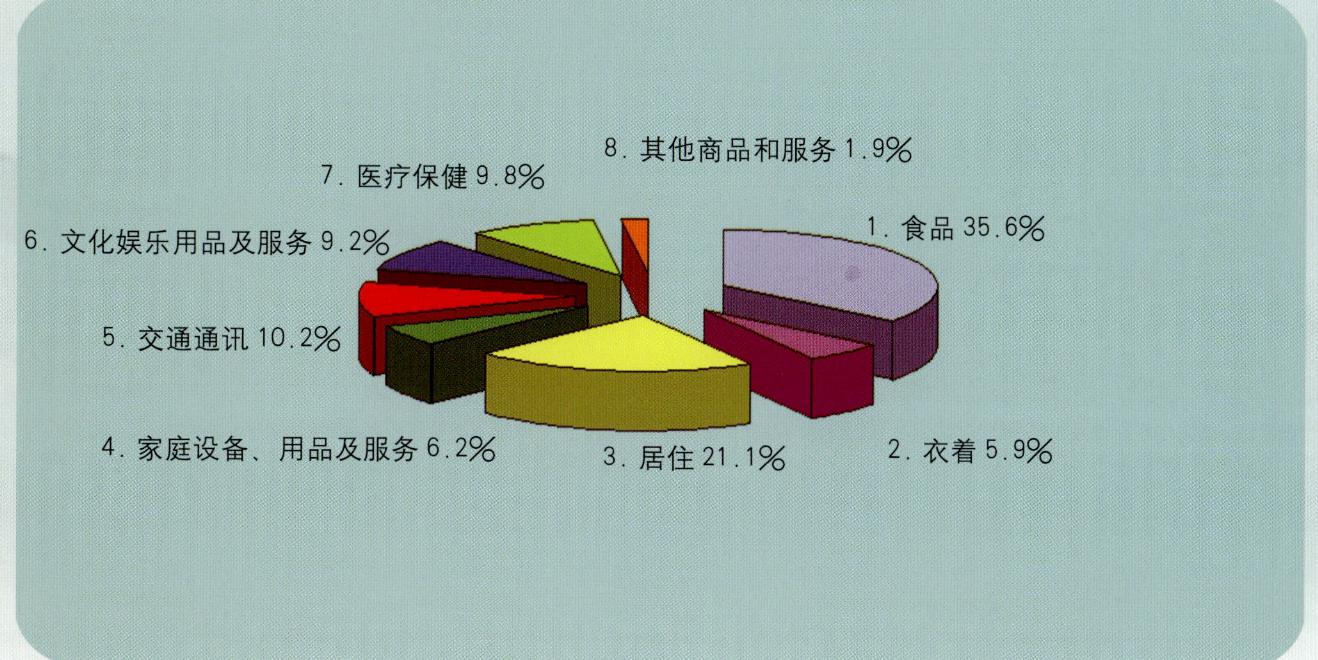

## 城镇居民恩格尔系数（%）

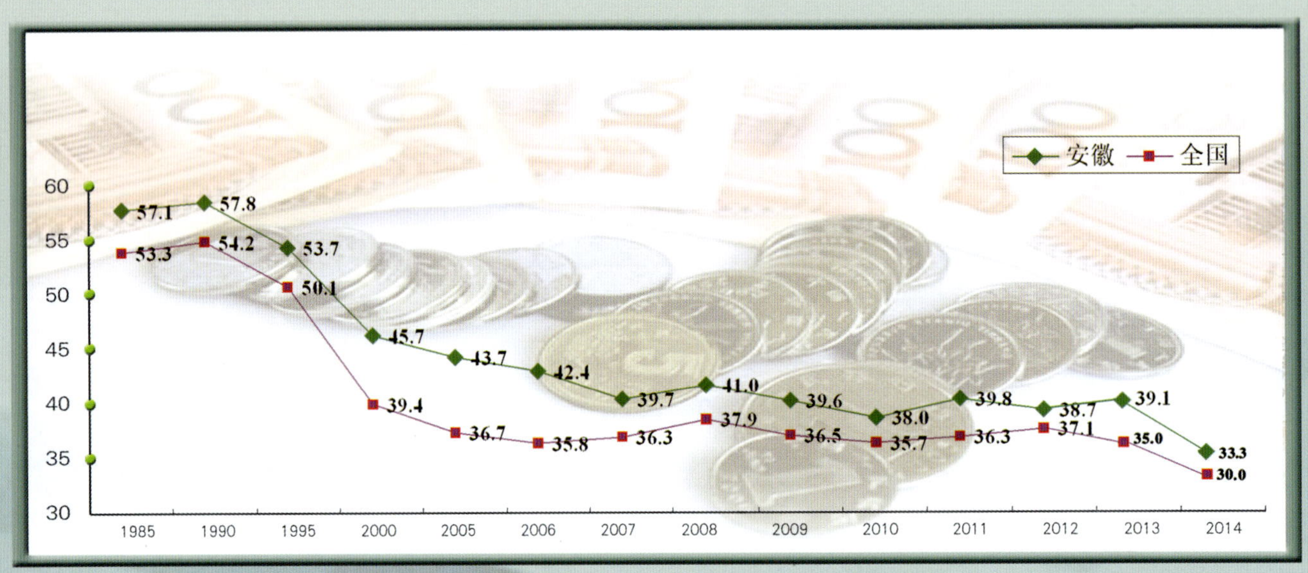


## 农村居民恩格尔系数（%）

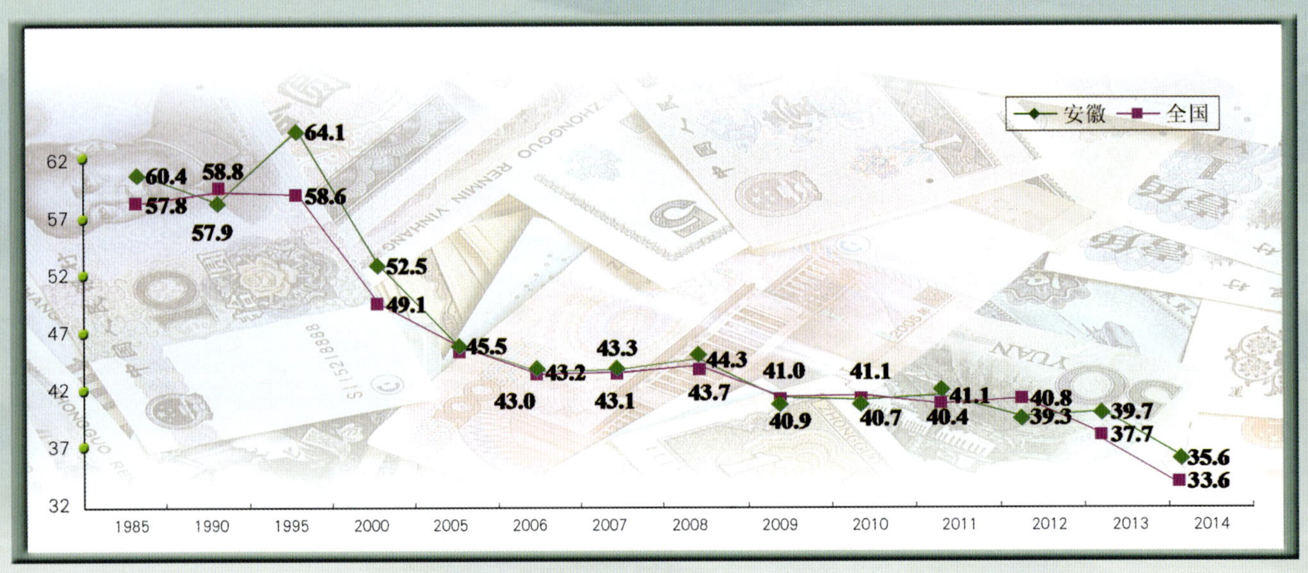

## 居民消费价格指数（上年 =100）

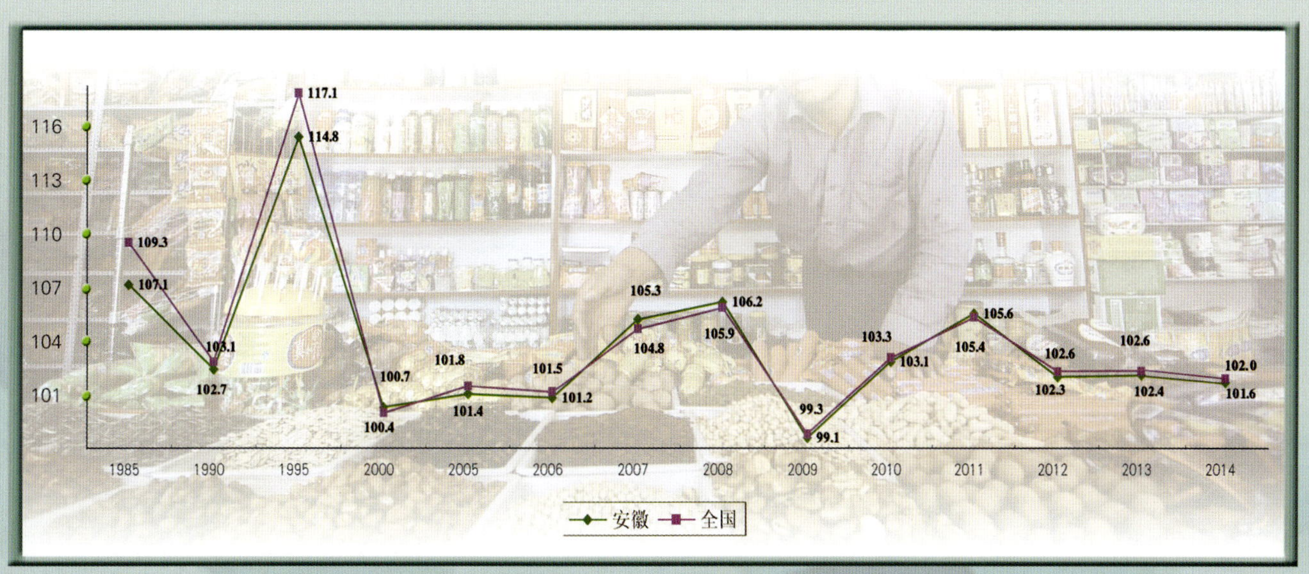


## 城市居民消费价格指数（上年 =100）

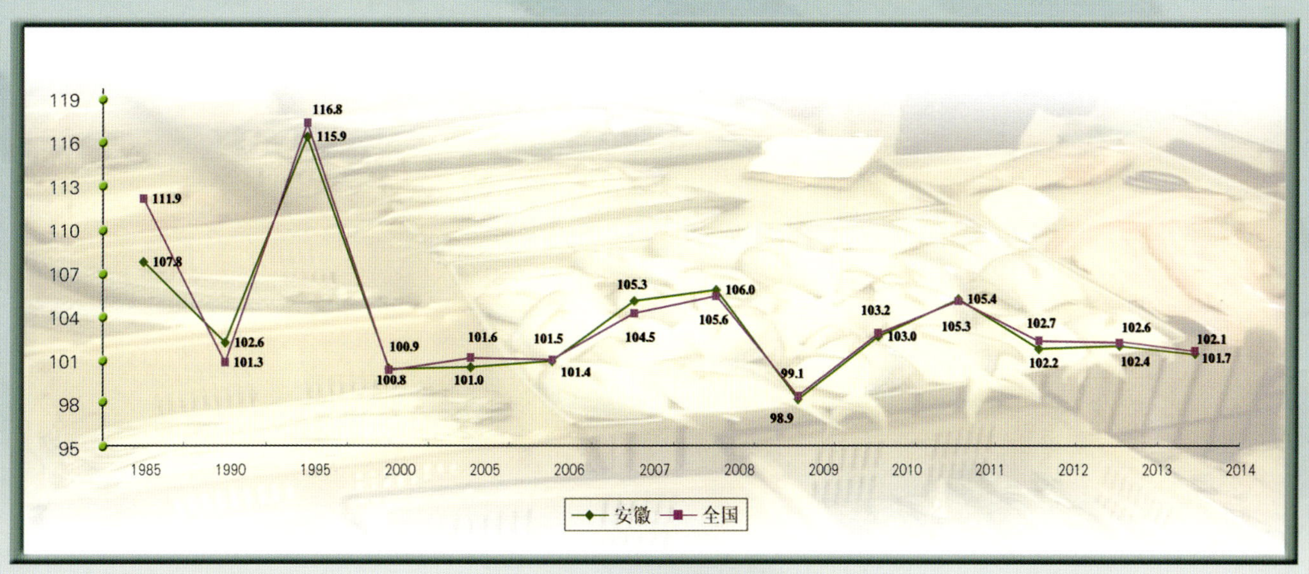

## 农村居民消费价格指数（上年 =100）

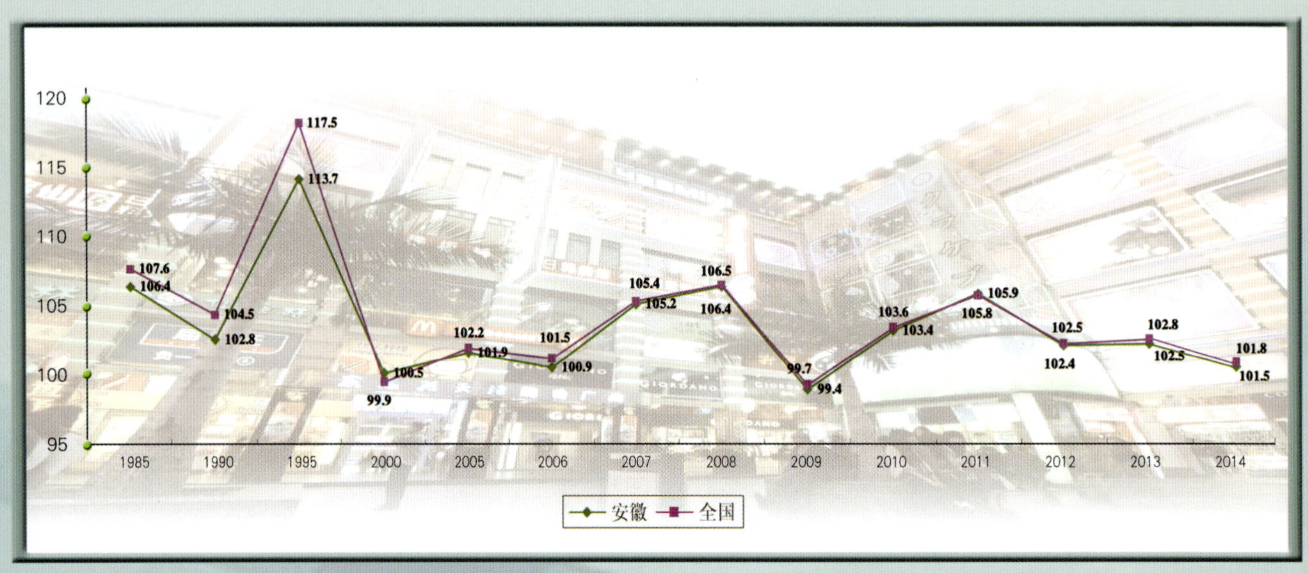


## 商品零售价格指数（上年 =100）

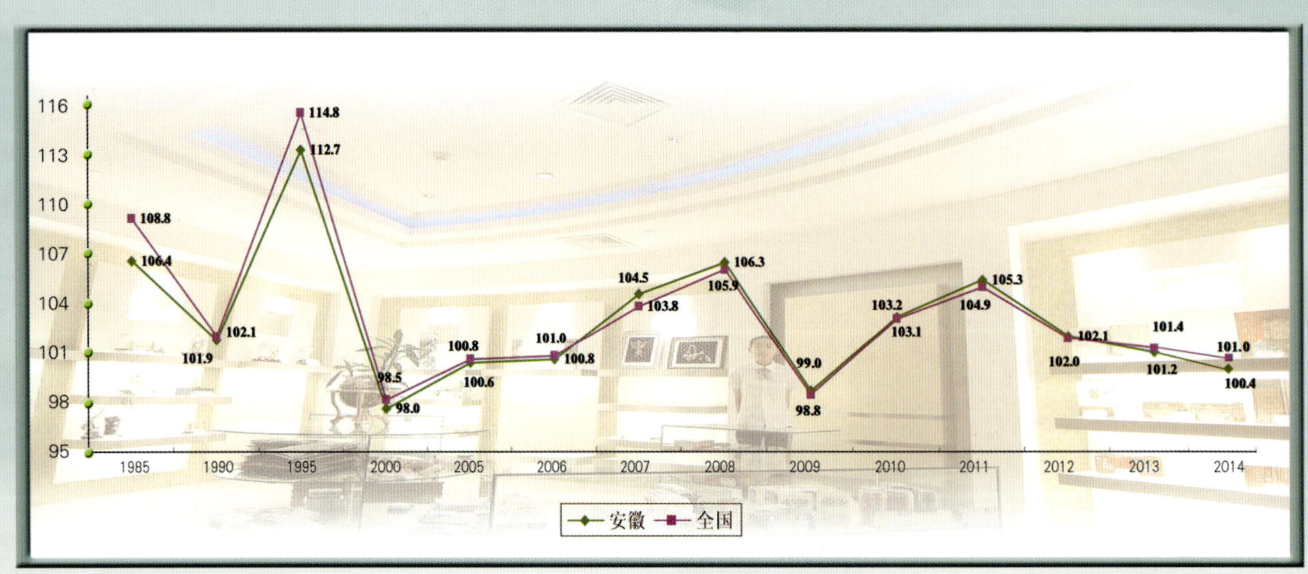

## 农业生产资料价格指数（上年 =100）

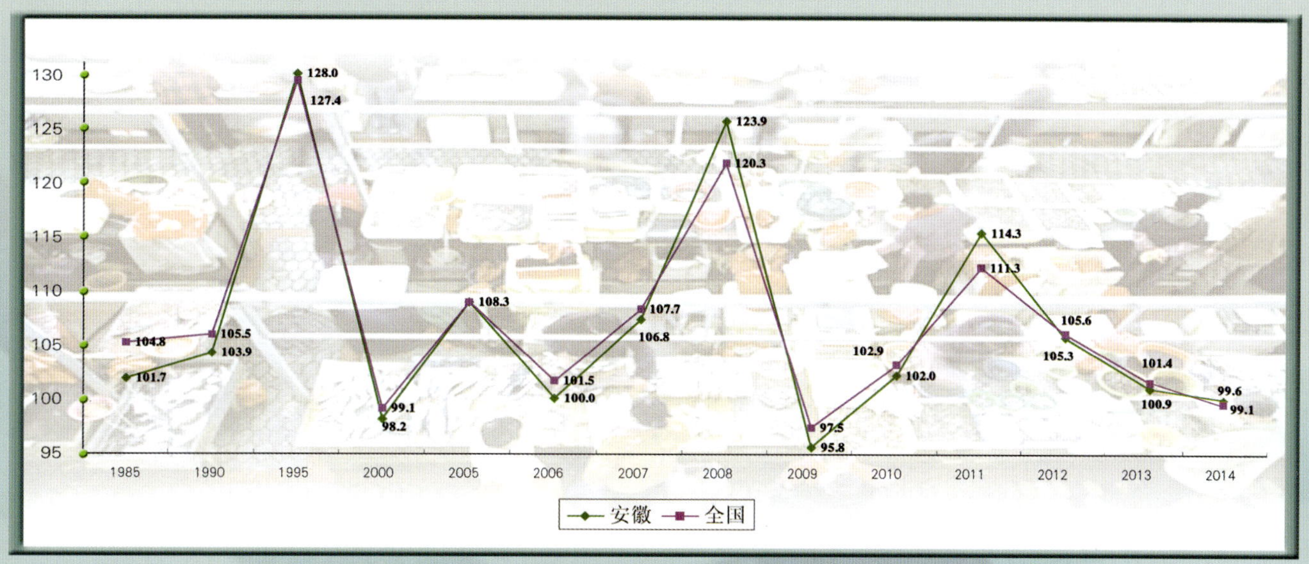


## 工业生产者出厂价格指数（上年 =100）

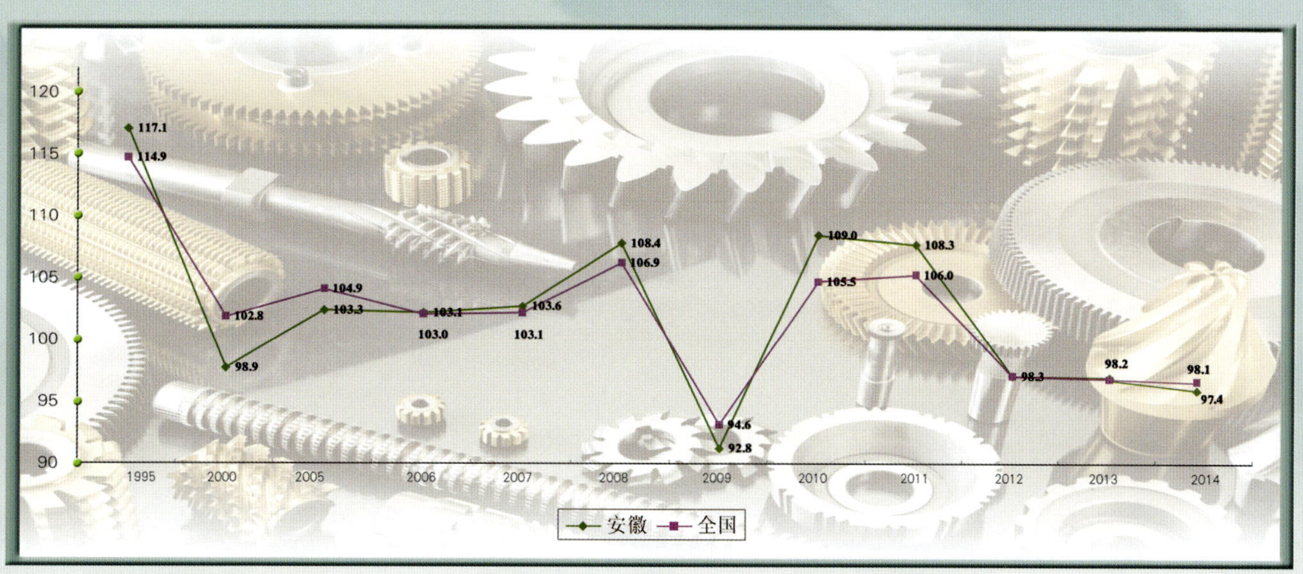

## 工业生产者购进价格指数（上年 =100）

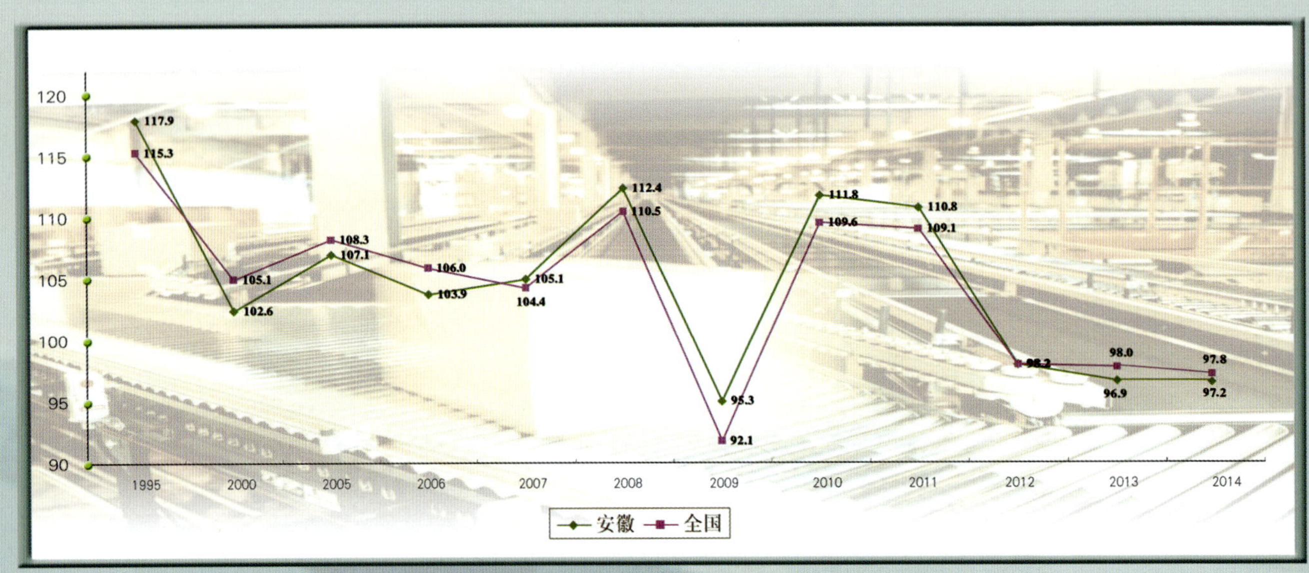


## 固定资产投资价格指数（上年 =100）

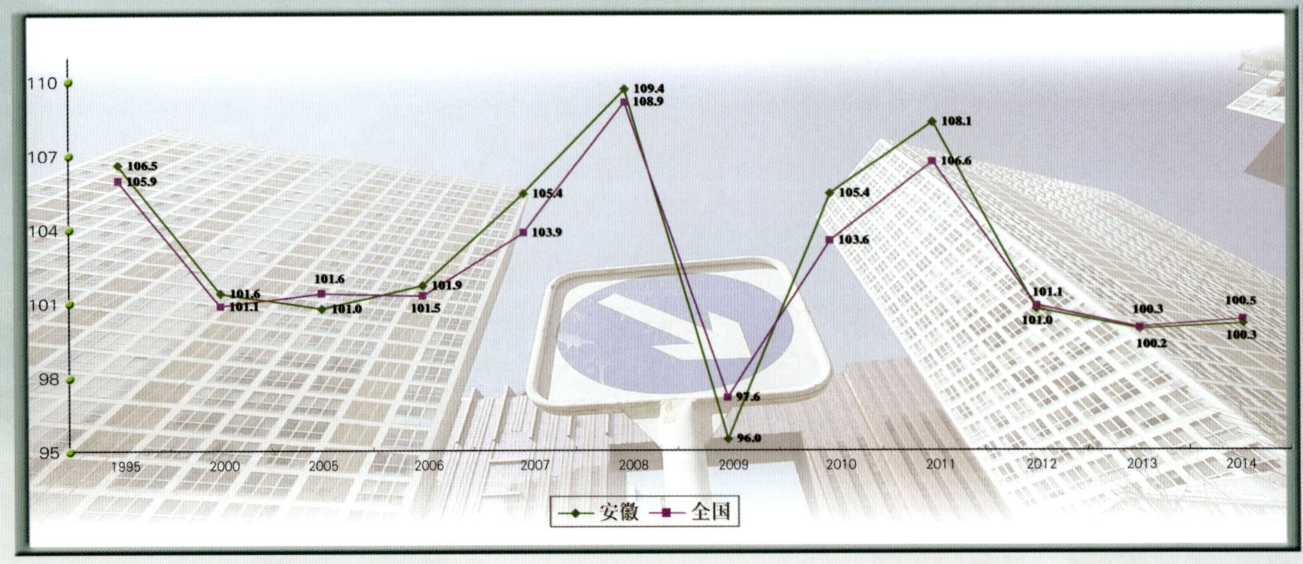

# 目　　录

# Contents

## 一、综　合

## Chapter 1 General Survey

**文字部分:(Articles)**

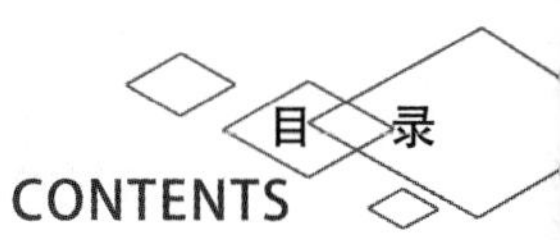

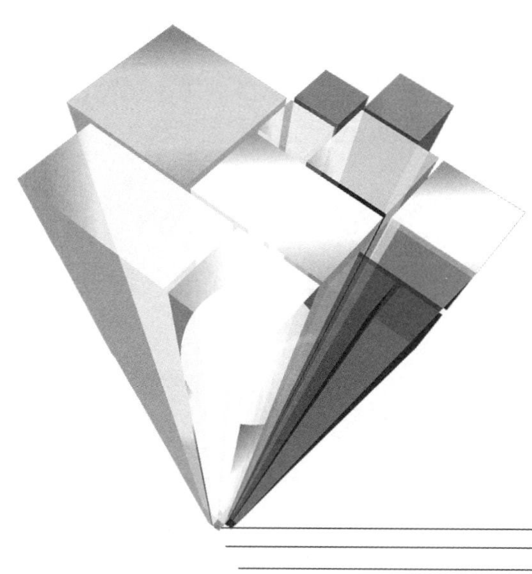

# 综　合

General Survey

## 简 要 说 明

一、本篇资料包括文字和数据，主要反映全省主要调查指标运行情况，包括主要农产品产量、城乡居民生活、物价水平及规模以下服务业业发展情况等。

二、规模以下服务业抽样调查根据国家统计局《规模以下服务业抽样调查统计报表制度》，由安徽调查总队组织实施，2014 年全省调查 1621 家有效样本企业。

本版责任编辑：周雯雯　孔二娟

# 2014年安徽全年粮食生产喜获丰收

2014年安徽全年粮食生产喜获丰收。据国家统计局公布的数据显示，安徽全年粮食总产683.2亿斤，比上年增长4.2%。全年粮食总播面积9943.4万亩，与上年基本持平。综合平均单产343.5公斤/亩，比上年增长4.1%。

**一、分季粮食生产情况**

（一）夏粮总产“十一连丰”。2014年，安徽夏粮总产量280.0亿斤，比上年增长4.6%。其中，小麦总产量278.7亿斤，比上年增长4.6%。夏粮平均亩产377.2公斤，比上年增长4.5%。其中，小麦平均亩产381.6公斤，比上年增长4.6%；夏粮播种面积3711.9万亩，比上年增长0.1%。其中，小麦播种面积3651.8万亩，比上年增长0.1%。

（二）早稻总产继续下降。2014年，安徽早稻平均亩产379.5公斤，比上年增长2.5%；播种面积338.0万亩，比上年下降4.3%；总产量25.7亿斤，比上年下降1.9%，早稻亩产增长抵消了面积下降对总产量的部分影响。

（三）秋粮克服不利天气影响获得丰收。2014年，秋粮总产量377.5亿斤，比上年增长4.3%。其中，中单晚稻总产量227.5亿斤，比上年增长3.3%；双季晚稻总产量25.8亿斤，比上年下降0.8%；玉米总产量93.1亿斤，比上年增长9.3%；大豆总产量23.0亿斤，比上年增长7.5%。秋粮播种面积5893.5万亩，稳中有增，比上年增长0.3%。其中，中单晚稻播种面积2630.3万亩，比上年增长1.4%；双季晚稻播种面积357.8万亩，比上年下降4.0%；玉米播种面积1278.6万亩，比上年增长0.9%；大豆播种面积1277.4万亩，比上年下降0.6%。秋粮综合平均亩产320.3公斤，比上年增长3.9%。其中，中单晚稻平均亩产432.4公斤，比上年增长1.9%；双季晚稻平均亩产360.5公斤，比上年增长3.4%；玉米平均亩产364.1公斤，比上年增长8.3%；大豆平均亩产90.0公斤，比上年增长8.1%。

**二、粮食增产因素分析**

综合分析全年粮食数据显示，2014年安徽主要粮食品种产量比上年都有不同程度的增长，究其原因：

（一）政府重视，政策稳定，措施到位。作为全国13个粮食主产省之一，安徽省委省政府历来重视粮食生产，积极贯彻落实中央出台的一系列强农惠农政策。及时发放农业“四补贴”，认真执行小麦、稻谷最低收购价，贯彻落实产粮大县奖励政策，积极推进农业生产经营方式转变，注重培育新型农业生产主体等政策措施，支持推广安徽粮食生产三大行动，进一步调动了各方面粮食生产积极性，促进粮食生产。2014年，安徽全年粮食面积基本稳定，种植结构继续调整，高产作物比重不断增加，占全年粮食面积的比重比上年提高近0.5个百分点。

（二）科技支撑，高产创建带动，田间管理科学化。2014年，各地继续推广应用优良品种，良种覆盖面积不断增加；一播全苗、水稻工厂化育秧、测土配方等配套技术在粮食生产过程中逐步推广应用；小麦"一喷三防"、病虫防控等措施的组织推广，加强田间管理科学化；一批高产创建田块辐射、带动周边农户科学种植；各种农业机械广泛应用，机械化程度不断加强。同时农业科技、机械、种植方式的继续推广应用，进一步促进了粮食生产水平的提升。

（三）全年总体气候适宜，灾情短暂且轻于上年。2014年全年粮食生产期间，总体气候适宜，光温水时空分布较为合理，能够满足作物生长需要。夏粮生产期间，几乎说得上风调雨顺，保证夏粮产量继续增加。早稻生产期间，虽然沿江江南地区雨水较多，但田间沟渠畅通、排水及时，未对早稻生长产生不利影响，早稻亩产高于上年。秋粮生产前期天气、墒情利于作物播种出苗，满足作物生长需要，作物长势明显好于上年；秋粮生产期间虽然局部出现短时干旱和一段时间的低温阴雨，但只影响部分区域和部分品种，且后期天气好转，灾害影响有限，且灾情轻于上年，主要秋粮作物的亩产不同程度高于上年，带有一定的恢复性。

（四）防灾减灾措施有效，病虫害程度较轻。2014年极端性天气较少、防治措施有效，病虫害整体程度轻于常年。秋粮生产期间，皖北局部地区出现短时干旱，一方面各地积极组织抗旱，80%以上受旱面积得到一遍以上的灌溉，同时配合气象条件开展人工降雨作业，极大地缓解旱情影响，另一方面趁水追肥，满足作物生长需求，有效减轻旱情对作物生长的影响，满足了在地作物的生长需求。

**三、当前粮食生产存在的问题与建议**

当前粮食生产水平虽然在不断提高，但仍有问题存在，如何解决这些问题是粮食生产能力能否继续提高的关键。

（一）农田水利建设仍需加强。当前粮食生产受到气象条件的制约较多。自然灾害对粮食产量的影响短时间内无法避免，继续因地制宜地加强农田水利建设并使之不断完善，才能够最大程度的减轻水旱灾害的不利影响。

（二）粮食种植方式科学化仍需推进。用种量过大、田间管理粗放等情况在普通农户中仍然广泛存在，一旦遭遇不利气候就会造成粮食产量下降。加强用种、管理方式科学化是提高粮食生产能力的一个重要途径，粮食种植方式科学化仍需推进。

（三）粮食生产经营方式仍需优化。劳动力外流是近年来影响安徽农业发展的一个重要因素，粮食生产的经营方式也随之发生变化。大量劳动力外出从事非农工作、放弃农业生产，大量土地流转到少数人手中，种粮大户、粮食生产合作社逐渐兴起。但由于资金、技术、土地租用等因素制约，土地集中经营在粮食生产中优势及生产潜力尚未完全发挥，经营方式仍需优化。

撰稿：杨潇潇

# 2014年安徽棉花产量止跌转增

2014年安徽棉花产量一改前两年持续下降趋势，止跌转增。据调查，2014年棉花播种面积397.8万亩，较上年下降7.0%；亩产66.2公斤，较上年增加12.7%；总产26.3万吨，较上年增加4.8%。

## 一、棉花亩产较上年大幅提高

2014年，安徽棉花亩产比上年有较大幅度提高，基本恢复到常年水平。亩产的大幅提高是棉花产量止跌转增的决定性因素。

（一）天气适宜是棉花亩产提高的主要原因。目前安徽棉花种植主要集中在沿江地区，面积占比超过70%。2014年这一地区棉花夏桃前天气好，晴雨适度、光照充足、温度适宜，适宜棉花生长，棉花长势好于上年；八月中后期虽出现一段时间的低温、寡照、连阴雨天气，对棉花品质、产量产生一些不利影响，但随着天气好转，棉花生长恢复，天气总体有利于棉花生产。

（二）棉花因前两年连续受灾亩产基数较低，今年亩产呈恢复性增长。安徽棉花生产因连续两年受灾（2012年台风、暴雨、龙卷风和2013年长时间的高温干旱），亩产大幅下滑，致使上年亩产基数较低。而2014年安徽棉花主要种植区除了短暂低温阴雨影响外，无其他明显水旱灾害、倒伏面积小，亩产恢复到常年水平，较上年有大幅提高。

（三）病虫害发生较轻，也是棉花增产的有利因素。2014年病虫害防治及时，加之没有出现极端天气，病虫害发生较轻，有利于棉花亩产恢复到正常水平。

## 二、棉花面积继续减少

近年来，随着安徽种植结构的调整，棉花播种面积大幅萎缩，2014年棉花面积继续减少。

（一）机械化程度低、劳动力不足。安徽棉花种植机械化程度低，需要大量人工，但目前农村青壮年劳动力务农比例不断下降，没有足够的劳动力承担棉花种植的繁重工作。

（二）棉花比较效益低、种植风险大。棉花病虫害发生率高，农药、化肥等农资需求量高于粮食种植，受国际棉价低迷和国内需求萎缩的双重影响，棉花价格持续走低，种植棉花的效益不断减少，再加上今年国家停止收储补贴，农户收益没有保证，对比粮食种植收益稳定，棉花种植比较效益低、种植风险大。

（三）棉农种植积极性下降。近年棉花生产期间自然灾害频发，棉花产量减少，再加上棉花价格一路走低，棉农对棉花种植持悲观态度。

（四）种植结构调整，部分棉田改为粮田。由于政策鼓励种植粮食作物，加之粮食作物产量高、收入稳定等原因，很多棉区种植结构调整，棉田改粮田，棉农变粮农。

## 三、当前棉花生产的困境

2014年安徽棉花虽然丰产，但是价格回

落，导致棉农收益大幅缩水，棉农种植意愿趋减。据安庆市调查显示，今年棉花每亩净利润比上年减少392.70元。丰产不丰收成为当前棉花生产的一大困境。

针对这一问题，有关专家建议，当前应尽快出台棉花补贴新政，增强棉农的种棉积极性；应继续强化农资市场的监管，加强化肥、种子等农业生产资料的价格管理，确保农业生产资料价格的平稳，严打劣质、假冒农业生产资料；加大农村信息平台建设，建立并形成多部门联动，覆盖生产、流通、销售等各个环节的实时监测体系，及时、准确地为农民提供农资价格、棉花购销状况及产销交易市场动态等相关信息，引导农民合理种植，确保增产增收。

**四、棉花生产未来预期**

近日，安徽省首次出台了棉花补贴方案，直接补贴棉花实际种植者。补贴方案的出台，对棉农有一定的激励作用，但是否能够促进棉花生产，还要看方案的具体实施情况。只有切实地提高棉农收益，更好地调动主产区和种植者发展棉花生产的积极性，合理引导棉花生产、流通、消费，鼓励多种棉、种好棉，才能使棉农既丰产又丰收，迎来棉花生产的“春天”。

撰稿：杨潇潇

# 2014年安徽畜牧业在困境中求发展

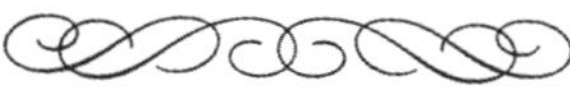

畜牧业是安徽农村经济发展和促进农民增收的重要支柱产业。2014年受畜产品价格走低、禽类疫病等因素影响，农户养殖积极性受到挫伤，面对不利形势，相关部门采取有效措施，积极应对，促进畜牧产业结构调整，确保全省畜产品产量保持增长。

## 一、安徽畜牧业生产情况

据国家统计局核定数据，1～4季度安徽主要畜产品产量小幅增长，肉蛋奶总产量563.2万吨，同比上升2.0%。

（一）生猪生产基本稳定。1～4季度安徽生猪出栏3089.2万头，同比上升4.0%；猪肉产量264.8万吨，同比上升4.5%；生猪存栏1585.4万头，同比下降1.7%，其中：能繁殖母猪存栏141.3万头，同比下降1.2%。

（二）牛养殖量下降，羊养殖量回升。四季度末牛存栏数量为152.7万头，同比下降1.5%，肉牛、役用牛存栏数量分别为129.8万头、11.7万头，同比分别减少0.8%、15.3%；而羊存栏数量则为642.7万只，同比上升6.2%，其中山羊、绵阳存栏数量分别为604.2万只和1.1万只，同比分别增长6.2%和0.3%。

（三）家禽养殖业保持平稳。上半年禽流感影响基本消除，三季度安徽家禽养殖业基本恢复到上年同期水平。四季末家禽存栏24322.1万只，同比下降1.6%；1～4季度家禽出栏71619.1万只，同比下降1.1%，禽肉产量114.6万吨，同比下降1.2%，禽蛋产量122.5万吨，同比下降1.6%。

（四）牛奶生产保持较快增长态势。年末奶牛存栏量为11.7万头，同比增加5.6%，全年牛奶产量达到27.9万吨，同比上升10.0%。

## 二、畜产品生产效益情况

（一）生猪价格低迷，养殖效益下降。今年生猪价格低开高走，但一直处在低位徘徊，四季度生猪平均价格为14.16元/公斤，较三季度持平；仔猪价格为18.35元/公斤，比三季度下降7.1%，生猪和仔猪价格与去年同期相比分别下降8.7%和14%。2014年饲料价格一直在高位盘整，诸多成本上涨因素进一步压缩了生猪养殖的利润空间，目前生猪养殖在微利状态下进行，猪粮比在盈亏线上下徘徊。自繁自养的养殖户生猪养殖保本经营，单纯育肥的养殖户仍在继续承受较大的亏损，大型养殖企业现阶段主要是以量补价。受成本上涨和市场需求增加影响，近期猪肉价格有望上涨，预计生猪价格出现大幅波动的可能性不大。

（二）牛、羊价格高位运行，养殖效益较好。今年来受市场的刚性需求，牛、羊肉价格持续高位，四季度出售肉牛平均价格分别为28.45元/公斤，同比分别上涨6.3%；出售羊平均价格分别为 29.99 元/公斤,同比下跌 7.9%。羊养殖利润空间相对较大,近期出栏价格虽有所下跌,利润依旧可观。受到牛养殖模式、成本、技术及生态环境等因素的限制,安徽肉牛生产有所退步。而山羊养殖由于比较适合安徽皖北地区自然条件,呈现较快发展趋势。

(三)家禽生产出现波动,蛋禽养殖盈利,肉禽亏损。今年鸡蛋价格先抑后扬,2 月下滑至最低点 9.77 元/公斤,后期缓慢回升,9 月至最高点 12.08 元/公斤,年末价格为 11.16 元/公斤。活鸡价格与鸡蛋价格走势基本相同,2 月下滑至最低点 12.88 元/公斤,后期缓慢回升,9 月至最高点 14.95 元/公斤,年末价格为 14.56 元/公斤。下半年鸡蛋价格回升的原因是受年初禽流感影响,捕杀了大量家禽,造成后期市场供应减少,禽蛋价格回升。而肉禽养殖企业今年则亏损较为严重,尤其是禽苗企业亏损严重。

## 三、2014 年安徽畜牧业发展呈现的新特点

(一)养殖户职业化趋势明显。近年来,小农性质的散户和短期投机性养殖户逐渐减少,多数养殖户开始向职业化发展,知识技术储备和管理能力较高,抵御市场风险的心理和能力更强。面对市场机遇及风险时显得更为理性,恐慌性抛售及盲目跟风较少,对扩大产能也趋于理性谨慎。职业化养殖群体逐步扩大,养殖行业因“蛛网效应”产生的波动会逐渐减少。

(二)“家庭农场型”复合养殖模式优势开始显现。调查发现,目前很多养殖户在从事养殖行业的同时,还以家庭农场的形式从事种植业、农产品加工业等。实践证明,这部分养殖户的抵御市场风险的能力更强。如砀山县恒友牧业和华扬家庭农场,在养猪的同时还从事粮食和水果种植;这种模式的优势主要体现在两个方面:一是自家生产的粮食可以作为饲料自给自足,降低了养殖的饲料成本;二是出售粮食或者水果的收入可以为低迷期的养殖业提供资金支持。

## 四、畜牧业生产中存在的问题与建议

(一)畜产品价格波动较大,小型企业难以生存。2014 年生猪及家禽、禽蛋出栏价格大幅波动,上半年多数企业出现亏损,不少小型养殖转行甚至出现倒闭。据寿县调查队反映:兴业养殖场停止饲养生猪改为养羊。滁州调查队反映:受价格低迷影响,来安县大英镇东才养殖场 2014 年停产 2 个季度,正祥养殖场停产 3 个季度,近期价格回升,才逐步恢复生产。

(二)安徽畜产品附加值低,急待拓展产业链。2011 年以来畜牧业养殖效益普遍较好,各地规模化养殖快速发展,目前畜产品市场逐渐稳定,市场竞争加剧。安徽的畜牧业生产企业总体规模较小,从事单一的养殖行业,缺乏产业上下游间的延伸,畜产品价格低,成本高。除牛羊养殖业外,猪禽养殖利润普遍较低,有时甚至亏损。而牛羊养殖近期全国发展较快,后期市场逐渐饱和后,养殖利润势必回归合理空间,若不能发展畜产品深加工,提高产品附加值则后期势必难以在激烈市场竞争中占据优势。

针对以上问题,提出如下建议:

——及时出台临时干预政策,帮助养殖户渡过难关。在畜牧业养殖普遍亏损状况发生时,建议政府部门出台临时干预政策,矫正价格扭曲性下跌。加大规模养殖户资金扶持力度,适度贴息;增加收储额度,引导经销商

集中收购，合理定价，保证养殖户合理利益；适当提高补贴标准，完善保险制度，提高保险赔付率，同时对持续亏损养殖户给予养殖补贴；引导金融机构加大投放养殖贷款，利用担保、期货、贷款贴息、政策性保险等手段，切实解决养殖户贷款难。

——大力发展规模化养殖，延伸产业链条。与散养户相比，规模养殖资金周转快、技术水平高、养殖成本低、市场信息灵通，养殖效益明显高于散养户，规模化饲养比散养利润高出不少，且出栏时间也进一步提前。另外，规模户抵御市场风险能力远大于散养户，生产较稳定，有利于市场预测和调控，从而避免盲目生产，防止畜牧业产业大起大落。2015年我省应加大力度鼓励和扶持规模养殖，延伸产业链条；提高养殖效益，降低养殖风险，减小生猪价格市场波动，推动养殖标准化、科学化，集中治理环境。

——抓好各项扶持政策落实，帮助散养户规避风险、降低成本。面对当前畜禽养殖散养比例仍较大的现实，政府应在推动规模化养殖的同时，落实好对散养户的各项扶持政策，帮助散养户规避风险，建立一种政府与养殖户风险共担的保护机制，确保养殖户的合理利润水平，稳定养殖户的心态，提高养殖积极性，从而促进畜牧业生产稳步健康发展。

撰稿：汪思源

# 2014年安徽城镇居民收支稳步增长

今年以来,面对错综复杂的经济形势,省委、省政府坚持把保障和改善民生作为一切工作的出发点,认真贯彻落实党中央、国务院稳增长、促改革、调结构、惠民生的政策措施,全省经济保持了平稳健康发展的良好态势,人民生活持续改善,城镇居民收入稳步增长,生活消费水平不断提高。

## 一、城镇居民收入稳步增长

2014年,安徽城镇常住居民人均可支配收入24838.5元,同比增加2049.2元,增长9.0%,扣除物价上涨因素后实际增长7.2%。从收入来源看,工资性收入、经营净收入、财产净收入和转移净收入全面增加。其中,工资性收入和转移净收入呈两位数增长,同比分别增长10.0%和12.3%,安徽城镇常住居民四项收入来源情况详见下表。

**2014年安徽城镇常住居民四项收入来源情况** 单位:元

| 指 标 | 2014年 | 比上年(±) | 比重(%) | 增幅(%) |
|---|---|---|---|---|
| 人均可支配收入 | 24838.5 | 2049.2 | 100.0 | 9.0 |
| 工资性收入 | 15515.0 | 1408.3 | 62.5 | 10.0 |
| 经营净收入 | 3881.7 | 131.1 | 15.6 | 3.5 |
| 财产净收入 | 1787.7 | 108.9 | 7.2 | 6.5 |
| 转移净收入 | 3654.1 | 401.0 | 14.7 | 12.3 |

(一)工资性收入稳步增长。2014年安徽城镇常住居民人均工资性收入15515.0元,同比增长10.0%,其中,工资收入14605.0元,增长13.6%,占工资性收入94.1%。从四项收入所占比重看,工资性收入占比最大,占可支配收入62.5%,对可支配收入增长的贡献率为68.7%,拉动可支配收入增长6.6个百分点,是城镇常住居民收入的主体和增收主要因素。工资性收入增长原因:一是我省围绕长江经济带的建设,加快转型发展步伐,加快新型城镇化进程,积极实施就业创业惠民工程,全省城镇从业人员平稳增加,就业质量提高,促进了收入增长。二是最低工资标准提高。根据安徽省政府办公厅下发《关于调整全省最低工资标准的通知》,2013年7月1日起,安徽省最低工资标准平均提高了26.7%,一定程度上拉动了工资性收入的增长。三是省委、省政府积极落实国家各项工资政策,各地先后提高津补贴标准和绩效奖金。

（二）经营净收入平稳增长。2014年安徽城镇常住居民人均经营净收入3881.7元，同比增长3.5%，占可支配收入比重15.6%，对可支配收入增长的贡献率为6.4%，拉动可支配收入增长0.6个百分点。经营净收入的增长主要表现在第一产业、第二产业、第三产业经营净收入齐涨，其中第一产业经营净收入增长较快，同比增长17.6%，其次，由于国家相继出台对月营业额2万元以下小微企业免税、10万元以下小型微利企业，享受减半征收企业所得税的优惠政策，提高了创业者的积极性，有效地带动了居民二、三产业经营净收入增长。

（三）财产净收入稳定增长。2014年安徽城镇常住居民人均财产净收入1787.7元，同比增长6.5%，占可支配收入比重7.2%，对可支配收入增长的贡献率为5.3%，拉动可支配收入增长0.5个百分点。财产净收入增长主要原因：一是城镇常住居民房屋虚拟租金增长较好，比上年同期增长10.5%；二是城镇常住居民出租房屋收入增长较快，比上年同期增长12.5%。而房屋虚拟租金和出租房屋收入占财产净收入比重分别为71.9%和23.3%，拉动了城镇常住居民财产净收入稳定增长。

（四）转移净收入较快增长。2014年安徽城镇常住居民人均转移净收入3654.1元，同比增长12.3%，占可支配收入比重14.7%，涨幅居四大项收入之首，对可支配收入增长的贡献率为19.6%，拉动可支配收入增长1.7个百分点。转移性收入增长受政策性影响最大。一是贫困残疾人生活救助标准，城镇居民医疗保险参保补助标准、计生特殊困难家庭扶助等各类政策性补助的标准提高及覆盖范围扩大。二是企业离退休人员基本养老金标准提高。根据皖人社明电〔2014〕17号文件《关于2014年调整企业退休人员基本养老金的通知》，从2014年1月1日起企业退休人员养老金统一提高。调查显示，2014年安徽城镇常住居民人均养老金或离退休金比上年人均增加了384.2元，增长11.5%。因养老金或离退休金占转移性收入比重高达75.7%，成为拉动转移净收入较快增长的主要因素。

（五）收入增速与全国平均水平持平。从全国各省看，安徽城镇常住居民人均可支配收入24838.5元，排在全国14位，名义增速9.0%，与全国水平持平，居全国10位，扣除价格因素实际增速7.2%，高于全国平均水平0.4个百分点。从中部六省看，安徽城镇常住居民人均可支配收入排在第3位，增幅居中部六省第4位。其他省份依次为：江西9.9%，湖北9.6%，湖南9.1%，河南9.6%，山西8.1%。

**二、城镇居民消费支出快速增长**

2014年，安徽城镇常住居民人均消费性支出16107.1元，同比增加1513.4元，增长10.4%。从消费构成看，八大类消费支出全面增长。

（一）生活用品及服务、医疗保健支出增长最快。2014年安徽城镇常住居民生活用品及服务、医疗保健、其他用品和服务、教育文化娱乐四大类消费支出增长速度明显高于全部消费支出增长速度。生活用品及服务支出涨幅居首，为26.9%，依次是医疗保健支出增长23.7%，其他用品和服务支出增长17.7%、教育文化娱乐支出增长11.8 。

（二）衣、食、住等四大类支出增长速度低

于全部消费支出增长速度。2014 年安徽城镇常住居民衣着、食品烟酒、居住支出增长速度分别为 5.9%、6.5%、9.0%，交通通信支出增长 8.8%，其中交通支出增长 10.1%，通信支出增长 6.9%。

（三）网购等新型消费模式快速发展。随着居民收入稳步增长，居民生活水平不断提高，消费领域进一步拓宽，网购消费等新型消费模式快速发展，2014 年安徽城镇常住居民通过互联网购买的商品和服务人均支出 176.2 元，比上年同期增长 40.6%。

**三、促进城镇居民增收建议**

（一）确保工资性收入继续稳定增长。工资性收入在城镇常住居民可支配收入中所占比重高达 60%多，对收入增长的贡献率高达近 70%，是城镇常住居民增收的关键因素。2015 年是长江经济带建设启动之年，我省应抢抓这一重大战略机遇，乘势而上，加速长三角一体化发展进程，着力打造安徽经济发展的支撑带，全面提升在全国区域发展和开放合作中的战略地位。在条件许可的情况下，积极出台调整工薪政策，确保城镇居民工资性收入的增长与经济发展同步，与物价上涨相适应。

（二）加大政策力度，创造就业机会，增加居民收入。就业是民生之本，是增加居民收入的根本途径，一是政府应进一步加大就业工作力度，把财政投入、小额贷款、税收政策和免费培训等再就业政策落到实处，帮助失业人员、低收入家庭子女等困难群体就业，提高低收入群体的收入水平。二是要想方设法增加就业岗位，进一步实施积极的就业扶持政策，鼓励创业带动就业，提高就业率，提高劳动者工资收入水平。

（三）鼓励居民开展多种经营，提高经营净收入在总收入中的比重。加大扶持私营经济发展力度，进一步优化发展环境，打造良好的融资环境，降低贷款门槛，拓宽融资渠道，鼓励居民开展多种经营，减轻税收负担，提供资金支持，为经营户增收创造更多的条件，助其健康发展，促进经营增收。

（四）确保转移净收入增长的稳定性。进一步完善社会保障体系，扩大医疗、失业、养老等社会保障覆盖面，不断提高保障支付额度；加大民生保障工程投入，进一步提高最低生活费用补助标准，进一步提高离退休人员基本养老金标准，确保转移净收入增长的稳定性。

撰稿：陶　炯

# 2014年安徽农民收入消费特征分析

据对全省城乡居民收支状况的抽样调查,2014年安徽农村常住居民人均可支配收入为9916元,名义增长12.0%,扣除物价因素实际增长10.3%,增速比全国快1.1个百分点。农民收入实现较快增长,城乡居民收入差距不断缩小,收入分配格局得到改善,消费结构加快升级。

## 一、安徽农民增收的三个特点

(一)四大类收入全面增长。农民人均经营净收入、工资性收入、转移净收入和财产净收入分别为3986元、3555元、2226元和149元,分别占农民人均可支配收入的比重为40.2%、35.9%、22.4%和1.5%。经营净收入和工资性收入仍是农民收入的主要动力。但随着农村改革和城乡统筹的不断深入,财产净收入和转移净收入实现较快增长,是安徽农民收入新的增长点。

(二)城乡居民收入差距不断缩小。调查结果显示,2014年安徽城镇常住居民人均可支配收入24839元,农村常住居民人均可支配收入9916元,安徽城乡居民收入比为2.50:1,不仅延续了近年来城乡收入差距不断缩小的态势,也低于全国平均水平(2.75:1)。

(三)安徽农民收入增速位次居全国前列。2014年,安徽农村常住居民可支配收入增速居全国第六位,中部六省首位。中部六省农民收入名义增速分别为安徽12.0%、湖北11.9%、湖南11.4%、江西11.3%、河南11.1%、山西10.8%。

## 二、农村居民生活消费支出特征分析

2014年,全省农村常住居民人均生活消费支出7981元,比上年增加781元,增长10.8%。农村居民消费观念改变,消费质量和消费结构日趋合理、健康,服务性、娱乐性、网络消费等正成为新的消费热点,八大类消费支出占比呈现“四升四降”的特点。从恩格尔系数来看,2014年安徽省农村常住居民恩格尔系数为35.6,比去年下降了1.1个百分点。

(一)饮食向多元、绿色、营养转变。随着收入稳步增长,农村居民消费质量不断提高,消费结构不断改善。2014年,全省农村居民人均食品消费支出为2842元,比上年增加200元,增长7.6%。在食品消费支出中,肉类消费支出占20.4%,比上年提高0.3个百分点,蛋类、奶类消费支出占12.0%,较上年增加1.1个百分点,干鲜瓜果类消费支出占6.4%,比上年提高1个百分点,蔬菜、水产、禽类消费支出占比均有所提高。

(二)健康意识明显增强,医疗保健支出快速增长。随着人们生活观念的变化,农民防病治病的意识普遍增强,收入增长促进了农民的健康投资。2014年,安徽农民人均医疗保健支出为779元,比上年增长24.6%,增幅居八大类消费之首。其中,医疗器具及药品支出增长20.8%,医疗服务支出增长25.7%。

(三)更加注重教育投资和消费,比例不断上升。随着经济发展,越来越多的农村居民注重学习教育投资,提升自身素质。2014年,在全省农村居民人均教育支出573元,占总消费支出的7.2%,较上年增加0.2个百分点,其中,各个教育阶段的支出均有不同幅度的增长。

(四)服务性消费成为农村居民生活消费新的增长点。2014年,在全省农村居民总支出中,人均饮食服务支出185元,比上年增长35.9%;人均文化娱乐服务支出163元,增长25.3%;人均医疗服务支出612元,增长25.7%;人均其他服务支出154元,增长23.1%。

(五)网络购物渐成新的消费增长热点。随着农村基础设施的不断完善,家用电脑普及率的提高,网络购物迅速成为一种流行购物方式,并逐渐成为农村新的消费增长热点。2014年,全省农村居民通过互联网购买商品或服务的支出增长88.9%。

**三、促进安徽农民收入较快增长的六个因素**

(一)外出从业情况稳定,工资性收入增幅较大。农民工监测调查结果显示,11月末,安徽省农民外出从业人数同比持平,当季外出农民工人均月收入同比上升10%左右。如安徽省芜湖市的用工水平大致为“大工”一天250元左右,“小工”一天100元左右,较上年上涨10%~20%不等。

(二)落实多项增资政策。2013年7月,全省各地普遍调整了最低工资标准。如合肥市市区最低工资标准提高至1260元;芜湖市区最低工资标准由800元/月调整到1040元/月,增幅为30%;淮北市最低工资标准调整为市区每月增加240元,县级每月增加180元;黄山市最低工资标准由750元每月调整到930元每月,增长24%。

(三)农业生产喜获丰收。2014年安徽粮食喜获丰收,全年粮食总产位居全国第六,增长4.2%,增速居全国第2位,仅次于贵州省。在全国13个粮食主产省中,安徽全年粮食总产增幅排在第1位,综合平均单产为343.5公斤/亩,同比增长4.1%。尽管上半年生猪价格持续走低,牧业经营收益下降,但三季度以后,猪肉价格迅速回升,带动牧业收入大幅提高。

(四)土地确权带动增收。2014年,安徽农民财产性净收入的36%来自土地流转租金。目前,安徽农村承包土地流转价格约在500元/亩~800元/亩,且逐年上涨态势。

(五)转移增收亮点纷呈。一是安徽省出台《关于2014年调整企业退休人员基本养老金的通知》,人均增幅约为10%,这是安徽省连续第9年调整企业退休人员养老金标准。二是安徽多地市不同程度提高了农村低保补贴标准。例如合肥市同比增加11%;蚌埠市、淮南市、六安市和滁州市均同比增加10%;马鞍山市将农村低保补贴标准提高到月均400元,增长11%;安庆市月均增长300元,增长14%;黄山市同比增幅达25%~40%之间;阜阳市增幅达22.9%;亳州市同比增幅为18%。三是根据国家统一部署,安徽省2014年将新农合财政补助标准由每人每年280元,提高到320元。

(六)财政给力促农增收。2014年,安徽省通过“一卡通”发放惠农补贴168.2亿元,增长2.4%，人均收益440元；2014年前9个月，全省各级财政安排专项资金40.7亿元，整合涉农资金75.6亿元，吸引社会资金40.8亿元支持美好乡村建设；争取中央财政资金5.6亿元，支持小麦、茶叶、生猪和油菜等优势主导产业发展，整合省以上财政资金5.2亿元，统筹支持畜牧业发展。

**四、几点建议**

（一）加快转变农业发展方式。走高效、产品安全、资源节约、环境友好的现代农业发展道路，一直是解决影响“三农”问题的重中之重。同时深化农村各项改革，完善惠农政策，完善农业补贴方法，强化农村金融对“三农”的支撑，稳定粮食和主要农产品产量，可持续助推农民增收。

（二）引导农民转移就业和自主创业。安徽是劳动力输出大省之一，大力发展县域中小企业、尤其是村镇企业，从而引导农村劳动力迁移“趋近就稳”是促进农民增收的途径之一。加速皖江城市带建设，建立健全政策扶持和创业服务机制，积极搭建创业平台，进一步做好农民创业、技能培训，可为农村劳动力稳定就业创造有利条件，从而促进农民增收。

（三）推进农村土地流转。加速土地确权进程，可有效推进农业规模经营，增加农民经营性收入。

（四）健全农村社会保障体系。按照统筹城乡社保的思路，不断完善农民工四大类保险制度，真正使农民工享受和城市居民同等的保障权益。建议在全省各主要行业制定农民工最低工资标准，并建立农民工工资增长和支付机制，逐步提高农民工的工资待遇。

撰稿：汪　汛

# 2014年安徽省农民工监测调查报告

## 一、农民工规模

根据国家统计局安徽调查总队农民工监测抽样调查结果，2014年安徽农民工总量1850.2万人，比上年增加67.2万人，增长3.8%。其中，到户籍所在乡镇地域外从业6个月及以上的农民工(简称外出农民工)1320.3万人，占农民工总量的71.4%，较上年增加32.7万人，增长2.5%；在户籍所在乡镇地域以内从业6个月及以上的农民工(简称本地农民工)529.9万人，较上年增加34.5万人，增长7%。

**表1　安徽农民工数量**　　单位：万人

| | 2013年 | 2014年 |
|---|---|---|
| 农民工总量 | 1782.9 | 1850.2 |
| 1.外出农民工 | 1287.6 | 1320.3 |
| (1)住户中外出农民工 | 857.4 | 859.4 |
| (2)举家外出农民工 | 430.2 | 460.9 |
| 2. 本地农民工 | 495.4 | 529.9 |

## 二、安徽农民工流向及就业地域分布

(一)长三角地区仍然是安徽外出农民工首选务工地。从外出农民工的就业地区来看，2014年在东部地区务工的安徽农民工有912.9万人，比上年增加41.2万人，占外出农民工总量的69.1%，比上年增加1.4个百分点；在中部地区(除安徽省外中部五省)务工的有26.7万人，比上年减少3.9万人，占外出农民工总量的2%，比上年降低0.4个百分点；在西部地区务工的有19.5万人，比上年增加0.8万人，占农民工总量的1.5%，比上年提高0.03个百分点。外出到乡外省内的有359.3万人，比上年减少5.8万人，占外出农民工总量的27.2%，比上年降低1.2个百分点。

分省看，安徽外出农民工就业地区主要分布在本省、浙江、江苏、上海等省市，在这四省就业的安徽外出农民工有1138.1万人，占全部外出农民工的86.2%。其中外出到上海市的农民工数量比去年减少6.2万人，到江苏和浙江的农民工分别比去年增加31.1万人和12.5万人。

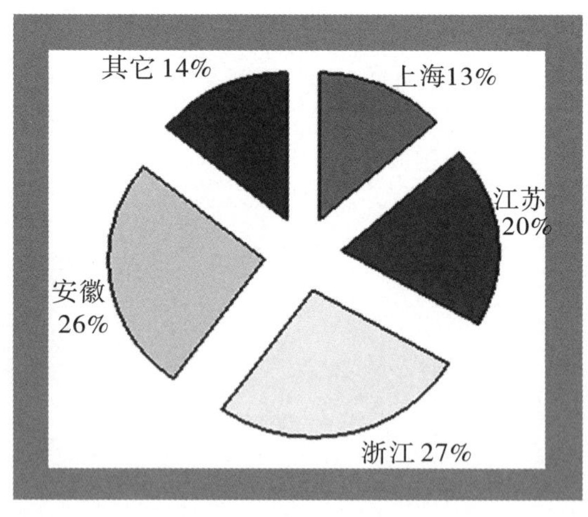


**图1　安徽外出农民工各省市务工人数比例**

(二)农民工流向出现新变化。在农民工总量继续增加的同时，农民工流向也在发生结构变化，主要表现在三个方面。一是外出农民工总量增加，但占全部农民工比重有所下降。2014年外出农民工人数比上年增长了

2.5%，但在全省农民工总量中的比重比上年下降了0.9个百分点。这其中外出到省外的农民工所占比重比上年增加了0.2个百分点，外出到乡外省内的农民工所占比重比上年下降了1个百分点。二是本地农民工比重上升。2014年全省本地农民工为529.9万人，比上年增加34.5万人，在全省农民工总量中的比重由上年的27.8%增加到今年的28.6%。三是在地级市务工的农民工比重提高。从外出农民工就业的地点看，在直辖市务工的占13.4%，在省会城市务工的占19%，在地级市务工的占38.7%，在县级市务工的占19.8%，在县级市务工的比重比上年下降4.1个百分点，在地级市务工的农民工比上年提高4.1个百分点。

## 三、农民工性别、年龄和教育培训情况

（一）农民工以男性青壮年为主，年轻农民工比重下降。分性别看，男性农民工占66.6%，女性占33.4%；分年龄段看，农民工以青壮年为主，16~19岁占2.7%，20~29岁占29.5%，30~40岁占26.5%，41~50岁占27.1%，50岁以上的农民工占14.3%。与上年同期相比，24岁及以下农民工所占比重由19.4%下降到16.1%；41岁及以上农民工所占比重由38.3%上升到41.4%。

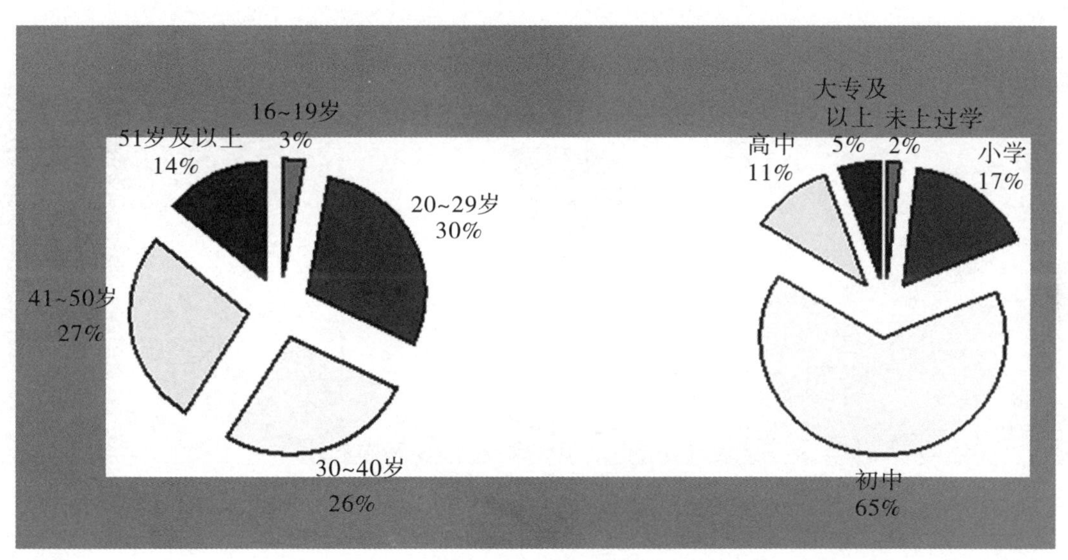


图2 各年龄层及文化程度农民工比重

（二）农民工以初中文化程度为主。在农民工中，文盲占1.8%，小学文化程度占16.7%，初中文化程度占65.5%，高中文化程度占10.8%，大专及以上文化程度占5.2%。外出农民工和年轻农民工中高中及以上文化程度所占比重较高，分别占26.5%和36.4%。

（三）没有参加过任何技能培训的农民工比例仍然较高。在农民工中，接受过农业技术培训的占9.9%，接受过非农职业技能培训的占31.5%，既没有参加农业技术培训也没有参加非农职业技能培训的农民工占58.6%。

## 四、农民工就业情况

农民工就业仍以制造业和建筑业为主，从事建筑业的比重提高。在全部农民工中，从事制造业的比重最大，占27.6%，其次是建

筑业占24.6%,批发零售业占12.2%,服务业占9%,住宿餐饮业占7.1%,交通运输仓储和邮政业占5.8%。从近两年调查数据看,比重提高较明显的是从事建筑业和交通运输仓储和邮政业的农民工。

表2 农民工从事的主要行业分布 单位:%

| | 2013年 | 2014年 |
|---|---|---|
| 制造业 | 27.4 | 27.6 |
| 建筑业 | 23.3 | 24.6 |
| 批发零售业 | 11.6 | 12.2 |
| 居民服务和其他服务业 | 9.2 | 9.0 |
| 住宿餐饮业 | 6.8 | 7.1 |
| 交通运输、仓储和邮政业 | 5.2 | 5.8 |

**五、农民工收入情况**

2014年全省外出农民工月均收入达3157元,同比涨幅为8.5%,比全国平均水平高293元。本地农民工月收入平均为2599元,同比涨幅为14.3%。

超过半数的外出农民工月收入在3000到5000元之间,所占比例达到54%;其次是月收入在2000到3000元之间的农民工,所占比例为30%。月收入在5000元以上、1500到2000元以及1500元以下的农民工较少,所占比例仅为11%、4%和1%。

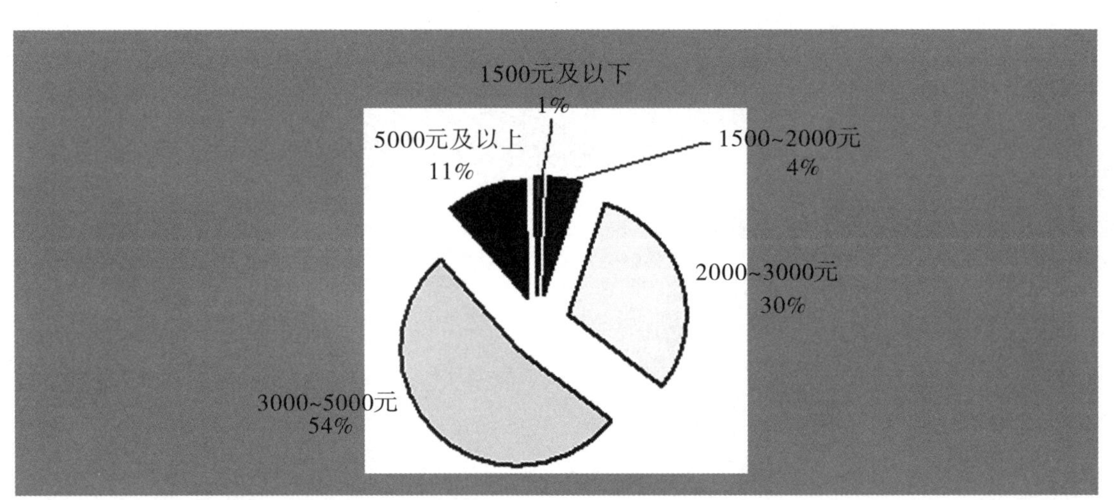


图3 外出农民工月收入区间分布

外出务工收入中,大约有30.5%的收入用于在务工地生活消费支出,42.1%的收入寄回或带回家乡。

**六、外出农民工居住情况**

(一)外出农民工(不含举家外出户)居住情况以租房为主。外出农民工中,独立租赁住房的占33.8%,与他人合租住房的占16.7%,在单位宿舍中居住的占24.1%,在工地或工棚居住的占10%,在生产经营场所居住的占3.7%,有7.6%的外出农民工在乡镇以外从业但每天回家居住,仅有0.7%的外出农民工在务工地自购房。

(二)近半数外出农民工雇主或单位不提供住宿也没有住房补贴。从外出受雇农民工的居住负担看,41%的农民工由雇主或单位提供免费住宿;10.2%的农民工雇主或单位不提供住宿,但有住房补贴;48.9%的农民工雇主或单位不提供住宿也没有住房补贴。与上年相比,由雇主或单位提供免费住宿的比重上升了0.7个百分点;不提供住宿,但有住房补贴的比重提高了1.8个百分点。

## 七、外出农民工权益保障情况

（一）拖欠工资状况明显改善。外出受雇农民工中，被雇主或单位拖欠工资的有15663人，而去年有52898人，同比下降70.4%。去年平均每个外出农民工被拖欠金额为22.3元，今年则为15.5元，同比下降28.9%。

（二）农民工签订劳动合同状况仍有待改善。外出受雇农民工没有与雇主或单位签订劳动合同的占50.5%，比上年下降了0.1个百分点。从近几年调查数据看，外出农民工与雇主或单位签订劳动合同的比例变化不大，没有明显的改善。

（三）外出农民工参加社会保险的水平有所提高，但总体仍然较低。雇主或单位为农民工缴纳养老保险、工伤保险、医疗保险、失业保险和生育保险的比例分别为10.4%、21.4%、12.2%、5.7%和4.2%，与上年相比失业保险和生育保险的缴纳比例有明显提高，工伤保险的缴纳比例有所下降。

**表3 外出农民工参加社会保障的比例**

单位：%

| | 2013年 | 2014年 |
|---|---|---|
| 养老保险 | 10.6 | 10.4 |
| 工伤保险 | 23.1 | 21.4 |
| 医疗保险 | 12.5 | 12.2 |
| 失业保险 | 4.1 | 5.7 |
| 生育保险 | 2.2 | 4.2 |

撰稿：王方

# 安徽退耕还林农户收入保持较快增长

据国家统计局安徽调查总队对全省18个县(区)1300户退耕还林农户监测调查,2014年安徽还林农户人均纯收入11035.8元,同比名义增长13.2%,比全省农民收入增速快1.2个百分点。

**一、退耕还林农户收入构成**

(一)工资性收入快速增长。2014年安徽退耕还林农户人均工资性收入6289.8元,比上年增加898元,增长16.7%,占纯收入比重57%,比上年同期上升1.7个百分点,是退耕户家庭收入主要来源。其中,人均外出务工收入4470.3元,占工资性收入70.5%,比上年上升0.6个百分点;在本乡地域内务工收入1392.8元,占工资性收入22%,比上年上升0.1个百分点。

(二)家庭经营纯收入增长平稳。2014年安徽退耕还林农户人均家庭经营纯收入3884.3元,比上年同期增加307.8元,增长8.6%。其中,第一产业人均纯收入3294.7元,同比增长9.4%,占家庭经营纯收入84.8%。在第一产业中,农业人均纯收入2663.4元,同比增长8.3%;林业人均纯收入273.8元,同比增长38.9%;牧业人均纯收入336.3元,同比增长3.4%;渔业人均纯收入21.2元,同比下降30.1%。非农产业人均纯收入589.6元,同比增长4.3%。其中,第二产业人均纯收入153.3元,同比增长15.5%。其中,工业人均纯收入31.1元,同比增长109.6%;建筑业人均纯收入122.2元,同比增长3.6%。第三产业人均纯收入436.4元,同比增长0.9%。其中,社会服务业人均纯收入增幅最高,为260.1%。

(三)财产性纯收入快速增长。2014年安徽退耕还林户人均财产性纯收入107.7元,同比增长61.7%。其中,退耕还林农户人均租金(包括农业机械)收入28元,同比增长12.2%;转让承包土地经营权收入33.7元,同比增长141.4%。主要原因是租金(包括农业机械)收入增长,转让土地承包经营权收入不断增加。

(四)转移性纯收入增幅比去年下降。2014年安徽退耕户人均转移性纯收入754.1元,同比增长6.1%,比去年下降5.7个百分点。主要原因是家庭非常住人口寄带回和亲友之间的赠送同比分别下降13.6%、47.3%。

**二、影响退耕还林农户增收的因素**

(一)收入结构不合理。退耕户多居住在山区或丘陵地区,自然条件较差,生产资源匮乏,家庭劳动力外出多,在家务农劳动力少,加之文化素质较低,技术欠缺等,收入结构较为单一。

(二)林木管理水平不高。由于退耕户劳力缺乏,对林木维护和经营疏于管理,退耕还林地保存压力较大。

（三）后续产业发展滞后，对退耕户增收作用不明显。从全省 1300 户退耕户调查情况看，安徽退耕还林后续产业发展相对滞后，退耕户在林下经济和林业综合开发中的参与度不高，依托林业资源的茶果业、养殖业等特色农业发展较为缓慢，退耕户林产开发尚未形成规模和气候。

**三、几点建议**

（一）加大资金扶持力度和技术指导。加大退耕还林成果巩固的专项资金投入，加强监管力度，切实提升专项资金的使用效率，提高退耕地的管护、补植补造效果；适当加大对退耕区的财政转移支付，加快退耕区水利等基础设施建设，改善生态环境，缩小发展差距。

（二）加快退耕还林区农户农业产业化经营。应建立健全农业产业化服务体系，以促进农民增收为核心，调整农产品品质、品种结构，大力发展农业产业化经营，打造林业综合经济。

（三）发展壮大非农产业。保持退耕还林农户收入持续增长，不断发展壮大非农产业，重点发展农副产品和劳动密集型产业。积极引导退耕还林区农户外出务工，多层次、多渠道强化对农村劳动力的技能培训，提高劳动力素质，使之掌握必要的职业技术技能，适应各种就业工作的需要，以此来增加退耕还林户的劳务收入。

（四）着力增加农民转移性收入和财产性收入。一是确保各项强农惠农富农政策落到实处，加大农村社会保障力度，增加农民转移性收入。二是逐步完善农村产权制度和征地制度，积极稳妥地促进土地承包经营权流转，增加农民财产性收入。

撰稿：阚天宇

# 2014 年安徽省农村减贫情况分析

为了进一步摸清农村贫困地区减贫情况，为落实国务院精准扶贫开发战略提供统计信息服务，国家统计局安徽调查总队根据省扶贫办、安徽调查总队《关于开展年度减贫任务完成情况核查工作的通知》(皖扶办〔2015〕25 号)文件要求，在全省开展了 2014 年度农村脱贫人口核查工作。核查工作在七十一个有扶贫开发任务的县(市、区)开展，在扶贫办系统对 2014 年底农村贫困家庭情况摸底、提供减贫人口信息的基础上，由安徽调查总队根据抽样理论，随机抽取 10%的扶贫开发重点村，派员走村入户，对抽中的村实行整群调查，现场核查贫困家庭收入水平，甄别贫困对象的脱贫真实性。经调查测算，2014 年度农村贫困标准线为人均纯收入 2800 元，全省合计抽中 328 个扶贫开发重点村，核查人口 28040 人，推算七十一个县合计减贫 85 万人。

**一、2014 年全省农村减贫情况**

2014 年是我省落实精准扶贫开发战略政策第一年，统计监测数据显示，2014 年全省七十一个有扶贫开发任务县的农村贫困人口总数为 399 万人，比上年减少 85 万人，减贫幅度达到 17.6%。农村贫困发生率由上年的 10.7%下降到 7.5%，下降了 3.2 个百分点，反映出去年我省扶贫开发成效显著。

通过对近四年贫困监测数据比较分析，近几年我省农村贫困人口不断减少，贫困发生率逐年降低，2011 年为 14.7%，2012 年下降到 12.6%，2013 年七十一个县平均贫困发生率降到 10.7%，2014 年突破 10%大关，降至 7.5%。四年间贫困人口数也从 790 万人下降到 399 万人，减少近一半。

**二、十五个省辖市贫困情况**

全省十六个省辖市中，除了铜陵市外，其他十五个市目前都有扶贫开发任务。去年十五个有扶贫开发任务的市贫困人口都有不同程度下降，减贫幅度在 15%~22%之间。其中：减贫幅度最大的是马鞍山市，与上年相比减贫 21.6%，比七十一个县的平均水平(以下简称“平均水平”)高 4 个百分点；其次是宣城市，减贫幅度为 19.3%；第三是合肥市，减贫 19%。

我省农村贫困人口主要集中在阜阳、六安、安庆、宿州、亳州五市，去年全省七十一个县贫困人口总数为 399 万人，这五个市就有贫困人口 309.3 万人，占 77.5%。其中：阜阳市拥有农村贫困人口 83.9 万人，占 21%；六安市贫困人口 69.3 万人，占 17.4%；安庆市 64.6 万人，占 16.2%；宿州市 50.6 万人，占 12.7%；亳州市 40.8 万人，占 10.2%。

十五个市中有五个市的贫困发生率高于七十一个县的平均水平(以下简称“平均水平”)，他们分别是安庆市、六安市、宿州市、阜阳市、亳州市，其贫困发生率分别为12.3%、10.8%、9.8%、9.4%、8%，分别高于平均水平4.8个百分点、3.3个百分点、2.3个百分点、1.9个百分点、0.5个百分点。这五市仍然是我省农村贫困比较严重的地区，他们的扶贫开发工作任重而道远。

贫困发生率超过10%的市有两个，比上年减少两个，他们分别是安庆市、六安市。具体见下表。

2014年安徽省分市贫困情况对比表

| 市　名 | 减贫人数（人） | 减贫幅度（%） | 总贫困人数（人） | 贫困发生率（%） |
|---|---|---|---|---|
| 合　计 | 850089 | 17.6 | 3989911 | 7.5 |
| 合肥市 | 40922 | 19 | 174678 | 3.9 |
| 芜湖市 | 25000 | 18.7 | 108500 | 4.5 |
| 蚌埠市 | 23000 | 17.0 | 111900 | 3.9 |
| 淮北市 | 6500 | 17.8 | 30100 | 2.2 |
| 马鞍山市 | 6600 | 21.6 | 23900 | 1.7 |
| 滁州市 | 34726 | 17.2 | 167374 | 4.7 |
| 淮南市 | 9114 | 17.9 | 41786 | 3.0 |
| 亳州市 | 81081 | 16.6 | 408419 | 8.0 |
| 阜阳市 | 170403 | 16.9 | 839497 | 9.4 |
| 宿州市 | 106360 | 17.4 | 506340 | 9.8 |
| 六安市 | 150139 | 17.8 | 692761 | 10.8 |
| 安庆市 | 145102 | 18.3 | 646198 | 12.3 |
| 池州市 | 16575 | 15.7 | 89325 | 6.6 |
| 黄山市 | 17289 | 18.3 | 77011 | 6.5 |
| 宣城市 | 17278 | 19.3 | 72122 | 3.0 |

### 三、二十个国家扶贫开发重点县及片区县减贫情况

我省有二十个国家扶贫开发重点县及片区县，是贫困程度相对严重的地区。他们分别是：岳西县，潜山县，太湖县，宿松县，望江县，颍东区，临泉县，阜南县，颍上县，砀山县，萧县，灵璧县，泗县，裕安区，金寨县，寿县，霍邱县，舒城县，利辛县，石台县。2014年这二十个县贫困人口数为221.5万人，占七十一个县农村贫困总数的55.5%；贫困发生率为11.7%，比平均水平高4.2个百分点。去年这些县扶贫开发成效很大，合计减贫人数47万人，减贫幅度为17.5%，与平均水平一致。

分地区看，我省贫困群体主要集中在沿淮淮北地区、大别山区，沿淮地区贫困人口最多，大别山区的贫困发生率明显高于其他地区。贫困人口最多的5个县分别是：临泉县，18.5万人；萧县，17.6万人；利辛县17.5万人；

阜南县,16.6 万人;霍邱县,15.5 万人。贫困发生率超过 10%的有 14 个,最高的五县分别是:岳西县,23.7%;石台县,22.8%;太湖县,19.6%;金寨县,18.1%;望江县,18%。

2014 年减贫人口最多的县是临泉县,合计减贫 3.8 万人。大部分县的减贫幅度都达到或者超过平均水平,减贫幅度最大的是岳西县,合计减贫 20.2%。裕安区减贫幅度为 19.9%,位列第二;太湖县减贫 18.9%,位列第三。减贫幅度最低的是石台县,去年减贫 2163 人,减贫幅度为 9%,比平均水平低 8.6 个百分点。

**四、省级扶贫开发重点县减贫情况**

全省有十一个县被列入省级扶贫开发重点县,他们是:谯城区,埇桥区,颍州区,颍泉区,金安区,界首市,涡阳县,蒙城县,太和县,怀远县,定远县。2014 年十一个贫困县的贫困发生率为 7.5%,与七十一个县平均水平一致,低于重点县及片区县平均水平 4.5 个百分点,显示其贫困程度低于国家扶贫开发重点县及片区县;十一个县合计减贫 16.3 万人,减贫幅度为 16.7%,低于平均水平 0.9 个百分点。

分地区看,十一个县中有 6 个县的贫困发生率高于平均水平,其中的 2 个县超过 10%,他们分别是:定远县(11.5%)、颍泉区(10.1%),贫困程度较高;另有两个县的贫困发生率低于 5%,分别是谯城区(4.9%)、怀远县(4.2%),显示其贫困程度较低。减贫成效最大的是颍州区,去年减贫幅度达到 18.2%,高于平均水平 0.6 个百分点。

**五、继续享受扶贫政策县减贫情况**

我省有十三个县继续享受国家扶贫开发优惠政策,分别是:长丰县、凤台县、霍山县、枞阳县、无为县、郎溪县、泾县、绩溪县、休宁县、祁门县、歙县、潘集区、淮南市其他区。2014 年这十三个县有农村贫困人口 40.7 万人,贫困发生率为 7.7%,比七十一个县平均水平高 0.2 个百分点,也高于省级贫困县。其中:贫困发生率超过 10%的有三个县,他们分别是:霍山县(11.8%)、无为县(11.6%)、枞阳县(11%),这三个县需要进一步加大扶贫开发力度。十三个县中,有三个县的贫困发生率在 5%以下,分别是:淮南潘集区(4.5%)、凤台县(3.1%)、淮南其他区(2.5%),他们的贫困程度较轻。

去年十三个县共计减贫 9.4 万人,减贫幅度为 18.7%,高于平均水平。其中,有两个县减贫幅度超过 20%,他们分别是:绩溪县,减贫 26.5%;郎溪县,减贫 21.3%。绩溪县是我省去年减贫幅度最大的县。

**六、二十七个非重点县减贫情况**

我省二十七个有扶贫开发任务的非重点县去年的贫困发生率为 4.3%,比全省平均水平低 3.2 个百分点,是贫困程度最低的地区。二十七个县中,只有 1 个县(区)的贫困发生率高于七十一个县平均水平,即叶集实验区,去年其贫困发生率为 9.5%,比平均水平高 2 个百分点。位居第二的是桐城市,去年的贫困发生率为 7.4%,低于平均水平 0.1 个百分点;第三位庐江县的贫困发生率为 6.7%。

二十七个县去年合计减贫 12.3 万人,减贫幅度为 18.1%,比平均水平快 0.5 个百分点。减贫幅度最大的三个县分别是含山县、和县、庐江县,去年各减贫 22.1%、21.3%、19.7%。

撰稿:邓业轩

# CPI创五年新低，温和走势将延续

## ——2014年安徽居民消费价格变动分析及2015年走势判断

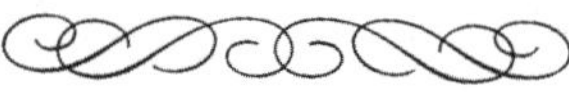

2014年，受经济和投资增速回落，部分行业产能过剩，PPI持续走低及国际大宗商品价格下跌等因素影响，安徽居民消费价格水平继续回落，全年上涨1.6%，涨幅较上年回落0.8个百分点。其中，城市和农村分别上涨1.6%和1.5%。预计2015年安徽居民消费价格仍将保持低位运行。

**一、2014年安徽CPI运行情况及主要特点**

（一）涨幅为2010年以来最低，价格运行的稳定性进一步增强。安徽CPI新一轮上涨从2009年4季度开始，2012年下半年涨幅回落到“1”时代，2013年涨幅有所回升，进入2014年，有9个月度涨幅处于“1”时代，全年走势基本前低后高，总体1.6%的涨幅为2010年以来最低（见图1）。其中，消费品、服务项目价格分别上涨1.3%和2.5%。

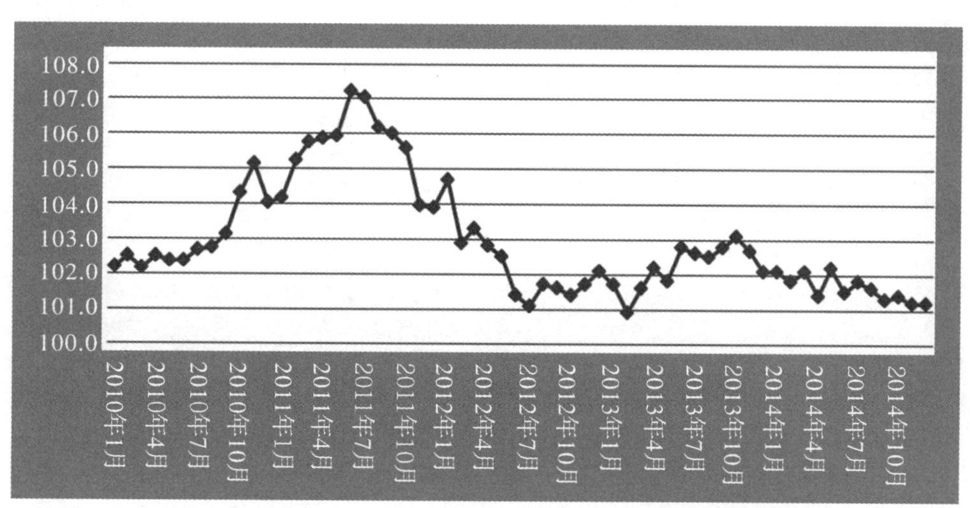


**图1　2010年1月—2014年12月安徽各月CPI同比指数**

从月度涨幅看（见图2），2014年安徽CPI年内最高点为5月份的2.2%，另有1月、3月涨幅均达到2.1%，其余各月涨幅处于“1%”水平，11和12月涨幅最低，仅为1.2%。同比高低相差1个百分点，与前几年3个百分点以上的差距相差较大。从环比来看，最高（1月）与最低涨幅（3月）之间相差1.6个百分点，而前几年差距基本大于2个百分点。同、环比价格涨幅间波动的缩小，说明价格运行的稳定性进一步增强。

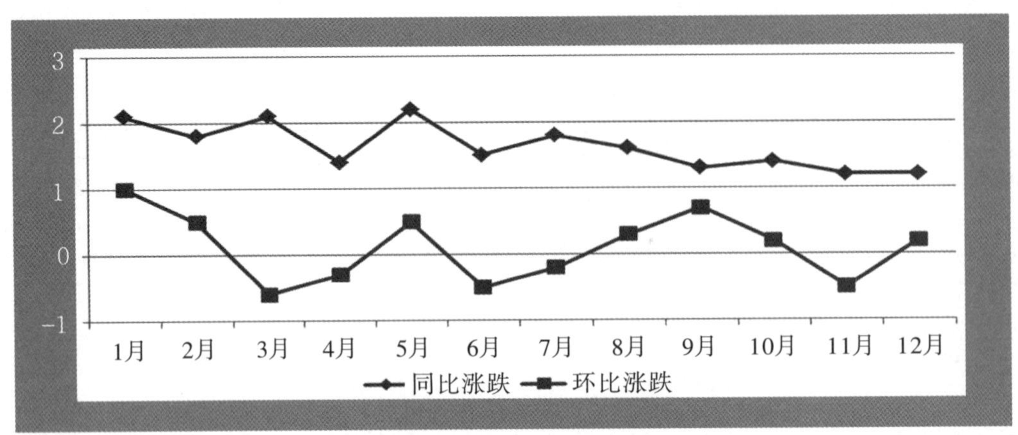


**图2　2010年1月—2014年12月安徽各月CPI同比指数**

（二）八大类商品和服务价格六涨两跌，新涨价影响大于翘尾。2014年安徽CPI的八大类商品与服务价格与上年比仍然是六涨两跌。其中，食品、衣着价格分别上涨2.5%和1.0%，涨幅只及2013年的一半，娱乐教育文化用品及服务价格上涨2.4%，低于上年0.3个百分点，家庭设备用品及维修服务、医疗保健和个人用品、居住分别上涨1%、1.6%和2%，分别高于上年0.1、0.4和0.6个百分点，烟酒、交通和通信分别下降2.5%和0.8%，降幅大于2013年1.2和0.7个百分点（见图3）。

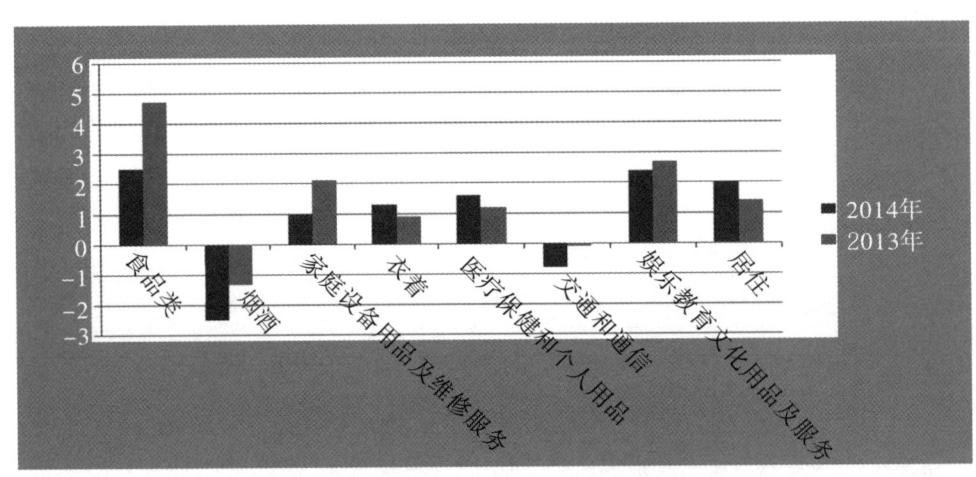


**图3　2013年和2014年安徽CPI八大类涨跌幅%**

2014年安徽CPI上涨的1.6个百分点中，新涨价和翘尾因素分别为0.9和0.7个百分点，新涨价因素占比略大。

（三）食品类价格涨幅为近五年来最低，主要食品价格涨幅回落是主因。食品类价格2.5%的涨幅创2010年以来新低。16个分类有4个下跌，1个持平，9个上涨。其中，主要食品价格下降或涨幅缩小是2014年食品价格涨幅低的主要原因。一是油脂、肉禽及其制品、菜类分别下降5.3%、1.4%、2.8%，影响食品类涨幅比上年回落约0.73个百分点，拉动总指数回落约0.4个百分点。油脂价格的下降主要缘于国际市场原料价格下降明显；肉禽及制品价格下降主要是猪肉价格由于阶段性供给压力，加上消费低于预期，全年走势两头低、中间高，总体下降了7.4%，影响食品类和总指数分别下降0.62和0.23个百分点；受翘尾因素和良好天气条件双重影响，菜价创2005年以来最低水平，其中鲜菜价格下降影响总指数比上年回落0.43个百分点，也就是说2014年安徽CPI低于上年的0.8个百分点，53%的影响因素是鲜菜。二是粮食价格上涨2.7%，为2006年以来最低涨幅。粮价的稳定主要是国际粮价大幅下挫，国内粮食十一连增，供应充裕。三是干豆类及豆制品、水产品、在外用膳、调味品等小幅上涨，对指数影响不明显。四是蛋类、干鲜瓜果、液体乳及乳制品价格分别上涨15%、18.3%和7.6%，影响食品类上涨2.2%，是食品类上涨的主要影响因素。

总体来看，虽然食品类涨幅创新低，但对总指数上涨的贡献率为53%，仍是拉动2014年CPI上涨的首要因素。

（四）服务项目价格涨幅再次扩大，对CPI的拉升作用成倍增加。2010年以来服务项目价格连续上涨，2014年涨幅再度扩大到2.5%，高于上年0.4个百分点，只略低于2011年，且服务项目价格涨幅高于消费品1.2个百分点，这是安徽CPI变动在结构上出现的一个新特点，也是本世纪以来比较少见的。所调查的58个服务项目，有40个上涨，12个持平，6个下跌，上涨面近70%。2014年服务项目价格上涨对CPI贡献高达44%，不但是2007年以来最高，较前几年也是成倍增加。从服务项目的各子项变动看，涨幅较高的有缝纫、家庭服务、旅行社收费、洗浴、医院床位费、维护修理费用以及理烫发等。私房房租和自有住房估算租金涨幅分别为3.5%和1.7%，由于权重较高，对服务项目价格上涨的贡献率达到了20%。

（五）工业消费品价格基本为零增长。2014年CPI中工业消费品价格涨幅仅为0.2%，比去年同期低0.5个百分点，影响总指数比上年同期回落0.2个百分点。工业消费品中上涨较为明显的类别主要集中在水、液化石油气、医疗保健类、教育用品类、装修材料、服装以及家庭日用杂品等类中。下跌明显的有酒类、个人饰品、交通工具、通讯工具，文娱用耐用消费品等。工业品价格回归零增长，最主要原因是在产能过剩、供大于求的市场格局下，多数缺乏上涨的支撑力。PPI持续“负增长”，国际大宗商品价格持续下跌，作为下游的工业消费品价格回落也是必然。

（六）安徽涨幅低于全国平均水平，在全国及中部地区排名靠后。2014年安徽CPI累计涨幅低于全国平均水平0.4个百分点，按涨幅由高到低排序，仅高于黑龙江0.1个百分点，与北京、四川、陕西、内蒙古并列全国倒数第二位。在中部六省分别低于江西、山西、河南、湖北、湖南省0.7、0.1、0.3、0.4和0.3个百分点。安徽的食品、烟酒、衣着、交通和通信类价格涨幅分别低于全国0.6、1.9、1.4、0.7个百分点，是价格涨幅低于全国平均水平的主要原因。

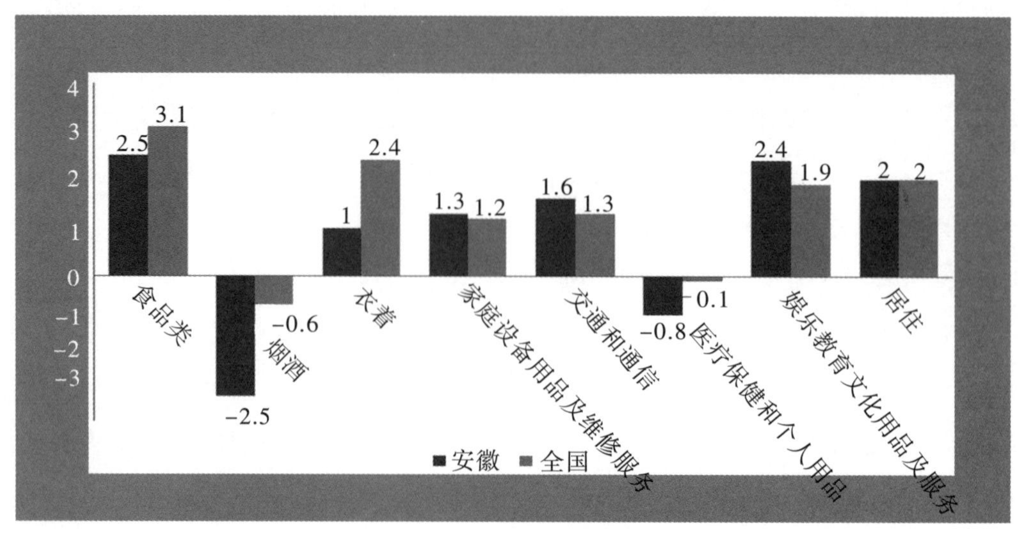


图4 2014年CPI八大类涨幅安徽与全国对比

## 二、2015年安徽CPI将继续保持温和走势

2015年是改革的深化之年，价格和收入分配方面的改革会在一定程度上支撑CPI的上行，但上涨的主要驱动力不足，总体上CPI仍将保持温和上涨。

（一）经济平稳运行，物价上涨的需求压力较轻。新常态下，速度不再是经济发展的第一目标，预计2015年经济增速稳中趋缓；同时，经济新常态下，稳健的货币政策大幅放松可能性较小，不具备抬升物价水平的货币条件；低速复苏的国际经济环境、投资下降、企业去库存和经营困难等问题难有大的改观；新的消费热点不多，居民消费需求难以快速增长。因此，2015年经济和投资增速放缓将会减少需求，物价上涨的需求压力较轻。

（二）食品类价格难以对CPI上涨造成大的压力。一是粮油价格保持平稳的可能性较大。2014年国内的粮食价格和库存都处于高位，小麦、玉米和大米价格均高于国际市场。2015年国家继续在小麦主产区实行最低收购价政策，但保持2014年价格水平不变。另据专家预测，2015年国际市场粮食价格总体将触底回升，但由于上年全球产量激增，粮食总体供应充足，价格上升空间不会太大，而且国内粮价在高于国际市场的情况下，价格不存在明显的上涨动力。油料由于全球大豆连续三年产大于需，库存高企，供需基本面持续宽松，而南美大豆一季度将迎来收割期，资源集中供给，价格预计继续走低。二是猪肉价格将稳中略涨。当前生猪供应稳定，饲料价格与人工费与去年相比变化不大，生猪产业链上的各个环节情况均不支撑猪价大涨，而且消费低迷将会持续。虽然由于基期价格相对较低，猪肉价格同比可能会上涨，但幅度不会太大。

（三）输入型通胀压力不大，上游产品价格上行乏力，工业消费品价格继续稳定。从供需面看，如果不发生较大的地缘政治风险，大宗商品价格将呈平稳运行态势，输入型通胀压力较轻。由于经济回升有限，工业通缩成为全球现象，产能过剩下内需不足，加上治理雾霾、淘汰落后产能等政策影响，钢铁、煤炭、水泥等重化工业生产将继续受到制约，因此PPI“转正”尚需时间，工业消费品价格会继续保持稳定。

（四）CPI翘尾因素明显降低。由于2014

年新涨价因素低于2013年,因此2015年CPI受翘尾因素影响将低于2014年。经测算,2015年CPI翘尾因素为0.28%左右,比2014年低0.4个百分点。

(五)其他支撑价格上涨的因素。一是价格改革因素。2014年11月下旬以来,国家发改委会同有关部门先后放开了24项商品和服务价格。在通缩压力加剧的背景下,2015年价格改革将会加速,可能进一步放松对能源、公用事业价格的调控,这将在短期内推动相应商品和服务价格上涨。二是收入分配改革和劳动力成本上升因素。年初公务员和事业单位工资调整,按惯例会对市场价格水平上有一定的推升作用,另一方面人口红利的逐步减少,用工荒现象的存在,最低工资标准上升等必然要反映在价格水平上。三是鲜菜由于基期价格较低,存在上涨的可能。

撰稿:童晓莉

# 安徽工业生产者价格连续三年下跌

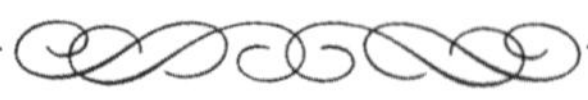

2014 年,安徽省工业生产者价格持续低位运行,全年工业生产者出厂价格下降 2.6%,降幅比上年扩大 0.8 个百分点,已连续三年下降;原材料购进价格下降 2.8%,降幅比上年缩小 0.3 个百分点。

**一、安徽工业生产者价格变动的基本特征**

(一)同比价格波动下行。截至 2014 年 12 月,安徽 PPI 连续 33 个月同比下降。一季度出厂价格降幅逐月扩大,4—7 月份降幅有所收窄,8 月份起降幅逐月加大,12 月份同比下降 4.4%,达到 2014 年全年最低点;一季度购进价格逐月下降,4—8 月份降幅逐月收窄,9—12 月份降幅进一步加深,12 月份同比降幅最大,下降 4.5%。

(二)环比价格以降为主。2014 年各月出厂价格环比呈现“1 升 2 平 9 降”的态势,1 月份安徽工业生产者价格环比上涨 0.1%,5 月份和 7 月份与上月持平,剩余 9 个月环比均下降,其中 3 月份环比降幅最大,下降 0.8%,8 月份起连续五个月环比下跌;购进价格环比呈现“2 升 1 平 9 降”的态势,其中 1 月份和 5 月份出现小幅上涨,分别比上月上涨 0.2%、0.1%,6 月份与上月持平,其余 9 个月均下降,其中 3 月份环比降幅最大,下降 1.0%。

(三)行业下跌面达到五成。与上年相比,2014 年全省 38 个工业大类行业价格呈现“18 降 3 平 17 升”的态势,行业下跌面达到五成,行业上涨面为 44.7%。

分行业看,价格降幅居前三位的行业分别是:黑色金属矿采选、废弃资源综合利用业、煤炭开采和洗选业,分别下降 13.9%、12.1%、11.8%;价格涨幅居前三位的行业分别是:燃气生产和供应业、水的生产和供应业、皮革、毛皮、羽毛及其制品和制鞋业,分别上涨 6.6%、6.2%、2.7%。

分部类看,全年生产资料价格下降 3.8%,生活资料价格上涨 0.7%。生产资料中采掘行业下降 9.9%,原料行业下降 4.3%,加工行业下降 2.9%;生活资料中食品行业上涨 1.0%,衣着行业上涨 2.5%,一般日用品行业上涨 0.9%,耐用消费品行业下降 0.2%。

(四)九大类购进价格同比“2 升 7 降”。2014 年全省原材料购进价格呈现“2 升 7 降”态势,下跌面为 77.8%。除农副产品类价格上涨 0.8%,木材及纸浆类价格上涨 0.4%外,其余均下降。燃料、动力类价格降幅最大,下降 6.7%。黑色金属材料类、有色金属材料及电线类分别下降 4.1%、4.4%。

(五)安徽省工业生产者价格指数居全国中下游水平。2014 年全国工业生产者价格比上年下降 1.9%,安徽省工业生产者价格降幅大于全国 0.7 个百分点,按指数从高到低排列,在全国居第 21 位;在中部地区,居第 5

位。中部其他省份的涨幅分别是湖南-1.6%、湖北-1.6%、河南-1.9%、江西-2.2%、山西-8.6%。

**二、主要工业行业价格变动情况**

(一)煤炭、钢铁、有色等基础矿产品价格深度下跌。安徽煤炭价格连续三年下跌;其中2012年下降0.1%,2013年下降13.2%,2014年下降11.8%。分月看,截至2014年12月,全省煤炭价格已连续29个月同比下跌,2014年中4月份降幅最大,达到13.9%。从环比看,2014年除1月份和12月份环比分别上涨2.4%、0.3%外,其余10个月均下降,4月份降幅最大,环比下降3.3%。

黑色金属矿采选业全年下降13.9%,连续11个月同比下降,12月份降幅最大,同比下降28.2%。其中,铁矿采选全年下降14.1%。

有色金属矿采选业全年下降6.9%,连续21个月同比下降,3月份降幅最大,同比下降13.9%。其中铜矿采选全年下降6.7%,金矿采选全年下降9.0%。

(二)农副食品加工业价格小幅上涨,肉类价格波动较大。2014年安徽农副食品加工业价格比上年上涨1.2%,是近三年涨幅最小的一次,2012年上涨3.7%,2013年上涨3.9%。2014年国内农业生产形势总体良好,安徽主要粮食产品价格较为平稳,大米价格全年较为稳定,上涨2.5%。小麦收购价上涨导致小麦粉等产品价格走高,全年上涨3.2%。四季度安徽食用油价格有所下降,全年下降2.2%。肉类价格波动较大,1—4月份猪肉价格持续下降,5—10月份价格有所回升,全年下降0.9%。其中二月份降幅最大,同比下降5.4%。

(三)水泥价格一路下行。2014年安徽非金属矿物制品业价格下降0.3%,是近三年降幅最小的,2012年下降9.0%,2013年下降3.6%。水泥制造业2014年全年各月价格指数一路下滑,从1月份同比上涨14.6%到12月份同比下降14.5%,前后落差29.1个百分点。2014年水泥制造价格环比呈现“4升8降”态势,其中,10月份涨幅最高,上涨2.9%,7月份降幅最大,下降4.7%。

(四)黑色金属冶炼和压延加工业价格低迷不振。2014年,安徽黑色金属冶炼和压延加工业价格在2012年同比下降10.5%,2013年同比下降6.1%的基础上,再度下降6.8%,连续36个月同比下降。2014年炼铁下降8.9%,炼钢下降6.2%。各月中,黑色金属冶炼和压延加工业除4月份和7月份环比分别上涨0.2%、1.1%以外,其余月份环比均下降,其中9月份降幅最大,环比下降2.9%。

(五)有色金属价格低位运行。受国际贵金属市场价格波动影响,2014年安徽有色金属价格比上年下降5.8%,比2012年降幅缩小2.2个百分点,比2013年降幅扩大1.9个百分点。分月看,3月份同比降幅最大,达到11.5%。2014年电解铜下降6.9%,是有色金属低位运行的主要原因。此外,安徽黄金、白银等产品价格受国际贵金属市场价格变动影响,全年价格持续下滑,全年出厂价格分别下降13.7%、18.4%。

(六)石油加工、炼焦和核燃料加工业大幅下跌。安徽石油加工、炼焦和核燃料加工业价格连续两年下跌,2013年下降3.6%,2014年下降5.0%,2014年精炼石油产品制造下降3.4%,炼焦下降14.9%。随着国际原油市场价格波动,2014年国家发改委连续10

次降低国内成品油价格，导致安徽石油加工、炼焦和核燃料加工业自8月份起环比连续五个月下降，依次下降3.3%、2.9%、3.4%、4.9%、4.4%。

（七）公用事业价格平稳运行。2014年电力、热力生产和供应业价格比上年下降1.2%，燃气生产和供应价格上涨6.6%，水的生产和供应业价格上涨6.2%。为促进水、电、气等基础产业持续发展，2014年全省各地出台了水、气调价措施，推动了公用事业价格小幅上涨。

**三、影响全省工业品价格走势的原因分析**

（一）国内市场需求低迷导致价格走低。2014年以来，国内煤炭、钢材等行业市场需求较前期下降明显，产品价格持续走低。煤炭行业中，国内煤矿、港口、电厂等煤炭库存高企，供需矛盾突出，煤炭价格萎靡不振。钢材产品产能过剩局面没有得到有效改善，尤其是2014年房地产市场景气度不高，建筑等下游行业对钢材需求量减少，供过于求导致钢材价格持续低迷。

（二）国际大宗商品价格波动。2014年安徽工业生产者价格持续走低一定程度上也是外需不振的体现。安徽化工、有色等行业对国际市场依存度较高，而欧美国家经济回升较为缓慢，对相关产品需求较弱，导致工业生产者价格上行动力不足，全年原油、有色金属、橡胶等大宗商品价格震荡回落，对安徽相关产品价格形成下拉作用。

（三）部分行业产能过剩。当前，我省钢铁、煤炭等行业产能过剩问题依然突出，基础原材料价格的下跌，直接削弱了相关工业产品价格的上行动力。经济增速放缓，部分企业特别是产能过剩和产品附加值低的企业通过压产、限价缓解库存压力，导致出厂价格走低。

**四、2015年安徽工业生产者价格走势预判**

针对部分行业产品价格下降，国家出台了一系列相关政策，如《煤炭经营监管办法》、《商品煤质量管理暂行办法》等煤炭管理政策，取消房产限购限贷政策，在一定程度上刺激了市场，我国在稳增长、调结构的宏观政策形势下，经济增速放缓，总体趋势不会有剧烈的波动出现，但受部分行业产能过剩、内需不振的情况影响，经济运行仍存在较大的下行压力。综上所述，预计2015年安徽工业生产者价格仍将低位运行。

撰稿：刘玉如

# 2014 年安徽农产品生产价格低位运行

2014 年，安徽农产品价格变化经历了“两头低、中间高”的过程。一季度，安徽农产品生产者价格总水平同比下跌 3.1%，创出四年半以来的新低。二、三季度全省农产品生产者价格总水平有所回升。其中，二季度同比上涨 1.8%，三季度同比上涨 2.3%。四季度农产品生产者价格回落了 5.4 个百分点，同比下降 3.1%，全年累计上涨 0.2%。

## 一、主要农产品生产者价格变动情况

（一）农业产品价格小幅上涨。2014 年，全省农业产品价格比上年上涨 0.7%，其中，一季度上涨 0.6%，二季度上涨 1.3%，三季度上涨 1.6%，四季度下降 4.7%。谷物、豆类、薯类等农产品价格小幅上涨，棉花、油料、蔬菜、水果、茶叶、中草药材价格下跌。

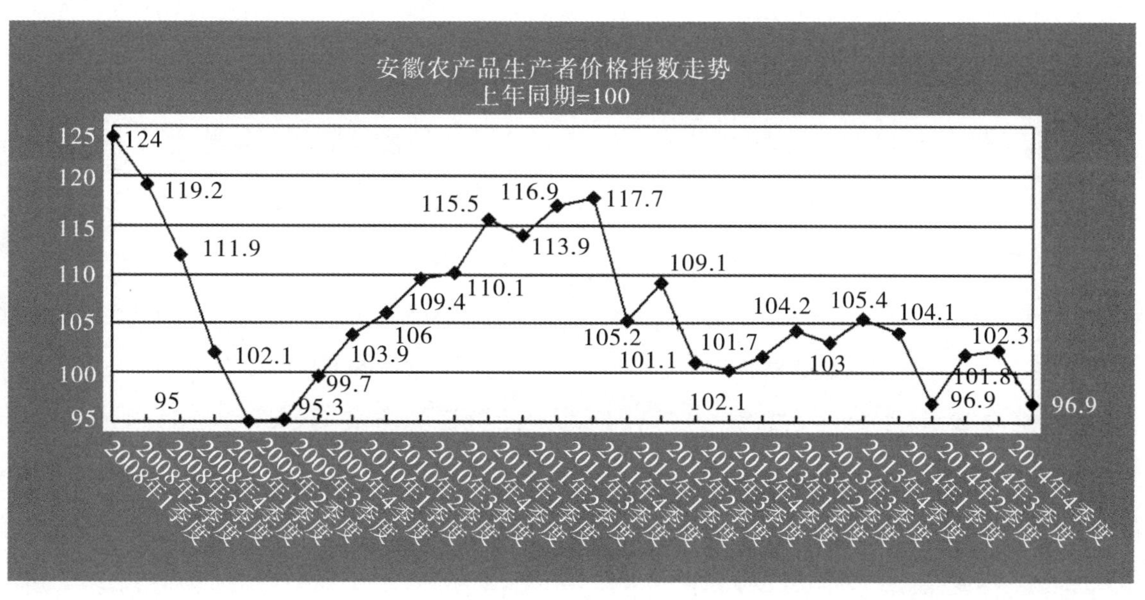


1. 粮食生产价格上涨 3.3%。其中，一季度粮食价格同比上涨 2.9%，二、三季度均上涨 4.3%，四季度上涨 1.6%。在谷物产品中，稻谷价格上涨 4.7%，小麦价格上涨 4.1%，玉米价格上涨 0.9%。

2014 年，国家将小麦最低收购价格提高到 2.36 元/千克，连续十年实行粮食最低收购价政策，对保护农民利益，确保粮食增产，增强国家粮食宏观调控能力起到了积极作用。但经过多年提高粮食最低收购价，我国粮食价格已经高于国际市场价格，小麦价格上涨空间变小。

2014 年气候条件适宜，全省小麦获得丰收，小麦品质也好于往年。安徽省启动小麦最低收购价预案后，对市场价格显著的托市作用，市场收购主体积极入市收购。二季度我省小麦平均价格为2.23元/千克，明显低于一季度的2.38元/千克和国家最低保护价。三季度全省小麦价格有所上升，为2.26元/千克，四季度进一步回升至2.43元/千克。新小麦上市后，价格逐月上升的原因主要有以下几个方面：一是多数农民在6月份集中出售，手中余粮有限。粮食加工企业进入生产旺季，收购补库进度加快，市场供给不足，促进了收购价格的一定上涨；二是2014年的小麦品质较好；三是部分存粮农户对粮食价格预期加强，观望心理较浓，存粮待售。

稻谷价格在经历了一年多的低迷后，2014年的价格同比涨幅有所扩大，其中，一季度同比上涨1.8%，二季度同比上涨5.3%，三季度上涨6.3%，但四季度又回落至2%。总体来看，2014年风调雨顺，新稻品质好于上年，是2014年稻谷价格同比上涨的主要原因。

三季度，全省早籼稻价格为2.55元/公斤，同比上涨6.3%。2014年多数地区早籼稻开秤价为2.5元/公斤左右，后来启动保护价之后，价格上涨至2.6元/公斤左右。

2014年稻谷收购仍以政策性收购为主，按最低保护价格收购的稻谷价格较高，农民出售十分踊跃，但各地粮食部门存在仓容不足的问题。在政策性收购完成后，其他收购、加工企业收购谨慎，收购数量下降，导致后期稻谷价格下跌，新稻谷价格前高后低。三季度，全省中籼稻价格为2.63元/公斤，同比上涨5.2%；粳稻价格为2.84元/公斤，同比上涨14.1%。四季度，全省中籼稻价格下降为2.55元/公斤，同比上涨2.8%；粳稻价格下降为2.69元/公斤，同比上涨2.3%。

玉米价格起伏波动。一季度全省玉米价格同比上涨1.4%，二季度，玉米价格从一季度的2.15元/千克下跌到2.08元/千克，同比下跌0.5%。三季度，玉米价格上升到2.38元/千克，同比上涨3.9%，四季度新玉米上市后，价格下跌到2.14元/千克，同比下跌1.8%。2014年玉米价格波动的主要原因是受到畜禽养殖需求变化影响。二季度生猪价格持续下跌，饲料需求减少；三季度畜禽价格上涨，畜禽养殖有所恢复，对饲料需求增加，同时东北地区、河南受旱灾影响，玉米有减产趋势，增强了玉米价格看涨预期；四季度，受安徽玉米丰收，畜禽价格走低，饲料需求减弱等因素的影响，玉米价格再度下跌。

2. 油料价格基本持平。2014年全省油料价格同比下跌0.1%，其中，一季度下跌9.5%，二季度上涨0.1%，三季度上涨1.4%，四季度上涨7%。在各类油料中，花生价格同比下跌2.3%，油菜籽价格与上年持平，油茶籽上涨20.7%，芝麻上涨5.6%。

2014年油菜开花期和成熟期均遇雨天，发生比较严重的油菜菌核病，也发生了渍害，油菜籽的质量不如往年。各地油菜籽单产均有不同程度的下降，油菜籽质量和产量双降，油菜籽价格保持相对稳定，二季度全省油菜籽均价为4.97元/千克，三季度为4.98元/千克。

3. 豆类价格上涨1.4%。2014年一季度全省平均价格为5.09元/千克，同比上涨2.6%；二季度平均价格为4.98元/千克，同比下跌1.8%；三季度平均价格为5.06元/千克，同比下跌2.3%；四季度平均价格为5.10元/千克，同比上涨2.2%。

4. 新棉价格大幅下跌。全年棉花价格下跌4.5%,其中,一季度上涨3.9%,二季度上涨5.7%,三季度下跌4.2%,四季度下跌23.6%。

2014年夏季持续的阴雨天气,推迟了棉花收获上市时间。同时早期棉桃因日照不足导致霉变发黑,早期收获的棉花品质较低,价格下跌,三季度全省籽棉价格为7.66元/千克,明显低于一季度的8.30元/千克和二季度的8.40元/千克。后期天气转好,中后期上市的棉花质量较好。从总体看,2014年全省棉花种植面积减少,亩产增加,总产下降。但新棉上市价格同比大幅下跌,四季度全省棉花价格仅为5.95元/千克。导致新棉价格大跌主要原因是2014年国家取消了连续三年不限量的棉花收储政策,实行目标价格补贴试点,国内棉花价格主要由市场因素决定,同时世界产棉大国棉花丰收,国际棉花价格大幅下跌,带动国内棉花市场价格持续走低。

当前,棉花收购陷入两难境地,棉农因价格太低而不愿出售,收购企业因收购加工亏损推迟或停止收购。目前,国内棉价下跌至14000元/吨(去年同期在19000元/吨)左右。而当前的籽棉收购价在3.1元每斤左右,加工企业要保证顺价销售(盈亏点),销售价必须超过14000元/吨。据调查,宿松县8个400型棉花收购企业,有的停止收购,如宿松县亿嘉仁棉业有限公司、华茂华阳河农业股份有限公司;有的推迟收购,安徽金纺棉业有限公司目前已收购的80万斤,安徽宇顺棉业开市时间较往年明显推迟。一方面,加工企业担心亏损不收或少收,另一方面棉农因价格低惜售,棉农、棉花加工企业都在等待观望。

5. 蔬菜生产价格下跌4.2%。2014年,天气情况良好,特别是今夏持续多雨,气候温湿,有利于蔬菜的生长,地产蔬菜上市量大。同时去年夏季持续高温,蔬菜基价偏高,导致2014年部分大路蔬菜价格同比幅跌较大,其中,芹菜下跌16.4%、茄子下跌14.9%、苋菜下跌10.1%、青椒下跌9.4%、大白菜下跌8.1%。另外,西红柿、四季豆的价格大幅上涨,分别同比上涨27.6%、19.8%。

6. 鲜果价格下跌。2014年全省鲜果价格下跌6%,其中,三季度下跌19%。2013年夏季气温高,西瓜价格高,导致2014年西瓜种植面积增加,但受2014年凉夏的影响,西瓜销售价格下跌,全年西瓜价格下跌11.2%。2014年枇杷丰收,销路不畅,价格比上年大幅下挫33.5%。此外,柑橘价格下跌11.9%,香瓜价格下跌9.2%,桃价格下跌8.9%。

7. 茶叶价格小幅下跌。2014年全省茶叶价格同比下跌0.3%,其中,绿茶下跌0.4%,红茶上涨4.1%,白茶下跌1.4%。茶叶价格在经过多年上涨后,受公务用茶、商务用茶的需求锐减的影响,高档名优茶价格下跌。全省茶叶价格连续3个季度同比下跌,其中2014年一季度全省茶叶价格同比下跌5.5%,是近年来茶叶价格最大跌幅。2014年的茶叶价格变化大体呈现高档茶叶价格大幅下跌,中低档茶销售较好,市场价格比上年小幅下跌的格局。

(二)饲养动物及产品(畜牧业产品)生产价格下跌2.1%。一季度下跌9.4%,二季度上涨2.3%,三季度上涨4.4%,四季度下跌2.5%。在主要畜产品中,生猪价格下跌9.0%,牛上涨3.2%,羊上涨1.4%,活家禽上涨6.3%,禽蛋上涨13.4%。

1. 生猪价格连续三年下跌。安徽生猪价格继2012年下跌6.5%、2013年下跌0.3%后,2014年再度下跌9%,创出近五年最大年度跌幅。

进入2014年后,生猪价格变动一反常态,没有出现往年在春节前上涨局面,却在春节前异常下跌。经过持续四个月快速下跌后,4月份全省生猪为10.53元/千克,部分地区的生猪价格跌破了为10元/千克大关,生猪养殖亏损严重。5月份生猪价格快速反弹,价格上涨到12.49元/千克,6月份生猪价格进一步回升至13.02元/千克。7月份为13.59元/千克,8月份为14.92元/千克。生猪价格在8月份达到全年最高值后,9至11月的生猪价格逐月回落,其中,9月份为14.84元/千克,10月份为14.26元/千克,11月份为13.76元/千克,12月份上半月略有回升,为13.94元/千克。

造成生猪价格变动的主要原因有以下几个方面:

——生猪饲养总量过大,出栏集中。2013年下半年养猪效益比较可观,养殖户积极补栏,造成生猪存栏量偏大。同时养殖户对春节前生猪价格预期较高,集中在春节前大量出栏生猪,导致生猪供应总量过大。

——禽流感疫情加剧了生猪的集中投放。2013年底浙江等地出现禽流感疫情,加剧了养殖户抛售生猪的现象。

——有效需求不足也是导致生猪价格下跌的原因。往年的节日期间是社会集团消费的高峰时期。但受肉制品加工需求和集团消费减少影响,价格上涨动力不足。春节、国庆等节日过后,猪肉消费进入淡季,生猪价格加速下跌。

——国家收储政策实施和节日消费带动生猪价格回升。防止生猪价格过度下跌,维护养殖户利益,促进生猪生产稳定发展,国家有关部门按照《缓解生猪市场价格周期性波动调控预案》规定,分别于3月底和5月中旬启动两批中央储备冻猪肉收储。此外,端午节、中秋节和国庆节也增加了猪肉的消费,致使生猪价格在5月份后持续回升。

2. 家禽和禽蛋价格涨幅较大。2014年一季度,受禽流感疫情的影响,城乡居民减少了对家禽和禽蛋的消费,各地的家禽和禽蛋的价格出现不同程度的下跌,一季度全省家禽和禽蛋价格分别同比下跌3.3%和2.8%;二季度随着禽流感疫情影响消失,家禽和禽蛋价格快速回升,加之去年同期禽流感的影响比较严重,家禽及禽蛋的基期价格偏低,导致二季度家禽和禽蛋价格同比涨幅达到18.9%和21.6%;三季度,家禽和禽蛋价格继续上扬,分别上涨16.3%、28.1%,鸡蛋价格创出历史新高;四季度,家禽和禽蛋价格涨幅回落,分别为2.2%、13.1%。

3. 牛羊价格由涨转跌。经过近四年持续上涨,目前,牛羊价格已处于高位运行,全年牛羊价格由涨转跌。一季度全省牛羊价格分别上涨9.3%和8.8%;二季度牛羊价格分别上涨2.5%和2.7%;三季度牛羊价格分别上涨3.1%和1.1%,四季度牛羊价格分别下降1.7%和7.4%。

(三)林业产品价格上涨涨幅逐季回落。2014年,全省林业产品价格同比上涨2.3%,其中,一季度上涨6.1%,二季度上涨4.7%,三季度上涨0.9%,四季度上涨1%。分类别看,苗木价格上涨3.2%,原木价格上涨2.6%,竹材价格上涨0.3%。

（四）渔业产品生产价格持续上涨。2014年全年上涨2.9%。分类别看，淡水鱼价格上涨3.9%，淡水养殖虾价格上涨11.8%；淡水养殖蟹价格下跌14.5%；其他淡水养殖产品价格上涨2%。自2009年三季度以来，全省渔业产品连续22个季度上涨。但近一年半时间的渔业产品价格上涨趋于缓和，2013年三季度上涨8.8%，四季度上涨5.4%，2014年一季度上涨4.5%，二季度上涨2.2%，三季度上涨2.9%，四季度上涨1.8%。

下半年正是螃蟹上市季节，但养殖户对市场并不乐观。2014年雨水多，气温较常年低，上市时间推迟。受市场需求减少的影响，2014年螃蟹价格低，三季度全省河蟹价格同比下跌28.7%，四季度同比下跌18.8%。螃蟹价格下主要原因近几年的养殖面积持续扩大，产量增加，公款消费、礼品赠送减少导致市场供需矛盾突出。

**二、对2015年农产品价格走势的判断**

当前，社会有效需求不足，国内经济仍处于调结构、转方式的转轨时期，近期国内需求不会对农产品价格产生大的拉动作用。从政策层面看，国家对大豆、棉花实施目标价格补贴政策，使大豆、棉花价格进一步与国际市场价格接轨，实施多年的提高粮食最低保护价政策在2015年转变为保持2014年水平不变，由政策带动大宗农产品价格上涨的动力将明显减弱。但综合考虑农产品价格变动因素，预计2015年全省农产品价格可能继续保持平稳的态势。

（一）粮食价格总水平保持稳定。为保护农民利益，防止“谷贱伤农”，2015年国家继续在小麦主产区实行最低收购价政策。综合考虑粮食生产成本、市场供求、比较效益、国际市场价格和粮食产业发展等各方面因素，国家决定2015年生产的小麦（三等）最低收购价为每50公斤118元，保持2014年水平不变，预计稻谷也将实行类似最低收购价政策。从总体看，2014年国内、国际粮食生产双丰收，国内、外粮价倒挂，国内粮库不足，粮食收储和加工企业收购谨慎，粮价上涨缺乏市场需求拉动，又无政策支撑，预计2015年粮食价格可能保持平稳。

（二）生猪价格可能有一定幅度上涨。经过近几年市场自我调整，生猪生产能力过剩的局面也有改善，全省生猪价格已经连续下跌三年，当前全省猪价基本稳定在14元/千克左右，价格低于去年同期。目前我省育肥猪、能繁母猪的存栏量有一定幅度的下降，生猪生产供给能力有所降低，考虑生猪生产周期变化规律及影响生猪供给的各项因素，预计2015年我省生猪价格可能有一定的上涨幅度。

（三）棉花价格将低位运行。中央对棉花取消临时收储，实施按目标价格补贴的政策后，国内棉花主产区的新年度棉花价格由市场供求形成。虽然安徽2014年棉花种植面积继续下降，但外棉丰收，同时全球棉花供应过剩，中国占全球60%以上的巨量库存威慑市场，在国内库存消费比居历史高位的背景下，国内棉花下行压力较大。纺织业对棉花的需求很难有大的起色，同时国际棉花价格的变动将决定着国内棉花价格水平。预计2015年棉花价格可能处于的低位水平。

撰稿：闵志宏

# 2014年安徽固定资产投资价格涨幅逐季回落

2014年，在国内经济增速放缓、国民经济运行步入“新常态”背景下，受工业生产者价格长期低位运行、固定资产投资增速回落等诸多因素影响，安徽固定资产投资价格走势总体呈现下行态势，全年固定资产投资价格总水平较上年小幅上涨0.3%，但价格指数逐季回落。

## 一、总体情况

在固定资产投资价格调查的三大类别中，2014年建筑安装、装饰工程价格比上年上涨0.4%，影响价格总水平上涨0.2个百分点；设备、工器具购置价格下降0.4%，影响价格总水平下降0.1个百分点；其他费用价格上涨1.2%，影响价格总水平上涨0.2个百分点。

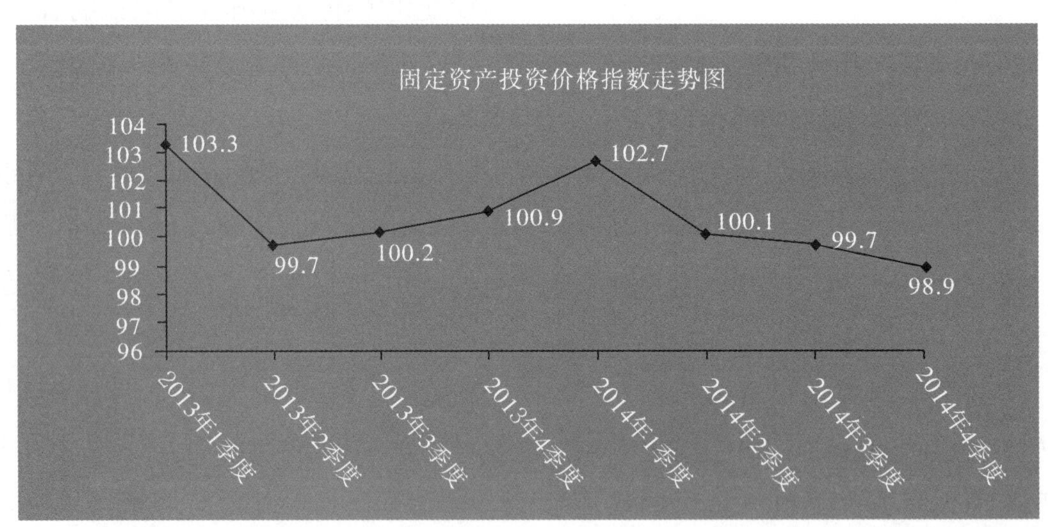


## 二、价格运行特点

（一）固定资产投资价格总水平由升转降。2014年，安徽固定资产投资价格运行平稳，年内呈现由升转降态势，一季度价格同比小幅上涨2.7%，二季度同比上涨0.1%，三季度同比下降0.3%，四季度价格同比下降1.1%。

（二）建筑安装、装饰工程价格持续回落。2014年，全省建筑安装、装饰工程价格比上年上涨0.4%。分季度看，一、二季度同比分别上涨4.1%、0.2%，三、四季度同比分别下降0.6%和2%。其中，人工费价格上涨5.4%，材料费价格下降2.8%，机械费价格上涨2.8%。

1. 人工费价格稳步上扬。2014 年,人工费价格上涨 5.4%,四个季度价格涨幅总体平稳,同比分别上涨 5.5%、5.5%、6%和 4.5%。调查的三类人员中,工程管理人员工资涨幅最高,全年上涨 5.9%,工程技术人员工资上涨 5%,普通工人工资上涨 5.4%。目前,固定资产投资项目无论建设规模还是技术要求和施工难度都不断加大,建筑行业对高端技术和管理人才需求在大量增加,市场供需矛盾加剧,这也是工程管理人员工资价格涨幅高于普通工人的原因。

2. 材料费价格小幅下跌。2014 年,材料费价格比上年下降 2.8%,四个季度价格指数呈逐季回落的走势,分别为 98.9、98.2、96.7 和 95.1。调查的七大类材料价格"2 降 5 升"。除了钢材、水泥价格同比分别下降 8.6%、0.3%外,其他建筑材料包括木材、地方建筑材料、化工材料、电料和其他材料,同比分别上涨 1.7%、2.6%、0.9%、1.8%和 2.7%。

3. 机械费价格小幅上涨。2014 年,机械费价格比上年上涨 2.8%。分季度看,四个季度价格同比分别上涨 4.2%、2.1%、2.3%和 2.7%。在调查的九大类机械费中,涨幅居前的分别是土石方及筑路机械上涨 4%,打桩机械上涨 4%,混凝土及砂浆机械上涨 2.7%。

(三)其他费用价格持续温和上涨。2014 年,全省固定资产投资价格构成中,其他费用价格上涨 1.2%,四个季度价格同比分别上涨 1.4%、0.1%、1.4%和 1.8%。调查的四类费用中,土地取得费、前期工程费、施工工作费和建设单位其他费用价格比上年分别上涨 1.6%、1%、1.3%和 0.9%。

**三、价格变动原因分析**

(一)投资增速回落,市场需求不足导致建筑安装、装饰工程价格持续下行。2014 年,全球经济复苏乏力,我国经济发展面临"三期叠加"的复杂局面。在此背景下,安徽省投资增速放缓,出现新开工项目减少、重大项目开工进度缓慢等问题。受投资增长动力不足、市场需求减弱影响,全省建筑安装、装饰工程价格持续在下降通道运行。

(二)输入型因素影响相关产品价格走势。2014 年以来,国际原油、有色金属、铁矿石等大宗商品价格持续震荡下行,对全省相关产品价格产生影响。一方面,成品油等价格下调,影响机械费价格及化工材料价格涨幅回落。另一方面,以铁矿石为主要原材料的钢材价格持续大幅下行。另外,今年以来国内钢材、水泥行业产能过剩、市场需求减少造成的价格持续走低的态势仍在继续,钢材、水泥等建筑材料的价格仍在下行区间运行。数据显示,2014 年,安徽钢材、水泥价格均呈现大幅回落的走势,基础建筑材料价格的持续走低成为影响安徽固定资产投资价格持续低位运行的一个重要原因。

(三)受基期因素影响,价格涨幅回落。近年来,全省建筑行业人员工资水平和其他费用水平逐年提高,对固定资产投资价格起到向上的拉动作用,但经过这两年较快增长,人工费和其他费用涨幅有所放缓。

**四、2015 年价格形势展望**

2015 年将是国内经济深度调整期,经济发展过程将面临较多困难和挑战。但随着国家各项改革深入,特别是国家降准、降息、减税、减费等各项政策措施的落实,在一定程度上减缓经济下行的压力。同时,国家相继批复了一批涉及电网油气、清洁能源和铁路交通等诸多领域的重大基础建设投资项目,安徽大力推进重点、大型项目建设，这些大型项目的投资将会在一定程度上拉动市场需求，为稳定固定资产投资价格起到积极作用。综合考虑当前经济发展情况及相关政策因素影响，预计2015年全省固定资产投资价格将保持相对稳定的运行状态。

撰稿：邓炜炜

# 2014年安徽规下服务业发展平稳　问题犹存

国家统计局安徽调查总队对全省2382家规模以下服务业企业经营情况和发展状况的调查结果显示,2014年安徽规模以下服务业发展平稳,营业收入稳定增长,税收优惠政策惠及面扩大,用工规模稳定,但仍存在盈利能力欠佳、市场需求不足、成本上升较快、信息化建设落后、融资难等问题。

## 一、基本情况

(一)行业分布情况。规下服务业企业抽样调查涉及全省服务业行业中的9个行业门类和2个行业中类共2382家调查样本(分布情况见下图)。从样本企业在各行业分布情况看,企业数所占比重排前三位的行业分别是交通运输、仓储和邮政业,文化、体育和娱乐业以及租赁和商务服务业。

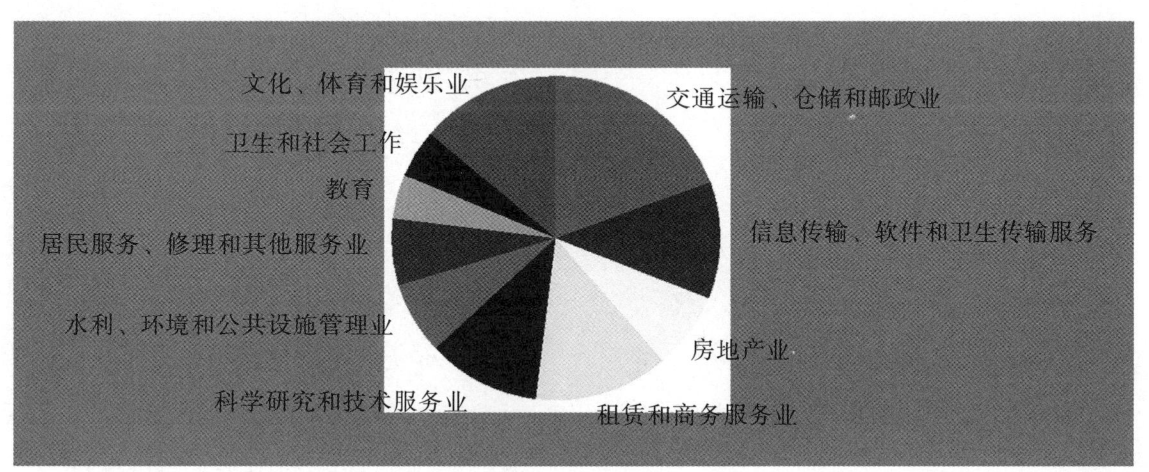


**图1　服务业小微样本企业各行业分布情况**

(二)注册类型分布情况。从企业注册类型情况看,全省规模以下服务业样本企业中国有性质企业205家,集体性质企业55家,私营性质企业1397家,含有外资或港澳台资企业有18家,其他类型企业707家。由此可以看出,私营企业以其经营灵活性高、适应市场能力较强等特点已经成为规模以下服务业企业的主体。

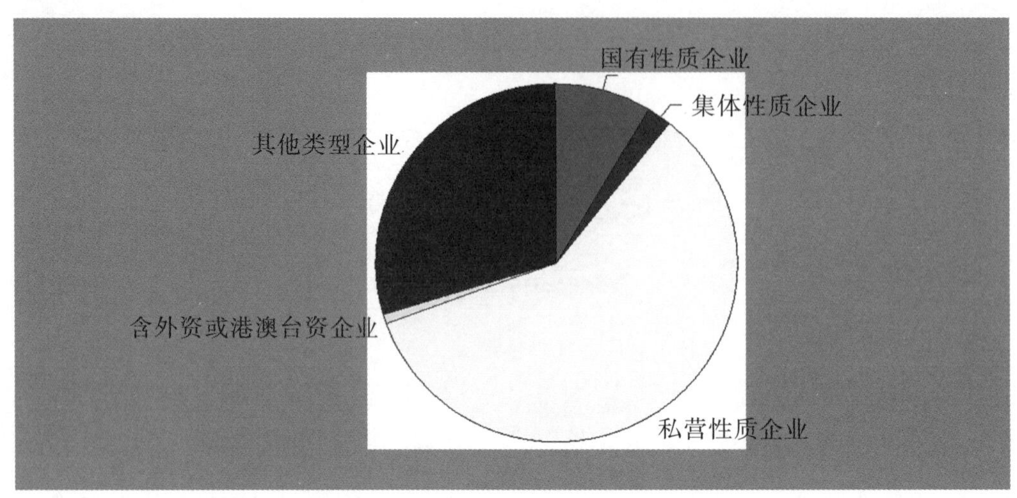


图 2　规下服务业样本企业注册类型分布情况

## 二、主要特点

(一)整体经营状况平稳,营业收入稳定增长。对样本企业的调查数据推算结果显示,2014 年,安徽规下服务业企业实现营业收入 660.7 亿元,比上年增长 12.7%。在调查行业中,文化、体育和娱乐业,卫生和社会工作,居民服务、修理和其他服务业三个行业增速最高,营业收入分别比上年增长 33.8%、32.3%、26.2%。

从企业发展状况问卷调查看,规模以下服务业经营情况相对稳定,营业状况较好。在调查的有效样本企业中,有 31.5%的企业与上期相比营业收入有所增加,44.2%的企业与上期持平,认为比上期减少的只有 24.3%。

(二)盈利状况不太乐观,但比三季度有所好转。受整体经济形势及经营成本、费用上升快的影响,规模以下服务业企业盈利状况仍不太乐观,调查企业中,盈利增加或扭亏为盈的企业占比 28.0%,盈利减少或由赢转亏的企业占比 37.9%。但相比三季度整体盈利状况有所好转,盈利改善的企业占比较三季度提高了 8.9 个百分点。调查中 69.7%的企业认为业务量是盈利变动的主要影响因素,在各种影响因素中居第一位,可见业务量不能明显提升、市场需求不足仍然是规模以下服务业企业盈利状况不佳的关键所在。

(三)用工规模稳定,企业用工需求略增。2014 年全省规模以下服务业企业共吸纳就业人员 77.6 万人,同比增长 7.5%。调查企业中,17.3%的企业对劳动力的需求比上期增加,需求增加的企业占比并不高,比三季度提高了 3.5 个百分点。71.6%的企业劳动力需求与上期持平。劳动力需求变动的主要影响因素中订单变动占 29.5%,劳动力成本因素占 26.9%,经济效益因素占 23.8%。

(四)多数企业处于发展阶段,经营状况不稳定。规模以下服务业企业规模小、变化快,多数仍处于发展阶段。调查企业中,66.6%的企业处于发展阶段,17.5%的企业处于创业阶段,而处于成熟阶段的企业仅占 15.9%。由于规模以下服务业企业多数处于发展阶段,整体经营状况不稳定,这次抽取的 2382 家样本中仅有 1621 家企业正常上报,有效样本率 68.1%。其中停产 227 家,消亡 143 家,转行 10 家。

（五）税收优惠覆盖面广，“营改增”企业范围逐步扩大。近年来，国家对规模以下企业的税收优惠政策力度不断加大。调查企业中，有51.1%企业享受税收优惠政策，其中17.3%的企业免税，企业负担逐步减轻，同时随着“营改增”政策的推进，有49.8%的企业执行增值税，比三季度提高2.3个百分点，仅有32.9%的企业仍交营业税。

**三、存在问题**

（一）用工成本上升快，企业经营成本费用增加，挤压企业利润空间。调查结果表明，用工成本上升快是企业反映的第一大突出问题。54.1%的企业认为企业当前面临的突出问题是用工成本上升快。地方最低工资标准不断上调、国家社保相关政策的落实，增加了企业的薪酬负担，39.5%的企业认为企业本期单位营业成本比上期上升，认为成本下降的仅有6.4%。问及对企业单位成本上升的主要影响因素时，64.3%企业认为劳动力成本是最大的影响因素。

（二）市场需求不足、业务量没有明显提升是影响盈利变动的主要影响因素。调查企业中62.7%的企业认为市场需求是营业收入变动的主要影响因素，60.0%企业认为业务量是盈利变动的主要因素，41.1%的企业认为市场需求不足是企业当前面临的突出问题。受宏观经济增速放缓的影响，规模以下服务业企业无可避免的受到市场需求不足的冲击，如何通过提高服务产品质量，创新服务产品功能等方面提振市场需求，是规模以下服务业企业面临的突出问题。

（三）科研经费投入少，信息化建设慢。受访企业中79.3%企业没有科研经费投入，79.0%企业没有获取新技术等科技成果途径，61.1%的企业没有信息化建设，只有15.7%的企业通过信息化建设进行信息发布，5.0%企业通过信息化建设进行网上销售。电子商务的飞速发展加快了市场竞争的步伐，规下服务业企业信息化建设慢甚至没有，必须会增加其在市场竞争中被淘汰的风险。

（四）企业面临资金紧张、融资难的双重困难。根据企业发展状况问卷调查显示，仅8.0%企业流动资金充足，27.3%企业面临资金紧张。在50.6%的有融资需求的企业中，认为融资容易仅占1.6%，认为融资困难占40.3%。企业经营所需资金有14.1%企业通过银行贷款获取资金，14.6%企业是通过民间借贷获取资金，有5.8%企业能获得专项资金，其余65.4%的企业主要靠自筹取得。资金不足和融资难仍是规模以下服务业企业发展过程中的制约。

**四、企业呼声**

（一）加大政策扶持及落实力度。调查显示，59.0%企业希望政府能够加大政策扶持及落实力度，49.7%企业希望减免税费。近年来，国家连续出台促进小微企业发展的优惠政策和措施，有效缓解了小微企业的经营压力。但优惠政策门槛高、优惠政策惠及面窄、可操作性差、小微企业自身管理缺陷等问题，成为小微企业受益的绊脚石。各级政府部门应该在充分理解政策的基础上，加强优惠政策宣传力度，制定科学透明的政策落实措施，简化办事流程手续，加强监督检查，创造有利条件，进一步完善和落实减免税收、创业资金扶持、金融信贷等优惠政策，希望职能部门及时沟通协调，促进规下服务业企业健康成长。

(二)加强引导和市场开拓,提高公共服务水平。在企业对政府有关部门的要求和建议中,有26.4%的企业希望政府加强引导和市场开拓,18.2%的企业希望进一步提高公共服务力度。规模以下服务业企业由于其自身实力不强,很难在市场竞争中占据优势,因此政府有关部门加强引导和市场开拓对规下服务业企业的发展尤为重要。

(三)创新融资产品,拓宽融资渠道。对于企业资金紧张的问题,建议政府可以在合理范围内加大对企业的支持力度,一是进一步拓宽融资渠道,加强对小额贷款公司的监管和引导,通过小额贷款融资平台,汇集闲置资金用于支持微型企业发展;规范申请创业扶持贷款流程,简化相关手续,加快企业融资进度。二是建立中小企业信用担保中心,形成以信用担保为主、抵押担保为辅的中小企业担保体系,配合中小企业融资优惠政策,提高融资效率。三是完善征信系统,促进信息共享机制常态化,为企业信用信息基础数据库系统运行创造良好的外部环境,更好地为企业融资服务。

撰稿:孔二娟

# 1-1 规模以下服务业抽样调查推算结果
# Main Indicators of Service Enterprises Below Designated Size

| 项目 | Item | 单位 | Unit | 经济总量 Total Economy | |
|---|---|---|---|---|---|
| | | | | 2014 年 | 2013 年 |
| 企业数 | Number of Enterprises | 个 | unit | 78697 | 73222 |
| 固定资产原价 | Original Value of Fixed Assets | 万元 | 10000 yuan | 7157923 | 6065006 |
| 资产 | Total Assets | 万元 | 10000 yuan | 58438912 | 28156592 |
| 负债 | Liabilities | 万元 | 10000 yuan | 17746842 | 12052316 |
| 营业收入 | Business Revenue | 万元 | 10000 yuan | 6607158 | 5861119.5 |
| 营业成本 | Operating Cost | 万元 | 10000 yuan | 3930246 | 3487920.25 |
| 营业税金及附加 | Business Tax and Surtax | 万元 | 10000 yuan | 176126.22 | 166005.97 |
| 销售费用 | Sales Expenses | 万元 | 10000 yuan | 394847.41 | 392504.03 |
| 管理费用 | Overhead Expenses | 万元 | 10000 yuan | 1476832.25 | 1298489.5 |
| 财务费用 | Financial Expenses | 万元 | 10000 yuan | 167877.36 | 172235.33 |
| 营业利润 | Operating Profit | 万元 | 10000 yuan | -522.79 | -9935.13 |
| 利润总额 | Total Profits | 万元 | 10000 yuan | 76639.55 | 68742.07 |
| 应交所得税 | Corporate Income Tax | 万元 | 10000 yuan | 98126.27 | 79499.13 |
| 应付职工薪酬 | Wages Payable | 万元 | 10000 yuan | 1796903.88 | 1604069.5 |
| 应交增值税 | Welfare Expenses Payable | 万元 | 10000 yuan | 99487.84 | 85946.52 |
| 从业人员平均人数 | Average Number of Employed Persons | 人 | Person | 776250 | 722027 |

注:本表中 2013 年数据是由 2014 年数据推算而来。

# 1-2 部分调查指标总量

| 指　　标 | Item | 单　位 | unit |
|---|---|---|---|
| **主要农产品产量** | **Output of Major Farm Products** | （万吨） | （10 000 tons） |
| 粮食 | Grain | | |
| 棉花 | Cotton | | |
| 油料 | Oil-Bearing Crops | | |
| 猪肉 | Pork | | |
| 牛肉 | Beef | | |
| 羊肉 | Mutton | | |
| 禽肉 | Poultry | | |
| 禽蛋 | Poultry Eggs | | |
| **城乡居民生活** | **Family, People's Lvelihood and Environment** | | |
| 家庭 | Family | | |
| 城镇居民平均每户家庭人口 | Average Household size in Urban Areas | （人） | （person） |
| 农村居民平均每户家庭人口 | Average Household size in Rural Areas | （人） | （person） |
| 居住 | Housing | | |
| 城镇常住居民人均住房建筑面积 | Net Floor Space per Capita of Urban Residents | （平方米） | （sq.m） |
| 农村常住居民人均住房建筑面积 | Net Floor Space per Capita of Rural Residents | （平方米） | （sq.m） |
| 生活 | People's Livelihood | | |
| 城镇常住居民人均可支配收入 | Annual Disposable Income per Captita of Urban Residents | （元） | （yuan） |
| 农村常住居民人均可支配收入 | Annual Disposable Income per Captita of Rural Residents | （元） | （yuan） |
| 物价（上年=100） | Price（preceding year=100） | | |
| 居民消费价格指数 | Consumer Price Index | | |
| 商品零售价格总指数 | Retail Price Index | | |
| 工业生产者出厂价格指数 | Producer Price Index for Industrial Products | | |
| 工业生产者购进价格指数 | Purchasing Price Index for Industrial Producers | | |

# Main Aggregate Indicators of Sample Survey

| 总量指标 Aggregate Data | | | | | | | | | |
|---|---|---|---|---|---|---|---|---|---|
| 1978 | 1990 | 2000 | 2005 | 2009 | 2010 | 2011 | 2012 | 2013 | 2014 |
| 1482.0 | 2457.2 | 2472.1 | 2605.3 | 3069.9 | 3080.5 | 3135.5 | 3289.1 | 3279.6 | 3415.8 |
| 11.5 | 23.6 | 27.4 | 32.5 | 34.6 | 31.6 | 37.8 | 29.4 | 25.1 | 26.3 |
| 32.6 | 129.1 | 285.1 | 270.7 | 240.4 | 227.6 | 213.8 | 227.7 | 225.4 | 228.8 |
| | | | | 229.9 | 238.8 | 233.1 | 249.7 | 253.4 | 264.8 |
| | | | | 17.5 | 18.3 | 17.8 | 18.1 | 18.1 | 17.9 |
| | | | | 13.8 | 14.2 | 14.2 | 14.6 | 15.0 | 15.5 |
| | | | | 99.6 | 104.1 | 109.1 | 114.1 | 116.0 | 114.6 |
| | | | | 118.2 | 119.0 | 119.7 | 122.6 | 124.5 | 122.5 |
| | | 3.08 | 2.95 | 2.84 | 2.84 | 2.80 | 2.78 | 2.81 | 2.94 |
| | | | | 4.05 | 4.03 | 3.88 | 3.85 | 4.39 | 3.04 |
| | | | | | | | | | 35.13 |
| | | | | | | | | | 44.67 |
| | | | | | | | | | 24838.52 |
| | | | | | | | | | 9916.42 |
| | 102.7 | 100.7 | 101.4 | 99.1 | 103.1 | 105.6 | 102.3 | 102.4 | 101.6 |
| 100.0 | 101.9 | 98.0 | 100.6 | 99.0 | 103.2 | 105.3 | 102.1 | 101.2 | 100.4 |
| | | 98.9 | 103.3 | 92.8 | 109.0 | 108.3 | 98.3 | 98.2 | 97.4 |
| | | 102.6 | 107.2 | 95.3 | 111.8 | 110.8 | 98.2 | 96.9 | 97.2 |

注:2014 年,居民生活方面的收入、居住等调查指标口径与以前相比有所变化,数据不可比。

# 主要统计指标解读

**粮食产量** 指农业生产经营者日历年度内生产的全部粮食数量。按收获季节包括夏收粮食和秋收粮食，按作物品种包括谷物、薯类和豆类。其中谷物包括小麦、玉米、早稻、中稻和一季晚稻、双季晚稻、大麦、高粱、谷子、荞麦等禾本科和蓼科粮食作物；薯类只包括马铃薯、甘薯，木薯统计在其它农作物，芋头等其它薯统计在其它蔬菜；豆类包括大豆、绿豆、红小豆、杂豆等。谷物产量按脱粒后的原粮计算，薯类按鲜薯重量的 5∶1 折算，豆类按去豆荚后的干豆计算。

**可支配收入** 指调查户在调查期内获得的、可用于最终消费支出和储蓄的总和，即调查户可以用来自由支配的收入。可支配收入既包括现金，也包括实物收入。按照收入的来源，可支配收入包含五项，分别为：工资性收入、经营净收入、财产净收入、转移净收入和自有住房折算净租金。按居民类型划分，有居民可支配收入、城镇常住居民可支配收入、农村常住居民可支配收入。

**居民消费价格指数（CPI）** 反映一定时期内居民所消费商品及服务项目的价格水平变动趋势和变动程度。居民消费价格水平的变动率在一定程度上反映了通货膨胀（或紧缩）的程度。编制居民消费价格指数的目的，是了解全国各地价格变动的基本情况，分析研究价格变动对社会经济和居民生活的影响，满足各级政府制定政策和计划、进行宏观调控的需要，以及为国民经济核算提供参考依据。

**工业生产者出厂价格指数（PPI）** 是反映一定时期内全部工业产品出厂价格总水平的变动趋势和程度的相对数，包括工业企业售给本企业以外所有单位的各种产品和直接售给居民用于生活消费的产品。该指数可以观察出厂价格变动对工业总产值及增加值的影响。

**规模以下服务业企业** 是指辖区内年末从业人员 50 人以下，且年营业收入 1000 万元以下的服务业样本法人单位。具体包括：交通运输、仓储和邮政业，信息传输、软件和信息技术服务业，租赁和商务服务业，科学研究和技术服务业，水利、环境和公共设施管理业，居民服务、修理和其他服务业，教育、卫生和社会工作，文化、体育和娱乐业，以及物业管理、房地产中介服务等行业。涉及 10 个门类，共计 30 个行业大类和 2 个行业中类。

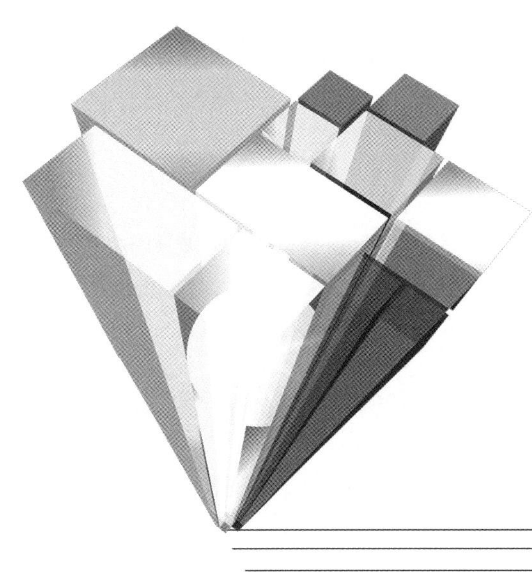

# 农业调查

# Agriculture Survey

# 简 要 说 明

一、本篇资料内容主要包括农村社会经济主要指标，主要年份农作物播种面积、农作物总产量，畜牧业生产情况，农户固定资产投资情况，各调查县(区)农村基本情况及农村贫困监测调查情况等。

二、农作物播种面积及产量调查根据国家统计局《种植业抽样调查制度》，由安徽调查总队组织实施，目前抽选的调查县为64个。

三、畜牧业生产情况调查根据国家统计局《主要畜禽抽样调查制度》，由安徽调查总队组织实施，主要畜禽抽样实行分季定产，生猪调出大县实行月度调查与季度调查相结合，主要数据开展月度调查。

本版责任编辑：戴月萍　盛玉强　汪思源　杨潇潇

# 2-1 农业生产情况
# Output of Agriculture

| 年份 Year | 播种面积（千公顷） Sown Area (1000 hectares) | #粮食 #Crain Crops | #棉花 #Cotton | #油料 #Oil-Crops | 粮食产量（万吨） Output of Grain Crops (10000 tons) | #小麦 #Wheat | 稻谷 Barley | 棉花产量（万吨） Output of Cotton (10000 tons) | 油料产量（万吨） Output of Oil-bearing Crops (10000 tons) | 蔬菜产量（万吨） Output of Vegetables (10000 tons) |
|---|---|---|---|---|---|---|---|---|---|---|
| 1978 | 8013.0 | 6186.7 | 326.9 | 400.1 | 1482.0 | 279.0 | 856.5 | 11.5 | 32.6 | |
| 1979 | 8005.0 | 6288.0 | 299.1 | 508.5 | 1609.5 | 390.0 | 889.5 | 9.7 | 44.7 | |
| 1980 | 7740.0 | 6025.9 | 323.4 | 570.4 | 1454.0 | 340.5 | 773.0 | 12.2 | 49.8 | |
| 1981 | 7880.0 | 6024.2 | 329.1 | 774.9 | 1787.5 | 435.5 | 945.0 | 15.6 | 99.3 | |
| 1982 | 8007.0 | 6032.7 | 327.9 | 919.8 | 1933.0 | 554.0 | 1043.5 | 15.8 | 125.5 | |
| 1983 | 7895.0 | 6085.8 | 321.3 | 773.3 | 2010.5 | 572.5 | 960.0 | 19.0 | 96.5 | |
| 1984 | 7967.0 | 6192.3 | 333.7 | 746.4 | 2202.5 | 646.5 | 1136.0 | 23.4 | 97.2 | |
| 1985 | 8186.0 | 5898.6 | 235.1 | 1089.8 | 2168.0 | 605.9 | 1162.9 | 16.7 | 145.7 | |
| 1986 | 8163.0 | 6051.6 | 205.9 | 1103.8 | 2371.9 | 656.6 | 1222.3 | 16.3 | 131.6 | |
| 1987 | 8372.0 | 6151.0 | 224.2 | 1247.1 | 2432.6 | 717.9 | 1189.2 | 18.6 | 151.1 | |
| 1988 | 8169.0 | 6155.1 | 270.1 | 947.1 | 2296.4 | 677.5 | 1159.7 | 20.6 | 88.1 | |
| 1989 | 8239.0 | 6203.8 | 252.3 | 990.7 | 2383.5 | 591.8 | 1282.6 | 17.0 | 101.7 | |
| 1990 | 8314.0 | 6246.1 | 293.1 | 999.3 | 2457.2 | 598.0 | 1340.1 | 23.6 | 129.1 | |
| 1991 | 8196.0 | 5954.5 | 405.5 | 1083.1 | 1781.5 | 315.4 | 1058.0 | 27.1 | 97.1 | |
| 1992 | 8155.0 | 5873.0 | 420.0 | 1047.7 | 2325.1 | 611.8 | 1223.5 | 26.3 | 140.0 | |
| 1993 | 8265.0 | 6038.2 | 353.2 | 997.1 | 2569.9 | 716.9 | 1248.6 | 26.0 | 157.2 | |
| 1994 | 8264.0 | 5796.5 | 443.3 | 1088.3 | 2330.3 | 710.2 | 1187.5 | 25.8 | 154.5 | |
| 1995 | 8354.0 | 5852.5 | 443.2 | 1263.5 | 2580.7 | 699.1 | 1269.9 | 30.1 | 191.8 | 1006.9 |

## 2-1 续表 Continued

| 年份 Year | 播种面积（千公顷） Sown Area (1000 hecares) | #粮食 #Crain Crops | #棉花 #Cotton | #油料 #Oil-Crops | 粮食产量（万吨） Output of Grain Crops (10000 tons) | #小麦 #Wheat | 稻谷 Barley | 棉花产量（万吨） Output of Cotton (10000 tons) | 油料产量（万吨） Output of Oil-bearing Crops (10000 tons) | 蔬菜产量（万吨） Output of Vegetables (10000 tons) |
|---|---|---|---|---|---|---|---|---|---|---|
| 1996 | 8361.5 | 6029.0 | 413.7 | 1098.8 | 2674.1 | 748.3 | 1327.4 | 27.0 | 177.2 | 1195.7 |
| 1997 | 8488.9 | 6030.6 | 399.4 | 1135.1 | 2802.7 | 941.2 | 1290.2 | 30.1 | 205.0 | 1780.0 |
| 1998 | 8564.2 | 5991.0 | 395.5 | 1225.3 | 2591.0 | 599.1 | 1390.2 | 29.0 | 176.5 | 1792.0 |
| 1999 | 8582.1 | 5934.9 | 303.2 | 1334.5 | 2771.2 | 852.5 | 1300.6 | 19.5 | 268.1 | |
| 2000 | 9005.8 | 6183.8 | 308.4 | 1457.4 | 2472.1 | 707.1 | 1221.6 | 27.4 | 285.1 | 1509.2 |
| 2001 | 8733.1 | 5841.7 | 363.0 | 1415.4 | 2500.3 | 741.9 | 1174.3 | 35.7 | 298.8 | 1439.7 |
| 2002 | 8997.6 | 6091.9 | 321.2 | 1453.2 | 2765.0 | 683.7 | 1327.5 | 33.7 | 282.3 | 1618.2 |
| 2003 | 9124.7 | 6157.2 | 390.0 | 1412.6 | 2214.8 | 642.8 | 963.7 | 24.1 | 231.4 | 1513.5 |
| 2004 | 9200.4 | 6312.2 | 398.9 | 1380.2 | 2743.0 | 790.1 | 1292.1 | 41.2 | 299.7 | 1656.5 |
| 2005 | 9172.5 | 6410.9 | 375.7 | 1303.1 | 2605.3 | 808.1 | 1250.8 | 32.5 | 270.7 | 1671.2 |
| 2006 | 8790.0 | 6443.4 | 360.9 | 935.4 | 2853.7 | 1039.0 | 1333.1 | 35.3 | 210.4 | 1726.5 |
| 2007 | 8853.9 | 6477.8 | 375.9 | 864.3 | 2901.4 | 1111.3 | 1356.4 | 37.4 | 199.2 | 1913.7 |
| 2008 | 8976.6 | 6561.1 | 390.1 | 936.7 | 3023.3 | 1167.9 | 1383.5 | 36.4 | 228.0 | 1923.5 |
| 2009 | 9036.2 | 6561.1 | 351.7 | 968.8 | 3069.9 | 1177.2 | 1405.6 | 34.6 | 240.4 | 2028.1 |
| 2010 | 9053.4 | 6616.4 | 344.4 | 944.3 | 3080.5 | 1206.7 | 1383.4 | 31.6 | 227.6 | 2137.4 |
| 2011 | 9022.9 | 6621.5 | 350.4 | 878.3 | 3135.5 | 1215.7 | 1387.1 | 37.8 | 213.8 | 2214.0 |
| 2012 | 8969.6 | 6622.0 | 304.9 | 843.6 | 3289.1 | 1294.0 | 1393.5 | 29.4 | 227.7 | 2327.5 |
| 2013 | 8945.6 | 6625.3 | 285.1 | 802.0 | 3279.6 | 1332.0 | 1362.3 | 25.1 | 225.4 | 2418.0 |
| 2014 | 8945.5 | 6628.9 | 265.2 | 788.4 | 3415.8 | 1393.6 | 1394.6 | 26.3 | 228.8 | 2551.0 |

# 2-2 农作物播种面积
# Total Sown Area of Farm Crops

单位:千公顷 (1000 hectares)

| 指 标 | Item | 2000 | 2005 | 2010 | 2011 | 2012 | 2013 | 2014 |
|---|---|---|---|---|---|---|---|---|
| **农作物总播种面积** | **Total Sown Area of Farm Crops** | **9005.8** | **9172.5** | **9053.4** | **9022.9** | **8969.6** | **8945.6** | **8945.5** |
| **一、粮食作物总计** | **Grain Crops** | **6183.8** | **6410.9** | **6616.4** | **6621.5** | **6622.0** | **6625.3** | **6628.9** |
| 其中:夏收粮食 | Of Which:Summer Grain | 2250.3 | 2268.5 | 2408.3 | 2425.7 | 2458.6 | 2473.3 | 2474.6 |
| 秋收粮食 | Autumn Grain | 3570.7 | 3748.7 | 3944.7 | 3939.7 | 3925.9 | 3916.5 | 3929.0 |
| (一)谷物 | Cereals | 4942.0 | 5051.3 | 5424.4 | 5485.0 | 5498.3 | 5534.4 | 5543.3 |
| 1. 稻谷 | Barley | 2236.7 | 2149.1 | 2245.4 | 2230.8 | 2215.0 | 2214.1 | 2217.3 |
| (1)早稻 | Early-season rice | 362.9 | 293.7 | 263.4 | 256.2 | 237.5 | 235.5 | 225.3 |
| (2)中稻 | Semilate rice | 1508.7 | 1557.9 | 1702.0 | 1702.2 | 1714.3 | 1730.1 | 1753.5 |
| (3)双季晚稻 | Double-crop Late rice | 365.1 | 297.5 | 280.0 | 272.4 | 263.2 | 248.5 | 238.5 |
| 2. 小麦 | Wheat | 2126.4 | 2108.3 | 2365.7 | 2383.0 | 2415.5 | 2432.9 | 2434.5 |
| 3. 玉米 | Corn | 485.9 | 670.2 | 761.1 | 818.8 | 822.5 | 845.1 | 852.4 |
| 4. 谷子 | Millet | 0.3 | 0.3 | 0.1 | 0.1 | 0.1 | 0.1 | 0.1 |
| 5. 高粱 | Jowar | 4.6 | 2.0 | 1.0 | 1.0 | 1.0 | 1.1 | |
| 6. 其他谷物 | Other Cereals | 88.2 | 121.4 | 51.2 | 51.2 | 44.1 | 41.2 | 38.6 |
| 其中:大麦 | Of Which:Barley | | | 48.2 | 42.7 | 43.1 | | 37.7 |
| (二)豆类 | Beans | 773.7 | 1008.6 | 1021.2 | 969.0 | 960.3 | 937.6 | 934.8 |
| 大豆 | Soybean | 682.2 | 917.0 | 938.9 | 885.9 | 876.7 | 856.7 | 851.6 |
| 绿豆 | Green Bean | | | 66.2 | 66.5 | 68.5 | 67.7 | 65.4 |
| 红小豆 | Red Bean | | | 5.2 | 5.1 | 5.1 | 5.0 | 6.6 |
| (三)薯类 | Tubers | 468.1 | 351.0 | 170.7 | 167.6 | 163.5 | 153.3 | 150.8 |
| 其中:马铃薯 | Of Which:Potato | 7.4 | 7.1 | 8.8 | 10.7 | 15.7 | 9.0 | 8.9 |

2-2 续表 Continued

| 指 标 | Item | 2000 | 2005 | 2010 | 2011 | 2012 | 2013 | 2014 |
|---|---|---|---|---|---|---|---|---|
| **二、油料作物** | **Oil-bearing Crops** | **1457.4** | **1303.1** | **944.3** | **878.3** | **843.6** | **802.0** | **788.4** |
| 其中:花生 | Of Which:Peanuts | 334.0 | 238.5 | 194.6 | 188.9 | 187.5 | 187.3 | 190.4 |
| 油菜子 | Rapeseeds | 964.7 | 953.6 | 691.0 | 640.4 | 609.6 | 568.1 | 551.0 |
| 芝麻 | Sesames | 158.5 | 109.0 | 52.3 | 48.0 | 45.7 | 46.1 | 46.7 |
| **三、棉花** | **Cotton** | **308.4** | **375.7** | **344.4** | **350.4** | **304.9** | **285.1** | **265.2** |
| **四、麻类** | **Fiber Crops** | **15.0** | **12.8** | **9.4** | **9.4** | **9.0** | **8.0** | **7.7** |
| 其中:黄红麻 | Of Which:Jute and Ambary Hemp | 8.5 | 6.5 | 4.3 | 4.7 | 4.7 | 4.4 | 4.2 |
| 苎麻 | Ramee | 4.0 | 4.4 | 2.8 | 2.5 | 2.2 | 1.5 | 1.3 |
| 大麻(线麻) | Hemp | 2.2 | 1.7 | 2.2 | 1.9 | 2.1 | 2.1 | 2.2 |
| **五、糖料合计** | **Sugar Crops** | **8.4** | **5.7** | **5.7** | **5.4** | **5.2** | **5.0** | **5.0** |
| 甘蔗 | Sugar Cane | 8.4 | 5.7 | 5.7 | 5.4 | 5.2 | 5.0 | 5 |
| **六、烟叶合计** | **Tobacco** | **19.7** | **10.8** | **10.9** | **11.4** | **13.2** | **16.5** | **17.4** |
| 其中: 烤烟 | Of Which: Flue-cured Tobacco | 18.9 | 10.3 | 10.7 | 11.2 | 13.0 | 16.3 | 17.2 |
| **七、药材类合计** | **Medicinal Materials** | **56.4** | **61.4** | **64.0** | **74.4** | **81.7** | **84.9** | **87.5** |
| **八、蔬菜(含菜用瓜)** | **Vegetables** | **539.7** | **664.9** | **774.2** | **789.0** | **810.6** | **836.0** | **862.1** |
| **九、瓜果类(含果用瓜)** | **Melon** | **184.2** | **175.5** | **165.7** | **171.1** | **172.6** | **176.5** | **181.2** |
| # 西瓜 | #Watermelon | 157.7 | 151.5 | 131.9 | 136.3 | 138.7 | 140.1 | 141.8 |
| 甜瓜 | Muskmelon | 15.1 | 14.0 | 14.2 | 14.3 | 15.8 | 17.2 | 17.8 |
| 草莓 | Strawberry | | 4.9 | 10.9 | 12.2 | 13.0 | 14.9 | 16.2 |
| **十、其他作物** | **Other Farm Crops** | **242.8** | **151.7** | **118.4** | **112.0** | **106.8** | **106.2** | **102.1** |
| # 青饲料 | #Succulence | 29.7 | 12.2 | 31.2 | 33.2 | 36.3 | 40.0 | 39.4 |

# 2-3 农作物种植结构
# Planting Structure of Farm Crops

单位:% (%)

| 指　　标 | Item | 2010 | 2011 | 2012 | 2013 | 2014 |
|---|---|---|---|---|---|---|
| **农作物总播种面积** | **Total Sown Area of Farm Crops** | **100.0** | **100.0** | **100.0** | **100.0** | **100.0** |
| **一、粮食作物总计** | **Grain Crops** | **73.1** | **73.4** | **73.8** | **74.1** | **74.1** |
| 其中:夏收粮食 | Of Which:Summer Grain | 36.4 | 36.6 | 37.1 | 37.3 | 37.3 |
| 秋收粮食 | Autumn Grain | 59.6 | 59.5 | 59.3 | 59.1 | 59.3 |
| (一)谷物 | Cereals | 82.0 | 82.8 | 83.0 | 83.5 | 83.6 |
| 1. 稻谷 | Barley | 41.4 | 40.7 | 40.3 | 40.0 | 40.0 |
| (1)早稻 | Early-season Rice | 11.7 | 11.5 | 10.7 | 11.0 | 10.2 |
| (2)中稻 | Semilate Rice | 75.8 | 76.3 | 77.4 | 78.0 | 79.1 |
| (3)双季晚稻 | Double-crop Late Rice | 12.5 | 12.2 | 11.9 | 11.0 | 10.8 |
| 2. 小麦 | Wheat | 43.6 | 43.4 | 43.9 | 44.0 | 43.9 |
| 3. 玉米 | Corn | 14.0 | 14.9 | 15.0 | 15.3 | 15.4 |
| 4. 谷子 | Millet | … | … | … | … | … |
| 5. 高粱 | Jowar | … | … | … | … | 0.0 |
| 6. 其他谷物 | Other Cereals | 0.9 | 0.9 | 0.8 | 0.7 | 0.7 |
| 其中:大麦 | Of Which:Barley | 94.1 | 83.4 | 97.7 |  | 97.7 |
| (二)豆类 | Beans | 15.4 | 14.6 | 14.5 | 14.2 | 14.1 |
| 大豆 | Soybean | 91.9 | 91.4 | 91.3 | 91.4 | 91.1 |
| 绿豆 | Mung Bean | 6.5 | 6.9 | 7.1 | 7.2 | 7.0 |
| 红小豆 | Red Bean | 0.5 | 0.5 | 0.5 | 0.5 | 0.7 |
| (三)薯类 | Tubers | 2.6 | 2.5 | 2.5 | 2.3 | 2.3 |
| 其中:马铃薯 | Of Which:Potato | 5.2 | 6.4 | 9.6 | 5.9 | 5.9 |

2-3 续表 Continued

| 指　　标 | Item | 2010 | 2011 | 2012 | 2013 | 2014 |
|---|---|---|---|---|---|---|
| **二、油料作物** | **Oil-bearing Crops** | **10.4** | **9.7** | **9.4** | **9.0** | **8.8** |
| 其中:花生 | Of Which:Peanut | 20.6 | 21.5 | 22.2 | 23.4 | 24.2 |
| 油菜子 | Rapeseed | 73.2 | 72.9 | 72.3 | 70.8 | 69.9 |
| 芝麻 | Sesame | 5.5 | 5.5 | 5.4 | 5.7 | 5.9 |
| **三、棉花** | **Cotton** | **3.8** | **3.9** | **3.4** | **3.2** | **3.0** |
| **四、麻类** | **Fiber Crops** | **0.1** | **0.1** | **0.1** | **0.1** | **0.1** |
| 其中:黄红麻 | Of Which:Jute and Ambary Hemp | 45.7 | 50.0 | 52.5 | 55.0 | 54.5 |
| 苎麻 | Ramee | 29.8 | 26.6 | 24.6 | 18.6 | 16.9 |
| 大麻(线麻) | Hemp | 23.4 | 20.2 | 23.4 | 26.3 | 28.6 |
| **五、糖料合计** | **Sugar Crops** | **0.1** | **0.1** | **0.1** | **0.1** | **0.1** |
| 甘蔗 | Sugar Cane | 0.1 | 0.1 | 0.1 | 0.1 | 100.0 |
| **六、烟叶合计** | **Tobacco** | **0.1** | **0.1** | **0.1** | **0.1** | **0.2** |
| 其中:烤烟 | Of Which:Flue-cured Tobacco | 98.2 | 98.2 | 98.5 | 98.8 | 98.9 |
| **七、药材类合计** | **Medicinal Materials** | **0.7** | **0.8** | **0.9** | **0.9** | **1.0** |
| **八、蔬菜(含菜用瓜)** | **Vegetables** | **8.6** | **8.7** | **9.0** | **9.3** | **9.6** |
| **九、瓜果类(含果用瓜)** | **Melon** | **1.8** | **1.9** | **1.9** | **1.9** | **2.0** |
| #西瓜 | #Watermelon | 79.6 | 79.7 | 80.4 | 79.4 | 78.3 |
| 甜瓜 | Muskmelon | 8.6 | 8.4 | 9.2 | 9.7 | 9.8 |
| 草莓 | Strawberry | 6.6 | 7.1 | 7.5 | 8.4 | 8.9 |
| **十、其他作物** | **Other Farm Crops** | **1.3** | **1.2** | **1.2** | **1.2** | **1.1** |
| #青饲料 | #Succulence | 26.4 | 29.6 | 34.0 | 37.7 | 38.6 |

# 2-4 主要农作物总产量
# Output of Main Crops by Type

单位:万吨 (10000 tons)

| 指 标 | Item | 2000 | 2005 | 2010 | 2011 | 2012 | 2013 | 2014 |
|---|---|---|---|---|---|---|---|---|
| **农作物总产量** | **Output of Farm Crops** | **2472.1** | **2605.3** | **3080.5** | **3135.5** | **3289.1** | **3279.6** | **3415.8** |
| **一、粮食作物总计** | **Grain Crops** | **2472.1** | **2605.3** | **3080.5** | **3135.5** | **3289.1** | **3279.6** | **3415.8** |
| 其中:夏收粮食 | Of Which:Summer Grain | 737.9 | 865.2 | 1211.7 | 1221.2 | 1301.5 | 1338.5 | 1400.0 |
| 秋收粮食 | Autumn Grain | 1581.1 | 1587.0 | 1728.5 | 1777.1 | 1855.6 | 1810.3 | 1887.6 |
| (一)谷物 | Cereals | 2174.5 | 2385.8 | 2911.2 | 2974.0 | 3123.3 | 3127.3 | 3260.2 |
| 1. 稻谷 | Barley | 1221.6 | 1250.8 | 1383.4 | 1387.1 | 1393.5 | 1362.3 | 1394.6 |
| (1)早稻 | Early-season Rice | 153.1 | 153.1 | 140.3 | 137.2 | 132.0 | 130.8 | 128.3 |
| (2)中稻 | Semilate Rice | 901.1 | 954.9 | 1105.2 | 1113.3 | 1123.5 | 1101.5 | 1137.3 |
| (3)双季晚稻 | Double-crop Late Rice | 167.4 | 142.8 | 137.9 | 136.6 | 138.0 | 130.0 | 129.0 |
| 2. 小麦 | Wheat | 707.1 | 808.1 | 1206.7 | 1215.7 | 1294.0 | 1332.0 | 1393.6 |
| 3. 玉米 | Corn | 219.0 | 264.9 | 312.7 | 362.6 | 427.5 | 426.0 | 465.5 |
| 4. 谷子 | Millet | 0.1 | 0.2 | … | … | … | … | … |
| 5. 高粱 | Jowar | 1.4 | 1.5 | 0.2 | 0.2 | 0.2 | 0.2 | 0.1 |
| 6. 其他谷物 | Other Cereals | 25.3 | 60.3 | 8.1 | 8.5 | 8.0 | 6.7 | 6.5 |
| 其中:大麦 | Of Which:Barley |  | 59.2 | 7.9 | 8.5 | 7.5 |  | 6.2 |
| (二)豆类 | Beans | 103.6 | 95.5 | 121.9 | 115.0 | 120.5 | 114.0 | 122.2 |
| 大豆 | Soybean | 91.5 | 88.8 | 119.8 | 107.5 | 113.0 | 107.0 | 115.0 |
| 绿豆 | Mung Bean |  | 5.9 | 2.3 | 2.4 | 6.2 | 5.9 | 5.6 |
| 红小豆 | Red Bean |  | 0.8 | 0.2 | 0.2 | 1.3 | 1.1 | 1.1 |
| (三)薯类 | Tubers | 194.0 | 124.0 | 47.4 | 46.5 | 45.4 | 38.3 | 33.5 |
| 其中:马铃薯 | Of Which:Potato | 3.0 | 3.1 | 5.6 | 0.0 | 7.5 | 2.2 | 2.0 |

2-4 续表 Continued

| 指 标 | Item | 2000 | 2005 | 2010 | 2011 | 2012 | 2013 | 2014 |
|---|---|---|---|---|---|---|---|---|
| **二、油料作物** | **Oil-bearing Crops** | **285.1** | **270.7** | **227.6** | **213.8** | **227.7** | **225.4** | **228.8** |
| 其中:花生 | Of Which:Peanut | 111.2 | 79.3 | 86.4 | 84.3 | 86.9 | 88.7 | 94.4 |
| 油菜子 | Rapeseed | 156.8 | 182.3 | 133.7 | 122.8 | 134.3 | 130.0 | 127.8 |
| 芝麻 | Sesame | 16.6 | 9.0 | 6.6 | 6.2 | 6.5 | 6.5 | 6.7 |
| **三、棉花** | **Cotton** | **27.4** | **32.5** | **31.6** | **37.8** | **29.4** | **25.1** | **26.3** |
| **四、麻类** | **Fiber Crops** | **3.5** | **3.2** | **2.4** | **2.6** | **2.7** | **2.7** | **2.4** |
| 其中:黄红麻 | Of Which:Jute and Ambary Hemp | 2.2 | 1.9 | 1.2 | 1.4 | 1.6 | 1.3 | 1.3 |
| 苎麻 | Ramee | 0.7 | 0.8 | 0.4 | 0.4 | 0.3 | 0.2 | 0.2 |
| 大麻(线麻) | Hemp | 0.5 | 0.4 | 0.7 | 0.5 | 0.8 | 0.6 | 0.7 |
| **五、糖料合计** | **Sugar Crops** | **32.1** | **21.3** | **22.4** | **21.6** | **20.6** | **20.2** | **19.7** |
| 甘蔗 | Sugar Cane | 32.0 | 21.3 | 22.4 | 21.6 | 20.6 | 20.2 | 19.7 |
| **六、烟叶合计** | **Tobacco** | **3.2** | **2.6** | **3.0** | **3.1** | **3.6** | **4.3** | **4.3** |
| 其中:烤烟 | Of Which:Flue-cured Tobacco | 3.1 | 2.5 | 2.9 | 3.0 | 3.5 | 4.2 | 4.3 |
| **七、药材类合计** | **Medicinal Materials** | | | | | | | |
| **八、蔬菜(含菜用瓜)** | **Vegetables** | | **1671.2** | **2137.4** | **2214.0** | **2327.5** | **2418.0** | **2551.0** |
| **九、瓜果类(含果用瓜)** | **Melon** | | **559.9** | **569.6** | **604.8** | **624.1** | **649.1** | **680.7** |
| #西瓜 | #Watermelon | | 492.4 | 479.2 | 510.9 | 525.5 | 544.6 | 572.1 |
| 甜瓜 | Muskmelon | | 35.7 | 43.6 | 44.5 | 49.0 | 51.3 | 54.3 |
| 草莓 | Strawberry | | 9.2 | 24.4 | 27.9 | 31.2 | 36.1 | 38.9 |

# 2-5 主要农作物单位面积产量
# Yield per Unit Area of Main Crops by Type

单位:千克/公顷 (kg/hectare)

| 指　标 | Item | 2000 | 2005 | 2010 | 2011 | 2012 | 2013 | 2014 |
|---|---|---|---|---|---|---|---|---|
| **一、粮食作物总计** | **Grain Crops** | **3997.7** | **4063.9** | **4655.8** | **4735.3** | **4966.9** | **4950.1** | **5152.9** |
| 其中:夏收粮食 | Of Which:Summer Grain | 3279.2 | 3814.0 | 5031.1 | 5034.5 | 5293.7 | 5411.8 | 5657.3 |
| 秋收粮食 | Autumn Grain | 4428.0 | 4123.5 | 4381.8 | 4510.8 | 4726.6 | 4622.2 | 4804.3 |
| (一)谷物 | Cereals | 4400.1 | 4723.1 | 5366.7 | 5422.2 | 5680.4 | 5650.7 | 5881.4 |
| 1. 稻谷 | Barley | 5461.7 | 5820.1 | 6161.2 | 6217.8 | 6291.1 | 6152.8 | 6289.3 |
| (1)早稻 | Early-season Rice | 4219.2 | 5212.8 | 5327.8 | 5354.6 | 5557.0 | 5554.1 | 5692.5 |
| (2)中稻 | Semilate Rice | 5972.6 | 6129.4 | 6493.4 | 6540.6 | 6553.8 | 6366.7 | 6485.9 |
| (3)双季晚稻 | Double-crop Late Rice | 4585.5 | 4800.0 | 4925.9 | 5013.2 | 5242.4 | 5231.4 | 5408.0 |
| 2. 小麦 | Wheat | 3325.3 | 3952.6 | 5100.8 | 5101.6 | 5357.0 | 5475.1 | 5724.2 |
| 3. 玉米 | Corn | 4507.4 | 3952.6 | 4109.1 | 4428.1 | 5197.4 | 5040.8 | 5461.1 |
| 4. 谷子 | Millet | 3157.9 | 6666.7 | 444.3 |  | 4000.0 | 4000.0 | 4444.4 |
| 5. 高粱 | Jowar | 3083.1 | 7500.0 | 1998.7 | 2000.0 | 2200.0 | 2243.0 | 2600.0 |
| 6. 其他谷物 | Other Cereals | 2869.6 | 4967.1 | 1586.2 | 1652.7 | 1813.4 | 1631.9 | 1680.7 |
| 其中:大麦 | Of Which:Barley |  | 5654.3 | 1642.3 | 1983.9 | 1741.8 |  | 1655.2 |
| (二)豆类 | Beans | 1339.0 | 946.9 | 1193.8 | 1186.8 | 1254.9 | 1215.9 | 1306.7 |
| 大豆 | Soybean | 1341.2 | 968.4 | 1276.3 | 1213.4 | 1289.0 | 1249.0 | 1350.4 |
| 绿豆 | Mung Bean |  | 1090.6 | 350.3 | 359.4 | 905.1 | 871.5 | 856.3 |
| 红小豆 | Red Bean |  | 1039.0 | 324.8 | 313.7 | 2549.0 | 2186.9 | 1679.4 |
| (三)薯类 | Tubers | 4144.1 | 3532.8 | 2777.0 | 2773.2 | 2774.0 | 2498.4 | 2218.2 |
| 其中:马铃薯 | Of Which:Potato | 4054.1 | 4366.2 | 6409.6 |  | 4764.3 | 2458.1 | 2191.0 |
| **二、油料作物** | **Oil-bearing Crops** | **1956.0** | **2077.2** | **2410.4** | **2433.7** | **2698.9** | **2810.8** | **2902.0** |
| 其中:花生 | Of Which:Peanut | 3328.1 | 3324.0 | 4439.8 | 4464.9 | 4633.5 | 4734.3 | 4954.7 |

2-5 续表 Continued

| 指　标 | Item | 2000 | 2005 | 2010 | 2011 | 2012 | 2013 | 2014 |
|---|---|---|---|---|---|---|---|---|
| 油菜子 | Rapeseed | 1625.1 | 1911.9 | 1935.3 | 1917.2 | 2203.4 | 2289.1 | 2318.7 |
| 芝麻 | Sesame | 1048.7 | 821.9 | 1263.4 | 1298.9 | 1416.5 | 1412.3 | 1426.9 |
| **三、棉花** | **Cotton** | **888.5** | **864.0** | **917.7** | **1078.9** | **964.1** | **880.7** | **992.8** |
| **四、麻类** | **Fiber Crops** | **2307.1** | **2483.4** | **2509.2** | **2753.5** | **3015.6** | **3311.6** | **3170.2** |
| 其中:黄红麻 | Of Which:Jute and Ambary Hemp | 2621.0 | 2979.3 | 2903.1 | 2997.9 | 3412.4 | 2948.5 | |
| 苎麻 | Ramee | 1670.8 | 1786.8 | 1541.5 | 1506.7 | 1501.1 | 1591.8 | |
| 大麻(线麻) | Hemp | 2280.8 | 2400.0 | 3016.5 | 2653.3 | 3716.9 | 3041.3 | |
| **五、糖料合计** | **Sugar Crops** | **38164.0** | **37212.6** | **39068.6** | **39918.8** | **39735.5** | **40056.9** | **39506.1** |
| 甘蔗 | Sugar Cane | 38218.5 | 37212.6 | 39074.1 | 39924.7 | 39735.5 | 40120.5 | 39506.1 |
| **六、烟叶合计** | **Tobacco** | **1632.0** | **2402.5** | **2731.4** | **2710.1** | **2708.1** | **2599.7** | **2490.2** |
| 其中:烤烟 | Of Which:Flue-cured Tobacco | 1638.1 | 2407.0 | 2734.6 | 2701.8 | 2696.8 | 2582.1 | 2478.6 |
| **七、药材类合计** | **Medicinal Materials** | | | | | | | |
| **八、蔬菜(含菜用瓜)** | **Vegetables** | | **25136.2** | **27608.7** | **28061.3** | **28713.9** | **28924.3** | **29591.5** |
| **九、瓜果类(含果用瓜)** | **Melon** | | **31905.1** | **34378.6** | **35344.3** | **36147.0** | **36787.8** | **37564.3** |
| #西瓜 | #Watermelon | | 32494.2 | 36319.5 | 37483.2 | 37885.8 | 38881.4 | 40331.6 |
| 甜瓜 | Muskmelon | | 25480.6 | 30769.8 | 31081.3 | 31008.6 | 29858.4 | 30410.6 |
| 草莓 | Strawberry | | 18761.1 | 22443.9 | 22903.7 | 24095.9 | 24193.2 | 24006.9 |

# 2-6 主要农作物播种面积比上年增长情况
# Rate of Increase over Preceding Year of Total Sown Areas of Main Crops

单位:% (%)

| 指 标 | Item | 2000 | 2005 | 2010 | 2011 | 2012 | 2013 | 2014 |
|---|---|---|---|---|---|---|---|---|
| **农作物总播种面积** | **Total Sown Area of Farm Crops** | **4.9** | **-0.3** | **0.2** | **-0.3** | **-0.6** | **-0.3** | **…** |
| **一、粮食作物总计** | **Grain Crops** | **4.2** | **1.6** | **0.2** | **0.1** | **0.0** | **…** | **0.1** |
| 其中:夏收粮食 | Of Which:Summer Grain | 3.7 | 2.1 | 0.4 | 0.7 | 1.4 | 0.6 | 0.1 |
| 秋收粮食 | Autumn Grain | 5.2 | -1.4 | 0.3 | -0.1 | -0.4 | -0.2 | 0.3 |
| (一)谷物 | Cereals | 1.4 | 1.5 | 0.7 | 1.1 | 0.2 | 0.7 | 0.2 |
| 1. 稻谷 | Barley | 4.3 | 0.9 | -0.1 | -0.7 | -0.7 | … | 0.1 |
| (1)早稻 | Early-season Rice | -2.6 | 1.5 | -3.8 | -2.7 | -7.3 | -0.8 | -4.3 |
| (2)中稻 | Semilate Rice | 10.2 | 0.6 | 1.2 | 0.0 | 0.7 | 0.9 | 1.4 |
| (3)双季晚稻 | Double-crop Late Rice | -9.7 | 1.7 | -3.9 | -2.7 | -3.4 | -5.6 | -4.0 |
| 2. 小麦 | Wheat | 3.4 | 2.3 | 0.4 | 0.7 | 1.4 | 0.7 | 0.1 |
| 3. 玉米 | Corn | -17.4 | 1.2 | 4.2 | 7.6 | 0.5 | 2.7 | 0.9 |
| 4. 谷子 | Millet | -40.0 | 50.0 | 0.0 | 0.0 | 0.0 | 0.0 | 0.0 |
| 5. 高粱 | Jowar | -28.1 | -9.1 | -9.1 | 0.0 | 0.0 | 10.0 | -100.0 |
| 6. 其他谷物 | Other Cereals | 15.6 |  | -1.7 | 0.0 | -13.9 | -6.6 | -6.3 |
| 其中:大麦 | Of Which:Barley |  |  | -3.2 | -11.4 | 0.9 |  |  |
| (二)豆类 | Beans | 38.5 | 3.2 | -2.8 | -5.1 | -0.9 | -2.4 | -0.3 |
| 大豆 | Soybean | 42.5 | 3.3 | -3.2 | -5.6 | -1.0 | -2.3 | -0.6 |
| 绿豆 | Mung Bean |  |  | 4.9 | 0.5 | 3.0 | -1.2 | -3.4 |
| 红小豆 | Red Bean |  |  | 4.0 | -1.9 | 0.0 | -2.0 | 32.0 |
| (三)薯类 | Tubers | -6.8 | -1.9 | 0.9 | -1.8 | -2.4 | -6.2 | -1.6 |
| 其中:马铃薯 | Of Which:Potato | -6.3 | -2.7 | 6.0 | 21.6 | 46.7 | -42.7 | -1.1 |
| **二、油料作物** | **Oil-bearing Crops** | **9.2** | **-5.6** | **-2.5** | **-7.0** | **-4.0** | **-4.9** | **-1.7** |
| 其中:花生 | Of Which:Peanut | 21.5 | -6.3 | 7.6 | -2.9 | -0.7 | -0.1 | 1.7 |

2-6 续表 Continued

| 指 标 | Item | 2000 | 2005 | 2010 | 2011 | 2012 | 2013 | 2014 |
|---|---|---|---|---|---|---|---|---|
| 油菜子 | Rapeseed | 3.6 | -5.0 | -4.3 | -7.3 | -4.8 | -6.8 | -3.0 |
| 芝麻 | Sesame | 25.2 | -10.1 | -12.0 | -8.2 | -4.8 | 0.9 | 1.3 |
| **三、棉花** | **Cotton** | **1.7** | **-5.8** | **-2.1** | **1.7** | **-13.0** | **-6.5** | **-7.0** |
| **四、麻类** | **Fiber Crops** | **-12.3** | **-9.9** | **-1.1** | **0.0** | **-4.7** | **-10.7** | **-3.8** |
| 其中:黄红麻 | Of Which:Jute and Ambary Hemp | -26.7 | -5.8 | 2.4 | 9.3 | 0.0 | -6.4 | -4.5 |
| 苎麻 | Ramee | 29.0 | -6.4 | -20.0 | -10.7 | -12.0 | -31.8 | -13.3 |
| 大麻(线麻) | Hemp | 22.2 | -32.0 | 22.2 | -13.6 | 10.5 | 0.0 | 4.8 |
| **五、糖料合计** | **Sugar Crops** | **20.0** | **-12.3** | **-1.7** | **-5.3** | **-3.7** | **-3.8** | **0.0** |
| 甘蔗 | Sugar Cane | 20.0 | -12.3 | -1.7 | -5.3 | -3.7 | -3.8 | 0.0 |
| **六、烟叶合计** | **Tobacco** | **-15.8** | **-10.0** | **4.8** | **4.6** | **15.8** | **25.0** | **5.5** |
| 其中:烤烟 | Of Which:Flue-cured Tobacco | -14.5 | -8.8 | 4.9 | 4.7 | 16.1 | 25.4 | 5.5 |
| **七、药材类合计** | **Medicinal Materials** | **-7.5** | **-14.7** | **16.2** | **16.3** | **9.8** | **3.9** | **3.1** |
| **八、蔬菜(含菜用瓜)** | **Vegetables** | **9.8** | **2.3** | **3.9** | **1.9** | **2.7** | **3.1** | **3.1** |
| **九、瓜果类(含果用瓜)** | **Melon** | **12.3** | **-5.1** | **3.2** | **3.3** | **0.9** | **2.3** | **2.7** |
| #西瓜 | #Watermelon | 14.5 | -4.1 | 0.8 | 3.3 | 1.8 | 1.0 | 1.2 |
| 甜瓜 | Muskmelon | 17.1 | -7.3 | 0.0 | 0.7 | 10.5 | 8.9 | 3.5 |
| 草莓 | Strawberry | | 8.9 | 21.1 | 11.9 | 6.6 | 14.6 | 8.7 |
| **十、其他作物** | **Other Farm Crops** | **-4.6** | **-10.6** | **-4.1** | **-5.4** | **-4.6** | **-0.6** | **-3.9** |
| 青饲料 | Succulence | 26.9 | 0.0 | -12.8 | 6.4 | 9.3 | 10.2 | -1.5 |

# 2-7 主要农作物产量比上年增长情况
# Rate of Increase over Preceding Year of Output of Main Crops

单位:% (%)

| 指 标 | Item | 2000 | 2005 | 2010 | 2011 | 2012 | 2013 | 2014 |
|---|---|---|---|---|---|---|---|---|
| **农作物总产量** | **Output of Farm Crops** | **-10.8** | **-5.0** | **0.3** | **1.8** | **4.9** | **-0.3** | **4.2** |
| **一、粮食作物总计** | **Grain Crops** | **-10.8** | **-5.0** | **0.3** | **1.8** | **4.9** | **-0.3** | **4.2** |
| 其中:夏收粮食 | Of Which:Summer Grain | -17.6 | 2.0 | 2.5 | 0.8 | 6.6 | 2.8 | 4.6 |
| 秋收粮食 | Autumn Grain | -8.6 | -9.4 | -0.5 | 2.8 | 4.4 | -2.4 | 4.3 |
| (一)谷物 | Cereals | -10.3 | -3.3 | 0.5 | 2.2 | 5.0 | 0.1 | 4.2 |
| 1. 稻谷 | Barley | -6.1 | -3.2 | -1.6 | 0.3 | 0.5 | -2.2 | 2.4 |
| (1)早稻 | Early-season Rice | 5.6 | 6.1 | -6.7 | -2.2 | -3.8 | -0.9 | -1.9 |
| (2)中稻 | Semilate Rice | -3.0 | -4.5 | -0.6 | 0.7 | 0.9 | -2.0 | 3.3 |
| (3)双季晚稻 | Double-crop Late Rice | -26.1 | -3.4 | -4.0 | -1.0 | 1.0 | -5.8 | -0.8 |
| 2. 小麦 | Wheat | -17.1 | 2.3 | 2.5 | 0.7 | 6.4 | 2.9 | 4.6 |
| 3. 玉米 | Corn | 2.7 | -17.4 | 2.6 | 15.9 | 17.9 | -0.4 | 9.3 |
| 4. 谷子 | Millet | -50.0 | 100.0 | | | | | |
| 5. 高粱 | Jowar | -26.3 | 25.0 | -0.1 | 0.1 | 10.0 | -9.1 | -50.0 |
| 6. 其他谷物 | Other Cereals | -55.2 | | -2.2 | 4.2 | -5.6 | -16.1 | -3.0 |
| 其中:大麦 | Of Which:Barley | | | -3.5 | 7.0 | -11.4 | -100.0 | |
| (二)豆类 | Beans | -10.1 | -19.7 | -4.2 | -5.7 | 4.8 | -5.4 | 7.2 |
| 大豆 | Soybean | -9.0 | -21.1 | -3.9 | -10.3 | 5.1 | -5.3 | 7.5 |
| 绿豆 | Mung Bean | | | 15.9 | 3.1 | 159.4 | -4.8 | -5.1 |
| 红小豆 | Red Bean | | | -15.5 | -5.3 | 712.5 | -15.4 | 0.0 |
| (三)薯类 | Tubers | -16.0 | -20.7 | 1.5 | -2.0 | -2.4 | -15.5 | -12.5 |
| 其中:马铃薯 | Of Which:Potato | -34.8 | -11.4 | 6.6 | -100.0 | | -70.6 | -9.1 |
| **二、油料作物** | **Oil-bearing Crops** | **6.3** | **-9.7** | **-5.3** | **-6.1** | **6.5** | **-1.0** | **1.5** |
| 其中:花生 | Of Which:Peanut | 8.4 | -16.9 | 15.1 | -2.4 | 3.0 | 2.1 | 6.4 |

2-7 续表 Continued

| 指　　标 | Item | 2000 | 2005 | 2010 | 2011 | 2012 | 2013 | 2014 |
|---|---|---|---|---|---|---|---|---|
| 油菜子 | Rapeseed | 2.9 | -4.3 | -15.3 | -8.2 | 9.4 | -3.2 | -1.7 |
| 芝麻 | Sesame | 25.8 | -34.3 | -0.3 | -5.5 | 3.7 | 0.5 | 3.1 |
| **三、棉花** | **Cotton** | **40.5** | **-21.1** | **-8.7** | **19.6** | **-22.2** | **-14.6** | **4.8** |
| **四、麻类** | **Fiber Crops** | **-12.5** | **-3.0** | **4.1** | **8.8** | **4.8** | **-0.1** | **-11.1** |
| 其中:黄红麻 | Of Which:Jute and Ambary Hemp | -24.1 | 5.6 | 5.1 | 12.6 | 13.5 | -18.1 | 0.0 |
| 苎麻 | Ramee | 40.0 | 0.0 | -23.9 | -13.2 | -11.7 | -39.1 | 0.0 |
| 大麻(线麻) | Hemp | 0.0 | -33.3 | 31.9 | -23.2 | 55.6 | -23.6 | 16.7 |
| **五、糖料合计** | **Sugar Crops** | **9.6** | **-14.8** | **2.6** | **-3.3** | **-4.7** | **-2.0** | **-2.5** |
| 甘蔗 | Sugar Cane | 9.2 | -14.8 | 2.6 | -3.3 | -4.7 | -2.0 | -2.5 |
| **六、烟叶合计** | **Tobacco** | **-41.8** | **-7.1** | **1.4** | **3.9** | **15.8** | **19.9** | **0.0** |
| 其中: 烤烟 | Of Which:Flue-cured Tobacco | -40.4 | -7.4 | 0.9 | 3.7 | 15.8 | 20.0 | 2.4 |
| **七、药材类合计** | **Medicinal Materials** | **-100.0** | | | | | | |
| **八、蔬菜(含菜用瓜)** | **Vegetables** | **-100.0** | **0.9** | **5.4** | **3.6** | **5.1** | **3.9** | **5.5** |
| **九、瓜果类(含果用瓜)** | **Melon** | **-100.0** | **-2.9** | **7.5** | **6.2** | **3.2** | **4.0** | **4.9** |
| #西瓜 | #Watermelon | -100.0 | -3.5 | 5.8 | 6.6 | 2.9 | 3.6 | 5.0 |
| 甜瓜 | Muskmelon | -100.0 | -1.9 | -0.8 | 2.1 | 10.2 | 4.6 | 5.8 |
| 草莓 | Strawberry | | -1.1 | 29.5 | 14.4 | 11.9 | 15.7 | 7.8 |

# 2-8 主要农作物单位面积产量比上年增减情况
# Rate of Increase over Preceding Year of Yield per Unit Area of Main Crops

单位:% (%)

| 指　　标 | Item | 2000 | 2005 | 2010 | 2011 | 2012 | 2013 | 2014 |
|---|---|---|---|---|---|---|---|---|
| **一、粮食作物总计** | **Grain Crops** | **-14.4** | **-6.5** | **0.2** | **1.7** | **4.9** | **-0.3** | **4.1** |
| 其中:夏收粮食 | Of Which:Summer Grain | -20.6 | -0.1 | 2.1 | 0.1 | 5.1 | 2.2 | 4.5 |
| 秋收粮食 | Autumn Grain | -13.2 | -10.4 | -0.8 | 2.9 | 4.8 | -2.2 | 3.9 |
| (一)谷物 | Cereals | -11.6 | -4.7 | -0.2 | 1.0 | 4.8 | -0.5 | 4.1 |
| 1. 稻谷 | Barley | -9.9 | -4.1 | -1.5 | 0.9 | 1.2 | -2.2 | 2.2 |
| (1)早稻 | Early-season Rice | 8.4 | 4.5 | -3.0 | 0.5 | 3.8 | -0.1 | 2.5 |
| (2)中稻 | Semilate Rice | -13.4 | -5.1 | -1.8 | 0.7 | 0.2 | -2.9 | 1.9 |
| (3)双季晚稻 | Double-crop Late Rice | -23.8 | -5.1 | -0.1 | 1.8 | 4.6 | -0.2 | 3.4 |
| 2. 小麦 | Wheat | -19.8 | 3.1 | 2.1 | 0.0 | 5.0 | 2.2 | 4.5 |
| 3. 玉米 | Corn | 24.3 | -18.4 | -1.5 | 7.8 | 17.4 | -3.0 | 8.3 |
| 4. 谷子 | Millet | -1.5 | 21.2 | 10.7 | -100.0 |  | 0.0 | 11.1 |
| 5. 高粱 | Jowar | 4.6 | 34.1 | 9.6 | 0.1 | 10.0 | 2.0 | 15.9 |
| 6. 其他谷物 | Other Cereals | -61.3 |  | 0.1 | 4.2 | 9.7 | -10.0 | 3.0 |
| 其中:大麦 | Of Which:Barley |  |  | 0.1 | 20.8 | -12.2 |  |  |
| (二)豆类 | Beans | -35.1 | -22.5 | -1.5 | -0.6 | 5.7 | -3.1 | 7.5 |
| 大豆 | Soybean | -36.1 | -23.6 | -0.7 | -4.9 | 6.2 | -3.1 | 8.1 |
| 绿豆 | Mung Bean |  |  | 8.6 | 2.6 | 151.8 | -3.7 | -1.7 |
| 红小豆 | Red Bean |  |  | 3.9 | -3.4 | 712.6 | -14.2 | -23.2 |
| (三)薯类 | Tubers | -9.9 | -19.2 | 0.5 | -0.1 | 0.0 | -9.9 | -11.2 |
| 其中:马铃薯 | Of Which:Potato | -30.2 | -8.1 | 0.5 | -100.0 |  | -48.4 | -10.9 |
| **二、油料作物** | **Oil-bearing Crops** | **-2.6** | **-4.3** | **-2.8** | **1.0** | **10.9** | **4.1** | **3.2** |
| 其中:花生 | Of Which:Peanut | -10.8 | -11.4 | 6.9 | 0.6 | 3.8 | 2.2 | 4.7 |

2-8 续表 Continued

| 指　标 | Item | 2000 | 2005 | 2010 | 2011 | 2012 | 2013 | 2014 |
|---|---|---|---|---|---|---|---|---|
| 油菜子 | Rapeseed | -0.6 | 0.7 | -11.5 | -0.9 | 14.9 | 3.9 | 1.3 |
| 芝麻 | Sesame | 0.7 | -27.2 | 13.3 | 2.8 | 9.1 | -0.3 | 1.0 |
| **三、棉花** | **Cotton** | **38.2** | **-16.3** | **-6.7** | **17.6** | **-10.6** | **-8.7** | **12.7** |
| **四、麻类** | **Fiber Crops** | **-2.6** | **6.7** | **5.2** | **9.7** | **9.5** | **9.8** | **-4.3** |
| 其中:黄红麻 | Of Which:Jute and Ambary Hemp | 3.9 | 13.7 | 1.9 | 3.3 | 13.8 | -13.6 | -100.0 |
| 苎麻 | Ramee | 0.2 | 4.7 | -4.5 | -2.3 | -0.4 | 6.0 | -100.0 |
| 大麻(线麻) | Hemp | -14.7 | -7.1 | 8.5 | -12.0 | 40.1 | -18.2 | -100.0 |
| **五、糖料合计** | **Sugar Crops** | **-8.2** | **-3.3** | **3.2** | **2.2** | **-0.5** | **0.8** | **-1.4** |
| 甘蔗 | Sugar Cane | -8.1 | -3.3 | 3.3 | 2.2 | -0.5 | 1.0 | -1.5 |
| **六、烟叶合计** | **Tobacco** | **-30.9** | **1.3** | **-3.4** | **-0.8** | **-0.1** | **-4.0** | **-4.2** |
| 其中:烤烟 | Of Which:Flue-cured Tobacco | -30.5 | 0.0 | -3.2 | -1.2 | -0.2 | -4.3 | -4.0 |
| **七、药材类合计** | **Medicinal Materials** | | | | | | | |
| **八、蔬菜(含菜用瓜)** | **Vegetables** | **-100.0** | **-1.4** | **1.5** | **1.6** | **2.3** | **0.7** | **2.3** |
| **九、瓜果类(含果用瓜)** | **Melon** | **-100.0** | **2.3** | **4.2** | **2.8** | **2.3** | **1.8** | **2.1** |
| #西瓜 | #Watermelon | -100.0 | 0.6 | 4.9 | 3.2 | 1.1 | 2.6 | 3.7 |
| 甜瓜 | Muskmelon | -100.0 | 5.5 | -0.3 | 1.0 | -0.2 | -3.7 | 1.8 |
| 草莓 | Strawberry | | -9.1 | 7.5 | 2.0 | 5.2 | 0.4 | -0.8 |

# 2-9 60个产量大县主要粮食作物播种面积(2014年)
# Sown Areas of Main Grain Crops in 60 Large Counties(2014)

单位:千公顷 (1000 hectares)

| 县(市、区)名称 | County (District) | 粮食播种面积 Sown Areas of Grain Crops | 其中: 水稻 Barley | 小麦 Wheat | 玉米 Corn | 大豆 Soybean |
|---|---|---|---|---|---|---|
| 肥东县 | Feidong | 105.86 | 72.36 | 25.36 | 7.69 | 0.28 |
| 长丰县 | Changfeng | 95.41 | 57.32 | 32.68 | 2.91 | 1.14 |
| 巢湖市 | Chaohu | 46.37 | 32.84 | 11.67 | 1.23 | 0.15 |
| 肥西县 | Feixi | 78.94 | 57.16 | 18.05 | 0.26 | 2.44 |
| 庐江县 | Lujiang | 132.73 | 109.25 | 19.81 | 0.12 | 0.89 |
| 濉溪县 | Suixi | 176.59 | | 86.21 | 40.37 | 50.01 |
| 淮北市辖区 | Huaibei Region of City | 37.89 | 0.09 | 16.06 | 10.26 | 10.64 |
| 谯城区 | Qiaocheng District | 152.67 | | 70.33 | 29.53 | 50.38 |
| 利辛县 | Lixin | 179.84 | 0.76 | 93.81 | 41.59 | 39.06 |
| 蒙城县 | Mengcheng | 166.19 | | 83.24 | 74.94 | 8.01 |
| 涡阳县 | Guoyang | 220.06 | | 109.68 | 35.73 | 65.37 |
| 埇桥区 | Yongqiao District | 206.49 | | 105.42 | 66.88 | 34.19 |
| 灵璧县 | Lingbi | 185.14 | | 94.89 | 57.56 | 32.29 |
| 泗县 | Sixian | 149.46 | 1.41 | 78.27 | 54.91 | 7.57 |
| 萧县 | Xiaoxian | 131.93 | | 65.42 | 55.42 | 6.36 |
| 五河县 | Wuhe | 126.60 | 33.23 | 62.89 | 14.27 | 14.87 |
| 固镇县 | Guzhen | 86.39 | | 49.16 | 31.09 | 3.54 |
| 怀远县 | Huaiyuan | 200.31 | 59.87 | 106.93 | 20.08 | 13.42 |
| 临泉县 | Linquan | 177.24 | | 99.21 | 74.81 | 1.89 |
| 太和县 | Taihe | 184.47 | | 82.96 | 18.23 | 78.37 |
| 颍上县 | Yingshang | 183.63 | 40.31 | 86.02 | 26.49 | 22.23 |
| 阜南县 | Funan | 156.98 | 25.61 | 79.36 | 41.83 | 10.11 |
| 颍泉区 | Yingquan District | 62.50 | | 29.68 | 12.01 | 19.21 |
| 界首市 | Jieshou | 65.11 | | 31.75 | 19.67 | 11.58 |
| 颍州区 | Yingzhou District | 46.02 | | 24.01 | 18.85 | 2.28 |
| 颍东区 | Yingdong District | 63.01 | | 28.00 | 15.03 | 18.41 |
| 潘集区 | Panji District | 52.76 | 25.26 | 24.26 | | 2.78 |
| 凤台县 | Fengtai | 81.95 | 35.61 | 36.79 | 0.62 | 8.23 |
| 淮南市辖区 | Huainan Region of City | 69.31 | 25.33 | 35.59 | 0.90 | 6.35 |

2-9 续表 Continued

| 县(市、区)名称 | County (District) | 粮食播种面积 Sown Areas of Grain Crops | 其中: 水稻 Barley | 小麦 Wheat | 玉米 Corn | 大豆 Soybean |
|---|---|---|---|---|---|---|
| 定远县 | Dingyuan | 186.60 | 93.10 | 79.20 | 11.73 | 1.97 |
| 来安县 | Laian | 70.71 | 44.69 | 22.19 | 1.69 | 0.26 |
| 凤阳县 | Fengyang | 116.60 | 48.36 | 52.59 | 10.54 | 4.53 |
| 全椒县 | Quanjiao | 74.86 | 52.63 | 17.65 | 1.23 | 1.39 |
| 南谯区 | Nanqiao District | 42.53 | 24.70 | 13.56 | 1.93 | 0.45 |
| 明光市 | Mingguang | 100.71 | 37.04 | 41.79 | 9.68 | 8.60 |
| 天长市 | Tianchang | 104.16 | 57.71 | 46.01 | | 0.39 |
| 寿县 | Shouxian | 219.33 | 119.51 | 98.85 | | 0.97 |
| 霍邱县 | Huoqiu | 223.89 | 132.68 | 89.26 | 1.93 | 0.02 |
| 裕安区 | Yu'an District | 67.92 | 44.53 | 16.29 | 5.92 | 0.29 |
| 金安区 | Jin'an District | 68.88 | 46.61 | 14.46 | 4.47 | 1.07 |
| 舒城县 | Shucheng | 63.93 | 48.53 | 10.26 | 3.29 | 0.20 |
| 当涂县 | Dangtu | 46.96 | 30.30 | 14.15 | 1.11 | 1.07 |
| 和县 | Hexian | 47.40 | 31.72 | 15.12 | 0.17 | 0.29 |
| 含山县 | Hanshan | 31.89 | 24.99 | 2.78 | 1.52 | 0.63 |
| 芜湖县 | Wuhu | 31.50 | 24.98 | 4.91 | 0.55 | 0.02 |
| 无为县 | Wuwei | 75.15 | 49.27 | 15.19 | 4.89 | 4.10 |
| 南陵县 | Nanling | 55.06 | 48.94 | 3.59 | 0.17 | 0.93 |
| 郎溪县 | Langxi | 51.89 | 26.75 | 21.35 | | 0.88 |
| 宣州区 | Xuanzhou District | 84.07 | 62.57 | 19.22 | 0.02 | 0.04 |
| 广德县 | Guangde | 31.00 | 19.43 | 6.80 | 0.01 | 0.83 |
| 贵池区 | Guichi District | 46.62 | 40.09 | 2.19 | 3.02 | 0.73 |
| 东至县 | Dongzhi | 38.26 | 34.54 | 1.49 | 1.39 | 0.61 |
| 桐城市 | Tongcheng | 54.65 | 47.34 | 5.01 | 1.08 | 0.75 |
| 望江县 | Wangjiang | 58.29 | 54.05 | 2.60 | 0.31 | 0.47 |
| 怀宁县 | Huaining | 57.18 | 50.65 | 3.49 | 0.13 | 1.36 |
| 太湖县 | Taihu | 35.83 | 28.83 | 2.92 | 0.02 | 1.77 |
| 潜山县 | Qianshan | 37.63 | 33.12 | 2.35 | 0.04 | 0.67 |
| 宿松县 | Susong | 63.93 | 47.36 | 5.90 | 0.42 | 3.24 |
| 枞阳县 | Zongyang | 85.99 | 74.61 | 8.23 | 2.33 | 0.06 |

# 2-10　60 个产量大县主要粮食作物产量(2014 年)
# Output of Grain Crops in 60 Large Counties(2014)

单位:万吨　　　　(1000 tons)

| 县(市、区)名称 | County (District) | 粮食总产量 (Output of Grain Crops) | 其中: 水稻 Barley | 小麦 Wheat | 玉米 Corn | 大豆 Soybean |
|---|---|---|---|---|---|---|
| 肥东县 | Feidong | 64.91 | 51.06 | 11.20 | 2.56 | 0.03 |
| 长丰县 | Changfeng | 55.84 | 39.68 | 14.87 | 1.08 | 0.12 |
| 巢湖市 | Chaohu | 29.57 | 23.75 | 5.10 | 0.60 | 0.02 |
| 肥西县 | Feixi | 52.13 | 42.83 | 8.67 | 0.12 | 0.35 |
| 庐江县 | Lujiang | 79.68 | 70.30 | 8.82 | 0.05 | 0.11 |
| 濉溪县 | Suixi | 90.35 |  | 65.03 | 20.21 | 5.11 |
| 淮北市辖区 | Huaibei Region of City | 19.27 | 0.06 | 12.07 | 5.01 | 2.00 |
| 谯城区 | Qiaocheng District | 76.76 |  | 53.56 | 16.10 | 6.71 |
| 利辛县 | Lixin | 102.37 | 0.44 | 71.25 | 25.25 | 4.82 |
| 蒙城县 | Mengcheng | 121.08 |  | 63.44 | 56.58 | 1.06 |
| 涡阳县 | Guoyang | 116.74 |  | 83.37 | 20.33 | 7.88 |
| 埇桥区 | Yongqiao District | 102.36 |  | 64.40 | 33.29 | 4.67 |
| 灵璧县 | Lingbi | 85.65 |  | 53.37 | 28.67 | 3.54 |
| 泗县 | Sixian | 71.91 | 0.87 | 42.63 | 26.79 | 0.93 |
| 萧县 | Xiaoxian | 66.35 |  | 38.11 | 26.84 | 0.89 |
| 五河县 | Wuhe | 70.24 | 22.94 | 37.48 | 7.79 | 1.72 |
| 固镇县 | Guzhen | 49.93 |  | 29.98 | 18.04 | 0.70 |
| 怀远县 | Huaiyuan | 112.66 | 36.03 | 64.29 | 10.93 | 1.41 |
| 临泉县 | Linquan | 104.94 |  | 62.33 | 42.11 | 0.27 |
| 太和县 | Taihe | 89.14 |  | 62.36 | 12.18 | 10.67 |
| 颍上县 | Yingshang | 100.15 | 29.95 | 51.71 | 14.33 | 2.96 |
| 阜南县 | Funan | 86.07 | 13.78 | 47.46 | 23.75 | 1.03 |
| 颍泉区 | Yingquan District | 30.23 |  | 18.96 | 7.76 | 3.32 |
| 界首市 | Jieshou | 39.40 |  | 23.87 | 14.22 | 1.20 |
| 颍州区 | Yingzhou District | 27.19 |  | 14.88 | 11.95 | 0.28 |
| 颍东区 | Yingdong District | 29.65 |  | 17.50 | 9.67 | 2.30 |
| 潘集区 | Panji District | 33.64 | 18.72 | 14.58 |  | 0.31 |
| 凤台县 | Fengtai | 54.42 | 28.63 | 24.15 | 0.41 | 1.12 |
| 淮南市辖区 | Huainan Region of City | 39.42 | 18.44 | 19.78 | 0.42 | 0.70 |

2-10 续表 Continued

| 县(市、区)名称 | County (District) | 粮食总产量 (Output of Grain Crops) | 其中: 水稻 Barley | 小麦 Wheat | 玉米 Corn | 大豆 Soybean |
|---|---|---|---|---|---|---|
| 定远县 | Dingyuan | 106.16 | 57.17 | 43.47 | 5.00 | 0.24 |
| 来安县 | Laian | 42.12 | 29.59 | 11.34 | 0.81 | 0.04 |
| 凤阳县 | Fengyang | 67.04 | 32.51 | 29.29 | 4.59 | 0.56 |
| 全椒县 | Quanjiao | 43.29 | 33.22 | 9.08 | 0.56 | 0.21 |
| 南谯区 | Nanqiao District | 24.66 | 15.61 | 7.25 | 1.09 | 0.06 |
| 明光市 | Mingguang | 51.57 | 23.36 | 21.21 | 4.62 | 1.67 |
| 天长市 | Tianchang | 64.84 | 39.03 | 25.75 | | 0.05 |
| 寿县 | Shouxian | 133.55 | 84.45 | 48.99 | | 0.11 |
| 霍邱县 | Huoqiu | 139.37 | 93.58 | 45.10 | 0.69 | … |
| 裕安区 | Yu' an District | 39.18 | 29.51 | 7.10 | 2.42 | 0.04 |
| 金安区 | Jin' an District | 40.82 | 32.11 | 6.26 | 2.02 | 0.14 |
| 舒城县 | Shucheng | 38.75 | 33.84 | 3.29 | 1.32 | 0.02 |
| 当涂县 | Dangtu | 30.86 | 23.52 | 6.69 | 0.47 | 0.14 |
| 和县 | Hexian | 30.33 | 22.88 | 7.33 | 0.07 | 0.04 |
| 含山县 | Hanshan | 22.61 | 20.28 | 1.31 | 0.62 | 0.08 |
| 芜湖县 | Wuhu | 20.26 | 17.36 | 2.31 | 0.35 | … |
| 无为县 | Wuwei | 51.74 | 40.49 | 7.01 | 3.18 | 0.80 |
| 南陵县 | Nanling | 36.27 | 34.27 | 1.55 | 0.10 | 0.13 |
| 郎溪县 | Langxi | 27.45 | 17.18 | 9.74 | | 0.12 |
| 宣州区 | Xuanzhou | 51.33 | 41.25 | 8.97 | 0.01 | 0.01 |
| 广德县 | Guangde | 18.39 | 13.41 | 3.74 | 0.00 | 0.17 |
| 贵池区 | Guichi District | 30.25 | 27.84 | 0.77 | 1.50 | 0.10 |
| 东至县 | Dongzhi | 22.40 | 21.06 | 0.53 | 0.71 | 0.07 |
| 桐城市 | Tongcheng | 33.17 | 30.62 | 1.90 | 0.52 | 0.07 |
| 望江县 | Wangjiang | 36.36 | 34.98 | 1.06 | 0.15 | 0.07 |
| 怀宁县 | Huaining | 34.91 | 33.24 | 1.20 | 0.06 | 0.22 |
| 太湖县 | Taihu | 20.16 | 18.47 | 1.27 | 0.01 | 0.25 |
| 潜山县 | Qianshan | 23.09 | 21.77 | 1.04 | 0.01 | 0.10 |
| 宿松县 | Susong | 35.23 | 31.17 | 1.72 | 0.21 | 0.48 |
| 枞阳县 | Zongyang | 50.61 | 45.95 | 3.04 | 1.29 | 0.01 |

# 2-11 小麦中间消耗
# Mid-consumption of Wheat

单位:元/亩 (yuan/mu)

| 指标 | Item | 2013 | 2014 |
|---|---|---|---|
| 平均每单位产值 | Output Value per Unit | 910.89 | 1122.39 |
| 平均每单位中间消耗 | Intermediate consumption per Unit | 357.92 | 361.78 |
| 物质消耗 | Material consumption | 267.86 | 255.50 |
| 用种量 | Seed Quantity | 61.60 | 63.88 |
| 饲料 | Forages | | |
| 肥料 | Fertilizers | 172.42 | 155.99 |
| 燃料 | Fuels | 9.96 | 9.46 |
| 农膜 | Farm Plastic Film | | |
| 农药 | Pesticides | 19.57 | 21.12 |
| 养殖用药 | Pesticides for Cultivation | | |
| 水费 | Water Fee | 0.14 | 0.28 |
| 用电量 | Electricity Consumption | 0.04 | 0.01 |
| 棚架材料费 | Scaffold Material cost | | |
| 小农具 | Small Farm Implements | 3.87 | 4.09 |
| 办公用品 | Office Supplies | 0.22 | 0.20 |
| 其他 | Others | 0.04 | 0.47 |
| 生产服务支出 | Cost of Production Services | 90.06 | 106.28 |
| 修理费 | Repair Fee | 1.26 | 1.37 |
| 外雇运输费 | Transport Fee | 0.74 | 0.86 |
| 生产性邮电费 | Post and Telecommunication Fee | | |
| 外雇排灌费 | Irrigation and Drainage Fee | 0.67 | 0.27 |
| 外雇机械作业费 | Mechanical Work Fee | 85.65 | 102.03 |
| 其他 | Others | 1.74 | 1.75 |

# 2-12 中单晚及双晚稻中间消耗
# Mid-consumption of Middle-season and Late Rice

单位:元/亩 (yuan/mu)

| 指标 | Item | 2013 | 2014 |
|---|---|---|---|
| 平均每单位产值 | Output Value per Unit | 1271.18 | 1410.50 |
| 平均每单位中间消耗 | Intermediate Consumption per Unit | 434.37 | 439.89 |
| 物质消耗 | Material Consumption | 300.60 | 285.99 |
| 用种量 | Seed Quantity | 56.87 | 63.39 |
| 饲料 | Forages | | |
| 肥料 | Fertilizers | 147.83 | 139.10 |
| 燃料 | Fuels | 14.69 | 13.66 |
| 农膜 | Farm Plastic Film | 1.29 | 2.72 |
| 农药 | Pesticides | 71.44 | 62.04 |
| 养殖用药 | Pesticides for Cultivation | | |
| 水费 | Water Fee | 2.55 | 0.47 |
| 用电量 | Electricity Consumption | 1.71 | 2.36 |
| 棚架材料费 | Scaffold Material Cost | 0.02 | 0.08 |
| 小农具 | Small Farm Implements | 2.41 | 1.81 |
| 办公用品 | Office Supplies | 0.05 | 0.09 |
| 其他 | Others | 1.74 | 0.27 |
| 生产服务支出 | Cost of Production Services | 133.77 | 153.90 |
| 修理费 | Repair Fee | 4.47 | 4.66 |
| 外雇运输费 | Transport Fee | 1.60 | 4.12 |
| 生产性邮电费 | Post and Telecommunication Fee | | |
| 外雇排灌费 | Irrigation and Drainage Fee | 5.11 | 3.98 |
| 外雇机械作业费 | Mechanical Work Fee | 113.15 | 124.82 |
| 其他 | Others | 9.44 | 16.32 |

# 2-13 玉米中间消耗
# Mid-consumption of Corn

单位:元/亩 (yuan/mu)

| 指标 | Item | 2013 | 2014 |
|---|---|---|---|
| 平均每单位产值 | Output Value per Unit | 836.39 | 1105.35 |
| 平均每单位中间消耗 | Intermediate Consumption per Unit | 304.05 | 300.06 |
| 物质消耗 | Material Consumption | 236.43 | 228.02 |
| 用种量 | Seed Quantity | 55.37 | 54.85 |
| 饲料 | Forages | | |
| 肥料 | Fertilizers | 144.58 | 134.17 |
| 燃料 | Fuels | 11.82 | 10.49 |
| 农膜 | Farm Plastic Film | | |
| 农药 | Pesticides | 21.41 | 21.62 |
| 养殖用药 | Pesticides for Cultivation | | |
| 水费 | Water Fee | | |
| 用电量 | Electricity Consumption | | 0.09 |
| 棚架材料费 | Scaffold Material Cost | | |
| 小农具 | Small Farm Implements | 3.24 | 6.52 |
| 办公用品 | Office Supplies | | 0.08 |
| 其他 | Others | 0.01 | 0.20 |
| 生产服务支出 | Cost of Production Services | 67.62 | 72.04 |
| 修理费 | Repair Fee | 1.41 | 2.25 |
| 外雇运输费 | Transport Fee | 1.66 | 1.30 |
| 生产性邮电费 | Post and Telecommunication Fee | | |
| 外雇排灌费 | Irrigation and Drainage Fee | 5.30 | 2.79 |
| 外雇机械作业费 | Mechanical Work Fee | 58.23 | 64.24 |
| 其他 | Others | 1.02 | 1.46 |

# 2-14 油菜籽中间消耗
# Mid-consumption of Rapeseeds

单位:元/亩 (yuan/mu)

| 指标 | Item | 2013 | 2014 |
|---|---|---|---|
| 平均每单位产值 | Output Value per Unit | 781.08 | 757.39 |
| 平均每单位中间消耗 | Intermediate Consumption per Unit | 219.01 | 215.86 |
| 物质消耗 | Material Consumption | 173.81 | 173.92 |
| 用种量 | Seed Quantity | 18.45 | 19.05 |
| 饲料 | Forages | | |
| 肥料 | Fertilizers | 131.28 | 124.76 |
| 燃料 | Fuels | 4.20 | 4.52 |
| 农膜 | Farm Plastic Film | | |
| 农药 | Pesticides | 16.84 | 18.48 |
| 养殖用药 | Pesticides for Cultivation | | |
| 水费 | Water Fee | | |
| 用电量 | Electricity Consumption | 0.23 | 0.24 |
| 棚架材料费 | Scaffold Material Cost | | |
| 小农具 | Small Farm Implements | 2.54 | 4.50 |
| 办公用品 | Office Supplies | | 0.12 |
| 其他 | Others | 0.27 | 2.25 |
| 生产服务支出 | Cost of Production Services | 45.20 | 41.95 |
| 修理费 | Repair Fee | 2.17 | 2.43 |
| 外雇运输费 | Transport Fee | 0.87 | 0.90 |
| 生产性邮电费 | Post and Telecommunication Fee | | |
| 外雇排灌费 | Irrigation and Drainage Fee | 0.26 | 0.84 |
| 外雇机械作业费 | Mechanical Work Fee | 27.83 | 33.59 |
| 其他 | Others | 14.07 | 4.19 |

# 2-15 棉花中间消耗
# Mid-consumption of Cotton

单位:元/亩 (yuan/mu)

| 指标 | Item | 2013 | 2014 |
|---|---|---|---|
| 平均每单位产值 | Output Value per Unit | 1203.08 | 1053.14 |
| 平均每单位中间消耗 | Intermediate Consumption per Unit | 363.34 | 391.04 |
| 物质消耗 | Material Consumption | 327.62 | 351.46 |
| 用种量 | Seed Quantity | 52.25 | 62.66 |
| 饲料 | Forages | | |
| 肥料 | Fertilizers | 186.88 | 191.27 |
| 燃料 | Fuels | 2.07 | 3.24 |
| 农膜 | Farm Plastic Film | 7.92 | 13.05 |
| 农药 | Pesticides | 73.49 | 75.66 |
| 养殖用药 | Pesticides for Cultivation | | |
| 水费 | Water Fee | | 1.29 |
| 用电量 | Electricity Consumption | 1.98 | 0.89 |
| 棚架材料费 | Scaffold Material Cost | 0.45 | 1.04 |
| 小农具 | Small Farm Implements | 1.81 | 1.36 |
| 办公用品 | Office Supplies | | |
| 其他 | Others | 0.77 | 1.00 |
| 生产服务支出 | Cost of Production Services | 35.72 | 39.58 |
| 修理费 | Repair Fee | 3.18 | 3.50 |
| 外雇运输费 | Transport Fee | 1.13 | |
| 生产性邮电费 | Post and Telecommunication Fee | | |
| 外雇排灌费 | Irrigation and Drainage Fee | 0.85 | 1.38 |
| 外雇机械作业费 | Mechanical Work Fee | 28.25 | 31.90 |
| 其他 | Others | 2.31 | 2.80 |

# 2-16 主要畜禽生产情况
# Number of Main Livestock and Poultry

| 指　标 | Item | 单位 | Unit | 2010 | 2011 | 2012 | 2013 | 2014 |
|---|---|---|---|---|---|---|---|---|
| **畜禽存栏** | Number of Livestock or Poultry in Stock | | | | | | | |
| 猪 | Hogs | 万头 | 10000 heads | 1442.54 | 1467.31 | 1555.20 | 1612.59 | 1585.35 |
| 其中:能繁殖母猪 | Of Which:Sow | 万头 | 10000 heads | 135.75 | 136.00 | 141.29 | 142.92 | 141.26 |
| 牛 | Cattle and Buffaloes | 万头 | 10000 heads | 150.90 | 147.23 | 151.85 | 155.09 | 152.69 |
| 羊 | Sheep and Goats | 万只 | 10000 heads | 590.50 | 591.60 | 592.19 | 605.28 | 642.75 |
| 家禽 | Poultry | 万只 | 10000 heads | 23329.77 | 23906.05 | 25043.12 | 24717.56 | 24322.07 |
| **畜禽出栏** | **Number of Slaughtered Livestock or Poultry** | | | | | | | |
| 猪 | Hogs | 万头 | 10000 heads | 2782.06 | 2721.09 | 2927.62 | 2971.53 | 3089.17 |
| 牛 | Cattle and Buffaloes | 万头 | 10000 heads | 125.22 | 120.35 | 121.97 | 122.09 | 124.90 |
| 羊 | Sheep and Goats | 万只 | 10000 heads | 994.70 | 988.48 | 1016.16 | 1045.02 | 1075.42 |
| 家禽 | Poultry | 万只 | 10000 heads | 64795.38 | 67795.45 | 70926.25 | 72415.70 | 71619.13 |
| **畜禽产品产量** | **Output of Livestock or Poultry** | | | | | | | |
| 猪肉 | Pork | 万吨 | 10000 tons | 238.76 | 233.07 | 249.67 | 253.42 | 264.80 |
| 牛肉 | Beef | 万吨 | 10000 tons | 18.32 | 17.82 | 18.13 | 18.15 | 17.89 |
| 羊肉 | Mutton | 万吨 | 10000 tons | 14.2 | 14.18 | 14.59 | 15.00 | 15.49 |
| 禽肉 | Poultry | 万吨 | 10000 tons | 104.08 | 109.05 | 114.10 | 115.97 | 114.63 |
| 禽蛋 | Poultry Eggs | 万吨 | 10000 tons | 119.02 | 119.65 | 122.65 | 124.53 | 122.53 |
| 牛奶 | Cow Milk | 万吨 | 10000 tons | 20.48 | 22.51 | 24.09 | 25.34 | 27.87 |

# 2-17 生猪调出大县年末生猪存栏
# Number of Hogs in Stock of Large Hog-Contributed Counties at Year-end

单位:万头 (10000 heads)

| 地　区 | Region | 2010 | 2011 | 2012 | 2013 | 2014 |
|---|---|---|---|---|---|---|
| 长丰县 | Changfeng | 41.93 | 42.37 | 43.72 | 39.51 | 41.82 |
| 肥东县 | Feidong | 36.16 | 36.53 | 38.61 | 41.27 | 42.39 |
| 怀远县 | Huaiyuan | 31.62 | 32.88 | 32.98 | 37.89 | 38.01 |
| 固镇县 | Guzhen | 34.10 | 35.46 | 35.64 | 42.23 | 44.98 |
| 太湖县 | Taihu | 28.57 | 29.71 | 29.77 | 34.74 | 30.65 |
| 定远县 | Dingyuan | 61.23 | 60.14 | 61.76 | 59.17 | 57.80 |
| 临泉县 | Linquan | 60.07 | 68.03 | 57.49 | 65.18 | 64.32 |
| 太和县 | Taihe | 45.09 | 47.45 | 49.21 | 54.89 | 54.99 |
| 阜南县 | Funan | 44.08 | 45.96 | 48.07 | 55.27 | 53.67 |
| 颍上县 | Yingshang | 45.09 | 46.89 | 46.94 | 54.12 | 54.42 |
| 埇桥区 | Yongqiao District | 66.92 | 56.71 | 57.13 | 64.96 | 62.56 |
| 萧县 | Xiaoxian | 48.33 | 50.26 | 50.31 | 60.22 | 57.09 |
| 灵璧县 | Lingbi | 49.65 | 58.31 | 58.49 | 65.46 | 62.61 |
| 泗县 | Sixian | 43.94 | 43.09 | 44.77 | 53.32 | 51.51 |
| 寿县 | Shouxian | 45.36 | 42.89 | 44.18 | 48.63 | 48.83 |
| 霍邱县 | Huoqiu | 68.75 | 59.21 | 58.32 | 51.64 | 53.19 |
| 蒙城县 | Mengcheng | 35.89 | 43.73 | 45.75 | 50.60 | 50.88 |
| 利辛县 | Lixin | 47.40 | 47.92 | 50.03 | 49.52 | 49.20 |

# 2-18 生猪调出大县能繁殖母猪年末存栏

## Number of Sows in Stock of Large Hog-Contributed Counties at Year-end

单位:万头 (10000 heads)

| 地 区 | Region | 2010 | 2011 | 2012 | 2013 | 2014 |
|---|---|---|---|---|---|---|
| 长丰县 | Changfeng | 5.85 | 5.79 | 4.61 | 5.03 | 5.31 |
| 肥东县 | Feidong | 4.80 | 4.20 | 4.34 | 4.66 | 4.72 |
| 怀远县 | Huaiyuan | 3.87 | 4.06 | 4.08 | 4.11 | 4.21 |
| 固镇县 | Guzhen | 3.18 | 3.34 | 3.35 | 4.11 | 4.25 |
| 太湖县 | Taihu | 3.23 | 3.40 | 3.40 | 3.25 | 3.16 |
| 定远县 | Dingyuan | 7.52 | 6.93 | 7.03 | 7.10 | 7.81 |
| 临泉县 | Linquan | 7.58 | 7.19 | 7.65 | 7.38 | 6.43 |
| 太和县 | Taihe | 5.33 | 5.32 | 5.33 | 5.14 | 5.40 |
| 阜南县 | Funan | 6.01 | 6.12 | 6.25 | 6.12 | 6.83 |
| 颍上县 | Yingshang | 5.51 | 5.79 | 5.80 | 6.60 | 6.61 |
| 埇桥区 | Yongqiao District | 6.63 | 7.05 | 7.10 | 7.83 | 7.16 |
| 萧县 | Xiaoxian | 6.54 | 6.87 | 6.88 | 7.43 | 6.32 |
| 灵璧县 | Lingbi | 5.78 | 6.09 | 6.43 | 6.37 | 6.05 |
| 泗县 | Sixian | 5.57 | 4.95 | 5.22 | 7.94 | 6.75 |
| 寿县 | Shouxian | 4.64 | 4.94 | 5.04 | 6.13 | 6.06 |
| 霍邱县 | Huoqiu | 6.88 | 6.42 | 5.77 | 5.16 | 5.00 |
| 蒙城县 | Mengcheng | 6.71 | 6.75 | 7.11 | 6.82 | 5.86 |
| 利辛县 | Lixin | 6.15 | 5.65 | 6.00 | 6.03 | 5.85 |

# 2-19 生猪调出大县生猪出栏
# Number of Slaughtered Hogs in Large Hog-Contributed Counties

单位:万头　　　　(10000 heads)

| 地　　区 | Region | 2010 | 2011 | 2012 | 2013 | 2014 |
|---|---|---|---|---|---|---|
| 长丰县 | Changfeng | 86.57 | 85.08 | 85.08 | 90.78 | 89.47 |
| 肥东县 | Feidong | 88.96 | 82.73 | 82.73 | 80.91 | 81.65 |
| 怀远县 | Huaiyuan | 58.31 | 60.64 | 60.82 | 70.25 | 71.96 |
| 固镇县 | Guzhen | 63.35 | 65.88 | 65.88 | 63.17 | 66.46 |
| 太湖县 | Taihu | 53.32 | 55.45 | 55.56 | 63.12 | 58.97 |
| 定远县 | Dingyuan | 122.25 | 114.92 | 114.92 | 115.84 | 113.79 |
| 临泉县 | Linquan | 115.02 | 94.35 | 97.46 | 94.41 | 99.83 |
| 太和县 | Taihe | 93.49 | 92.83 | 92.83 | 89.49 | 93.28 |
| 阜南县 | Funan | 83.20 | 85.18 | 85.18 | 88.67 | 90.40 |
| 颍上县 | Yingshang | 80.03 | 83.23 | 83.31 | 90.50 | 92.00 |
| 埇桥区 | Yongqiao District | 112.37 | 116.50 | 116.50 | 108.74 | 112.27 |
| 萧县 | Xiaoxian | 72.94 | 75.86 | 76.01 | 68.79 | 72.57 |
| 灵璧县 | Lingbi | 87.71 | 94.60 | 97.63 | 94.51 | 97.59 |
| 泗县 | Sixian | 71.01 | 65.37 | 68.57 | 80.36 | 84.07 |
| 寿县 | Shouxian | 89.45 | 82.75 | 82.75 | 85.36 | 88.11 |
| 霍邱县 | Huoqiu | 147.08 | 141.08 | 132.75 | 117.75 | 122.46 |
| 蒙城县 | Mengcheng | 69.80 | 76.20 | 78.41 | 72.69 | 79.40 |
| 利辛县 | Lixin | 93.32 | 93.59 | 93.59 | 94.23 | 91.24 |

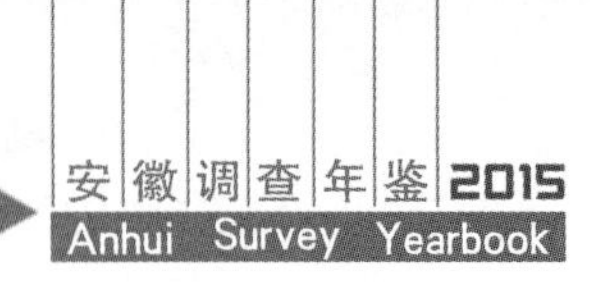


# 2-20 生猪调出大县猪肉产量
# Output of Pork in Large Hog-Contributed Counties

单位:万吨 (10000 tons)

| 地　区 | Region | 2010 | 2011 | 2012 | 2013 | 2014 |
|---|---|---|---|---|---|---|
| 长丰县 | Changfeng | 6.78 | 7.23 | 7.23 | 7.62 | 7.66 |
| 肥东县 | Feidong | 7.90 | 7.25 | 7.25 | 6.85 | 6.93 |
| 怀远县 | Huaiyuan | 4.76 | 4.96 | 4.97 | 5.63 | 5.88 |
| 固镇县 | Guzhen | 5.01 | 5.21 | 5.24 | 5.02 | 5.41 |
| 太湖县 | Taihu | 4.40 | 4.58 | 4.59 | 5.15 | 4.94 |
| 定远县 | Dingyuan | 10.35 | 9.43 | 9.43 | 9.45 | 9.43 |
| 临泉县 | Linquan | 9.85 | 7.80 | 8.04 | 7.69 | 8.25 |
| 太和县 | Taihe | 7.63 | 7.49 | 7.49 | 7.13 | 7.62 |
| 阜南县 | Funan | 6.69 | 6.89 | 7.09 | 7.32 | 7.56 |
| 颍上县 | Yingshang | 6.58 | 6.84 | 6.85 | 7.37 | 7.65 |
| 埇桥区 | Yongqiao District | 9.77 | 10.12 | 10.12 | 9.16 | 9.57 |
| 萧县 | Xiaoxian | 6.01 | 6.25 | 6.26 | 5.60 | 6.02 |
| 灵璧县 | Lingbi | 7.73 | 7.86 | 8.10 | 7.78 | 8.22 |
| 泗县 | Sixian | 5.62 | 5.16 | 5.41 | 6.33 | 6.77 |
| 寿县 | Shouxian | 7.46 | 7.14 | 7.14 | 7.28 | 7.52 |
| 霍邱县 | Huoqiu | 13.27 | 12.67 | 11.42 | 9.92 | 10.45 |
| 蒙城县 | Mengcheng | 6.31 | 6.70 | 6.82 | 6.24 | 6.77 |
| 利辛县 | Lixin | 7.62 | 8.12 | 8.12 | 8.13 | 7.81 |

# 2-21 历年全国粮食作物播种面积
# Sown Area of Grain Crops of China in Main Years

单位:千公顷 (1000 hectares)

| 年 份<br>Year | 粮食作物播种面积<br>Sown Area of Grain Crops | 稻 谷<br>Rice | 小 麦<br>Wheat | 玉 米<br>Corn | 大 豆<br>Soybean | 薯 类<br>Tubers |
|---|---|---|---|---|---|---|
| 1949 | 109959 | 25709 | 12515 | 12915 | 8319 | 7011 |
| 1952 | 123979 | 28382 | 24780 | 12566 | 11679 | 8688 |
| 1957 | 133633 | 32241 | 27542 | 14943 | 12748 | 10495 |
| 1962 | 121621 | 26935 | 24075 | 12819 | 9504 | 12171 |
| 1965 | 119627 | 29825 | 24709 | 15671 | 8593 | 11175 |
| 1970 | 119267 | 32358 | 25458 | 15831 | 7985 | 10717 |
| 1975 | 121062 | 35729 | 27661 | 18598 | 6999 | 10969 |
| 1978 | 120587 | 34421 | 29183 | 19961 | 7144 | 11796 |
| 1979 | 119263 | 33873 | 29357 | 20133 | 7247 | 10952 |
| 1980 | 117234 | 33878 | 28844 | 20087 | 7226 | 10153 |
| 1981 | 114958 | 33295 | 28307 | 19425 | 8024 | 9620 |
| 1982 | 113462 | 33071 | 27955 | 18543 | 8419 | 9370 |
| 1983 | 114047 | 33136 | 29050 | 18824 | 7567 | 9402 |
| 1984 | 112884 | 33178 | 29576 | 18537 | 7286 | 8988 |
| 1985 | 108845 | 32070 | 29218 | 17694 | 7718 | 8572 |
| 1986 | 110933 | 32266 | 29616 | 19124 | 8295 | 8685 |
| 1987 | 111268 | 32193 | 28798 | 20212 | 8445 | 8868 |
| 1988 | 110123 | 31987 | 28785 | 19692 | 8120 | 9054 |
| 1989 | 112205 | 32700 | 29841 | 20353 | 8057 | 9097 |
| 1990 | 113466 | 33064 | 30753 | 21401 | 7560 | 9121 |
| 1991 | 112314 | 32590 | 30948 | 21574 | 7041 | 9078 |
| 1992 | 110560 | 32090 | 30496 | 21044 | 7221 | 9057 |
| 1993 | 110509 | 30355 | 30235 | 20694 | 9454 | 9220 |
| 1994 | 109544 | 30171 | 28981 | 21152 | 9222 | 9270 |
| 1995 | 110060 | 30744 | 28860 | 22776 | 8127 | 9519 |
| 1996 | 112548 | 31406 | 29611 | 24498 | 7471 | 9797 |
| 1997 | 112912 | 31765 | 30057 | 23775 | 8346 | 9785 |
| 1998 | 113787 | 31214 | 29774 | 25239 | 8500 | 10000 |
| 1999 | 113161 | 31283 | 28855 | 25904 | 7962 | 10355 |
| 2000 | 108463 | 29962 | 26653 | 23056 | 9307 | 10538 |
| 2001 | 106080 | 28812 | 24664 | 24282 | 9482 | 10217 |
| 2002 | 103891 | 28202 | 23908 | 24634 | 8720 | 9881 |
| 2003 | 99410 | 26508 | 21997 | 24068 | 9313 | 9702 |
| 2004 | 101606 | 28379 | 21626 | 25446 | 9589 | 9457 |
| 2005 | 104278 | 28847 | 22793 | 26358 | 9591 | 9503 |
| 2006 | 104958 | 28938 | 23613 | 28463 | 9304 | 7877 |
| 2007 | 105638 | 28919 | 23721 | 29478 | 8754 | 8082 |
| 2008 | 106793 | 29241 | 23617 | 29864 | 9127 | 8427 |
| 2009 | 108986 | 29627 | 24291 | 31183 | 9190 | 8636 |
| 2010 | 109876 | 29873 | 24257 | 32500 | 8516 | 8750 |
| 2011 | 110573 | 30057 | 24270 | 33542 | 7889 | 8906 |
| 2012 | 111205 | 30137 | 24268 | 35030 | 7172 | 8886 |
| 2013 | 111956 | 30312 | 24117 | 36318 | 6791 | 8963 |
| 2014 | 112723 | 30310 | 24069 | 37123 | 6800 | 8940 |

# 2-22 历年全国粮食作物总产量
# Total Output of Grain Crops of China in Main Years

单位:万吨 (10000 tons)

| 年份<br>Year | 粮食作物总产量<br>Total Output of Grain Crops | 稻谷<br>Rice | 小麦<br>Wheat | 玉米<br>Corn | 大豆<br>Soybean | 薯类<br>Tubers |
|---|---|---|---|---|---|---|
| 1949 | 11318 | 4865 | 1381 | 1242 | 509 | 985 |
| 1952 | 16392 | 6843 | 1813 | 1685 | 952 | 1633 |
| 1957 | 19505 | 8678 | 2364 | 2144 | 1005 | 2192 |
| 1962 | 15441 | 6299 | 1667 | 1626 | 651 | 2345 |
| 1965 | 19453 | 8772 | 2522 | 2366 | 614 | 1986 |
| 1970 | 23996 | 10999 | 2919 | 3303 | 871 | 2668 |
| 1975 | 28452 | 12556 | 4531 | 4722 | 724 | 2857 |
| 1978 | 30477 | 13693 | 5384 | 5595 | 757 | 3174 |
| 1979 | 33212 | 14375 | 6273 | 6004 | 746 | 2846 |
| 1980 | 32056 | 13991 | 5521 | 6260 | 794 | 2873 |
| 1981 | 32502 | 14396 | 5964 | 5921 | 933 | 2597 |
| 1982 | 35450 | 16160 | 6847 | 6056 | 903 | 2705 |
| 1983 | 38728 | 16887 | 8139 | 6821 | 976 | 2925 |
| 1984 | 40731 | 17826 | 8782 | 7341 | 970 | 2848 |
| 1985 | 37911 | 16857 | 8581 | 6383 | 1050 | 2604 |
| 1986 | 39151 | 17222 | 9004 | 7086 | 1161 | 2534 |
| 1987 | 40298 | 17426 | 8590 | 7924 | 1247 | 2821 |
| 1988 | 39408 | 16911 | 8543 | 7735 | 1165 | 2697 |
| 1989 | 40755 | 18013 | 9081 | 7893 | 1023 | 2730 |
| 1990 | 44624 | 18933 | 9823 | 9682 | 1100 | 2743 |
| 1991 | 43529 | 18381 | 9595 | 9877 | 971 | 2716 |
| 1992 | 44266 | 18622 | 10159 | 9538 | 1030 | 2844 |
| 1993 | 45649 | 17751 | 10639 | 10270 | 1531 | 3181 |
| 1994 | 44510 | 17593 | 9930 | 9928 | 1600 | 3025 |
| 1995 | 46662 | 18523 | 10221 | 11199 | 1350 | 3263 |
| 1996 | 50454 | 19510 | 11057 | 12747 | 1322 | 3536 |
| 1997 | 49417 | 20073 | 12329 | 10431 | 1473 | 3192 |
| 1998 | 51230 | 19871 | 10973 | 13295 | 1515 | 3604 |
| 1999 | 50839 | 19849 | 11388 | 12809 | 1425 | 3641 |
| 2000 | 46218 | 18791 | 9964 | 10600 | 1541 | 3685 |
| 2001 | 45264 | 17758 | 9387 | 11409 | 1541 | 3563 |
| 2002 | 45706 | 17454 | 9029 | 12131 | 1651 | 3666 |
| 2003 | 43070 | 16066 | 8649 | 11583 | 1539 | 3513 |
| 2004 | 46947 | 17909 | 9195 | 13029 | 1740 | 3558 |
| 2005 | 48402 | 18059 | 9745 | 13937 | 1635 | 3469 |
| 2006 | 49804 | 18172 | 10847 | 15160 | 1508 | 2701 |
| 2007 | 50160 | 18603 | 10930 | 15230 | 1273 | 2808 |
| 2008 | 52871 | 19190 | 11246 | 16591 | 1554 | 2980 |
| 2009 | 53082 | 19510 | 11512 | 16397 | 1498 | 2995 |
| 2010 | 54648 | 19576 | 11518 | 17725 | 1508 | 3114 |
| 2011 | 57121 | 20100 | 11740 | 19278 | 1449 | 3273 |
| 2012 | 58958 | 20424 | 12102 | 20561 | 1305 | 3293 |
| 2013 | 60194 | 20361 | 12193 | 21849 | 1195 | 3329 |
| 2014 | 60703 | 20651 | 12621 | 21565 | 1215 | 3336 |

# 2-23 全国及分省(区、市)粮食作物播种面积
# Sown Area of Grain Crops by Provinces and Regions

单位:千公顷 (1000 hectares)

| 地 区 | Region | 2010 | 2011 | 2012 | 2013 | 2014 |
|---|---|---|---|---|---|---|
| **全 国** | **National** | **109876.1** | **110573.0** | **111204.6** | **11955.6** | **112722.6** |
| 北 京 | Beijing | 223.5 | 209.4 | 193.9 | 158.9 | 120.2 |
| 天 津 | Tianjin | 311.8 | 310.8 | 322.9 | 332.8 | 345.8 |
| 河 北 | Hebei | 6282.2 | 6286.1 | 6302.4 | 6315.9 | 6332.0 |
| 山 西 | Shanxi | 3239.2 | 3287.9 | 3291.5 | 3274.3 | 3286.4 |
| 内蒙古 | Inner Mongolia | 5498.7 | 5561.5 | 5589.4 | 5617.3 | 5651.0 |
| 辽 宁 | Liaoning | 3179.3 | 3169.8 | 3217.3 | 3226.4 | 3235.1 |
| 吉 林 | Jilin | 4492.2 | 4545.1 | 4610.3 | 4789.9 | 5000.7 |
| 黑龙江 | Heilongjiang | 11454.7 | 11502.9 | 11519.5 | 11564.4 | 11696.4 |
| 上 海 | Shanghai | 179.2 | 186.3 | 187.6 | 168.5 | 164.9 |
| 江 苏 | Jiangsu | 5282.4 | 5319.2 | 5336.6 | 5360.8 | 5376.1 |
| 浙 江 | Zhejiang | 1275.8 | 1254.1 | 1251.6 | 1253.7 | 1266.8 |
| **安 徽** | **Anhui** | **6616.4** | **6621.5** | **6622.0** | **6625.3** | **6628.9** |
| 福 建 | Fujian | 1232.3 | 1226.8 | 1201.1 | 1202.1 | 1197.7 |
| 江 西 | Jiangxi | 3639.1 | 3650.1 | 3675.9 | 3690.9 | 3697.3 |
| 山 东 | Shandong | 7084.8 | 7145.8 | 7202.3 | 7294.6 | 7440.0 |
| 河 南 | Henan | 9740.2 | 9859.9 | 9985.2 | 10081.8 | 10209.8 |
| 湖 北 | Hubei | 4068.4 | 4122.1 | 4180.1 | 4258.4 | 4370.4 |
| 湖 南 | Hunan | 4809.1 | 4879.6 | 4908.0 | 4936.6 | 4975.1 |
| 广 东 | Guangdong | 2531.9 | 2530.4 | 2540.2 | 2507.6 | 2507.0 |
| 广 西 | Guangxi | 3061.1 | 3072.8 | 3069.1 | 3076.0 | 3067.7 |
| 海 南 | Hainan | 437.2 | 430.6 | 438.6 | 421.8 | 394.0 |
| 重 庆 | Chongqing | 2243.9 | 2259.4 | 2259.6 | 2253.9 | 2242.5 |
| 四 川 | Sichuan | 6402.0 | 6440.5 | 6468.2 | 6469.9 | 6467.4 |
| 贵 州 | Guizhou | 3039.5 | 3055.6 | 3054.3 | 3118.4 | 3138.4 |
| 云 南 | Yunnan | 4274.4 | 4326.9 | 4399.6 | 4499.4 | 4508.2 |
| 西 藏 | Tibet | 170.2 | 170.2 | 170.9 | 175.9 | 176.4 |
| 陕 西 | Shanxi | 3159.7 | 3134.9 | 3127.5 | 3105.1 | 3076.5 |
| 甘 肃 | Gansu | 2799.8 | 2833.7 | 2839.4 | 2858.7 | 2842.5 |
| 青 海 | Qinghai | 274.5 | 279.4 | 280.2 | 280.0 | 280.1 |
| 宁 夏 | Ningxia | 844.1 | 852.4 | 828.3 | 801.6 | 771.3 |
| 新 疆 | Xinjiang | 2028.6 | 2047.5 | 2131.2 | 2234.8 | 2255.9 |
| 安徽居全国位次 | Order of Precedence of Anhui in the Country | 4 | 4 | 4 | 4 | 4 |

# 2-24 全国及分省(区、市)粮食作物总产量
# Total Output of Grain Crops by Provinces and Regions

单位:万吨　　(10000 tons)

| 地　区 | Region | 2010 | 2011 | 2012 | 2013 | 2014 |
|---|---|---|---|---|---|---|
| **全　国** | **National** | **54647.7** | **57120.8** | **58958.0** | **60193.8** | **60702.6** |
| 北　京 | Beijing | 115.7 | 121.8 | 113.8 | 96.1 | 63.9 |
| 天　津 | Tianjin | 159.7 | 161.8 | 161.8 | 174.7 | 176.0 |
| 河　北 | Hebei | 2975.9 | 3172.6 | 3246.6 | 3365.0 | 3360.2 |
| 山　西 | Shanxi | 1085.1 | 1193.0 | 1274.1 | 1312.8 | 1330.8 |
| 内蒙古 | Inner Mongolia | 2158.2 | 2387.5 | 2528.5 | 2773.0 | 2753.0 |
| 辽　宁 | Liaoning | 1765.4 | 2035.5 | 2070.5 | 2195.6 | 1753.9 |
| 吉　林 | Jilin | 2842.5 | 3171.0 | 3343.0 | 3551.0 | 3532.8 |
| 黑龙江 | Heilongjiang | 5012.8 | 5570.6 | 5761.5 | 6004.1 | 6242.2 |
| 上　海 | Shanghai | 118.4 | 122.0 | 122.4 | 114.2 | 112.5 |
| 江　苏 | Jiangsu | 3235.1 | 3307.8 | 3372.5 | 3423.0 | 3490.6 |
| 浙　江 | Zhejiang | 770.7 | 781.6 | 769.8 | 734.0 | 757.4 |
| **安　徽** | **Anhui** | **3080.5** | **3135.5** | **3289.1** | **3279.6** | **3415.8** |
| 福　建 | Fujian | 661.9 | 672.8 | 659.3 | 664.4 | 667.0 |
| 江　西 | Jiangxi | 1954.7 | 2052.8 | 2084.8 | 2116.1 | 2143.5 |
| 山　东 | Shandong | 4335.7 | 4426.3 | 4511.4 | 4528.2 | 4596.6 |
| 河　南 | Henan | 5437.1 | 5542.5 | 5638.6 | 5713.7 | 5772.3 |
| 湖　北 | Hubei | 2315.8 | 2388.5 | 2441.8 | 2501.3 | 2584.2 |
| 湖　南 | Hunan | 2847.5 | 2939.4 | 3006.5 | 2925.7 | 3001.3 |
| 广　东 | Guangdong | 1316.5 | 1361.0 | 1396.3 | 1315.9 | 1357.3 |
| 广　西 | Guangxi | 1412.3 | 1429.9 | 1484.9 | 1521.8 | 1534.4 |
| 海　南 | Hainan | 180.4 | 188.0 | 199.5 | 190.9 | 186.6 |
| 重　庆 | Chongqing | 1156.1 | 1126.9 | 1138.5 | 1148.1 | 1144.5 |
| 四　川 | Sichuan | 3222.9 | 3291.6 | 3315.0 | 3387.1 | 3374.9 |
| 贵　州 | Guizhou | 1112.3 | 876.9 | 1079.5 | 1030.0 | 1138.5 |
| 云　南 | Yunnan | 1531.0 | 1673.6 | 1749.1 | 1824.0 | 1860.7 |
| 西　藏 | Tibet | 91.2 | 93.7 | 94.9 | 96.2 | 98.0 |
| 陕　西 | Shanxi | 1164.9 | 1194.7 | 1245.1 | 1215.8 | 1197.8 |
| 甘　肃 | Gansu | 958.3 | 1014.6 | 1109.7 | 1138.9 | 1158.7 |
| 青　海 | Qinghai | 102.0 | 103.4 | 101.5 | 102.4 | 104.8 |
| 宁　夏 | Ningxia | 356.5 | 359.0 | 375.0 | 373.4 | 377.9 |
| 新　疆 | Xinjiang | 1170.7 | 1224.7 | 1273.0 | 1377.0 | 1414.5 |
| 安徽居全国位次 | Order of Precedence of Anhui in the Country | 6 | 8 | 7 | 7 | 6 |

# 2-25 全国及分省(区、市)小麦播种面积
# Sown Area of Wheat by Provinces and Regions

单位:千公顷 (1000 hectares)

| 地　区 | Region | 2010 | 2011 | 2012 | 2013 | 2014 |
|---|---|---|---|---|---|---|
| **全　国** | **National** | **24256.5** | **24270.4** | **24268.3** | **24117.3** | **24069.4** |
| 北　京 | Beijing | 61.6 | 58.1 | 52.2 | 36.2 | 23.6 |
| 天　津 | Tianjin | 110.5 | 112.3 | 113.1 | 110.4 | 110.7 |
| 河　北 | Hebei | 2420.3 | 2396.1 | 2410.0 | 2377.7 | 2342.7 |
| 山　西 | Shanxi | 728.5 | 710.1 | 689.0 | 677.5 | 673.9 |
| 内蒙古 | Inner Mongolia | 566.2 | 567.9 | 609.6 | 571.2 | 563.5 |
| 辽　宁 | Liaoning | 7.5 | 6.9 | 6.8 | 5.6 | 5.8 |
| 吉　林 | Jilin | 3.6 | 3.2 | | | 0.4 |
| 黑龙江 | Heilongjiang | 280.0 | 297.8 | 210.1 | 133.0 | 145.7 |
| 上　海 | Shanghai | 49.4 | 59.8 | 56.6 | 44.4 | 43.9 |
| 江　苏 | Jiangsu | 2093.1 | 2112.4 | 2132.6 | 2146.9 | 2159.9 |
| 浙　江 | Zhejiang | 66.2 | 72.6 | 74.5 | 75.5 | 82.1 |
| **安　徽** | **Anhui** | **2365.7** | **2383.0** | **2415.5** | **2432.9** | **2434.5** |
| 福　建 | Fujian | 3.6 | 2.8 | 2.5 | 2.3 | 2.3 |
| 江　西 | Jiangxi | 10.4 | 10.9 | 11.9 | 11.8 | 12.0 |
| 山　东 | Shandong | 3561.9 | 3593.5 | 3625.9 | 3673.3 | 3740.2 |
| 河　南 | Henan | 5280.0 | 5323.3 | 5340.0 | 5366.7 | 5406.7 |
| 湖　北 | Hubei | 1000.1 | 1013.6 | 1065.5 | 1094.8 | 1074.3 |
| 湖　南 | Hunan | 39.2 | 40.4 | 35.3 | 32.3 | 30.6 |
| 广　东 | Guangdong | 0.9 | 1.0 | 0.9 | 0.9 | 0.9 |
| 广　西 | Guangxi | 4.2 | 1.5 | 1.5 | 1.8 | 1.4 |
| 海　南 | Hainan | | | | | |
| 重　庆 | Chongqing | 150.5 | 138.4 | 125.4 | 107.6 | 87.0 |
| 四　川 | Sichuan | 1265.7 | 1259.3 | 1234.1 | 1216.0 | 1170.7 |
| 贵　州 | Guizhou | 260.8 | 257.6 | 259.8 | 251.8 | 251.5 |
| 云　南 | Yunnan | 428.9 | 437.9 | 442.2 | 437.3 | 434.4 |
| 西　藏 | Tibet | 37.1 | 37.6 | 37.7 | 37.8 | 36.9 |
| 陕　西 | Shanxi | 1148.9 | 1136.7 | 1127.6 | 1094.8 | 1082.9 |
| 甘　肃 | Gansu | 879.7 | 861.6 | 833.9 | 811.7 | 792.5 |
| 青　海 | Qinghai | 101.0 | 94.0 | 94.2 | 95.4 | 88.6 |
| 宁　夏 | Ningxia | 211.4 | 202.1 | 179.0 | 148.8 | 127.5 |
| 新　疆 | Xinjiang | 1120.0 | 1078.0 | 1081.0 | 1121.0 | 1142.4 |
| 安徽居全国位次 | Order of Precedence of Anhui in the Country | 4 | 4 | 3 | 3 | 3 |

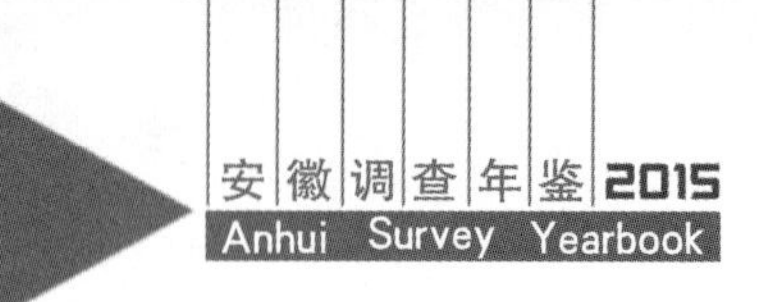



# 2-26 全国及分省(区、市)小麦产量
# Output of Wheat by Provinces and Regions

单位:万吨 (10000 tons)

| 地区 | Region | 2010 | 2011 | 2012 | 2013 | 2014 |
|---|---|---|---|---|---|---|
| **全国** | **National** | **11518.1** | **11740.1** | **12102.3** | **12192.6** | **12620.8** |
| 北京 | Beijing | 28.4 | 28.4 | 27.4 | 18.7 | 12.2 |
| 天津 | Tianjin | 53.2 | 54.2 | 55.8 | 57.3 | 58.6 |
| 河北 | Hebei | 1230.6 | 1276.1 | 1337.7 | 1387.2 | 1429.9 |
| 山西 | Shanxi | 232.2 | 240.3 | 259.2 | 230.7 | 259.1 |
| 内蒙古 | Inner Mongolia | 165.2 | 170.9 | 188.4 | 180.4 | 153.9 |
| 辽宁 | Liaoning | 3.7 | 3.7 | 3.2 | 2.7 | 2.8 |
| 吉林 | Jilin | 1.2 | 1.3 | | | 0.1 |
| 黑龙江 | Heilongjiang | 92.5 | 103.8 | 70.0 | 38.9 | 46.6 |
| 上海 | Shanghai | 19.3 | 24.1 | 22.6 | 17.6 | 18.6 |
| 江苏 | Jiangsu | 1008.1 | 1023.2 | 1048.8 | 1101.3 | 1160.4 |
| 浙江 | Zhejiang | 24.7 | 27.0 | 27.1 | 27.8 | 31.0 |
| **安徽** | **Anhui** | **1206.7** | **1215.7** | **1294.0** | **1332.0** | **1393.6** |
| 福建 | Fujian | 1.0 | 0.8 | 0.7 | 0.7 | 0.7 |
| 江西 | Jiangxi | 2.1 | 2.2 | 2.3 | 2.5 | 2.6 |
| 山东 | Shandong | 2058.6 | 2103.9 | 2179.5 | 2218.8 | 2263.8 |
| 河南 | Henan | 3082.2 | 3123.0 | 3177.4 | 3226.4 | 3329.0 |
| 湖北 | Hubei | 343.1 | 344.8 | 370.8 | 416.8 | 421.6 |
| 湖南 | Hunan | 9.9 | 10.2 | 8.6 | 11.0 | 10.3 |
| 广东 | Guangdong | 0.2 | 0.3 | 0.3 | 0.3 | 0.3 |
| 广西 | Guangxi | 0.6 | 0.2 | 0.2 | 0.3 | 0.2 |
| 海南 | Hainan | | | | | |
| 重庆 | Chongqing | 45.9 | 42.4 | 38.5 | 33.7 | 27.0 |
| 四川 | Sichuan | 427.7 | 436.0 | 437.0 | 421.3 | 423.2 |
| 贵州 | Guizhou | 24.8 | 50.4 | 52.4 | 51.5 | 61.5 |
| 云南 | Yunnan | 46.0 | 98.9 | 88.3 | 80.5 | 83.6 |
| 西藏 | Tibet | 24.3 | 24.9 | 24.6 | 24.1 | 23.7 |
| 陕西 | Shanxi | 403.8 | 410.9 | 435.5 | 389.8 | 417.2 |
| 甘肃 | Gansu | 250.9 | 247.5 | 278.5 | 235.9 | 271.6 |
| 青海 | Qinghai | 37.3 | 35.4 | 35.2 | 36.0 | 34.9 |
| 宁夏 | Ningxia | 70.3 | 63.0 | 62.0 | 46.3 | 40.6 |
| 新疆 | Xinjiang | 623.5 | 576.6 | 576.5 | 602.1 | 642.3 |
| 安徽居全国位次 | Order of Precedence of Anhui in the Country | 4 | 4 | 4 | 4 | 4 |

# 2-27 全国及分省(区、市)稻谷播种面积
# Sown Area of Rice by Provinces and Regions

单位:千公顷 (1000 hectares)

| 地 区 | Region | 2010 | 2011 | 2012 | 2013 | 2014 |
|---|---|---|---|---|---|---|
| **全 国** | **National** | **29873.4** | **30057.0** | **30137.1** | **30311.7** | **30309.9** |
| 北 京 | Beijing | 0.3 | 0.2 | 0.2 | 0.2 | 0.2 |
| 天 津 | Tianjin | 15.8 | 14.2 | 14.6 | 16.8 | 16.4 |
| 河 北 | Hebei | 79.7 | 83.0 | 85.9 | 86.8 | 84.8 |
| 山 西 | Shanxi | 1.0 | 1.0 | 1.0 | 1.0 | 0.9 |
| 内蒙古 | Inner Mongolia | 92.2 | 90.0 | 89.3 | 75.9 | 78.1 |
| 辽 宁 | Liaoning | 677.5 | 659.6 | 661.8 | 649.2 | 562.1 |
| 吉 林 | Jilin | 673.5 | 691.2 | 701.2 | 726.7 | 747.1 |
| 黑龙江 | Heilongjiang | 2768.8 | 2945.6 | 3069.8 | 3175.6 | 3205.5 |
| 上 海 | Shanghai | 108.5 | 106.1 | 105.1 | 101.9 | 98.4 |
| 江 苏 | Jiangsu | 2234.2 | 2248.6 | 2254.2 | 2265.7 | 2271.7 |
| 浙 江 | Zhejiang | 923.2 | 894.8 | 832.6 | 828.7 | 824.2 |
| **安 徽** | **Anhui** | **2245.4** | **2230.8** | **2215.1** | **2214.1** | **2217.3** |
| 福 建 | Fujian | 854.8 | 845.3 | 827.6 | 817.5 | 804.5 |
| 江 西 | Jiangxi | 3318.4 | 3317.7 | 3328.3 | 3338.0 | 3339.5 |
| 山 东 | Shandong | 128.2 | 124.5 | 123.9 | 123.1 | 122.4 |
| 河 南 | Henan | 628.0 | 638.0 | 648.2 | 641.3 | 649.7 |
| 湖 北 | Hubei | 2038.2 | 2036.2 | 2017.9 | 2101.2 | 2144.0 |
| 湖 南 | Hunan | 4030.5 | 4066.3 | 4095.1 | 4085.0 | 4120.7 |
| 广 东 | Guangdong | 1952.7 | 1940.9 | 1949.4 | 1908.8 | 1893.3 |
| 广 西 | Guangxi | 2094.4 | 2078.5 | 2057.6 | 2046.6 | 2026.2 |
| 海 南 | Hainan | 324.3 | 318.6 | 324.4 | 311.9 | 312.2 |
| 重 庆 | Chongqing | 683.9 | 686.5 | 687.0 | 688.7 | 689.7 |
| 四 川 | Sichuan | 2004.5 | 2007.9 | 1997.8 | 1990.7 | 1991.8 |
| 贵 州 | Guizhou | 695.8 | 681.5 | 683.0 | 684.5 | 682.0 |
| 云 南 | Yunnan | 1021.0 | 1073.5 | 1082.9 | 1152.7 | 1144.7 |
| 西 藏 | Tibet | 1.0 | 1.0 | 1.0 | 1.0 | 1.0 |
| 陕 西 | Shanxi | 121.6 | 120.9 | 123.3 | 123.7 | 123.4 |
| 甘 肃 | Gansu | 5.8 |  | 5.6 | 5.3 | 5.1 |
| 青 海 | Qinghai |  |  | 0.0 | 0.0 |  |
| 宁 夏 | Ningxia | 83.2 | 83.9 | 84.3 | 82.1 | 78.1 |
| 新 疆 | Xinjiang | 66.9 | 70.6 | 69.2 | 67.3 | 75.1 |
| 安徽居全国位次 | Order of Precedence of Anhui in the Country | 4 | 5 | 5 | 5 | 5 |

# 2-28 全国及分省(区、市)稻谷产量
# Output of Rice by Provinces and Regions

单位:万吨 (10000 tons)

| 地 区 | Region | 2010 | 2011 | 2012 | 2013 | 2014 |
|---|---|---|---|---|---|---|
| **全 国** | **National** | **19576.1** | **20100.1** | **20423.6** | **20361.2** | **20650.7** |
| 北 京 | Beijing | 0.2 | 0.2 | 0.1 | 0.1 | 0.1 |
| 天 津 | Tianjin | 11.2 | 10.7 | 11.2 | 12.9 | 12.1 |
| 河 北 | Hebei | 54.2 | 60.2 | 49.8 | 58.8 | 54.2 |
| 山 西 | Shanxi | 0.5 | 0.5 | 0.6 | 0.7 | 0.6 |
| 内蒙古 | Inner Mongolia | 74.8 | 77.9 | 73.3 | 56.0 | 52.4 |
| 辽 宁 | Liaoning | 457.6 | 505.1 | 507.8 | 506.9 | 451.5 |
| 吉 林 | Jilin | 568.5 | 623.5 | 532.0 | 563.3 | 587.6 |
| 黑龙江 | Heilongjiang | 1843.9 | 2062.1 | 2171.2 | 2220.6 | 2251.0 |
| 上 海 | Shanghai | 90.3 | 88.9 | 89.1 | 86.8 | 84.1 |
| 江 苏 | Jiangsu | 1807.9 | 1864.2 | 1900.1 | 1922.3 | 1912.0 |
| 浙 江 | Zhejiang | 648.2 | 649.0 | 608.3 | 580.2 | 590.1 |
| **安 徽** | **Anhui** | **1383.4** | **1387.1** | **1393.5** | **1362.3** | **1394.6** |
| 福 建 | Fujian | 507.9 | 514.1 | 503.8 | 502.0 | 497.1 |
| 江 西 | Jiangxi | 1858.3 | 1950.1 | 1976.0 | 2004.0 | 2025.2 |
| 山 东 | Shandong | 106.4 | 104.0 | 103.4 | 103.6 | 101.0 |
| 河 南 | Henan | 471.2 | 474.5 | 492.6 | 485.8 | 528.6 |
| 湖 北 | Hubei | 1557.8 | 1616.9 | 1651.4 | 1676.6 | 1729.5 |
| 湖 南 | Hunan | 2506.0 | 2575.4 | 2631.6 | 2561.5 | 2634.0 |
| 广 东 | Guangdong | 1060.6 | 1096.9 | 1126.6 | 1045.0 | 1091.6 |
| 广 西 | Guangxi | 1121.3 | 1084.1 | 1142.0 | 1156.2 | 1166.1 |
| 海 南 | Hainan | 138.5 | 145.1 | 155.8 | 149.8 | 155.4 |
| 重 庆 | Chongqing | 518.6 | 493.5 | 498.0 | 503.1 | 503.2 |
| 四 川 | Sichuan | 1512.1 | 1527.1 | 1536.1 | 1549.5 | 1526.5 |
| 贵 州 | Guizhou | 445.7 | 303.9 | 402.4 | 361.3 | 403.2 |
| 云 南 | Yunnan | 616.6 | 668.7 | 644.6 | 667.9 | 666.1 |
| 西 藏 | Tibet | 0.6 | 0.6 | 0.5 | 0.6 | 0.5 |
| 陕 西 | Shanxi | 81.0 | 84.5 | 87.4 | 91.0 | 90.9 |
| 甘 肃 | Gansu | 4.1 |  | 3.9 | 3.8 | 3.5 |
| 青 海 | Qinghai |  |  | 0.0 | 0.0 | 0.0 |
| 宁 夏 | Ningxia | 70.0 | 70.8 | 71.3 | 68.9 | 61.8 |
| 新 疆 | Xinjiang | 59.0 | 60.6 | 59.4 | 59.8 | 76.2 |
| 安徽居全国位次 | Order of Precedence of Anhui in the Country | 7 | 7 | 7 | 7 | 7 |

# 2-29 全国及分省(区、市)玉米播种面积
# Sown Area of Corn by Provinces and Regions

单位:千公顷 (1000 hectares)

| 地 区 | Region | 2010 | 2011 | 2012 | 2013 | 2014 |
|---|---|---|---|---|---|---|
| **全 国** | **National** | **32500.1** | **33541.7** | **35029.8** | **36318.4** | **37123.4** |
| 北 京 | Beijing | 149.8 | 140.5 | 132.0 | 114.5 | 88.6 |
| 天 津 | Tianjin | 168.9 | 169.0 | 179.3 | 191.7 | 202.8 |
| 河 北 | Hebei | 3008.6 | 3035.8 | 3049.1 | 3108.8 | 3170.9 |
| 山 西 | Shanxi | 1548.9 | 1646.7 | 1669.0 | 1670.0 | 1676.5 |
| 内蒙古 | Inner Mongolia | 2485.6 | 2669.6 | 2833.7 | 3170.6 | 3372.2 |
| 辽 宁 | Liaoning | 2093.0 | 2134.6 | 2206.7 | 2245.6 | 2330.1 |
| 吉 林 | Jilin | 3046.7 | 3134.2 | 3284.3 | 3499.1 | 3696.6 |
| 黑龙江 | Heilongjiang | 4368.4 | 4587.4 | 5190.6 | 5447.5 | 5440.2 |
| 上 海 | Shanghai | 4.4 | 4.2 | 3.8 | 3.6 | 4.0 |
| 江 苏 | Jiangsu | 403.7 | 414.3 | 418.9 | 426.4 | 436.1 |
| 浙 江 | Zhejiang | 27.3 | 30.9 | 62.0 | 63.4 | 66.5 |
| **安 徽** | **Anhui** | **761.1** | **818.8** | **822.5** | **845.1** | **852.4** |
| 福 建 | Fujian | 40.1 | 42.6 | 45.4 | 47.9 | 49.5 |
| 江 西 | Jiangxi | 18.2 | 25.7 | 28.1 | 29.5 | 29.9 |
| 山 东 | Shandong | 2955.3 | 2995.9 | 3018.1 | 3060.7 | 3126.5 |
| 河 南 | Henan | 2946.0 | 3025.0 | 3100.0 | 3203.3 | 3283.9 |
| 湖 北 | Hubei | 531.4 | 549.7 | 593.3 | 573.5 | 642.4 |
| 湖 南 | Hunan | 293.0 | 327.1 | 342.0 | 344.2 | 345.7 |
| 广 东 | Guangdong | 162.3 | 173.1 | 172.5 | 176.7 | 177.2 |
| 广 西 | Guangxi | 538.6 | 565.9 | 580.5 | 587.6 | 584.0 |
| 海 南 | Hainan | 21.0 | 23.5 | 27.5 | 27.7 | |
| 重 庆 | Chongqing | 461.9 | 466.9 | 468.4 | 466.7 | 467.9 |
| 四 川 | Sichuan | 1355.4 | 1363.1 | 1371.1 | 1378.0 | 1381.2 |
| 贵 州 | Guizhou | 781.1 | 787.8 | 775.2 | 778.4 | 787.5 |
| 云 南 | Yunnan | 1417.8 | 1409.0 | 1456.9 | 1505.1 | 1525.7 |
| 西 藏 | Tibet | 4.2 | 4.2 | 4.4 | 4.3 | 4.2 |
| 陕 西 | Shanxi | 1182.4 | 1177.8 | 1167.4 | 1166.2 | 1153.7 |
| 甘 肃 | Gansu | 835.5 | 838.7 | 902.7 | 976.1 | 1000.9 |
| 青 海 | Qinghai | 12.3 | 20.5 | 22.9 | 23.3 | 27.0 |
| 宁 夏 | Ningxia | 223.4 | 231.1 | 245.9 | 262.0 | 288.8 |
| 新 疆 | Xinjiang | 653.8 | 728.0 | 855.7 | 920.8 | 910.8 |
| **安徽居全国位次** | **Order of Precedence of Anhui in the Country** | 14 | 13 | 14 | 14 | 14 |

# 2-30 全国及分省(区、市)玉米产量
# Output of Corn by Provinces and Regions

单位:万吨 (10000 tons)

| 地 区 | Region | 2010 | 2011 | 2012 | 2013 | 2014 |
|---|---|---|---|---|---|---|
| **全 国** | **National** | **17724.5** | **19278.1** | **20561.4** | **21848.9** | **21564.6** |
| 北 京 | Beijing | 84.2 | 90.3 | 83.6 | 75.2 | 50.0 |
| 天 津 | Tianjin | 92.7 | 94.4 | 92.5 | 102.1 | 101.4 |
| 河 北 | Hebei | 1508.7 | 1639.6 | 1649.5 | 1703.9 | 1670.7 |
| 山 西 | Shanxi | 766.0 | 854.6 | 903.9 | 955.5 | 938.1 |
| 内蒙古 | Inner Mongolia | 1465.7 | 1632.1 | 1784.4 | 2069.7 | 2186.1 |
| 辽 宁 | Liaoning | 1150.5 | 1360.3 | 1423.5 | 1563.2 | 1170.5 |
| 吉 林 | Jilin | 2004.0 | 2339.0 | 2578.8 | 2775.7 | 2733.5 |
| 黑龙江 | Heilongjiang | 2324.4 | 2675.8 | 2887.9 | 3216.4 | 3343.4 |
| 上 海 | Shanghai | 3.0 | 2.8 | 2.5 | 2.5 | 2.6 |
| 江 苏 | Jiangsu | 218.5 | 226.2 | 230.2 | 216.4 | 239.0 |
| 浙 江 | Zhejiang | 12.2 | 14.6 | 29.1 | 26.8 | 30.1 |
| **安 徽** | **Anhui** | **312.7** | **362.6** | **427.5** | **426.0** | **465.5** |
| 福 建 | Fujian | 15.2 | 16.6 | 18.0 | 19.3 | 20.3 |
| 江 西 | Jiangxi | 8.4 | 10.5 | 12.6 | 12.0 | 12.3 |
| 山 东 | Shandong | 1932.1 | 1978.7 | 1994.5 | 1967.1 | 1988.3 |
| 河 南 | Henan | 1634.8 | 1696.5 | 1747.8 | 1796.5 | 1732.1 |
| 湖 北 | Hubei | 261.0 | 276.2 | 282.6 | 270.8 | 293.7 |
| 湖 南 | Hunan | 168.1 | 188.5 | 197.3 | 185.0 | 188.6 |
| 广 东 | Guangdong | 72.1 | 78.9 | 79.7 | 81.6 | 76.9 |
| 广 西 | Guangxi | 208.7 | 244.7 | 250.6 | 266.0 | 266.4 |
| 海 南 | Hainan | 9.1 | 10.3 | 11.3 | 12.1 | |
| 重 庆 | Chongqing | 251.6 | 257.0 | 256.3 | 258.1 | 256.0 |
| 四 川 | Sichuan | 669.0 | 701.6 | 701.3 | 762.4 | 751.9 |
| 贵 州 | Guizhou | 415.4 | 243.7 | 342.3 | 298.0 | 313.8 |
| 云 南 | Yunnan | 613.0 | 598.2 | 700.0 | 734.2 | 743.3 |
| 西 藏 | Tibet | 2.8 | 2.8 | 2.6 | 2.5 | 2.4 |
| 陕 西 | Shanxi | 532.2 | 550.7 | 566.9 | 586.7 | 539.6 |
| 甘 肃 | Gansu | 390.4 | 425.6 | 504.1 | 571.5 | 564.5 |
| 青 海 | Qinghai | 10.7 | 15.2 | 17.0 | 16.4 | 18.7 |
| 宁 夏 | Ningxia | 165.8 | 172.4 | 191.2 | 206.2 | 224.1 |
| 新 疆 | Xinjiang | 421.6 | 517.7 | 592.1 | 669.0 | 641.1 |
| **安徽居全国位次** | **Order of Precedence of Anhui in the Country** | **15** | **14** | **14** | **14** | **14** |

# 2-31 全国及分省(区、市)粮食作物单位面积产量
# Output of Grain Crops per Hectare by Provinces and Regions

单位:公斤/公顷 (kg/hectare)

| 地　区 | Region | 2010 | 2011 | 2012 | 2013 | 2014 |
|---|---|---|---|---|---|---|
| **全　国** | **National** | **4973.6** | **5165.9** | **5301.8** | **5376.6** | **5385.1** |
| 北　京 | Beijing | 5176.5 | 5815.7 | 5868.4 | 6049.0 | 5320.4 |
| 天　津 | Tianjin | 5123.5 | 5207.1 | 5009.3 | 5249.9 | 5087.9 |
| 河　北 | Hebei | 4737.0 | 5047.0 | 5151.4 | 5327.8 | 5306.6 |
| 山　西 | Shanxi | 3349.9 | 3628.5 | 3870.9 | 4009.4 | 4049.4 |
| 内蒙古 | Inner Mongolia | 3924.9 | 4292.9 | 4523.7 | 4936.5 | 4871.7 |
| 辽　宁 | Liaoning | 5552.8 | 6421.5 | 6435.4 | 6805.1 | 5421.4 |
| 吉　林 | Jilin | 6327.6 | 6976.8 | 7251.2 | 7413.6 | 7064.7 |
| 黑龙江 | Heilongjiang | 4376.2 | 4842.8 | 5001.5 | 5191.9 | 5336.8 |
| 上　海 | Shanghai | 6607.9 | 6544.5 | 6523.6 | 6774.1 | 6826.4 |
| 江　苏 | Jiangsu | 6124.3 | 6218.5 | 6319.6 | 6385.3 | 6492.9 |
| 浙　江 | Zhejiang | 6040.5 | 6232.2 | 6150.8 | 5854.1 | 5978.8 |
| **安　徽** | **Anhui** | **4655.8** | **4735.3** | **4966.9** | **4950.1** | **5152.9** |
| 福　建 | Fujian | 5371.2 | 5484.2 | 5489.0 | 5526.9 | 5569.1 |
| 江　西 | Jiangxi | 5371.3 | 5624.0 | 5671.5 | 5733.4 | 5797.4 |
| 山　东 | Shandong | 6119.7 | 6194.2 | 6263.8 | 6207.6 | 6178.2 |
| 河　南 | Henan | 5582.1 | 5621.3 | 5647.0 | 5667.3 | 5653.7 |
| 湖　北 | Hubei | 5692.2 | 5794.5 | 5841.6 | 5873.8 | 5913.0 |
| 湖　南 | Hunan | 5921.0 | 6023.8 | 6125.7 | 5926.7 | 6032.5 |
| 广　东 | Guangdong | 5199.5 | 5378.3 | 5497.0 | 5247.6 | 5414.2 |
| 广　西 | Guangxi | 4613.8 | 4653.5 | 4838.2 | 4947.3 | 5001.9 |
| 海　南 | Hainan | 4125.8 | 4366.9 | 4548.4 | 4525.8 | 4736.0 |
| 重　庆 | Chongqing | 5152.2 | 4987.6 | 5038.7 | 5094.0 | 5103.8 |
| 四　川 | Sichuan | 5034.2 | 5110.8 | 5125.1 | 5235.2 | 5218.3 |
| 贵　州 | Guizhou | 3659.5 | 2869.9 | 3534.4 | 3302.9 | 3627.7 |
| 云　南 | Yunnan | 3581.8 | 3867.9 | 3975.6 | 4053.9 | 4127.4 |
| 西　藏 | Tibet | 5360.0 | 5508.7 | 5553.7 | 5467.1 | 5553.9 |
| 陕　西 | Shanxi | 3686.7 | 3811.0 | 3981.1 | 3915.5 | 3893.3 |
| 甘　肃 | Gansu | 3422.8 | 3580.5 | 3908.2 | 3984.0 | 4076.2 |
| 青　海 | Qinghai | 3715.7 | 3699.2 | 3622.7 | 3656.5 | 3741.9 |
| 宁　夏 | Ningxia | 4223.7 | 4210.9 | 4527.3 | 4658.2 | 4899.3 |
| 新　疆 | Xinjiang | 5771.0 | 5981.5 | 5973.2 | 6161.6 | 6270.2 |
| **安徽居全国位次** | **Order of Precedence of Anhui in the Country** | **20** | **21** | **21** | **21** | **17** |

# 2-32 全国及分省(区、市)小麦单位面积产量
# Output of Wheat per Hectare by Provinces and Regions

单位:公斤/公顷 (kg/hectare)

| 地 区 | Region | 2010 | 2011 | 2012 | 2013 | 2014 |
|---|---|---|---|---|---|---|
| **全 国** | **National** | **4748.4** | **4837.2** | **4986.9** | **5055.6** | **5243.5** |
| 北 京 | Beijing | 4609.5 | 4883.0 | 5257.9 | 5171.9 | 5176.7 |
| 天 津 | Tianjin | 4814.0 | 4827.6 | 4929.3 | 5189.3 | 5297.3 |
| 河 北 | Hebei | 5084.5 | 5325.9 | 5550.9 | 5834.2 | 6103.5 |
| 山 西 | Shanxi | 3188.1 | 3383.9 | 3761.8 | 3405.6 | 3845.1 |
| 内蒙古 | Inner Mongolia | 2918.4 | 3010.0 | 3091.0 | 3158.2 | 2731.2 |
| 辽 宁 | Liaoning | 4933.3 | 5362.3 | 4705.9 | 4857.1 | 4827.6 |
| 吉 林 | Jilin | 3473.2 | 4213.8 | | | 4005.0 |
| 黑龙江 | Heilongjiang | 3303.4 | 3485.4 | 3333.3 | 2923.3 | 3198.6 |
| 上 海 | Shanghai | 3896.8 | 4031.1 | 3983.8 | 3975.7 | 4244.3 |
| 江 苏 | Jiangsu | 4816.4 | 4843.5 | 4917.8 | 5129.7 | 5372.4 |
| 浙 江 | Zhejiang | 3729.8 | 3720.0 | 3638.1 | 3685.1 | 3768.9 |
| **安 徽** | **Anhui** | **5100.8** | **5101.6** | **5357.0** | **5475.1** | **5724.2** |
| 福 建 | Fujian | 2840.1 | 2883.4 | 2874.2 | 2940.0 | 2930.6 |
| 江 西 | Jiangxi | 2030.8 | 2011.0 | 1924.1 | 2113.8 | 2133.3 |
| 山 东 | Shandong | 5779.5 | 5854.7 | 6011.0 | 6040.4 | 6052.7 |
| 河 南 | Henan | 5837.5 | 5866.6 | 5950.1 | 6012.0 | 6157.2 |
| 湖 北 | Hubei | 3430.3 | 3401.5 | 3479.9 | 3807.1 | 3924.3 |
| 湖 南 | Hunan | 2525.5 | 2524.8 | 2428.4 | 3396.3 | 3375.8 |
| 广 东 | Guangdong | 2825.6 | 3000.0 | 3225.8 | 3440.9 | 3225.8 |
| 广 西 | Guangxi | 1357.1 | 1418.9 | 1333.3 | 1452.5 | 1398.6 |
| 海 南 | Hainan | | | | | |
| 重 庆 | Chongqing | 3051.2 | 3063.4 | 3066.3 | 3132.0 | 3099.1 |
| 四 川 | Sichuan | 3379.2 | 3462.2 | 3541.0 | 3464.6 | 3614.9 |
| 贵 州 | Guizhou | 952.2 | 1955.6 | 2016.9 | 2045.8 | 2445.3 |
| 云 南 | Yunnan | 1072.0 | 2257.8 | 1996.8 | 1841.7 | 1924.5 |
| 西 藏 | Tibet | 6553.3 | 6625.0 | 6512.1 | 6366.0 | 6427.4 |
| 陕 西 | Shanxi | 3514.7 | 3615.0 | 3862.2 | 3560.5 | 3853.1 |
| 甘 肃 | Gansu | 2852.3 | 2872.6 | 3339.6 | 2906.3 | 3427.1 |
| 青 海 | Qinghai | 3692.6 | 3760.5 | 3735.5 | 3768.6 | 3935.4 |
| 宁 夏 | Ningxia | 3327.3 | 3116.3 | 3463.7 | 3112.0 | 3181.1 |
| 新 疆 | Xinjiang | 5566.8 | 5349.3 | 5333.2 | 5371.0 | 5622.4 |
| 安徽居全国位次 | Order of Precedence of Anhui in the Country | 5 | 7 | 5 | 5 | 5 |

# 2-33 全国及分省(区、市)稻谷单位面积产量
# Output of Rice per Hectare by Provinces and Regions

单位:公斤/公顷 (kg/hectare)

| 地 区 | Region | 2010 | 2011 | 2012 | 2013 | 2014 |
|---|---|---|---|---|---|---|
| **全 国** | **National** | **6553.0** | **6687.3** | **6776.9** | **6717.3** | **6813.2** |
| 北 京 | Beijing | 6333.3 | 6521.7 | 6443.9 | 6912.0 | 6943.1 |
| 天 津 | Tianjin | 7093.1 | 7528.1 | 7657.5 | 7685.9 | 7414.5 |
| 河 北 | Hebei | 6805.1 | 7248.9 | 5798.4 | 6768.0 | 6382.6 |
| 山 西 | Shanxi | 4423.1 | 4902.0 | 5940.6 | 6836.7 | 6888.9 |
| 内蒙古 | Inner Mongolia | 8115.0 | 8657.4 | 8201.1 | 7380.7 | 6704.3 |
| 辽 宁 | Liaoning | 6754.2 | 7657.7 | 7673.0 | 7807.9 | 8032.4 |
| 吉 林 | Jilin | 8440.6 | 9019.9 | 7587.5 | 7751.4 | 7865.7 |
| 黑龙江 | Heilongjiang | 6659.5 | 7000.7 | 7072.8 | 6992.6 | 7022.5 |
| 上 海 | Shanghai | 8327.6 | 8378.6 | 8481.3 | 8521.1 | 8544.3 |
| 江 苏 | Jiangsu | 8091.9 | 8290.2 | 8428.9 | 8484.3 | 8416.6 |
| 浙 江 | Zhejiang | 7021.0 | 7253.6 | 7305.6 | 7001.2 | 7159.7 |
| **安 徽** | **Anhui** | **6161.2** | **6217.8** | **6291.1** | **6152.8** | **6289.3** |
| 福 建 | Fujian | 5942.0 | 6082.2 | 6087.2 | 6140.8 | 6178.6 |
| 江 西 | Jiangxi | 5599.9 | 5877.8 | 5936.9 | 6003.7 | 6064.3 |
| 山 东 | Shandong | 8294.3 | 8347.5 | 8345.8 | 8416.3 | 8252.5 |
| 河 南 | Henan | 7503.0 | 7437.3 | 7599.2 | 7574.9 | 8136.4 |
| 湖 北 | Hubei | 7643.2 | 7941.0 | 8183.7 | 7979.6 | 8066.7 |
| 湖 南 | Hunan | 6217.6 | 6333.5 | 6426.3 | 6270.5 | 6392.1 |
| 广 东 | Guangdong | 5431.3 | 5651.4 | 5779.1 | 5474.7 | 5765.9 |
| 广 西 | Guangxi | 5353.5 | 5215.7 | 5550.2 | 5649.3 | 5755.1 |
| 海 南 | Hainan | 4269.7 | 4554.9 | 4801.5 | 4804.5 | 4979.3 |
| 重 庆 | Chongqing | 7582.6 | 7188.8 | 7248.9 | 7305.2 | 7296.0 |
| 四 川 | Sichuan | 7543.5 | 7605.5 | 7689.0 | 7783.7 | 7663.9 |
| 贵 州 | Guizhou | 6404.8 | 4459.8 | 5892.5 | 5278.7 | 5913.0 |
| 云 南 | Yunnan | 6038.9 | 6229.2 | 5952.7 | 5794.2 | 5819.0 |
| 西 藏 | Tibet | 6020.4 | 6000.0 | 5567.0 | 5789.5 | 4747.5 |
| 陕 西 | Shanxi | 6662.0 | 6987.3 | 7082.4 | 7351.3 | 7362.7 |
| 甘 肃 | Gansu | 7049.7 |  | 7019.7 | 7243.3 | 6887.2 |
| 青 海 | Qinghai |  |  |  |  |  |
| 宁 夏 | Ningxia | 8416.3 | 8429.6 | 8457.9 | 8387.5 | 7923.1 |
| 新 疆 | Xinjiang | 8812.2 | 8590.5 | 8574.3 | 8889.9 | 10147.9 |
| **安徽居全国位次** | **Order of Precedence of Anhui in the Country** | 22 | 21 | 20 | 22 | 22 |

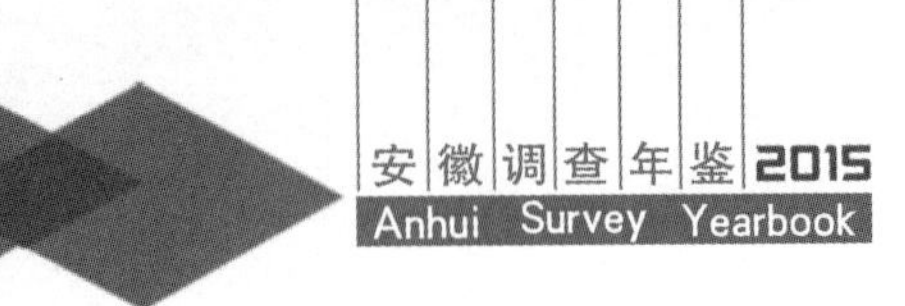


# 2-34 全国及分省(区、市)玉米单位面积产量
# Output of Corn per Hectare by Provinces and Regions

单位:公斤/公顷 (kg/hectare)

| 地　区 | Region | 2010 | 2011 | 2012 | 2013 | 2014 |
|---|---|---|---|---|---|---|
| **全　国** | **National** | **5453.7** | **5747.5** | **5869.7** | **6015.9** | **5808.9** |
| 北　京 | Beijing | 5620.5 | 6429.4 | 6330.9 | 6567.0 | 5646.5 |
| 天　津 | Tianjin | 5489.8 | 5584.3 | 5155.3 | 5329.0 | 5000.0 |
| 河　北 | Hebei | 5014.7 | 5401.1 | 5409.8 | 5481.0 | 5268.9 |
| 山　西 | Shanxi | 4945.3 | 5189.7 | 5415.7 | 5721.2 | 5595.5 |
| 内蒙古 | Inner Mongolia | 5896.7 | 6113.7 | 6297.1 | 6527.8 | 6482.7 |
| 辽　宁 | Liaoning | 5496.9 | 6372.6 | 6450.9 | 6961.2 | 5023.5 |
| 吉　林 | Jilin | 6577.5 | 7462.8 | 7851.7 | 7932.7 | 7394.6 |
| 黑龙江 | Heilongjiang | 5321.0 | 5832.9 | 5563.8 | 5904.4 | 6145.8 |
| 上　海 | Shanghai | 6659.1 | 6603.3 | 6596.9 | 6997.2 | 6632.9 |
| 江　苏 | Jiangsu | 5412.0 | 5458.6 | 5495.3 | 5076.1 | 5479.7 |
| 浙　江 | Zhejiang | 4455.4 | 4715.6 | 4700.7 | 4220.8 | 4523.5 |
| **安　徽** | **Anhui** | **4109.1** | **4428.1** | **5197.4** | **5040.8** | **5461.1** |
| 福　建 | Fujian | 3793.3 | 3903.7 | 3970.9 | 4017.1 | 4103.2 |
| 江　西 | Jiangxi | 4642.5 | 4089.7 | 4484.8 | 4053.5 | 4101.1 |
| 山　东 | Shandong | 6537.7 | 6604.7 | 6608.6 | 6427.1 | 6359.7 |
| 河　南 | Henan | 5549.2 | 5608.3 | 5637.9 | 5608.2 | 5274.4 |
| 湖　北 | Hubei | 4912.1 | 5024.9 | 4762.2 | 4721.3 | 4571.3 |
| 湖　南 | Hunan | 5737.2 | 5762.8 | 5767.5 | 5374.5 | 5456.4 |
| 广　东 | Guangdong | 4442.9 | 4559.6 | 4620.3 | 4620.4 | 4338.0 |
| 广　西 | Guangxi | 3874.8 | 4324.6 | 4317.0 | 4526.0 | 4561.6 |
| 海　南 | Hainan | 4322.8 | 4375.5 | 4121.0 | 4362.0 | |
| 重　庆 | Chongqing | 5446.4 | 5504.0 | 5471.1 | 5529.5 | 5471.0 |
| 四　川 | Sichuan | 4935.8 | 5147.1 | 5114.9 | 5532.7 | 5443.8 |
| 贵　州 | Guizhou | 5318.3 | 3093.6 | 4415.3 | 3829.0 | 3985.0 |
| 云　南 | Yunnan | 4323.5 | 4245.7 | 4804.7 | 4878.1 | 4871.9 |
| 西　藏 | Tibet | 6540.3 | 6626.5 | 6023.0 | 5763.9 | 5745.2 |
| 陕　西 | Shanxi | 4501.0 | 4675.7 | 4856.1 | 5031.0 | 4676.7 |
| 甘　肃 | Gansu | 4672.8 | 5074.3 | 5584.5 | 5854.8 | 5639.7 |
| 青　海 | Qinghai | 8702.4 | 7420.6 | 7410.6 | 7054.5 | 6907.4 |
| 宁　夏 | Ningxia | 7421.6 | 7461.1 | 7775.5 | 7871.3 | 7760.3 |
| 新　疆 | Xinjiang | 6448.4 | 7110.9 | 6919.4 | 7265.6 | 7038.8 |
| **安徽居全国位次** | **Order of Precedence of Anhui in the Country** | **25** | **25** | **19** | **21** | **16** |

# 2-35 全国及分省(区、市)棉花产量
# Output of Cotton by Provinces and Regions

单位:万吨 (10000 tons)

| 地 区 | Region | 2010 | 2011 | 2012 | 2013 | 2014 |
|---|---|---|---|---|---|---|
| **全 国** | **National** | **596.1** | **658.9** | **683.6** | **629.9** | **617.8** |
| 北 京 | Beijing | 0.1 | 0.1 | 0.1 | … | … |
| 天 津 | Tianjin | 6.3 | 7.2 | 5.8 | 4.8 | 3.8 |
| 河 北 | Hebei | 57.0 | 65.3 | 56.4 | 45.7 | 43.1 |
| 山 西 | Shanxi | 6.9 | 6.3 | 4.7 | 3.1 | 2.4 |
| 内蒙古 | Inner Mongolia | 0.1 | 0.2 | 0.2 | 0.2 | 0.2 |
| 辽 宁 | Liaoning | 0.1 | 0.1 | 0.1 | 0.1 | … |
| 吉 林 | Jilin | 0.5 | 1.2 | 0.8 | 0.6 | 0.1 |
| 黑龙江 | Heilongjiang | 0.0 | | 0.0 | | |
| 上 海 | Shanghai | 0.4 | 0.5 | 0.4 | 0.4 | 0.1 |
| 江 苏 | Jiangsu | 26.1 | 24.7 | 22.0 | 20.9 | 16.0 |
| 浙 江 | Zhejiang | 2.9 | 3.2 | 3.0 | 2.8 | 2.5 |
| **安 徽** | **Anhui** | **31.6** | **37.8** | **29.4** | **25.1** | **26.3** |
| 福 建 | Fujian | … | … | … | … | … |
| 江 西 | Jiangxi | 13.1 | 14.3 | 15.2 | 13.1 | 13.4 |
| 山 东 | Shandong | 72.4 | 78.5 | 69.8 | 62.1 | 66.5 |
| 河 南 | Henan | 44.7 | 38.2 | 25.7 | 19 | 14.7 |
| 湖 北 | Hubei | 47.2 | 52.6 | 54.5 | 46 | 36.0 |
| 湖 南 | Hunan | 22.7 | 22.7 | 25.1 | 19.8 | 12.9 |
| 广 东 | Guangdong | 0.0 | | 0.0 | | |
| 广 西 | Guangxi | 0.2 | 0.2 | 0.2 | 0.2 | 0.3 |
| 海 南 | Hainan | 0.0 | | 0.0 | | |
| 重 庆 | Chongqing | … | … | … | … | |
| 四 川 | Sichuan | 1.4 | 1.5 | 1.3 | 1.3 | 1.2 |
| 贵 州 | Guizhou | 0.1 | 0.1 | 0.1 | 0.1 | 0.1 |
| 云 南 | Yunnan | … | … | … | … | … |
| 西 藏 | Tibet | | | | | |
| 陕 西 | Shanxi | 6.9 | 6.7 | 6.7 | 5.8 | 4.2 |
| 甘 肃 | Gansu | 7.6 | 7.6 | 8.1 | 7.1 | 6.4 |
| 青 海 | Qinghai | | | | | |
| 宁 夏 | Ningxia | | | | | |
| 新 疆 | Xinjiang | 247.9 | 289.8 | 353.9 | 351.7 | 367.7 |
| **安徽居全国位次** | **Order of Precedence of Anhui in the Country** | **6** | **6** | **5** | **5** | **5** |

# 2-36 全国及分省(区、市)油菜籽产量
# Output of Rapeseeds by Provinces and Regions

单位:万吨 (10000 tons)

| 地 区 | Region | 2010 | 2011 | 2012 | 2013 | 2014 |
|---|---|---|---|---|---|---|
| **全 国** | **National** | **1308.2** | **1342.6** | **1400.7** | **1445.8** | **1477.2** |
| 北 京 | Beijing | | | | … | |
| 天 津 | Tianjin | | | | | |
| 河 北 | Hebei | 2.9 | 3.0 | 3.0 | 3.5 | 3.2 |
| 山 西 | Shanxi | 0.6 | 0.6 | 0.7 | 0.7 | 0.6 |
| 内蒙古 | Inner Mongolia | 22.4 | 24.0 | 30.7 | 33.7 | 39.6 |
| 辽 宁 | Liaoning | 0.1 | 0.1 | 0.1 | 0.1 | 0.2 |
| 吉 林 | Jilin | | | 0.0 | | |
| 黑龙江 | Heilongjiang | 0.2 | 0.1 | 0.1 | 0.1 | 0.1 |
| 上 海 | Shanghai | 2.0 | 1.6 | 1.5 | 1.3 | 1.1 |
| 江 苏 | Jiangsu | 112.4 | 105.2 | 109.1 | 113.3 | 110.1 |
| 浙 江 | Zhejiang | 33.3 | 33.6 | 32.1 | 31.7 | 25.9 |
| **安 徽** | **Anhui** | **133.7** | **122.8** | **134.3** | **130.1** | **127.8** |
| 福 建 | Fujian | 1.5 | 1.6 | 1.7 | 1.8 | 1.8 |
| 江 西 | Jiangxi | 63.8 | 66.7 | 68.8 | 70.4 | 72.4 |
| 山 东 | Shandong | 2.7 | 2.2 | 2.1 | 2.4 | 2.5 |
| 河 南 | Henan | 88.9 | 77.3 | 87.6 | 89.8 | 86.4 |
| 湖 北 | Hubei | 232.6 | 220.4 | 230.0 | 250.5 | 257.2 |
| 湖 南 | Hunan | 166.6 | 182.0 | 178.6 | 194.6 | 202.7 |
| 广 东 | Guangdong | 0.8 | 0.8 | 0.8 | 0.8 | 0.8 |
| 广 西 | Guangxi | 1.5 | 1.6 | 2.0 | 1.9 | 2.5 |
| 海 南 | Hainan | | | | | |
| 重 庆 | Chongqing | 34.2 | 35.0 | 37.7 | 40.1 | 44.0 |
| 四 川 | Sichuan | 205.2 | 214.4 | 222.1 | 224 | 233.1 |
| 贵 州 | Guizhou | 51.6 | 71.8 | 78.2 | 81.8 | 86.7 |
| 云 南 | Yunnan | 26.0 | 51.8 | 53.5 | 50.7 | 54.9 |
| 西 藏 | Tibet | 5.8 | 6.3 | 6.3 | 6.3 | 6.3 |
| 陕 西 | Shanxi | 37.3 | 38.4 | 39.9 | 39.7 | 41.6 |
| 甘 肃 | Gansu | 33.2 | 33.1 | 33.9 | 33.2 | 34.5 |
| 青 海 | Qinghai | 33.7 | 32.7 | 34.5 | 31.9 | 31.0 |
| 宁 夏 | Ningxia | 0.0 | 0.1 | 0.3 | 0.2 | 0.2 |
| 新 疆 | Xinjiang | 15.1 | 15.2 | 11.2 | 11.3 | 10.3 |
| 安徽居全国位次 | Order of Precedence of Anhui in the Country | 4 | 4 | 4 | 4 | 6 |

# 主要统计指标解读

**粮食产量** 指农业生产经营者日历年度内生产的全部粮食数量。按收获季节包括夏收粮食、早稻和秋收粮食，按作物品种包括谷物、薯类和豆类。其中谷物包括小麦、玉米、早稻、中稻和一季晚稻、双季晚稻、大麦、高粱、谷子、荞麦等禾本科和蓼科粮食作物；薯类只包括马铃薯、甘薯，木薯统计在其他农作物，芋头等其他薯统计在其他蔬菜；豆类包括大豆、绿豆、红小豆、杂豆等。谷物产量按脱粒后的原粮计算，薯类按鲜薯重量的5：1折算，豆类按去豆荚后的干豆计算。

**猪、牛、羊肉产量** 指当年出栏并已屠宰、除去头蹄下水后带骨肉（即胴体重）的重量。包括全社会范围内的产量。1996年前为各级逐级上报数据。1996年第一次农业普查以后，由于畜牧业产品年报数据与普查数据之间存在一定的差距，国家统计局农调总队对畜牧业年报数据与普查数据进行衔接。1999年以后，国家统计局开展了猪、牛、羊、禽等主要畜禽品种的抽样调查，并用抽样数据作为国家定案数据使用。未开展抽样调查的品种，仍使用各级统计部门逐级上报数据。

**期初（末）畜禽存栏头（只）数** 指报告期初（末）农村各种合作经济组织和国营农场、农民个人、机关、团体、学校、工矿企业、部队等单位以及城镇居民饲养的大牲畜、猪、羊、家禽等畜禽的存栏数。数据上报方式及数据调整情况同猪、牛、羊肉产量。

**当年出栏头数** 指农林牧渔企业生产单位饲养的，供屠宰并已出栏的全部牲畜头数。包括交售给国家，集市上出售的部分。

**常用耕地** 是指耕地总资源中专门种植农作物并经常进行耕种、能够正常收获的土地。包括当年实际耕种的熟地；弃耕、休闲不满三年，随时可以复耕的地；开荒利用三年以上的土地。在统计口径上包括南方小于1米、北方小于2米宽的沟、渠、路和田埂。不包括临时种植农作物的坡度在25度以上的陡坡地，在河套、湖畔、库区临时开发的成片或零星土地，也不包括已列为国家和省（区、市）退耕计划但临时耕种的土地。常用耕地是国家需要重点保护的耕地，是反映我国农业综合生产能力的一个重要指标。

**农作物播种面积** 指实际播种或移植有农作物的面积。凡是实际种植有农作物的面积，不论种植在耕地上还是种植在非耕地上，均包括在农作物播种面积中。在播种季节基本结束后，因遭灾而重新改种和补种的农作物面积，也包括在内。它是反映我国耕地面积利用情况的一个重要指标。目前，农作物播种面积主要包括粮食、棉花、油料、糖料、麻类、烟叶、蔬菜和瓜类、药材及其他农作物九大类。

**农林牧渔业中间消耗** 指在一定时期内农林牧渔业生产过程中所消耗的物质产品和劳务价值。中间消耗包括物质产品消耗和生产服务支出两个部分。

**物质消耗** 指在一定时期内农林牧渔业生产过程中消耗的各种农业生产资料和发生的各项支出的市场价值。主要包括用种、饲

料饲草、肥料、燃料、农药、农膜、小农具、养殖用药、水费、电费、棚架材料费、办公费用以及其他物质消耗。

**生产服务支出** 指在一定时期内农林牧渔业生产过程中各部门对农林牧渔业生产提供的劳动服务的价值。包括修理费、外雇运输费、生产性邮电费、外雇排灌费、外雇机械作业费、配种费、防疫费、技术服务费、上缴管理费、保险费、职工教育费、差旅费、会议费和其他服务费用等。

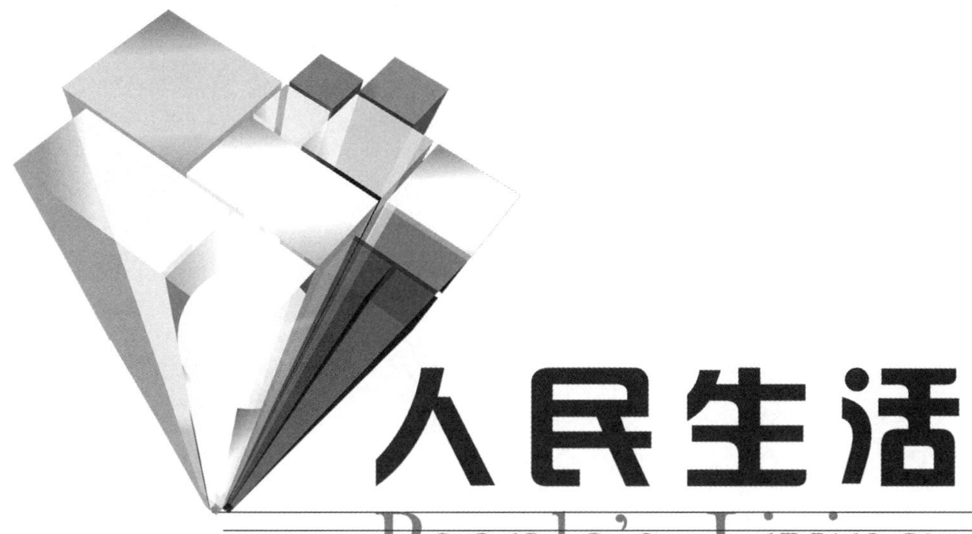

# 人民生活

# People's Living Conditions

## 简 要 说 明

一、本篇资料内容主要反映城乡居民收支和生活状况，包括居民家庭基本情况、居民收支、消费水平、居住状况及主要消费品拥有量等。

二、本篇资料来源于城乡一体化住户调查，自 2013 年以来，城乡一体化住户调查整合城乡住户调查资料，统一调查指标、统一抽样方法、统一调查过程、统一数据处理和统一数据发布，更加全面准确地反映居民收入分配格局。根据国家统计局《住户收支与生活状况调查方案》，由安徽调查总队组织实施，其调查目的是为全面了解全省和分市、县（区）城乡常住居民收入、生活现状及变化情况，满足各级政府制定政策计划和进行宏观管理的需要，以及社会各界的信息需求，为国民经济核算提供基础数据。

本版责任编辑：冉　地　汪　汛

# 3-1 居民家庭基本情况
# Basic Conditions of Households

| 项　　目 | Item | 2013 | 2014 |
|---|---|---|---|
| 调查户数（户） | Number of Households Surveyed (household) | | |
| 平均每户家庭人口(人) | Average Household Size (person) | 3.06 | 3.00 |
| 平均每户整半劳动力人口（人） | Average Number of Employed Persons per Household(person) | 2.06 | 1.99 |
| 城乡居民家庭恩格尔系数(%) | Engel's Coefficient of Households(%) | 34.7 | 34.14 |
| **可支配收入** | **Disposable Income** | **15154.31** | **16795.52** |
| 工资性收入 | Wages Income | 8155.10 | 9068.50 |
| 经营性收入 | Net Income from Business | 3662.25 | 3937.88 |
| 财产性收入 | Property Income | 814.31 | 904.47 |
| 转移性收入 | Transfer Income | 2522.66 | 2884.67 |
| **平均每人消费性支出(元)** | **Per Capita Annual Living Expenditures for Consumption(yuan)** | **10544.09** | **11726.99** |
| 一、食品 | Food | 3660.80 | 4003.13 |
| 二、衣着 | Clothing | 806.54 | 870.32 |
| 三、居住 | Residence | 2353.59 | 2541.82 |
| 四、生活用品及服务 | Household Facilities, Articles and Service | 594.47 | 694.24 |
| 五、交通通信 | Traffic and Communications | 1190.00 | 1324.88 |
| 六、教育文化娱乐 | Education, Cultural & Recreation Service | 1018.74 | 1157.28 |
| 七、医疗保健 | Medicine and Medical Service | 699.49 | 869.98 |
| 八、其他用品和服务 | Miscellaneous Commodities and Services | 220.45 | 265.35 |
| **平均每人消费性支出构成** | **Composition of per Capita Annual Living** | **100.00** | **100.00** |
| **(人均消费性支出=100)(%)** | **Expenditures for Consumption(%)** | | |
| 一、食品 | Food | 34.72 | 34.14 |
| 二、衣着 | Clothing | 7.65 | 7.42 |
| 三、居住 | Residence | 22.32 | 21.67 |
| 四、生活用品及服务 | Household Facilities, Articles and Service | 5.64 | 5.92 |
| 五、交通通信 | Traffic and Communications | 11.29 | 11.30 |
| 六、教育文化娱乐 | Education, Cultural & Recreation Service | 9.66 | 9.87 |
| 七、医疗保健 | Medicine and Medical Service | 6.63 | 7.42 |
| 八、其他用品和服务 | Miscellaneous Commodities and Services | 2.09 | 2.26 |

# 3-2 居民家庭人均收入情况
# Annual Income per Capita of Anhui Households

| 项　　目 | Item | 2013 | 2014 |
|---|---|---|---|
| **总收入(未扣除生产费用)** | **Total Income (Not Deduct the Production Cost)** | **17148.94** | **19167.60** |
| 工资性收入 | Income from Wages and Salaries | 8155.06 | 9068.50 |
| 经营性收入 | Business Income | 5038.29 | 5516.85 |
| 财产性收入 | Property Income | 824.61 | 989.03 |
| 转移性收入 | Transferred Income | 3130.97 | 3593.22 |
| **现金可支配收入** | **Cash Disposable Income** | **14403.69** | **15815.40** |
| 现金工资性收入 | Cash Wages Income | 8104.04 | 9022.99 |
| 现金经营净收入 | Net Cash Income from Business | 3611.02 | 3813.27 |
| 现金财产净收入 | Net Cash Property Income | 298.80 | 326.73 |
| 现金转移净收入 | Net Cash Transfer Income | 2389.83 | 2652.41 |
| **总支出** | Total Expenditures | 17039.45 | 18155.16 |
| 消费支出 | Expenditure for Consumption | 10544.09 | 11726.99 |
| 生产经营费用支出 | Expenditure for Business | 977.92 | 1239.38 |
| 财产性支出 | Property Expenditure | 28.50 | 70.08 |
| 转移性支出 | Transferred Expenditure | 608.63 | 707.70 |
| **现金支出** | **Cash Expenditure** | **15181.16** | **16061.14** |
| 现金消费支出 | Cash Expenditure for Consumption | 8718.57 | 9677.23 |
| 生产经营费用支出 | Cash Expenditure for Business | 945.15 | 1195.13 |
| 现金财产性支出 | Cash Property Expenditure | 28.50 | 70.08 |
| 现金转移性支出 | Cash Transferred Expenditure | 608.63 | 707.70 |
| **可支配收入** | **Disposable Income** | **15154.31** | **16795.52** |
| 一、工资性收入 | Income from Wages and Salaries | 8155.10 | 9068.50 |
| (一)工资 | Wages | 7120.36 | 8587.12 |
| 1.按月发放的工资 | Monthly Salaries | 5673.58 | 6658.60 |
| 2.补发工资 | Reissued Salaries | 275.73 | 162.88 |
| 3.不按月发放的奖金、津贴、过节费等 | Unmonthly Paid Bonus, Allowance and Holiday Fee | 1171.05 | 1765.64 |
| (二)实物福利 | Benefits in Kind | 51.06 | 45.51 |
| 1.从单位或雇主得到的实物产品折价 | Cash Calculated from Physical Products Paid by Unit or Employer | 17.65 | 12.62 |
| (1)食品 | Food | 12.33 | 10.06 |
| (2)衣着 | Clothing | 1.94 | 0.09 |

3-2 续表 1 Continued 1

| 项　　目 | Item | 2013 | 2014 |
|---|---|---|---|
| (3)居住 | Residence | 0.19 | 0.07 |
| (4)家庭设备和日用品 | Household Facilities, Articles and Service | 0.45 | 0.71 |
| (5)交通、通信工具及用品 | Traffic and Communications | 0.59 | 0.43 |
| (6)教育文化娱乐用品 | Education, Cultural & Recreation Service | 0.07 | 0.41 |
| (7)医疗保健用品 | Medicine and Medical Service | 0.34 | 0.38 |
| (8)其他用品 | Miscellaneous Commodities and Services | 1.40 | 0.48 |
| 2.从单位或雇主得到的服务折价 | Cash Calculated from Services by Unit or Employer | 24.47 | 32.89 |
| (1)免费或低价提供的工作餐 | Free or Cheap Working Meal | 21.28 | 28.77 |
| (2)免费或低价提供的住宿 | Free or Cheap Accommodation | 1.24 | 1.30 |
| (3)单位缴纳的水电费、取暖费、物业费等 | Bills of Electricity, Water, Fuel and Property Paid by Unit | 0.07 | 0.08 |
| (4)免费或低价提供的交通和通信服务 | Free or Cheap Traffic and Communication Services | 0.33 | 0.60 |
| (5)单位缴纳的教育入学赞助费 | Education Enrolment Fee Paid by Unit | | 0.26 |
| (6)免费或低价提供的旅游服务 | Free or Cheap Travel Services | 0.90 | 0.68 |
| (7)其他服务 | Other Services | 0.66 | 1.19 |
| 3.单位或雇主实物福利报销所得 | Benefits in Kind Reimbursement | 8.93 | |
| (三)其他 | Others | 983.68 | 435.87 |
| 1.住房公积金 | Housing Accumulation Fund | 291.97 | 347.13 |
| 2.辞退金 | Dismissal Costs | 4.48 | 2.73 |
| 3.自由职业劳动所得(如稿费、翻译费) | Income on Freelance Business ( Such as Remuneration, Translation Fees ) | 24.53 | 28.99 |
| 4.安家费 | Settling-in Allowance | 0.06 | 0.70 |
| 5.股票期权 | Stock Options | 0.84 | 0.78 |
| 6.其他劳动所得 | Other Labor Income | 661.79 | 55.54 |
| 二、经营净收入 | Net Business Income | 3662.25 | 3937.88 |
| (一)第一产业经营净收入 | Primary Industry | 1650.48 | 1763.43 |
| 1.农业 | Farming | 1263.45 | 1384.69 |
| 2.林业 | Forestry | 158.65 | 163.00 |
| 3.牧业 | Animal Husbandry | 146.65 | 149.77 |
| 4.渔业 | Fishery | 43.60 | 65.98 |
| (二)第二产业经营净收入 | Secondary Industry | 38.15 | 411.97 |
| 1.采矿业 | Mining | 369.38 | -0.32 |
| 2.制造业 | Manufacturing | -0.69 | 75.54 |

3-2 续表2 Continued 2

| 项　　目 | Item | 2013 | 2014 |
|---|---|---|---|
| 3.电力、热力、燃气及水生产和供应业 | Production and Supply of Electricity, Gas and Water | 49.28 | -0.46 |
| 4.建筑业 | Construction | 0.30 | 337.21 |
| (三)第三产业经营净收入 | Tertiary Industry | 320.50 | 1762.48 |
| 1.批发和零售业 | Wholesale and Retail Trades | 1642.39 | 1019.94 |
| 2.交通运输、仓储和邮政业 | Transport, Storage and Post | 958.86 | 201.25 |
| 3.住宿和餐饮业 | Hotels and Catering Services | 198.71 | 149.37 |
| 4.房地产业 | Real Estate | 137.24 | 10.37 |
| 5.租赁和商务服务业 | Leasing and Business Services | 14.89 | 19.33 |
| 6.居民服务、修理和其他服务业 | Leasing and Business Services | 17.23 | 282.29 |
| 7.其他 | Others | 279.53 | 32.27 |
| 8.农林牧渔服务业 | Serices to Households and Other Services | 35.93 | 47.66 |
| 三、财产净收入 | Net Property Income | 814.31 | 904.47 |
| (一)利息净收入 | Net Interest Income | 37.08 | 17.76 |
| (二)红利收入 | Dividend Income | 27.35 | 22.26 |
| 1.集体分配的红利 | Collective Distribution of Dividends | 4.99 | 5.52 |
| 2.其他红利收入 | Other Dividend Income | 23.38 | 16.96 |
| (三)储蓄性保险净收益 | Net Income of Savings Insurance | 2.10 | 4.26 |
| (四)转让承包土地经营权租金净收入 | Net Income from Transfer of Right to Contracted Management of Rural Land | 30.02 | 43.27 |
| (五)出租房屋财产性收入 | Property Income from Rental Accommodation | 177.71 | 199.38 |
| (六)出租机械、专利、版权等资产的收入 | Income from Rental Machinery, Patent, Copyright and the Like | -1.41 | 25.21 |
| (七)其他财产净收入 | Other Net Property Income | 16.13 | 0.11 |
| (八)房屋虚拟租金 | Virtual Housing Rent | | 592.22 |
| 四、转移净收入 | Net Transfer Income | 2522.66 | 2884.67 |
| (一)转移性收入 | Transfer Income | 3131.94 | 3593.28 |
| 1.养老金或离退休金 | Pension or Retirement Pension | 1682.08 | 1941.60 |
| (1)离退休金 | Pensions of Retirees | 1568.69 | 1795.32 |
| (2)(城镇)居民社会养老保险 | Social Old-age Insurance for (Urban) Residents | 39.18 | 46.88 |
| (3)新型农村养老保险 | New System of Old-age Insurance for Rural Residents | 56.56 | 71.72 |
| (4)其他养老金 | Other Old-age Pension | 17.65 | 27.67 |
| 2.社会救济和补助 | Social Welfare or Aid | 85.04 | 84.82 |
| (1)最低生活保障费 | Guaranteed Minimum Income | 42.86 | 48.66 |
| (2)五保户救助金 | Aids to Households Enjoying the Five Guarantees | 3.58 | 4.94 |

3-2 续表 3 Continued 3

| 项 目 | Item | 2013 | 2014 |
|---|---|---|---|
| (3)扶贫款 | Poverty Relief Funds | 1.08 | 0.53 |
| (4)救灾款 | Disaster Relief Funds | 1.23 | 0.31 |
| (5)抚恤金 | Pension | 11.70 | 14.25 |
| (6)其他社会救济收入 | Other Income from Social Welfare | 22.60 | 16.12 |
| 3.政策性生活补贴 | Policy Living Allowance | 25.13 | 33.36 |
| (1)家电补贴 | Subsidies for Home Appliances | 1.14 | 0.03 |
| (2)能源补贴 | Subsidies for Energy | 0.79 | 0.70 |
| (3)免费或低价提供的住宿(廉租房) | Free or Cheap Accommodation | 0.60 | |
| (4)其他生活补贴 | Other Living Allowance | 22.60 | 32.55 |
| 4.报销医疗费 | Reimbursement of Medical Expenses | 124.23 | 225.34 |
| 5.家庭外出从业人员寄回带回收入 | Sent Back by Family Outings Employees | 723.37 | 781.28 |
| 6.赡养收入 | Alimony Income | 235.76 | 274.89 |
| 7.其他经常转移收入 | Other Regular Transfer Income | 154.03 | 141.02 |
| (1)失业保险金 | Unemployment Insurance Benefits | 1.84 | 4.58 |
| (2)经常性捐赠收入 | Regular Donation Income | 18.14 | 9.18 |
| (3)经常性赔偿收入 | Regular Compensation Income | 0.56 | 0.84 |
| (4)其他转移性收入 | Other Transfer Income | 132.59 | 126.77 |
| 8.从政府和组织得到的实物产品和服务折价 | Cash Calculated from Physical Products and Service Paid by Government and Organizations | 8.35 | 7.83 |
| (1)食品 | Food | 2.38 | 3.48 |
| (2)衣着 | Clothing | 0.09 | 0.19 |
| (3)居住 | Residence | 0.32 | 0.03 |
| (4)家庭设备和日用品 | Household Facilities, Articles and Service | 1.97 | 2.37 |
| (5)交通、通信工具及用品 | Traffic and Communications | 0.02 | 0.01 |
| (6)教育文化娱乐用品 | Education, Cultural & Recreation Service | 0.19 | 0.11 |
| (7)医疗保健用品 | Medicine and Medical Service | 0.25 | 0.09 |
| (8)其他用品 | Miscellaneous Commodities and Services | 1.04 | 0.41 |
| (9)其他服务折价(不含廉租房) | Cash Calculated from Other Service Paid by Government and Organizations (Excluding Low-rent Housing) | 1.49 | 1.15 |
| 9.现金政策性惠农补贴 | Policy Agricultural Subsidies in Cash | 93.95 | 103.15 |
| (二)转移性支出 | Transferred Expenditure | 609.29 | 708.61 |
| 1.个人所得税 | Personal Income Tax | 13.15 | 21.67 |

3-2 续表4 Continued 4

| 项 目 | Item | 2013 | 2014 |
| --- | --- | --- | --- |
| 2.社会保障支出 | Social Security Expenditure | 453.68 | 539.17 |
| (1)个人缴纳的养老保险 | Individual Endowment Insurance | 305.43 | 348.44 |
| (2)个人缴纳的医疗保险 | Individual Medical Treatment Insurance | 118.35 | 157.02 |
| (3)个人缴纳的失业保险 | Individual Unemployment Insurance | 15.96 | 23.03 |
| (4)其他社会保障支出 | Other Social Security Expenditure | 13.93 | 10.68 |
| 3.外来从业人员寄给家人的支出 | Sent Home to Their Families by Foreign Workers | 2.41 | 3.54 |
| 4.赡养支出 | Alimony Expenditure | 68.41 | 75.62 |
| 5.其他转移性支出 | Other Transferred Expenditure | 71.63 | 68.61 |
| (1)经常性捐赠支出 | Regular Donation Expenditure | 27.33 | 18.34 |
| (2)经常性赔偿支出 | Regular Compensation Expenditure | 0.17 | |
| (3)其他经常转移支出 | Other Regular Transfer Expenditure | 42.85 | 50.27 |
| **现金可支配收入** | **Cash Disposable Income** | **14403.69** | **15815.40** |
| 一、现金工资性收入 | Cash Income from Wages and Salaries | 8104.04 | 9022.99 |
| (一)工资 | Wages | 7120.36 | 8587.12 |
| 1.按月发放的工资 | Monthly Salaries | 5673.58 | 6658.60 |
| 2.补发工资 | Reissued Salaries | 275.73 | 162.88 |
| 3.不按月发放的奖金、津贴、过节费等 | Unmonthly Paid Bonus, Allowance and Holiday Fee | 1171.05 | 1765.64 |
| (二)其他工资性收入 | Other Income from Wages and Salaries | 983.68 | 435.87 |
| 1.住房公积金 | Housing Accumulation Fund | 291.97 | 347.13 |
| 2.辞退金 | Dismissal Costs | 4.48 | 2.73 |
| 3.自由职业劳动所得(如稿费、翻译费) | Income on Freelance Business ( Such as Remuneration, Translation Fees ) | 24.53 | 28.99 |
| 4.安家费 | Settling-in Allowance | 0.06 | 0.70 |
| 5.股票期权 | Stock Options | 0.84 | 0.78 |
| 6.其他劳动所得 | Other Labor Income | 661.79 | 55.54 |
| 二、现金经营净收入 | Net Cash Business Income | 3611.02 | 3813.27 |
| (一)第一产业现金经营净收入 | Primary Industry | 1288.90 | 1383.92 |
| 1.农业 | Farming | 1012.53 | 1143.67 |
| 2.林业 | Forestry | 57.99 | 34.14 |
| 3.牧业 | Animal Husbandry | 132.71 | 141.75 |
| 4.渔业 | Fishery | 43.68 | 64.36 |
| (二)第二产业现金经营净收入 | Secondary Industry | 38.96 | 453.61 |

3-2 续表 5 Continued 5

| 项 目 | Item | 2013 | 2014 |
|---|---|---|---|
| 1.采矿业 | Mining | 436.81 | -0.19 |
| 2.制造业 | Manufacturing | -0.60 | 96.73 |
| 3.电力、热力、燃气及水生产和供应业 | Production and Supply of Electricity, Gas and Water | 72.75 | -0.03 |
| 4.建筑业 | Construction | 0.72 | 357.10 |
| (三)第三产业现金经营净收入 | Tertiary Industry | 343.13 | 1975.74 |
| 1.批发和零售业 | Wholesale and Retail Trades | 1885.30 | 1180.39 |
| 2.交通运输、仓储和邮政业 | Transport, Storage and Post | 1053.48 | 250.19 |
| 3.住宿和餐饮业 | Hotels and Catering Services | 242.75 | 161.74 |
| 4.房地产业 | Real Estate | 149.24 | 10.66 |
| 5.租赁和商务服务业 | Leasing and Business Services | 14.89 | 20.19 |
| 6.居民服务、修理和其他服务业 | Serices to Households and Other Services | 17.23 | 312.25 |
| 7.其他行业 | Others | 304.64 | 40.33 |
| 8.农林牧渔服务业 | Agricultural Service | 40.73 | 48.35 |
| 三、现金财产净收入 | Net Cash Property Income | 298.80 | 326.73 |
| (一)利息净收入 | Net Interest Income | 37.08 | 17.76 |
| (二)红利收入 | Dividend Income | 27.35 | 22.26 |
| 1.集体分配的红利 | Collective Distribution of Dividends | 4.99 | 5.48 |
| 2.其他红利收入 | Other Dividend Income | 22.37 | 16.78 |
| (三)储蓄性保险净收益 | Net Income of Savings Insurance | 2.10 | 4.26 |
| (四)转让承包土地经营权租金净收入 | Net Income from Transfer of Right to Contracted Management of Rural Land | 330.02 | 43.27 |
| (五)出租房屋财产性收入 | Property Income from Rental Accommodation | 176.58 | 199.38 |
| (六)出租机械、专利、版权等资产的收入 | Income from Rental Machinery, Patent, Copyright and the Like | 8.90 | 39.70 |
| (七)其他财产净收入 | Other Net Property Income | 15.86 | 0.11 |
| 四、现金转移净收入 | Net Cash Transfer Income | 2389.83 | 2652.41 |
| (一)现金转移性收入 | Cash Transfer Income | 2998.45 | 3360.11 |
| 1.养老金或离退休金 | Pension or Retirement Pension | 1682.08 | 1941.60 |
| (1)离退休金 | Pensions of Retirees | 1568.69 | 1795.32 |
| (2)(城镇)居民社会养老保险 | Social Old-age Insurance for (Urban) Residents | 39.18 | 46.88 |
| (3)新型农村养老保险 | New System of Old-age Insurance for Rural Residents | 56.56 | 71.72 |
| (4)其他养老金 | Other Old-age Pension | 17.65 | 27.67 |
| 2.社会救济和补助 | Social Welfare or Aid | 85.04 | 84.82 |

3-2 续表6 Continued 6

| 项 目 | Item | 2013 | 2014 |
|---|---|---|---|
| (1)最低生活保障费 | Guaranteed Minimum Income | 42.86 | 48.66 |
| (2)五保户救助金 | Aids to Households Enjoying the Five Guarantees | 3.58 | 4.94 |
| (3)扶贫款 | Poverty Relief Funds | 1.08 | 0.53 |
| (4)救灾款 | Disaster Relief Funds | 1.23 | 0.31 |
| (5)抚恤金 | Pension | 11.70 | 14.25 |
| (6)其他社会救济收入 | Other Income from Social Welfare | 22.60 | 16.12 |
| 3.政策性生活补贴(只含政策生活补贴) | Policy Living Allowance | 24.58 | 33.36 |
| 4.家庭外出从业人员寄回带回收入 | Sent Back by Family Outings Employees | 723.37 | 781.28 |
| 5.赡养收入 | Alimony Income | 235.97 | 274.89 |
| 6.其他经常转移收入 | Other Regular Transfer Income | 153.46 | 141.02 |
| (1)失业保险金 | Unemployment Insurance Benefits | 1.84 | 4.63 |
| (2)经常性捐赠收入 | Regular Donation Income | 18.06 | 9.17 |
| (3)经常性赔偿收入 | Regular Compensation Income | 0.56 | 0.84 |
| (4)其他转移性收入 | Other Transfer Income | 132.18 | 126.37 |
| 7.现金政策性惠农补贴 | Policy Agricultural Subsidies in Cash | 93.95 | 103.15 |
| (二)现金转移性支出 | Cash Transferred Expenditure | 608.63 | 707.70 |
| 1.个人所得税 | Personal Income Tax | 13.00 | 21.67 |
| 2.个人缴纳的社会保障支出 | Individual Social Security Expenditure | 453.93 | 539.17 |
| (1)个人缴纳的养老保险 | Individual Endowment Insurance | 305.45 | 348.44 |
| (2)个人缴纳的医疗保险 | Individual Medical Treatment Insurance | 118.63 | 157.02 |
| (3)个人缴纳的失业保险 | Individual Unemployment Insurance | 15.96 | 23.03 |
| (4)其他社会保障支出 | Other Social Security Expenditure | 13.90 | 10.68 |
| 3.外来从业人员寄给家人的支出 | Sent Home to Their Families by Foreign Workers | 2.52 | 3.54 |
| 4.赡养支出 | Alimony Expendiuture | 67.69 | 75.62 |
| 5.其他转移性支出 | Other Transferred Expenditure | 71.49 | 67.70 |
| (1)经常性捐赠支出 | Regular Donation Expenditure | 27.34 | 18.22 |
| (2)经常性赔偿支出 | Regular Compensation Expenditure | 0.17 | |
| (3)其他经常转移支出 | Other Regular Transfer Expenditure | 42.73 | 49.48 |

# 3-3 居民家庭人均支出情况
# Annual Expenditure per Capita of Anhui Households

| 项　　目 | Item | 2013 | 2014 |
|---|---|---|---|
| **总支出** | **Total Expenditure** | **17039.45** | **18155.16** |
| **其中:消费支出** | **Of Which:Consumption Expenditure** | **10544.09** | **11726.99** |
| (一)食品烟酒 | Food, Tobacco and Liquor | 3660.80 | 4003.13 |
| 1.食品 | Food | 2660.40 | 2751.92 |
| (1)谷物 | Cereals | 395.89 | 485.15 |
| (2)薯类 | Tubers | 31.66 | 33.53 |
| (3)豆类 | Beans | 57.03 | 57.74 |
| (4)食用油 | Edible Oil | 132.03 | 130.84 |
| (5)蔬菜和食用菌 | Vegetables and Edible Fungus | 351.83 | 359.30 |
| (6)肉类 | Meat | 546.91 | 563.88 |
| (7)禽类 | Poultry | 172.05 | 191.94 |
| (8)水产品 | Aquatic Products | 159.71 | 171.35 |
| (9)蛋类 | Eggs | 97.85 | 108.09 |
| (10)奶类 | Milk | 190.64 | 217.31 |
| (11)干鲜瓜果类 | Fresh, Dried Melons and Fruits | 194.04 | 223.95 |
| (12)糖果糕点类 | Candies, Cake and Cookie | 82.16 | 103.34 |
| (13)其他食品 | Other Foods | 112.50 | 105.50 |
| 2.烟酒 | Tobacco and Liquor | 560.19 | 637.69 |
| (1)烟草 | Tobacco | 289.76 | 356.46 |
| (2)酒类 | Liquor | 258.56 | 281.23 |
| 3.饮料 | Drinks | 94.24 | 107.91 |
| 4.饮食服务 | Diet Service | 436.31 | 505.62 |
| (1)食堂用餐 | Cafeteria Food | 39.97 | 52.27 |
| (2)其他在外饮食 | Dinning Out | 390.74 | 445.99 |
| (3)食品加工服务费 | Food Processing and Service Fee | 5.60 | 7.36 |
| (二)衣着 | Clothing | 806.54 | 870.32 |
| 1.衣类 | Clothing | 596.38 | 658.10 |
| 2.鞋类 | Footwear | 194.83 | 212.22 |
| (三)居住 | Residence | 2353.59 | 2541.82 |
| 1.租赁房房租 | Rent of Rentable Housing | 149.27 | 123.91 |
| 2.住房维修及管理 | Management and Maintenance of Housing | 292.82 | 353.77 |
| 3.水电燃料及其他 | Water, Electricity, Fuels and Others | 462.23 | 606.79 |
| 4.自有住房折算租金 | Converted Rent for Private Housing | 1330.75 | 1457.36 |

3-3 续表 Continued

| 项 目 | Item | 2013 | 2014 |
|---|---|---|---|
| (四)生活用品及服务 | Household Facilities, Articles and Service | 594.47 | 694.24 |
| 1.家具及室内装饰品 | Furniture and Interior Decorations | 90.79 | 127.41 |
| 2.家用器具 | Household Facilities | 195.51 | 213.33 |
| 3.家用纺织品 | Home Textiles | 53.06 | 55.62 |
| 4.家庭日用杂品 | Daily-Use Household Articles | 165.85 | 186.98 |
| 5.个人用品 | Personal Products | 59.74 | 86.11 |
| 6.家庭服务 | Household Service | 22.05 | 24.79 |
| (五)交通通信 | Traffic and Communications | 1190.00 | 1324.88 |
| 1.交通 | Transportation | 720.71 | 801.89 |
| (1)交通工具 | Transportation Facility | 348.29 | 367.16 |
| (2)交通费 | Traffic Fare | 127.46 | 136.45 |
| (3)交通工具用燃料 | Fuels | 157.29 | 172.39 |
| (4)交通工具使用及维修 | Fees for Vehicles Use and Maintenance | 87.67 | 125.90 |
| 其中:车辆保险支出 | Of Which: Vehicle Insurance Expenditure | 23.63 | 32.51 |
| 2.通信 | Communications | 468.36 | 522.99 |
| (1)通信工具 | Communication Facility | 77.61 | 100.85 |
| (2)通信服务 | Communication Services | 390.75 | 422.14 |
| (六)教育文化娱乐 | Education, Cultural & Recreation Service | 1018.74 | 1157.28 |
| 1.教育 | Education | 712.39 | 806.61 |
| (1)学前教育 | Preschool Education | 69.88 | 86.27 |
| (2)小学教育 | Primary Education | 74.76 | 84.92 |
| (3)初中教育 | Secondary Education | 100.81 | 99.62 |
| (4)高中教育 | High School Education | 139.06 | 152.96 |
| (5)中专职高教育 | Vocational Senior and Specialized Secondary Education | 16.71 | 23.42 |
| (6)大专及以上教育 | College Education or Above | 260.87 | 316.86 |
| (7)成人教育 | Adult Education | 43.76 | 42.56 |
| 2.文化娱乐 | Cultural and Recreation | 306.05 | 350.67 |
| (1)文娱耐用消费品 | Cultural and Recreational Durable Consumer Goods | 90.32 | 89.72 |
| (2)其他文娱用品 | Other Cultural Articles | 62.10 | 82.40 |
| (3)文化娱乐服务 | Cultural and Recreation Service | 151.39 | 178.55 |
| (七)医疗保健 | Medicine and Medical Service | 699.49 | 869.98 |
| 1.医疗器具及药品 | Medical Instrument and Articles | 192.97 | 227.88 |
| 2.医疗服务 | Medical Service | 506.52 | 642.10 |
| (1)门诊总费用 | Outpatient Costs | 150.99 | 168.49 |
| (2)住院总费用 | Hospitalization Expenses | 338.14 | 473.61 |
| (八)其他用品和服务 | Miscellaneous Commodities and Services | 220.45 | 265.35 |
| 1.其他用品 | Miscellaneous Commodities | 140.02 | 175.32 |
| 2.其他服务 | Miscellaneous Services | 79.83 | 90.03 |

# 3-4 居民家庭人均主要食品消费量(含自产自用)
# Per Capita Main Food Consumption of Anhui Households

单位:千克 (kg)

| 项　目 | Item | 2014 |
|---|---|---|
| 一、粮食消费量 | Grain | 150.60 |
| (一)谷物消费量 | Cereals | 138.68 |
| 1.小麦 | Wheat | 49.98 |
| 2.稻谷 | Barley | 83.70 |
| 3.玉米 | Corn | 2.33 |
| 4.其他谷物 | Other Cereals | 2.67 |
| (二)薯类消费量 | Tubers | 1.96 |
| 1.红薯 | Sweet Potato | 0.97 |
| 2.马铃薯 | Potato | 0.66 |
| 3.其他薯类 | Other Tubers | 0.32 |
| (三)豆类消费量 | Beans | 9.96 |
| 1.大豆 | Soybean | 1.18 |
| 2.其他豆类 | Other Beans | 8.78 |
| 二、油脂类消费量 | Oil and Fats | 12.41 |
| (一)植物油 | Edible Vegetable Oil | 11.68 |
| (二)动物油 | Edible Animal Oil | 0.73 |
| 三、蔬菜及菜制品消费量 | Vegetables and Processed Products | 91.95 |
| (一)鲜菜 | Fresh Vegetables | 89.44 |
| (二)干菜及菜制品 | Dried Vegetables and Processed Products | 1.03 |
| (三)鲜菌 | Fresh Edible Fungus | 1.25 |
| (四)干菌及菌制品 | Dried Edible Fungus and Processed Products | 0.23 |
| 四、肉类 | Meat and Processed Products | 22.01 |
| (一)猪肉 | Pork | 17.91 |
| (二)牛肉 | Beef | 1.35 |
| (三)羊肉 | Mutton | 0.51 |
| (四)其他肉类及制品 | Others | 2.24 |
| 五、禽类 | Poultry and Processed Products | 10.52 |
| (一)鸡 | Chicken | 6.87 |
| (二)鸭 | Duck | 1.64 |

3-4 续表 Continued

| 项　　目 | Item | 2014 |
|---|---|---|
| （三）鹅 | Goose | 0.24 |
| （四）其他禽类及制品 | Others | 1.77 |
| 六、水产品 | Aquatic Products | 10.48 |
| （一）鱼类 | Fish | 8.86 |
| （二）虾、贝、蟹类 | Shrimps, Shells and Crabs | 0.87 |
| （三）藻类 | Algae | 0.41 |
| （四）其他 | Others | 0.33 |
| 七、蛋类及蛋制品 | Eggs and Processed Products | 10.05 |
| （一）鲜蛋 | Fresh Eggs | 9.57 |
| （二）蛋制品 | Egg Products | 0.48 |
| 八、奶和奶制品 | Milk and Dariy Products | 11.59 |
| （一）鲜奶 | Fresh Milk | 4.73 |
| （二）酸奶 | Yogurt | 4.10 |
| （三）奶粉 | Milk Powder | 0.82 |
| （四）其他奶制品 | Others | 1.93 |
| 九、干鲜瓜果类 | Dried and Fresh Melons and Fruits | 39.35 |
| （一）鲜瓜果 | Fresh Melons and Fruits | 36.27 |
| （二）瓜果制品 | Melon and Fruit Products | 0.73 |
| （三）坚果类 | Nuts and Grain Products | 2.35 |
| 十、糖果糕点类 | Confectioneries | 5.83 |
| （一）食糖 | Sugar | 1.06 |
| （二）糖果 | Candy | 0.56 |
| （三）糕点 | Pastry | 3.39 |
| （四）其他糖果糕点 | Other Confectioneries | 0.82 |
| 十一、饮料 | Beverage | 0.26 |
| 茶叶 | Tea | 0.26 |
| 十二、烟叶消费量 | Tobacco | 31.05 |
| 十三、酒 | Liquor and Drinks | 12.29 |
| （一）白酒 | Wine Spirit | 3.93 |
| （二）啤酒 | Beer | 8.24 |
| （三）果酒 | Fruit Wine | 0.11 |

# 3-5 居民家庭第一产业经营收支
# Income and Expenditure per Capita of Primary Industry

| 项 目 | Item | 2013 | 2014 |
|---|---|---|---|
| 一、第一产业经营收入(不含惠农补贴) | Income of Primary Industry Business (Excluding Agricultural Subsidies) | 2569.11 | 2854.46 |
| (1)农业 | Primary Industry | 1916.89 | 2125.71 |
| (2)林业 | Farming | 186.00 | 188.36 |
| (3)牧业 | Forestry | 324.77 | 406.87 |
| (4)渔业 | Animal Husbandry | 90.50 | 133.50 |
| 二、第一产业现金经营收入 | Cash Income of Primary Industry Business | 2084.01 | 2346.01 |
| 1.农业 | Primary Industry | 1580.23 | 1795.91 |
| 2.林业 | Farming | 83.71 | 59.36 |
| 3.牧业 | Forestry | 278.34 | 360.43 |
| 4.渔业 | Animal Husbandry | 87.97 | 130.30 |
| 三、第一产业经营费用支出 | Expenditure for Primary Industry Business | 827.89 | 1006.34 |
| 1.农业 | Farming | 579.23 | 667.87 |
| 2.林业 | Forestry | 25.73 | 25.23 |
| 3.牧业 | Animal Husbandry | 168.12 | 246.87 |
| 4.渔业 | Fishery | 46.39 | 66.38 |
| 四、第一产业经营现金费用支出 | Cash Expenditure for Primary Industry Business | 795.11 | 962.09 |
| 1.农业 | Primary Industry | 569.12 | 652.24 |
| 2.林业 | Farming | 25.73 | 25.23 |
| 3.牧业 | Forestry | 148.83 | 218.68 |
| 4.渔业 | Animal Husbandry | 44.29 | 65.93 |
| 五、现金政策性惠农补贴 | Policy Agricultural Subsidies in Cash | 93.95 | 103.15 |

# 3-6 居民家庭每百户耐用消费品拥有量
# Ownership of Major Durable Consumer Goods per 100 Households

| 项　目 | Item | 2013 | 2014 |
|---|---|---|---|
| 1.家用汽车 | Household Automobile | 10.00 | 11.16 |
| 2.摩托车 | Motorcycle | 38.59 | 37.99 |
| 3.助力车 | Man-drawn Vehicle | 55.89 | 66.49 |
| 4.洗衣机 | Washing Machine | 76.69 | 81.97 |
| 5.电冰箱(柜) | Refrigerator | 86.08 | 91.33 |
| 6.微波炉 | Microwave Oven | 32.76 | 35.46 |
| 7.彩色电视机 | Color TV | 117.98 | 124.52 |
| 8.其中:接入有线电视 | Of Which:Cable Television | 62.13 | 61.49 |
| 9.空调 | Air Conditioner | 82.90 | 94.37 |
| 10.热水器 | Water Heater | 72.09 | 77.54 |
| 11.其中:太阳能热水器 | Of Which:Solar Heater | 57.23 | 61.64 |
| 12.消毒碗柜 | Disinfectant Machine | 2.36 | 2.17 |
| 13.洗碗机 | Dishwasher | 0.37 | 0.53 |
| 14.排油烟机 | Kitchen Ventilator | 33.74 | 36.96 |
| 15.固定电话 | Telephone | 42.06 | 51.31 |
| 16.移动电话 | Mobile Telephone | 182.33 | 200.21 |
| 17.其中:接入互联网 | Of Which: Network-connected | 49.30 | 68.54 |
| 18.计算机 | Computer | 36.47 | 42.09 |
| 19.其中:接入互联网 | Of Which: Network-connected | 30.76 | 31.85 |
| 20.摄像机 | Video Camera | 2.32 | 2.56 |
| 21.照相机 | Camera | 15.00 | 16.33 |
| 22.中高档乐器 | Medium Upscale Musical Instrument | 1.29 | 1.76 |
| 23.健身器材 | Healthy Equipment | 1.00 | 1.58 |
| 24.组合音响 | Hi-Fi Stereo Component System | 5.12 | 5.40 |

# 3-7 居民家庭居住情况
# Living Conditions of Households

| 项　　目 | Item | 2013 | 2014 |
|---|---|---|---|
| 现住房建筑面积(平方米/人) | Total Floor Space for Current Housing(sq.m/person) | 38.17 | 40.28 |
| (一)本住户居住类型(%) | Type of Residence(%) | 100.00 | 100.00 |
| 1.普通住宅 | Ordinary House | 99.23 | 99.45 |
| 2.集体宿舍和工棚 | Dormitory and Work Shed | 0.66 | 0.50 |
| 3.工作地住宿 | Get Accommodation at Workplace | 0.11 | 0.05 |
| (二)本住户居住空间样式(%) | House Styles(%) | 100.00 | 100.00 |
| 1.单栋楼房 | Single Building | 36.45 | 37.56 |
| 2.单栋平房 | Single Bungalow | 26.94 | 26.68 |
| 3.四居室及以上单元房 | Unit with Four Rooms and Over | 1.17 | 1.08 |
| 4.三居室单元房 | Unit with Three Rooms | 14.10 | 13.94 |
| 5.二居室单元房 | Unit with Two Rooms | 15.09 | 14.55 |
| 6.一居室单元房 | Unit with One Room | 1.77 | 1.70 |
| 7.筒子楼或连片平房 | Tube-shaped Apartments or Rows of Bungalow | 2.82 | 2.82 |
| 8.其他 | Others | 1.66 | 1.65 |
| (三)主要建筑材料(%) | Main Architecture Materials(%) | 100.00 | 100.00 |
| 1.钢筋混凝土 | Reinforced Concrete | 28.63 | 28.66 |
| 2.砖混材料 | Brick-concrete-structured Materials | 50.72 | 51.81 |
| 3.砖瓦砖木 | Tile and Wood | 20.21 | 19.12 |
| 4.竹草土坯 | Bamboo, Grass and Adobe | 0.29 | 0.30 |
| 5.其他 | Others | 0.14 | 0.11 |
| (四)现住房房屋来源(%) | Source of Current Housing(%) | 100.00 | 100.00 |
| 1.租赁公房 | Rental Public Housing | 0.51 | 0.53 |
| 2.租赁私房 | Rental Privately Owned Housing | 4.90 | 4.35 |
| 3.自建住房 | Self Help Housing | 62.77 | 63.20 |
| 4.购买商品房 | Purchase of Merchandise Housing | 17.55 | 17.74 |

3-7 续表 1 Continued 1

| 项 目 | Item | 2013 | 2014 |
| --- | --- | --- | --- |
| 5.购买房改住房 | Privately Owned House After Housing Reform | 8.12 | 8.09 |
| 6.购买保障性住房 | Purchase of Social Housing | 0.21 | 0.12 |
| 7.拆迁安置房 | Resettlement Housing | 4.03 | 4.34 |
| 8.继承或获赠住房 | Inherited or Received Housing | 0.61 | 0.48 |
| 9.免费借用房 | Free Borrowed Housing | 0.84 | 0.70 |
| 10.雇主提供免费住房 | Free Housing Provided by Employer | 0.19 | 0.28 |
| 11.其他来源 | Others | 0.26 | 0.17 |
| (五)现住房建筑面积 | Floor Space of Current Housing(%) | | 100.00 |
| 1.10 平方米以内 | Below 10 sq.m | | 0.05 |
| 2.10~20 平方米 | 10~20 sq.m | | 0.19 |
| 3.20~30 平方米 | 20~30 sq.m | | 1.38 |
| 4.30~60 平方米 | 30~60 sq.m | | 12.83 |
| 5.60~90 平方米 | 60~90 sq.m | | 27.42 |
| 6.90~120 平方米 | 90~120 sq.m | | 24.58 |
| 7.120~200 平方米 | 120~200 sq.m | | 23.26 |
| 8.200 平方米以上 | Above 200 sq.m | | 10.27 |
| (六)住宅外道路路面情况(%) | Pavement Conditions Out of the House(%) | 100.00 | 100.00 |
| 1.水泥或柏油路面 | Cement or Asphalt Pavement | 60.76 | 64.02 |
| 2.沙石或石板等硬质路面 | Sand or Stone Pavement | 24.37 | 23.27 |
| 3.其他 | Others | 14.88 | 12.71 |
| (七)住宅有管道供水情况(%) | Conditions of Piped Water Supply(%) | 100.00 | 100.00 |
| 1.管道供水入户 | Piped Water Supply into People's Homes | 65.52 | 67.13 |
| 2.管道供水至公共取水点 | Piped Water Supply to Watering Points | 0.87 | 0.53 |
| 3.没有管道设施 | No Pipeline Facilities | 33.61 | 32.35 |
| (八)住户主要饮用水来源情况(%) | Source of Drinking Water(%) | 100.00 | 100.00 |
| 1.经过净化处理的自来水 | Purified Tap Water | 63.79 | 64.11 |
| 2.受保护的井水和泉水 | Protected Wells and Springs | 18.18 | 20.80 |
| 3.不受保护的井水和泉水 | Unprotected Wells and Springs | 15.07 | 12.64 |

3-7 续表2 Continued 2

| 项　　目 | Item | 2013 | 2014 |
|---|---|---|---|
| 4.江河湖泊水 | Rivers and Lakes | 0.21 | 0.11 |
| 5.收集雨水 | Collected Rainwater | 0.00 | 0.06 |
| 6.桶装水 | Barreled Water | 0.05 | 0.06 |
| 7.其他水源 | Others | 2.70 | 2.21 |
| (九)住户获取饮用水的主要困难(%) | Difficulties to Get Drinking Water(%) | 100.00 | 100.00 |
| 1.单次取水往返时间超过半小时 | Taking More than a Half-hour to Get Water | 0.67 | 0.58 |
| 2.间断或定时供水 | Intermittent or Timing Water Supply | 3.62 | 2.95 |
| 3.当年连续缺水时间超过16天 | Longer than 16 Days of Shortage of Water | 1.02 | 1.41 |
| 4.无上述困难 | No Such Difficulties | 94.69 | 95.07 |
| (十)住户饮用水使用前采取的主要处理措施(%) | Treatments Before Drinking Water(%) | 100.00 | 100.00 |
| 1.煮沸 | Boiling | 85.24 | 87.67 |
| 2.加漂白剂/氯等 | Adding Bleach/Chloride, etc. | 1.28 | 1.07 |
| 3.使用水过滤器 | Using Water Filter | 0.34 | 0.65 |
| 4.其他处理措施 | Other Treatments | 0.99 | 0.76 |
| 5.没有任何水处理措施 | No Treatments | 12.15 | 9.85 |
| (十一)住户厕所类型(%) | Type of Toilet (%) | 100.00 | 100.00 |
| 1.水冲式卫生厕所 | Flush Sanitary Toilets | 44.22 | 43.78 |
| 2.水冲式非卫生厕所 | Flush Insanitary Toilets | 1.56 | 2.46 |
| 3.卫生旱厕 | Sanitary Dry Latrines | 8.54 | 8.87 |
| 4.普通旱厕 | Ordinary Dry Latrines | 42.53 | 42.15 |
| 5.无厕所 | No Toilet | 3.15 | 2.74 |
| (十二)住户厕所使用情况(%) | Use of Toilet (%) | 100.00 | 100.00 |
| 1.本住户独用 | Private Toilet | 93.29 | 93.51 |
| 2.几户合用 | Toilet Shared by Several Households | 3.27 | 3.15 |
| 3.公用厕所 | Public Toilets | 3.44 | 3.34 |
| (十三)住户洗澡设施情况(%) | Facilities for Bathing (%) | 100.00 | 100.00 |
| 1.统一供热水 | Unified Hot Water Supply | 1.65 | 1.79 |
| 2.家庭自装热水器 | Installation of Water Heater | 66.06 | 69.04 |

3-7 续表3 Continued 3

| 项 目 | Item | 2013 | 2014 |
|---|---|---|---|
| 3.其他 | Others | 6.11 | 5.51 |
| 4.无洗澡设施 | No Facilities for Bathing | 26.19 | 23.66 |
| （十四）住户主要取暖设备状况（%） | Heating Equipment （%） | 100.00 | 100.00 |
| 1.由市政或小区集中供暖 | Municipal or District Central Heating | 1.33 | 1.30 |
| 2.自行供暖 | Self Heating | 48.48 | 50.92 |
| 3.无取暖设备 | No Heating Equipment | 50.19 | 47.79 |
| （十五）住户主要取暖用能源状况（%） | Heating Energy （%） | 100.00 | 100.00 |
| 1.柴草 | Firewood | 12.72 | 13.64 |
| 2.煤炭 | Coal | 3.84 | 1.63 |
| 3.罐装液化石油气 | Canned Liquified Petroleum Gas | 4.06 | 4.04 |
| 4.管道液化石油气 | Pipeline Liquified Petroleum Gas | 0.25 | 0.24 |
| 5.管道煤气 | Pipeline Gas | 0.19 | 0.18 |
| 6.管道天然气 | Pipeline Natural Gas | 2.46 | 2.39 |
| 7.电 | Electricity | 41.32 | 46.59 |
| 8.燃料用油 | Fuel Oil | 0.00 | 0.00 |
| 9.沼气 | Methane | 0.01 | 0.01 |
| 10.其他 | Others | 2.32 | 1.88 |
| 11.无取暖行为 | No Heating Behavior | 32.83 | 29.39 |
| （十六）主要炊用能源状况（%） | Cooking Energy （%） | 100.00 | 100.00 |
| 1.柴草 | Firewood | 36.30 | 36.78 |
| 2.煤炭 | Coal | 2.58 | 1.51 |
| 3.罐装液化石油气 | Canned Liquified Petroleum Gas | 33.53 | 30.81 |
| 4.管道液化石油气 | Pipeline Liquified Petroleum Gas | 0.87 | 1.18 |
| 5.管道煤气 | Pipeline Gas | 1.05 | 0.95 |
| 6.管道天然气 | Pipeline Natural Gas | 16.47 | 17.06 |
| 7.电 | Electricity | 8.15 | 10.83 |
| 8.燃料用油 | Fuel Oil | 0.09 | 0.01 |
| 9.沼气 | Methane | 0.09 | 0.13 |
| 10.其他 | Others | 0.36 | 0.43 |
| 11.无炊用行为 | No Cooking Behavior | 0.51 | 0.33 |

# 3-8 分城乡居民家庭生活基本情况
# Basic Conditions of Urban and Rural Households

| 指 标 | Item | 2014 |
| --- | --- | --- |
| 调查户数(户) | Number of Households Surveyed(household) | |
| 城镇 | Urban | |
| 农村 | Rural | |
| 平均每户家庭人口(人) | Household Size (person) | |
| 城镇 | Urban | 2.94 |
| 农村 | Rural | 3.04 |
| 就业 | Employment | |
| 城镇常住居民家庭每户就业人口(人) | Average Number of Employed Persons per Urban Household (person) | 1.59 |
| 农村常住居民家庭每户就业整半劳动力(人) | Average Number of Employed Full/Semi Laborer per Rural Household (person) | 1.95 |
| 农村常住居民家庭每一就业劳动力负担人数(人) | Number of Dependents per Employed Laborer of Rural Household (person) | 1.56 |
| 城镇常住居民家庭每一就业者负担人数(人) | Number of Dependents per Employee of Urban Household (person) | 1.85 |
| 收入与支出 | Income and Expenditure | |
| 城镇常住居民人均可支配收入(元) | Annual per Captita Disposable Income of Urban Residents (yuan) | 24838.52 |
| 农村常住居民人均可支配收入(元) | Annual per Captita Disposable Income of Rural Residents (yuan) | 9916.42 |
| 城镇常住居民人均消费支出(元) | Annual per Capita Consumption Expenditure of Urban Residents (yuan) | 16107.07 |
| 农村常住居民人均消费支出(元) | Annual per Capita Consumption Expenditure of Rural Residents (yuan) | 7980.76 |
| 生活质量 | Life Quality | |
| 居民家庭恩格尔系数(%) | Engel's Coefficient of Households(%) | |
| 城镇 | Urban | 33.28 |
| 农村 | Rural | 35.61 |
| 居住条件 | Residence Condition | |
| 城镇常住居民人均住房建筑面积(平方米) | Per Capita Building Space of Urban Residents (sq.m) | 35.13 |
| 农村常住居民人均住房建筑面积(平方米) | Per Capita Living Space of Rural Residents (sq.m) | 44.67 |
| 交通条件 | Traffic Condition | |
| 城镇常住居民百户家用汽车拥有量(辆) | Number of Automobile per 100 Urban Households (unit) | 15.97 |
| 农村常住居民百户家用汽车拥有量(辆) | Number of Automobile per 100 Rural Households (unit) | 6.89 |
| 移动电话普及率 | Popularization Rate of Mobile Telephone | |
| 城镇常住居民(部/百户) | Urban (set/100 Households) | 208.12 |
| 农村常住居民(部/百户) | Rural (set/100 Households) | 193.21 |

# 3-9 城镇常住居民调查户基本情况
# Basic Conditions of Urban Households Surveyed

| 指标 | Item | 单位 | Unit | 2014 |
|---|---|---|---|---|
| 一、期末户均调查人口 | Average Household Size Surveyed | 人 | person | 3.1 |
| 二、期末常住成员情况 | Conditions of Urban Residents | — | | |
| (一)户均常住成员 | Permanent Residents per Household | 人 | person | 2.9 |
| 其中:在校学生人数 | Enrolled Students | 人 | person | 0.5 |
| (二)性别 | Gender | — | | |
| 1.男性 | Male | % | % | 49.9 |
| 2.女性 | Female | % | % | 50.1 |
| (三)户口状况 | Residence Registration | — | | |
| 1.农业 | Agricultural Account | % | % | 34.0 |
| 2.非农业 | Non-agricultural Account | % | % | 65.9 |
| 3.其他 | Others | % | % | 0.1 |
| (四)15岁及以上常住成员受教育程度 | Education Level of Residents Aged 15 and Above | — | | |
| 1.未上过学 | Not Been to School | % | % | 4.6 |
| 2.小学 | Primary School | % | % | 19.9 |
| 3.初中 | Junior Secondary School | % | % | 32.7 |
| 4.高中 | Senior Secondary School | % | % | 21.3 |
| 5.大学专科 | Junior College | % | % | 12.0 |
| 6.大学本科 | Undergraduate college | % | % | 8.7 |
| 7.研究生 | Postgraduate | % | % | 0.8 |
| 三、常住从业人员情况 | Employment | — | | |
| (一)户均常住从业人数 | Employees per Household | 人 | person | 1.6 |
| (二)就业状况 | Job Situation | — | | |
| 1.雇主 | Employer | % | % | 3.0 |

3-9 续表 Continued

| 指 标 | Item | 单位 | Unit | 2014 |
|---|---|---|---|---|
| 2.公职人员 | Public Officer | % | % | 5.2 |
| 3.事业单位人员 | Institution Worker | % | % | 11.1 |
| 4.国有企业雇员 | State-owned Enterprise Employee | % | % | 10.5 |
| 5.其他雇员 | Other Employee | % | % | 47.1 |
| 6.农业自营 | Agricultural Self-employed | % | % | 6.1 |
| 7.非农自营 | Non-agricultural Self-employed | % | % | 16.8 |
| (三)主要从事行业 | Industries Engaged | — | | |
| 1.第一产业 | Primary Industry | % | % | 7.0 |
| 2.第二产业 | Secondary Industry | % | % | 24.3 |
| 3.第三产业 | Tertiary Industry | % | % | 68.7 |
| 四、调查户基本情况 | Basic Conditions of Surveyed Households | — | | |
| (一)住户类型 | Household Type | — | | |
| 1.家庭居住户 | Family Household | % | % | 99.0 |
| 2.集体居住户 | Collective Household | % | % | 1.0 |
| (二)户主文化程度 | Education Level of Householder | — | | |
| 1.未上过学 | Not Been to School | % | % | 0.9 |
| 2.小学 | Primary School | % | % | 3.6 |
| 3.初中 | Junior Secondary School | % | % | 10.2 |
| 4.高中 | Senior Secondary School | % | % | 6.3 |
| 5.大学专科 | Junior College | % | % | 3.7 |
| 6.大学本科 | undergraduate college | % | % | 2.7 |
| 7.研究生 | Postgraduate | % | % | 0.2 |
| (三)农业经营户占全部户比例 | Proportion of Agricultural Operation Households to the Total | % | % | 9.6 |

# 3-10 城镇常住居民家庭基本情况
# Basic Conditions of Urban Resident Households

| 项　目 | Item | 2014 |
|---|---|---|
| 调查户数(户) | Number of Households Surveyed (household) | |
| 平均每户家庭人口(人) | Average Household Size (person) | 2.94 |
| 平均每户就业人口(人) | Average Number of Employed persons per Household (person) | 1.59 |
| 城镇居民家庭恩格尔系数(%) | Engel's Coefficient ofHouseholds (%) | 33.28 |
| 可支配收入 | Disposable Income | 24838.52 |
| 工资性收入 | Wages Income | 15515.00 |
| 经营性收入 | Net Income From Business | 3881.73 |
| 财产性收入 | Property Income | 1787.66 |
| 转移性收入 | Transfer Income | 3654.13 |
| 平均每人消费性支出(元) | "Per Capita Annual Living Expenditures for Consumption (yuan)" | 16107.07 |
| 一、食品 | Food | 5360.33 |
| 二、衣着 | Clothing | 1333.74 |
| 三、居住 | Residence | 3542.43 |
| 四、生活用品及服务 | Household Facilities, Articles and Service | 922.87 |
| 五、交通通信 | Traffic and Communications | 1924.87 |
| 六、教育文化娱乐 | Education, Cultural & Recreation Service | 1650.87 |
| 七、医疗保健 | Medicine and Medical Service | 976.54 |
| 八、其他用品和服务 | Miscellaneous Commodities and Services | 395.42 |
| 平均每人消费性支出构成(人均消费性支出=100)(%) | Composition of per Capita Annual Living Expenditures for Consumption (%) | 100.00 |
| 一、食品 | Food | 33.28 |
| 二、衣着 | Clothing | 8.28 |
| 三、居住 | Residence | 21.99 |
| 四、生活用品及服务 | Household Facilities, Articles and Service | 5.73 |
| 五、交通通信 | Traffic and Communications | 11.95 |
| 六、教育文化娱乐 | Education, Cultural & Recreation Service | 10.25 |
| 七、医疗保健 | Medicine and Medical Service | 6.06 |
| 八、其他用品和服务 | Miscellaneous Commodities and Services | 2.45 |

# 3-11 城镇常住居民家庭人均收入情况
# Annual Income per Capita of Urban Resident Households

| 项 目 | Item | 2014 |
|---|---|---|
| **总收入(未扣除生产费用)** | **Total Income (Not Deduct the Production Cost)** | **27001.17** |
| 工资性收入 | Income from Wages and Salaries | 15515.00 |
| 家庭经营收入 | Household Business Income | 4630.52 |
| 财产性收入 | Property Income | 1947.64 |
| 转移性收入 | Transferred Income | 4908.00 |
| **现金可支配收入** | **Cash Disposable Income** | **23457.78** |
| 现金工资性收入 | Cash Wages Income | 15430.15 |
| 现金经营净收入 | Net Cash Income From Business | 4107.08 |
| 现金财产净收入 | Net Cash Property Income | 525.86 |
| 现金转移净收入 | Net Cash Transfer Income | 3394.68 |
| **总支出** | **Total Expenditures** | **22807.15** |
| 消费支出 | Expenditure for Consumption | 16107.07 |
| 生产经营费用支出 | Expenditure for Business | 365.91 |
| 财产性支出 | Property Expenditure | 137.14 |
| 转移性支出 | Transferred Expenditure | 1252.03 |
| **现金支出** | **Cash Expenditure** | **20228.24** |
| 现金消费支出 | Cash Expenditure for Consumption | 13531.54 |
| 生产经营费用支出 | Cash Expenditure for Business | 362.54 |
| 现金财产性支出 | Cash Property Expenditure | 137.14 |
| 现金转移性支出 | Cash Transferred Expenditure | 1252.03 |
| **可支配收入** | **Disposable Income** | **24838.52** |
| 一、工资性收入 | Income from Wages and Salaries | 15515.00 |
| (一)工资 | Wages | 14604.99 |
| 1.按月发放的工资 | Monthly Salaries | 12407.92 |
| 2.补发工资 | Reissued Salaries | 251.63 |
| 3.不按月发放的奖金、津贴、过节费等 | Unmonthly Paid Bonus, Allowance and Holiday Fee | 1945.44 |
| (二)实物福利 | Benefits in Kind | 84.85 |
| 1.从单位或雇主得到的实物产品折价 | Cash Calculated from Physical Products Paid by Unit or Employer | 23.98 |
| (1)食品 | Food | 19.19 |

3-11 续表1 Continued 1

| 项　　目 | Item | 2014 |
|---|---|---|
| (2)衣着 | Clothing | 0.16 |
| (3)居住 | Residence | 0.14 |
| (4)家庭设备和日用品 | Household Facilities, Articles and Service | 1.15 |
| (5)交通、通信工具及用品 | Traffic and Communications | 0.93 |
| (6)教育文化娱乐用品 | Education, Cultural & Recreation Service | 0.89 |
| (7)医疗保健用品 | Medicine and Medical Service | 0.79 |
| (8)其他用品 | Miscellaneous Commodities and Services | 0.73 |
| 2.从单位或雇主得到的服务折价 | Cash Calculated from Services by Unit or Employer | 60.87 |
| (1)免费或低价提供的工作餐 | Free or Cheap Working Meal | 52.40 |
| (2)免费或低价提供的住宿 | Free or Cheap Accommodation | 2.81 |
| (3)单位缴纳的水电费、取暖费、物业费等 | Bills of Electricity, Water, Fuel and Property Paid by Unit | 0.04 |
| (4)免费或低价提供的交通和通信服务 | Free or Cheap Traffic and Communication Services | 1.24 |
| (5)单位缴纳的教育入学赞助费 | Education Enrolment Fee Paid by Unit | 0.57 |
| (6)免费或低价提供的旅游服务 | Free or Cheap Travel Services | 1.48 |
| (7)其他服务 | Other Services | 2.34 |
| 3.单位或雇主实物福利报销所得 | Benefits in Kind Reimbursement | |
| (三)其他 | Others | 825.17 |
| 1.住房公积金 | Housing Accumulation Fund | 733.38 |
| 2.辞退金 | Dismissal Costs | 1.00 |
| 3.自由职业劳动所得(如稿费、翻译费) | Income on Freelance Business(Such as Remunerationor Translation Fees) | 58.02 |
| 4.安家费 | Settling-in Allowance | 0.96 |
| 5.股票期权 | Stock Options | 1.08 |
| 6.其他劳动所得 | Other Labor Income | 30.73 |
| 二、经营净收入 | Net Business Income | 3881.73 |
| (一)第一产业经营净收入 | Primary Industry | 458.99 |
| 1.农业 | Farming | 275.63 |
| 2.林业 | Forestry | 93.12 |
| 3.牧业 | Animal Husbandry | 73.50 |
| 4.渔业 | Fishery | 16.73 |
| (二)第二产业经营净收入 | Secondary Industry | 593.44 |

3-11 续表 2 Continued 2

| 项　目 | Item | 2014 |
|---|---|---|
| 1.采矿业 | Mining | -0.28 |
| 2.制造业 | Manufacturing | 85.73 |
| 3.电力、热力、燃气及水生产和供应业 | Production and Supply of Electricity, Gas and Water | -0.88 |
| 4.建筑业 | Construction | 508.87 |
| (三)第三产业经营净收入 | Tertiary Industry | 2829.31 |
| 1.批发和零售业 | Wholesale and Retail Trades | 1678.12 |
| 2.交通运输、仓储和邮政业 | Transport, Storage and Post | 305.24 |
| 3.住宿和餐饮业 | Hotels and Catering Services | 269.33 |
| 4.房地产业 | Real Estate | 22.03 |
| 5.租赁和商务服务业 | Leasing and Business Services | 28.89 |
| 6.居民服务、修理和其他服务业 | Serices to Households and Other Services | 487.12 |
| 7.其他 | Others | 34.35 |
| 8.农林牧渔服务业 | Agricultural Service | 4.23 |
| 三、财产净收入 | Net Property Income | 1787.66 |
| (一)利息净收入 | Net Interest Income | 5.06 |
| (二)红利收入 | Dividend Income | 29.72 |
| 1.集体分配的红利 | Collective Distribution of Dividends | 5.90 |
| 2.其他红利收入 | Other Dividend Income | 24.21 |
| (三)储蓄性保险净收益 | Net Income of Savings Insurance | 8.39 |
| (四)转让承包土地经营权租金净收入 | Net Income from Transfer of Right to Contracted Management of Rural Land | 9.96 |
| (五)出租房屋财产性收入 | Property Income from Rental Accommodation | 416.78 |
| (六)出租机械、专利、版权等资产的收入 | Income from Rental Machinery, Patent, Copyright and the Like | 35.91 |
| (七)其他财产净收入 | Other Net Property Income | -2.80 |
| (八)房屋虚拟租金 | Virtual House Rent | 1284.64 |
| 四、转移净收入 | Net Transfer Income | 3654.13 |
| (一)转移性收入 | Transfer Income | 4908.13 |
| 1.养老金或离退休金 | Pension or Retirement Pension | 3717.35 |
| (1)离退休金 | Pensions of Retirees | 3563.58 |
| (2)(城镇)居民社会养老保险 | Social Old-age Insurance for(Urban) Residents | 90.70 |
| (3)新型农村养老保险 | New System of Old-age Insurance for Rural Residents | 21.25 |

3-11 续表3 Continued 3

| 项　　目 | Item | 2014 |
| --- | --- | --- |
| (4)其他养老金 | Other Old-age Pension | 41.82 |
| 2.社会救济和补助 | Social Welfare or Aid | 91.70 |
| (1)最低生活保障费 | Guaranteed Minimum Income | 60.07 |
| (2)五保户救助金 | Aids to Households Enjoying the Five Guarantees | 0.48 |
| (3)扶贫款 | Poverty Relief Funds | 0.63 |
| (4)救灾款 | Disaster Relief Funds | 0.04 |
| (5)抚恤金 | Pension | 15.89 |
| (6)其他社会救济收入 | Other Income from Social Welfare | 14.59 |
| 3.政策性生活补贴 | Policy Living Allowance | 40.03 |
| (1)家电补贴 | Subsidies for Home Appliances | |
| (2)能源补贴 | Subsidies for Energy | 1.33 |
| (3)免费或低价提供的住宿(廉租房) | Free or Cheap Accommodation | |
| (4)其他生活补贴 | Other Living Allowance | 38.62 |
| 4.报销医疗费 | Reimbursement of Medical Expenses | 250.69 |
| 5.家庭外出从业人员寄回带回收入 | Sent Back by Family Outings Employees | 243.94 |
| 6.赡养收入 | Alimony Income | 277.75 |
| 7.其他经常转移收入 | Other Regular Transfer Income | 255.12 |
| (1)失业保险金 | Unemployment Insurance Benefits | 9.91 |
| (2)经常性捐赠收入 | Regular Donation Income | 18.11 |
| (3)经常性赔偿收入 | Regular Compensation Income | 1.33 |
| (4)其他转移性收入 | Other Transfer Income | 226.20 |
| 8.从政府和组织得到的实物产品和服务折价 | Cash Calculated from Physical Products and Service Paid by Government and Organizations | 10.73 |
| (1)食品 | Food | 6.48 |
| (2)衣着 | Clothing | 0.35 |
| (3)居住 | Residence | 0.05 |
| (4)家庭设备和日用品 | Household Facilities, Articles and Service | 2.26 |
| (5)交通、通信工具及用品 | Traffic and Communications | 0.02 |
| (6)教育文化娱乐用品 | Education, Cultural & Recreation Service | 0.08 |
| (7)医疗保健用品 | Medicine and Medical Service | 0.05 |
| (8)其他用品 | Miscellaneous Commodities and Services | 0.56 |

3-11 续表 4 Continued 4

| 项　目 | Item | 2014 |
| --- | --- | --- |
| (9)从政府组织得到的其他服务折价(不含廉租房) | Cash Calculated from Other Service Paid by Government and Organizations (Excluding Low-rent Housing) | 0.89 |
| 9.现金政策性惠农补贴 | Policy Agricultural Subsidies in Cash | 20.81 |
| (二)转移性支出 | Transferred Expenditure | 1254.00 |
| 1.个人所得税 | Personal Income Tax | 42.64 |
| 2.社会保障支出 | Social Security Expenditure | 940.97 |
| (1)个人缴纳的养老保险 | Individual Endowment Insurance | 654.69 |
| (2)个人缴纳的医疗保险 | Individual Medical Treatment Insurance | 219.39 |
| (3)个人缴纳的失业保险 | Individual Unemployment Insurance | 48.46 |
| (4)其他社会保障支出 | Other Social Security Expenditure | 18.42 |
| 3.外来从业人员寄给家人的支出 | Sent Home to Their Families by Foreign Workers | 6.84 |
| 4.赡养支出 | Alimony Expenditure | 137.07 |
| 5.其他转移性支出 | Other Transferred Expenditure | 126.48 |
| (1)经常性捐赠支出 | Regular Donation Expenditure | 35.20 |
| (2)经常性赔偿支出 | Regular Compensation Expenditure | |
| (3)其他经常转移支出 | Other Regular Transfer Expenditure | 91.28 |
| **现金可支配收入** | **Cash Disposable Income** | **23457.78** |
| 一、现金工资性收入 | Cash Income from Wages and Salaries | 15430.15 |
| (一)工资 | Wages | 14604.99 |
| 1.按月发放的工资 | Monthly Salaries | 12407.92 |
| 2.补发工资 | Reissued Salaries | 251.63 |
| 3.不按月发放的奖金、津贴、过节费等 | Unmonthly Paid Bonus, Allowance and Holiday Fee | 1945.44 |
| (二)其他工资性收入 | Other Income from Wages and Salaries | 825.17 |
| 1.住房公积金 | Housing Accumulation Fund | 733.38 |
| 2.辞退金 | Dismissal Costs | 1.00 |
| 3.自由职业劳动所得(如稿费、翻译费) | Income on Freelance Business ( Such as Remunerationor Translation Fees ) | 58.02 |
| 4.安家费 | Settling-in Allowance | 0.96 |
| 5.股票期权 | Stock Options | 1.08 |
| 6.其他劳动所得 | Other Labor Income | 30.73 |
| 二、现金经营净收入 | Net Cash Business Income | 4107.08 |

3-11 续表5 Continued 5

| 项　目 | Item | 2014 |
|---|---|---|
| (一)第一产业现金经营净收入 | Primary Industry | 313.08 |
| 1.农业 | Farming | 224.56 |
| 2.林业 | Forestry | 4.19 |
| 3.牧业 | Animal Husbandry | 68.29 |
| 4.渔业 | Fishery | 16.03 |
| (二)第二产业现金经营净收入 | Secondary Industry | 645.50 |
| 1.采矿业 | Mining | 0.00 |
| 2.制造业 | Manufacturing | 102.05 |
| 3.电力、热力、燃气及水生产和供应业 | Production and Supply of Electricity, Gas and Water | -0.05 |
| 4.建筑业 | Construction | 543.51 |
| (三)第三产业现金经营净收入 | Tertiary Industry | 3148.50 |
| 1.批发和零售业 | Wholesale and Retail Trades | 1877.16 |
| 2.交通运输、仓储和邮政业 | Transport, Storage and Post | 355.76 |
| 3.住宿和餐饮业 | Hotels and Catering Services | 287.21 |
| 4.房地产业 | Real Estate | 23.09 |
| 5.租赁和商务服务业 | Leasing and Business Services | 28.89 |
| 6.居民服务、修理和其他服务业 | Serices to Households and Other Services | 529.01 |
| 7.其他行业 | Others | 47.39 |
| 8.农林牧渔服务业 | Agricultural Service | 4.23 |
| 三、现金财产净收入 | Net Cash Property Income | 525.86 |
| (一)利息净收入 | Net Interest Income | 5.06 |
| (二)红利收入 | Dividend Income | 29.72 |
| 1.集体分配的红利 | Collective Distribution of Dividends | 5.90 |
| 2.其他红利收入 | Other Dividend Income | 23.82 |
| (三)储蓄性保险净收益 | Net Income of Savings Insurance | 8.39 |
| (四)转让承包土地经营权租金净收入 | Net Income from Transfer of Right to Contracted Management of Rural Land | 9.96 |
| (五)出租房屋财产性收入 | Property Income from Rental Accommodation | 416.78 |
| (六)出租机械、专利、版权等资产的收入 | Income from Rental Machinery, Patent, Copyright and the Like | 58.76 |
| (七)其他财产净收入 | Other Net Property Income | -2.80 |
| 四、现金转移净收入 | Net Cash Transfer Income | 3394.68 |

## 3-11 续表6 Continued 6

| 项 目 | Item | 2014 |
|---|---|---|
| (一)现金转移性收入 | Cash Transfer Income | 4646.71 |
| 1.养老金或离退休金 | Pension or Retirement Pension | 3717.35 |
| (1)离退休金 | Pensions of Retirees | 3563.58 |
| (2)(城镇)居民社会养老保险 | Social Old-age Insurance for (Urban) Residents | 90.70 |
| (3)新型农村养老保险 | New System of Old-age Insurance for Rural Residents | 21.25 |
| (4)其他养老金 | Other Old-age Pension | 41.82 |
| 2.社会救济和补助 | Social Welfare or Aid | 91.70 |
| (1)最低生活保障费 | Guaranteed Minimum Income | 60.07 |
| (2)五保户救助金 | Aids to Households Enjoying the Five Guarantees | 0.48 |
| (3)扶贫款 | Poverty Relief Funds | 0.63 |
| (4)救灾款 | Disaster Relief Funds | 0.04 |
| (5)抚恤金 | Pension | 15.89 |
| (6)其他社会救济收入 | Other Income from Social Welfare | 14.59 |
| 3.政策性生活补贴(只含政策生活补贴) | Policy Living Allowance | 40.03 |
| 4.家庭外出从业人员寄回带回收入 | Sent Back by Family Outings Employees | 243.94 |
| 5.赡养收入 | Alimony Income | 277.75 |
| 6.其他经常转移收入 | Other Regular Transfer Income | 255.12 |
| (1)失业保险金 | Unemployment Insurance Benefits | 10.03 |
| (2)经常性捐赠收入 | Regular Donation Income | 18.11 |
| (3)经常性赔偿收入 | Regular Compensation Income | 1.33 |
| (4)其他转移性收入 | Other Transfer Income | 225.66 |
| 7.现金政策性惠农补贴 | Policy Agricultural Subsidies in Cash | 20.81 |
| (二)现金转移性支出 | Cash Transferred Expenditure | 1252.03 |
| 1.个人所得税 | Personal Income Tax | 42.64 |
| 2.个人缴纳的社会保障支出 | Individual Social Security Expentiduture | 940.97 |
| (1)个人缴纳的养老保险 | Individual Endowment Insurance | 654.69 |
| (2)个人缴纳的医疗保险 | Individual Medical Treatment Insurance | 219.39 |
| (3)个人缴纳的失业保险 | Individual Unemployment Insurance | 48.46 |
| (4)其他社会保障支出 | Other Social Security Expenditure | 18.42 |
| 3.外来从业人员寄给家人的支出 | Sent Home to Their Families by Foreign Workers | 6.84 |
| 4.赡养支出 | Alimony Expenditure | 137.07 |
| 5.其他转移性支出 | Other Transferred Expenditure | 124.51 |
| (1)经常性捐赠支出 | Regular Donation Expenditure | 34.94 |
| (2)经常性赔偿支出 | Regular Compensation Expenditure | |
| (3)其他经常转移支出 | Other Regular Transfer Expenditure | 89.58 |

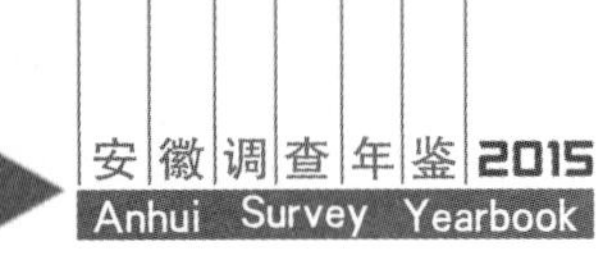


# 3-12 城镇常住居民家庭人均支出情况
# Annual Expenditure per Capita of Urban Resident Households

| 项 目 | Item | 2014 |
|---|---|---|
| **总支出** | **Total Expenditure** | **22807.15** |
| **其中:消费支出** | **Consumption Expenditure** | **16107.07** |
| (一)食品烟酒 | Food,Tobacco and Liquor | 5360.33 |
| 1.食品 | Food | 3573.23 |
| (1)谷物 | Cereals | 541.91 |
| (2)薯类 | Tubers | 37.75 |
| (3)豆类 | Beans | 68.95 |
| (4)食用油 | Edible Oil | 149.28 |
| (5)蔬菜和食用菌 | Vegetables and Edible Fungus | 512.31 |
| (6)肉类 | Meat | 734.86 |
| (7)禽类 | Poultry | 252.25 |
| (8)水产品 | Aquatic Products | 251.43 |
| (9)蛋类 | Eggs | 125.95 |
| (10)奶类 | Milk | 293.47 |
| (11)干鲜瓜果类 | Fresh,Dried Melons and Fruits | 333.46 |
| (12)糖果糕点类 | Candies,Cake and Cookie | 143.88 |
| (13)其他食品 | Other Foods | 127.71 |
| 2.烟酒 | Tobacco and Liquor | 773.67 |
| (1)烟草 | Tobacco | 445.03 |
| (2)酒类 | Liquor | 328.63 |
| 3.饮料 | Drinks | 132.51 |
| 4.饮食服务 | Diet Service | 880.92 |
| (1)食堂用餐 | Cafeteria Food | 96.82 |
| (2)其他在外饮食 | Dinning Out | 776.21 |
| (3)食品加工服务费 | Food Processing and Service Fee | 7.90 |

3-12 续表 1 Continued 1

| 项　目 | Item | 2014 |
|---|---|---|
| (二)衣着 | Clothing | 1333.74 |
| 1.衣类 | Clothing | 1028.30 |
| 2.鞋类 | Footwear | 305.44 |
| (三)居住 | Residence | 3542.43 |
| 1.租赁房房租 | Rent of Rentable Housing | 216.38 |
| 2.住房维修及管理 | Management and Maintenance of Housing | 450.81 |
| 3.水电燃料及其他 | Water, Electricity, Fuels and Others | 771.35 |
| 4.自有住房折算租金 | Converted Rent for Private Housing | 2103.88 |
| (四)生活用品及服务 | Household Facilities, Articles and Service | 922.87 |
| 1.家具及室内装饰品 | Furniture and Interior Decorations | 174.86 |
| 2.家用器具 | Household Facilities | 280.18 |
| 3.家用纺织品 | Home Textiles | 71.70 |
| 4.家庭日用杂品 | Daily-Use Household Articles | 218.84 |
| 5.个人用品 | Personal Products | 136.16 |
| 6.家庭服务 | Household Service | 41.14 |
| (五)交通通信 | Traffic and Communications | 1924.87 |
| 1.交通 | Transportation | 1184.48 |
| (1)交通工具 | Transportation Facility | 536.24 |
| (2)交通费 | Traffic Fare | 189.34 |
| (3)交通工具用燃料 | Fuels | 267.88 |
| (4)交通工具使用及维修 | Fees for Vehicles Use and Mamintenance | 191.02 |
| 其中:车辆保险支出 | Of Which: Vehicle Insurance Expenditure | 59.11 |
| 2.通信 | Communications | 740.39 |
| (1)通信工具 | Communication Facility | 135.57 |
| (2)通信服务 | Communication Services | 604.82 |
| (六)教育文化娱乐 | Education, Cultural & Recreation Service | 1650.87 |

3-12 续表2 Continued 2

| 项 目 | Item | 2014 |
| --- | --- | --- |
| 1.教育 | Education | 1080.17 |
| (1)学前教育 | Preschool Education | 134.22 |
| (2)小学教育 | Primary Education | 104.35 |
| (3)初中教育 | Secondary Education | 122.21 |
| (4)高中教育 | High School Education | 169.61 |
| (5)中专职高教育 | Vocational Senior and Specialized Secondary Education | 23.47 |
| (6)大专及以上教育 | College Education or Above | 452.50 |
| (7)成人教育 | Adult Education | 73.82 |
| 2.文化娱乐 | Cultural and Recreation | 570.70 |
| (1)文娱耐用消费品 | Cultural and Recreational Durable Consumer Goods | 125.20 |
| (2)其他文娱用品 | Other Cultural Articles | 103.77 |
| (3)文化娱乐服务 | Cultural and Recreation Service | 341.73 |
| (七)医疗保健 | Medicine and Medical Service | 976.54 |
| 1.医疗器具及药品 | Medical Instrument and Articles | 298.68 |
| 2.医疗服务 | Medical Service | 677.86 |
| (1)门诊总费用 | Outpatient Costs | 181.65 |
| (2)住院总费用 | Hospitalization Expenses | 496.21 |
| (八)其他用品和服务 | Miscellaneous Commodities and Services | 395.42 |
| 1.其他用品 | Miscellaneous Commodities | 262.09 |
| 2.其他服务 | Miscellaneous Services | 133.33 |
| #通过互联网购买的商品或服务 | Goods and Services Bought Online | 176.23 |

# 3-13 城镇居民家庭平均每百户耐用消费品拥有量及信息化情况(2014年)
# Ownership of Major Durable Consumer Goods and Informatization per 100 Urban Households (2014)

| 项　　目 | Item | 2014 |
|---|---|---|
| 一、主要消费品拥有量 | Ownership of Major Durable Consumer Goods | |
| 1.家用汽车 | Household Automobile | 15.97 |
| 2.摩托车 | Motorcycle | 23.07 |
| 3.助力车 | Man-drawn Vehicle | 61.65 |
| 4.洗衣机 | Washing Machine | 93.93 |
| 5.电冰箱(柜) | Refrigerator | 96.94 |
| 6.微波炉 | Microwave Oven | 58.25 |
| 7.彩色电视机 | Color TV | 130.04 |
| 9.空调 | Air Conditioner | 140.37 |
| 10.热水器 | Water Heater | 93.86 |
| 11.其中:太阳能热水器 | Of Which: Solar Heater | 65.40 |
| 12.消毒碗柜 | Disinfectant Machine | 3.88 |
| 13.洗碗机 | Dishwasher | 0.62 |
| 14.排油烟机 | Kitchen Ventilator | 67.77 |
| 15.固定电话 | Telephone | 56.56 |
| 16.移动电话 | Mobile Telephone | 208.12 |
| 18.计算机 | Computer | 69.14 |
| 20.摄像机 | Video Camera | 5.12 |
| 21.照相机 | Camera | 30.29 |
| 22.中高档乐器 | Medium Upscale Musical Instrument | 3.37 |
| 23.健身器材 | Healthy Equipment | 2.75 |
| 24.组合音响 | Hi-Fi Stereo Component System | 6.69 |
| 二、信息化调查情况 | Informatization | |
| 接入有线电视网络的电视机(台) | Cable Television(set) | 85.21 |
| 接入互联网的移动电话(部) | Network-connected Hand Telephone (unit) | 93.39 |
| 接入互联网的计算机(台) | Network-connected Computers(set) | 55.12 |

# 3-14 按收入等级分的城镇居民家庭人均收支情况(2014年)

单元:元

| 项　目 | Item | 合　计<br>Total |
|---|---|---|
| **家庭总收入** | **Total Income** | **27001.17** |
| 可支配收入 | #Disposable Income | 24838.52 |
| 工资性收入 | Income from Wages and Salaries | 15515.00 |
| 经营净收入 | Net Business Income | 3881.73 |
| 财产性收入 | Income from Properties | 1787.66 |
| 转移性收入 | Income fromTransfer | 3654.13 |
| 借贷性所得 | Lending and Loaning Income | 2508.70 |
| **家庭总支出** | **Total Expenditures** | **22807.15** |
| 消费支出 | Expenditure for Consumption | 16107.07 |
| 食品 | Food | 5360.33 |
| 衣着 | Clothing | 1333.74 |
| 居住 | Residence | 3542.43 |
| 家庭设备用品及服务 | Household Facilities, Articles and Service | 922.87 |
| 医疗保健 | Medicine and Medical Service | 1924.87 |
| 交通和通信 | Traffic and Communications | 1650.87 |
| 教育文化娱乐服务 | Education, Cultural & Recreation Service | 976.54 |
| 其他商品和服务 | Miscellaneous Commodities and Services | 395.42 |
| 新购住房总金额(万元) | Total Amount of Newly Purchased House (10 thousand yuan) | 0.51 |
| 新建住房总费用(万元) | Total Cost of Newly Built House (10 thousand yuan) | 0.04 |
| 财产性支出 | Property Expenditure | 137.14 |
| 转移性支出 | Tranferred Expenditure | 1252.03 |
| 社会保障支出 | Social Security Expenditure | 940.97 |
| 借贷支出 | Lending and Loaning Expenditures | 1908.97 |

## Income and Expenditures per Capita of Urban Households Grouped by Income Brackete(2014)

(yuan)

| 按收入等级分 Grouped by Percentile of Households | | | | |
|---|---|---|---|---|
| 低收入户 Low Income Households | 中低收入户 Lower Middle Income Households | 中等收入户 Middle Income Households | 中高收入户 Upper Middle Income Households | 高收入户 High Income Households |
| **12239.65** | **19229.00** | **25171.39** | **32645.19** | **53359.62** |
| 10426.78 | 17522.03 | 23230.65 | 30431.84 | 49910.80 |
| 6431.09 | 11310.33 | 14785.24 | 19122.20 | 30353.83 |
| 1349.67 | 2588.66 | 3612.95 | 4075.20 | 9137.99 |
| 875.86 | 1300.69 | 1581.76 | 2309.21 | 3348.86 |
| 1770.16 | 2322.35 | 3250.70 | 4925.23 | 7070.11 |
| 1204.27 | 1283.77 | 2433.78 | 2816.06 | 5647.02 |
| **12178.85** | **16541.08** | **21921.12** | **27012.54** | **41989.87** |
| 8896.07 | 12314.94 | 16111.97 | 18948.11 | 27802.33 |
| 3336.44 | 4210.98 | 5511.13 | 6361.74 | 8352.44 |
| 619.41 | 992.29 | 1314.70 | 1546.62 | 2545.48 |
| 2042.62 | 2901.90 | 3498.27 | 4237.56 | 5721.76 |
| 437.58 | 662.86 | 821.96 | 1147.25 | 1802.26 |
| 749.87 | 1147.69 | 1999.38 | 2635.04 | 3681.84 |
| 1011.08 | 1378.70 | 1736.20 | 1683.15 | 2740.73 |
| 547.51 | 802.19 | 857.90 | 958.31 | 1952.04 |
| 151.56 | 218.32 | 372.42 | 378.45 | 1005.78 |
| 0.05 | 0.36 | 0.57 | 0.63 | 1.12 |
| 0.06 | 0.09 | 0.02 | 0.00 | 0.02 |
| 30.70 | 63.73 | 162.79 | 126.03 | 359.43 |
| 693.36 | 989.18 | 1144.52 | 1453.60 | 2267.76 |
| 546.95 | 784.62 | 866.32 | 1142.58 | 1553.27 |
| 733.05 | 907.23 | 1541.76 | 2660.49 | 4449.30 |

# 3-15 各市城镇常住居民家庭人均收支情况(2014年)

单元:元

| 项　目 | Item | 合肥市 Hefei | 芜湖市 Wuhu | 蚌埠市 Bengbu | 淮南市 Huainan | 马鞍山市 Maanshan |
|---|---|---|---|---|---|---|
| **家庭总收入** | **Total Income** | **31394.17** | **29593.67** | **25706.31** | **29013.41** | **35007.09** |
| #可支配收入 | # Disposable Income | 29347.62 | 27384.03 | 24146.99 | 26267.00 | 32560.00 |
| 工资性收入 | Income from Wages and Salaries | 19328.58 | 14943.05 | 14184.62 | 18492.11 | 18130.12 |
| 经营净收入 | Net Business Income | 3619.20 | 4575.32 | 3225.91 | 2939.27 | 6009.09 |
| 财产性收入 | Income from Properties | 2444.12 | 1847.92 | 1076.80 | 1320.12 | 2233.25 |
| 转移性收入 | Income from Transfer | 3955.72 | 6017.75 | 5659.66 | 3515.50 | 6187.54 |
| **总支出** | **Total Expenditure** | **23458.15** | **23084.65** | **19659.09** | **26104.57** | **30312.56** |
| **生活消费支出** | **Consumption Expenditure** | **18213.96** | **16390.28** | **13656.38** | **15218.47** | **21564.56** |

## Per Capita Income and Expenditure of Urban Residents by City (2014)

(yuan)

| 淮北市 Huaibei | 铜陵市 Tongling | 安庆市 Anqing | 黄山市 Huangshan | 滁州市 Chuzhou | 阜阳市 Fuyang | 宿州市 Suzhou | 六安市 Lu'an | 亳州市 Bozhou | 池州市 Chizhou | 宣城市 Xuancheng |
|---|---|---|---|---|---|---|---|---|---|---|
| **26144.84** | **31473.76** | **24375.52** | **26281.35** | **24921.07** | **23136.54** | **23326.30** | **22590.77** | **22909.02** | **23639.42** | **30615.43** |
| 23787.05 | 29234.00 | 22109.00 | 24194.04 | 22091.00 | 21714.77 | 21941.02 | 20609.99 | 21192.01 | 22295.06 | 26289.01 |
| 14858.90 | 20885.58 | 13429.60 | 14055.27 | 12658.46 | 13783.80 | 12579.22 | 13167.33 | 9682.95 | 13563.77 | 13865.17 |
| 3480.08 | 1864.81 | 3107.33 | 3588.05 | 4386.62 | 3937.88 | 4414.88 | 3793.67 | 7634.63 | 3127.31 | 7601.72 |
| 1354.38 | 1972.34 | 1258.15 | 1426.62 | 1349.02 | 1695.36 | 1188.31 | 1163.86 | 1347.01 | 2013.65 | 1866.94 |
| 4093.69 | 4511.27 | 4313.92 | 5124.09 | 3696.90 | 2297.73 | 3758.61 | 2485.14 | 2527.41 | 3590.33 | 2955.18 |
| **20847.33** | **27143.84** | **17499.76** | **20115.97** | **20908.51** | **19681.13** | **17456.92** | **17247.45** | **21909.07** | **19643.68** | **27085.28** |
| **14632.49** | **19882.11** | **13047.50** | **14721.28** | **13721.96** | **14409.98** | **12140.43** | **13182.83** | **14263.64** | **14934.49** | **16452.68** |

# 3-16 各市城镇常住居民家庭平均每百户耐用消费品拥有量及信息化情况(2014年)

| 项 目 | Item | 合 肥<br>Hefei | 芜湖市<br>Wuhu | 蚌埠市<br>Bengbu | 淮南市<br>Huainan |
|---|---|---|---|---|---|
| **一、主要消费品拥有量** | **Ownership of Major Durable Consumer Goods** | | | | |
| 1.家用汽车 | Household Automobile | 20.4 | 18.4 | 4.2 | 14.7 |
| 2.摩托车 | Motorcycle | 9.6 | 16.7 | 21.3 | 14.2 |
| 3.助力车 | Man-drawn Vehicle | 40.4 | 68.4 | 40.5 | 36.6 |
| 4.洗衣机 | Washing Machine | 88.9 | 90.1 | 93.4 | 101.6 |
| 5.电冰箱(柜) | Refrigerator | 93.6 | 97.2 | 89.2 | 100.8 |
| 6.微波炉 | Microwave Oven | 64.5 | 65.3 | 45.4 | 68.4 |
| 7.彩色电视机 | Color TV | 117.4 | 137.2 | 122.6 | 144.2 |
| 9.空调 | Air Conditioner | 134.7 | 143.2 | 104.3 | 150.5 |
| 10.热水器 | Water Heater | 94.8 | 94.6 | 93.8 | 106.0 |
| 11.其中:太阳能热水器 | Of Which: Solar Heater | 52.2 | 53.5 | 71.1 | 85.6 |
| 12.消毒碗柜 | Disinfectant Machine | 2.4 | 5.3 | 1.0 | 2.7 |
| 13.洗碗机 | Dishwasher | 0.3 | 0.3 | 1.0 | 0.3 |
| 14.排油烟机 | Kitchen Ventilator | 79.5 | 74.3 | 56.6 | 67.6 |
| 15.固定电话 | Telephone | 43.6 | 67.1 | 66.4 | 48.9 |
| 16.移动电话 | Mobile Telephone | 190.5 | 204.8 | 181.6 | 228.7 |
| 18.计算机 | Computer | 64.8 | 70.1 | 61.0 | 82.1 |
| 20.摄像机 | Video Camera | 3.6 | 6.3 | 3.8 | 4.3 |
| 21.照相机 | Camera | 33.3 | 30.2 | 18.5 | 27.1 |
| 22.中高档乐器 | Medium Upscale Musical Instrument | 2.4 | 2.1 | 0.7 | 4.2 |
| 23.健身器材 | Healthy Equipment | 1.4 | 2.1 | 3.7 | 3.5 |
| 24.组合音响 | Hi-Fi Stereo Component System | 5.5 | 6.1 | 5.2 | 4.6 |
| **二、信息化调查情况** | **Informatization** | | | | |
| 接入有线电视网络的电视机(台) | Cable Television(set) | 79.4 | 104.1 | 87.5 | 106.8 |
| 接入互联网的移动电话(部) | Network-connected Hand Telephone (unit) | 82.7 | 96.3 | 55.9 | 120.8 |
| 接入互联网的计算机(台) | Network-connected Computers(set) | 48.5 | 57.8 | 46.1 | 75.7 |

# Ownership of Major Durable Consumer Goods and Informatization per 100 Urban Households by City (2014)

| 马鞍山市 Maanshan | 淮北市 Huaibei | 铜陵市 Tongling | 安庆市 Anqing | 黄山市 Huangshan | 滁州市 Chuzhou | 阜阳市 Fuyang | 宿州市 Suzhou | 六安市 Lu'an | 亳州市 Bozhou | 池州市 Chizhou | 宣城市 Xuancheng |
|---|---|---|---|---|---|---|---|---|---|---|---|
| | | | | | | | | | | | |
| 24.7 | 18.1 | 20.8 | 10.7 | 17.0 | 15.8 | 12.4 | 9.2 | 14.6 | 11.0 | 9.0 | 19.0 |
| 17.7 | 32.0 | 13.0 | 49.5 | 27.0 | 43.1 | 17.1 | 21.9 | 32.9 | 22.2 | 36.3 | 24.8 |
| 79.1 | 43.5 | 22.8 | 65.2 | 80.4 | 74.1 | 83.7 | 96.9 | 62.2 | 130.2 | 51.8 | 70.1 |
| 94.8 | 103.5 | 99.1 | 76.7 | 85.2 | 94.0 | 99.9 | 95.5 | 85.3 | 100.7 | 79.6 | 91.2 |
| 100.3 | 101.0 | 101.4 | 91.4 | 95.7 | 96.6 | 95.3 | 89.2 | 94.7 | 90.3 | 95.1 | 100.8 |
| 77.8 | 46.2 | 76.0 | 51.7 | 46.4 | 66.2 | 42.8 | 33.3 | 56.8 | 43.4 | 48.0 | 50.1 |
| 161.5 | 117.6 | 131.6 | 114.6 | 139.2 | 143.7 | 120.7 | 111.9 | 114.7 | 122.8 | 110.6 | 148.5 |
| 185.0 | 124.8 | 175.7 | 116.3 | 110.9 | 130.8 | 113.9 | 101.9 | 120.1 | 98.7 | 128.4 | 151.1 |
| 99.5 | 100.4 | 104.3 | 88.5 | 92.3 | 89.5 | 76.6 | 82.4 | 90.4 | 76.9 | 91.2 | 102.3 |
| 62.1 | 93.1 | 68.7 | 66.8 | 71.1 | 75.8 | 46.3 | 70.8 | 79.6 | 53.9 | 69.2 | 79.9 |
| 9.8 | 2.8 | 3.0 | 5.2 | 3.6 | 2.7 | 4.4 | 3.5 | 4.0 | 0.3 | 5.3 | 4.8 |
| 1.2 | 0.2 | 0.0 | 0.4 | 0.0 | 0.9 | 1.5 | 0.3 | 0.0 | 0.8 | 0.4 | 0.6 |
| 79.7 | 65.3 | 85.8 | 68.6 | 66.8 | 56.6 | 27.9 | 39.6 | 71.3 | 25.4 | 69.8 | 76.6 |
| 74.6 | 64.2 | 57.8 | 77.1 | 64.1 | 54.7 | 52.0 | 66.4 | 56.8 | 55.7 | 56.5 | 54.6 |
| 221.6 | 221.1 | 205.7 | 184.9 | 214.2 | 222.3 | 226.7 | 195.7 | 195.6 | 209.9 | 192.4 | 226.4 |
| 86.7 | 67.8 | 87.8 | 56.3 | 72.0 | 57.4 | 58.9 | 63.0 | 56.1 | 52.4 | 59.2 | 81.1 |
| 10.4 | 4.9 | 8.5 | 2.5 | 2.9 | 4.0 | 4.9 | 4.0 | 4.8 | 0.6 | 2.2 | 5.8 |
| 46.1 | 20.4 | 37.7 | 20.5 | 28.5 | 20.9 | 21.2 | 18.1 | 29.8 | 19.1 | 21.1 | 25.1 |
| 8.4 | 3.6 | 3.3 | 3.8 | 2.3 | 1.1 | 2.2 | 2.4 | 2.7 | 0.6 | 1.9 | 2.3 |
| 4.6 | 3.4 | 2.8 | 0.8 | 3.3 | 2.3 | 3.7 | 1.4 | 3.0 | 5.6 | 0.9 | 4.8 |
| 12.8 | 6.7 | 4.3 | 11.7 | 6.2 | 5.3 | 3.0 | 1.5 | 9.2 | 9.4 | 7.9 | 5.7 |
| | | | | | | | | | | | |
| | | | | | | | | | | | |
| 140.1 | 54.0 | 88.2 | 83.6 | 112.5 | 69.5 | 74.5 | 63.4 | 83.9 | 46.3 | 91.5 | 115.7 |
| 123.0 | 103.6 | 96.3 | 61.0 | 119.2 | 70.5 | 53.9 | 94.3 | 93.8 | 85.3 | 68.8 | 165.9 |
| 81.6 | 49.9 | 67.7 | 43.0 | 65.3 | 44.8 | 45.8 | 50.7 | 45.1 | 31.3 | 47.7 | 74.8 |

# 3-17 各县城镇常住居民人均可支配收入(2014年)
# Per Capita Disposable Income of Urban Households by County(2014)

单位:元 (yuan)

| 地　区 | Region | 2014 |
|---|---|---|
| 全　省 | Total | 24839 |
| 合肥市 | Hefei | 29348 |
| 瑶海区 | Yaohai District | 31211 |
| 庐阳区 | Luyang District | 33422 |
| 蜀山区 | Shushan District | 33941 |
| 包河区 | Baohe District | 34470 |
| 合肥新站区 | Hefei New Station District | 25262 |
| 长丰县 | Changfeng | 23541 |
| 肥东县 | Feidong | 24615 |
| 肥西县 | Feixi | 26061 |
| 庐江县 | Lujiang | 22206 |
| 巢湖市 | Chaohu | 23562 |
| 合肥经开区 | Hefei Economic-technology Development Zone | 27392 |
| 合肥高新区 | Hefei New and High-tech Zone | 26828 |
| 芜湖市 | Wuhu | 27384 |
| 镜湖区 | Jinghu District | 30885 |
| 弋江区 | Yijiang District | 28705 |
| 鸠江区 | Jiujiang District | 27036 |
| 三山区 | Sanshang District | 24719 |
| 芜湖县 | Wuhu | 25168 |
| 繁昌县 | Fanchang | 25112 |
| 南陵县 | Nanling | 24859 |
| 无为县 | Wuwei | 24995 |
| 蚌埠市 | Bengbu | 24147 |
| 龙子湖区 | Longzihu District | 29850 |
| 蚌山区 | Bengshan District | 26579 |
| 禹会区 | Yuhui District | 23433 |
| 淮上区 | Huaishang District | 23850 |
| 怀远县 | Huaiyuan | 20850 |

3-17 续表1 Continued 1

| 地　　区 | Region | 2014 |
|---|---|---|
| 五河县 | Wuhe | 20950 |
| 固镇县 | Guzhen | 21050 |
| 淮南市 | Huainan | 26267 |
| 大通区 | Datong District | 27795 |
| 田家庵区 | Tianjaan District | 28476 |
| 谢家集区 | Xiejiaji District | 25547 |
| 八公山区 | Bagongshan District | 24764 |
| 潘集区 | Panji District | 24496 |
| 毛集实验区 | Maoji Experimental District | 19696 |
| 凤台县 | Fengtai | 24602 |
| 马鞍山市 | Maanshan | 32560 |
| 花山区 | Huashan District | 39546 |
| 雨山区 | Yushan District | 42353 |
| 博望区 | Bowang District | 28538 |
| 当涂县 | Dangtu | 25840 |
| 含山县 | Hanshan | 21163 |
| 和县 | Hexian | 21928 |
| 淮北市 | Huaibei | 23787 |
| 杜集区 | Duji District | 22919 |
| 相山区 | Xiangshan District | 26916 |
| 烈山区 | Lieshan District | 22365 |
| 濉溪县 | Suixi | 21255 |
| 铜陵市 | Tongling | 29234 |
| 铜官山区 | Tongguanshan District | 31261 |
| 铜陵县 | Tongling | 24651 |
| 狮子山区 | Shizishan District | 27766 |
| 郊区 | Suburban District | 28756 |
| 安庆市 | Anqing | 22109 |
| 迎江区 | Yingjiang District | 28553 |
| 大观区 | Daguan District | 28007 |

3-17 续表2 Continued 2

| 地 区 | Region | 2014 |
|---|---|---|
| 宜秀区 | Yixiu District | 20707 |
| 怀宁县 | Huaining | 22643 |
| 枞阳县 | Zongyang | 18767 |
| 潜山县 | Qianshan | 21896 |
| 太湖县 | Taihu | 19211 |
| 宿松县 | Susong | 18215 |
| 望江县 | Wangjiang | 19986 |
| 岳西县 | Yuexi | 18531 |
| 桐城市 | Tongcheng | 21953 |
| 安庆开发区 | Anqing Development Zone | 27822 |
| 黄山市 | Huangshan | 24194 |
| 屯溪区 | Tunxi District | 26361 |
| 黄山区 | Huangshan District | 25828 |
| 徽州区 | Huizhou District | 25934 |
| 歙县 | Shexian | 22148 |
| 休宁县 | Xiuning | 22257 |
| 黟县 | Yixian | 21443 |
| 祁门县 | Qimen | 21993 |
| 滁州市 | Chuzhou | 22091 |
| 琅琊区 | Langya District | 28662 |
| 南谯区 | Nanqiao District | 24452 |
| 来安县 | Laian | 22104 |
| 全椒县 | Quanjiao | 19994 |
| 定远县 | Dingyuan | 19556 |
| 凤阳县 | Fengyang | 17719 |
| 天长市 | Tianchang | 22502 |
| 明光市 | Mingguang | 19515 |
| 阜阳市 | Fuyang | 21715 |
| 颍州区 | Yingzhou District | 24839 |
| 颍东区 | Yingdong District | 20688 |

3-17 续表 3 Continued 3

| 地　区 | Region | 2014 |
|---|---|---|
| 颍泉区 | Yingquan District | 22109 |
| 临泉县 | Linquan | 20131 |
| 太和县 | Taihe | 21375 |
| 阜南县 | Funan | 20070 |
| 颍上县 | Yingshang | 21196 |
| 界首市 | Jieshou | 22563 |
| 宿州市 | Suzhou | 21941 |
| 埇桥区 | Yongqiao District | 25724 |
| 砀山县 | Dangshan | 22967 |
| 萧县 | Xiaoxian | 16790 |
| 灵璧县 | Lingbi | 17700 |
| 泗县 | Sixian | 16618 |
| 六安市 | Luan | 20610 |
| 金安区 | Jinan District | 23581 |
| 裕安区 | Yuan District | 24117 |
| 寿县 | Shouxian | 17884 |
| 霍邱县 | Huoqiu | 18682 |
| 舒城县 | Shucheng | 19759 |
| 金寨县 | Jinzhai | 18431 |
| 霍山县 | Huoshan | 20761 |
| 叶集试验区 | Yeji Experimental District | 19632 |
| 亳州市 | Bozhou | 21192 |
| 谯城区 | Qiaocheng District | 22974 |
| 涡阳县 | Guoyang | 18801 |
| 蒙城县 | Mengcheng | 21106 |
| 利辛县 | Lixin | 20997 |
| 池州市 | Chizhou | 22295 |
| 贵池区 | Guichi District | 23095 |
| 东至县 | Dongzhi | 21313 |
| 石台县 | Shitai | 19694 |

3-17 续表4 Continued 4

| 地　　区 | Region | 2014 |
|---|---|---|
| 青阳县 | Qingyang | 22829 |
| 九华山景区 | Jiuhuashan Mountain Scenic Area | – |
| 池州开发区 | Chizhou Development Zone | – |
| 宣城市 | Xuancheng | 26289 |
| 宣州区 | Xuanzhou District | 26361 |
| 郎溪县 | Langxi | 26055 |
| 广德县 | Guangde | 28432 |
| 泾县 | Jingxian | 21228 |
| 绩溪县 | Jixi | 23369 |
| 旌德县 | Jingde | 18794 |
| 宁国市 | Ningguo | 28933 |

# 3-18 农村居民家庭基本情况(2014年)
# Basic Conditions of Rural Households(2014)

| 项 目 | Item | 2014 |
|---|---|---|
| 调查户数(户) | Number of Households Surveyed(household) | |
| 调查户常住人口(人) | Number of Permanent Residents per Households(person) | 3.08 |
| 平均每户整半劳动力(人) | Average Full-Time and Part-Time Labors per Household (person) | 2.01 |
| 平均每个劳动力负担人口(人) | Average Person Supported by Each Labor (person) | 1.53 |
| **劳动力文化程度状况(%)** | **Education Attainments** | |
| 不识字或识字很少 | Few Illiteracy and Illiteracy | 12.50 |
| 小学程度 | Primary School | 32.81 |
| 初中程度 | Junior School | 46.88 |
| 高中程度 | Senior Secondary School | 6.25 |
| 中专程度 | Secondary Technical School | |
| 大专及以上 | Junior College and Above | 1.56 |
| 期末实际经营的土地面积(亩/人) | Land Area Dealing in Actually at the End of Term (mu/person) | 3.07 |
| 耕地 | Farmland | 2.21 |
| 山地 | Mountains | 0.69 |
| 园地 | Gardening Land | 0.07 |
| 养殖水面 | Aquatic Space | 0.10 |
| **期末住房情况** | **Housing Conditions at the Year-end** | |
| 拥有住房面积(平方米/人) | Dwelling Space(sq.m/person) | 44.99 |
| 住房价值(元/人) | Value of Houses(yuan/person) | 39300.00 |
| 住房类型(平方米/人) | Housing Styles(sq.m/person) | |
| 楼房面积 | Building Space | |
| 砖瓦平房面积 | Bungalow Space | |
| 住房结构(平方米/人) | Housing Structure(sq.m/person) | |
| 钢筋混凝土结构面积 | Reinforced Structure | |
| 砖木结构面积 | Brick and Wood Structure | |
| 期内新建(购)住房情况 | Newly-built Houses Within the Year | |
| 新建(购)住房面积(平方米/人) | Newly-built House Space(sq.m/person) | 1.71 |
| 新建(购)住房价值(元/人) | Value in Each Squre Meter(yuan/person) | 1500.00 |
| 年末户均生产性固定资产(元) | Original Value of Productive Fixed Assets at Year-end(yuan/household) | 4671.56 |
| #农业 | #Agriculture | 1903.14 |
| 牧业 | Animal Husbandry | 270.54 |
| 渔业 | Fishery | 30.07 |
| 年末生产性固定资产拥有量(每百户) | Major Productive Fixed Assets at Year-end (Per 100 Households) | |
| #汽车 | #Automobile | 6.90 |
| 大中型拖拉机 | Large and Medium Tractors | 2.74 |
| 小型和手扶拖拉机 | Mini and Walking Tractors | 30.90 |
| 水泵 | Pumps | 18.15 |

# 3-19 农村居民家庭人均总收入及构成(2014 年)
# Per Capita Total Income and Composition of Rural Households(2014)

单位:元、% (yuan、%)

| 项　目 | Item | 2014 |
|---|---|---|
| **总收入** | **Total Income(yuan)** | **12467.6** |
| 工资性收入 | Income from Wages and Salaries | 3554.9 |
| 家庭经营收入 | Household Business Income | 6274.9 |
| 农业 | Farming | 3610.4 |
| 林业 | Forestry | 266.5 |
| 牧业 | Animal Husbandry | 651.2 |
| 渔业 | Fishery | 232.2 |
| 工业 | Industry | |
| 建筑业 | Construction | 265.5 |
| 交通、运输、邮电业 | Transport and Telecommunications Industries | 201.6 |
| 批发和零售贸易、餐饮业 | Wholesale and Retail Trade, Catering Industry | 575.1 |
| 社会服务和文教卫生业 | Social Services and Cultural, Educational, | 129.7 |
| 其他行业 | Other Industry | 35.3 |
| 财产性收入 | Property Income | 169.1 |
| 转移性收入 | Transferred Income | 2468.7 |
| | | |
| **总收入构成(%)** | **Composition of Total Income(%)** | |
| 工资性收入 | Income from Wages and Salaries | 28.5 |
| 家庭经营收入 | Income from Household Operations | 50.3 |
| 财产性收入 | Income from Properties | 1.4 |
| 转移性收入 | Income from Transfers | 1.9 |

# 3-20 农村居民家庭人均可支配收入及构成(2014年)
# Annual Disposable Income of Rural Households per Capita and Composition(2014)

单位:元、% (yuan、%)

| 项　目 | Item | 2014 |
|---|---|---|
| **全年可支配收入** | **Net Income(yuan)** | **9916.42** |
| **按收入来源分** | **Grouped by Income Source** | |
| (一)工资性收入 | Income from Wages and Salaries | 3554.87 |
| (二)家庭经营可支配收入 | Income from Household Operations | 3985.90 |
| 1.第一产业可支配收入 | Income of Primary Industry | 2879.11 |
| 2.第二产业可支配收入 | Income of Secondary Industry | 256.76 |
| 3.第三产业可支配收入 | Income of Tertiary Industry | 850.03 |
| (三)财产性可支配收入 | Income from Properties | 149.08 |
| (四)转移性可支配收入 | Income from Transfers | 2226.57 |
| **收入构成(%)** | **Composition of Income(%)** | |
| 工资性收入 | Income from Wages and Salaries | 35.85 |
| 家庭经营收入 | Income from Household Operations | 40.19 |
| 财产性收入 | Income from Properties | 1.50 |
| 转移性收入 | Income from Transfers | 22.45 |

# 3-21 农村居民家庭人均现金收入及构成(2014年)
# Per Capita Cash Income and Composition of Rural Households(2014)

单位:元、% (yuan、%)

| 项　　目 | Item | 2014 |
|---|---|---|
| **期内现金收入合计** | **Cash Income(yuan)** | **11441.1** |
| (一)工资性收入 | Income from Wages and Salaries | 3543.0 |
| (二)家庭经营收入 | Income from Household Operations | 5469.2 |
| (三)财产性收入 | Income from Properties | 169.1 |
| (四)转移性收入 | Income from Transfers | 2259.7 |
| **非收入现金所得** | **Non-Income Cash** | **1107.9** |
| **现金收入构成(%)** | **Composition of Cash Income(%)** | |
| (一)工资性收入 | Income from Wages and Salaries | 31.0 |
| (二)家庭经营现金收入 | Income from Household Operations | 47.8 |
| (三)财产性收入 | Income from Properties | 1.5 |
| (四)转移性收入 | Income from Transfers | 9.7 |

# 3-22 农村居民家庭人均总支出及构成(2014 年)
# Per Capita Total Expenditure and Composition of Rural Households(2014)

单位:元、% (yuan、%)

| 项 目 | Item | 2014 |
|---|---|---|
| **总支出(元)** | **Total Expenditure** | **14176.35** |
| (一)家庭经营费用支出 | Expenditure for Household Business | 1986.46 |
| 1.第一产业生产费用支出 | Primary Industry | 1734.02 |
| 2.第二产业生产费用支出 | Secondary Industry | 95.46 |
| 3.第三产业生产费用支出 | Tertiary Industry | 156.97 |
| (二)购置生产性固定资产支出 | Purchase of Productive Fixed Assets | 1128.78 |
| (三)建、造生产性固定资产雇工支出 | Handling Expenditure for Construction of Productive Fixed Assets | 146.54 |
| (四)借贷性和保险支出 | Lending and Insurance Expenditure | 1073.35 |
| (五)生活消费支出 | Consumption Expenditure | 7980.76 |
| 食品 | Food | 2842.33 |
| 衣着 | Clothing | 473.95 |
| 居住 | Residence | 1686.02 |
| 家庭设备、用品及服务 | Household Facilities, Articles and Service | 498.69 |
| 交通通讯 | Traffic and Communications | 811.71 |
| 文化娱乐用品及服务 | Education, Cultural & Recreation Service | 735.12 |
| 医疗保健 | Medicine and Medical Service | 778.84 |
| 其他商品和服务 | Miscellaneous Commodities and Services | 154.10 |
| (六)财产性支出 | Expenditure for Property | 12.72 |
| (七)转移性支出 | Transferred Expenditure | 1847.75 |
| | | |
| **总支出构成(%)** | **Composition of Total Expenditure** | |
| 家庭经营费用支出 | Expenditure for Household Business | 14.01 |
| 购置生产性固定资产支出 | Purchase of Productive Fixed Assets | 7.96 |
| 建、造生产性固定资产雇工支出 | Handling Expenditure for Construction of Productive Fixed Assets | 1.03 |
| 借贷性和保险支出 | Lending and Insurance Expenditure | 7.57 |
| 生活消费支出 | Consumption Expenditure | 56.30 |
| 财产性支出 | Expenditure for Property | 0.09 |
| 转移性支出 | Transferred Expenditure | 13.03 |

# 3-23 农村居民家庭人均现金支出及构成(2014年)
# Per Capita Cash Expenditure and Composition of Rural Households(2014)

单位:元、% (yuan、%)

| 项目 | Item | 2014 |
|---|---|---|
| **期内现金支出合计(元)** | **Cash Expenditure(yuan)** | **12497.06** |
| 家庭经营费用支出 | Expenditure for Household Business | 1907.23 |
| 第一产业生产费用支出 | Primary Industry | 1654.80 |
| 农业 | Farming | 1122.67 |
| 林业 | Forestry | 43.44 |
| 牧业 | Animal Husbandry | 367.41 |
| 渔业 | Fishery | 121.28 |
| 第二产业生产费用支出 | Secondary Industry | 95.46 |
| 工业 | Industry | |
| 建筑业 | Construction | 67.88 |
| 第三产业生产费用支出 | Tertiary Industry | 156.97 |
| 交通、运输、邮电业 | Transport and Telecommunications Industries | 43.16 |
| 批发和零售贸易、餐饮业 | Wholesale and Retail Trade, Catering Industry | 59.40 |
| 社会服务和文教卫生业 | Social Services and Cultural, Educational, and Public Health Services | 13.55 |
| 其他行业 | Other Industry | 40.87 |
| 购置生产性固定资产及雇工支出 | Purchase of Productive Fixed Assets | 1275.31 |
| 借贷性和保险支出 | Lending and Insurance Expenditure | 1073.35 |
| 生活消费支出 | Consumption Expenditure | 6380.69 |
| 财产性支出 | Expenditure for Property | 12.72 |
| 转移性支出 | Transferred Expenditure | 1847.75 |
| **现金支出构成(%)** | **Composition of Cash Expenditure(%)** | |
| 家庭经营费用支出 | Expenditure for Household Business | 15.26 |
| 购置生产性固定资产及雇工支出 | Purchase of Productive Fixed Assets | 10.20 |
| 借贷性和保险 | Lending and Insurance Expenditure | 8.59 |
| 生活消费支出 | Consumption Expenditure | 51.06 |
| 财产性支出 | Expenditure on Properties | 0.10 |
| 转移性支出 | Expenditure on Transfers | 14.79 |

# 3-24 农村居民家庭每百户耐用消费品拥有量(2014 年)
# Ownership of Major Durable Consumer Goods per 100 Rural Households(2014)

| 项　　目 | Item | 2014 |
| --- | --- | --- |
| 洗衣机 | Washing Mathine(set) | 69.70 |
| 电冰箱 | Refrigerator(set) | 84.85 |
| 空调机 | Air Conditioner(set) | 54.55 |
| 抽油烟机 | Exhaust Fan(set) | 9.09 |
| 微波炉 | Microwave Oven (unit) | 15.15 |
| 热水器 | Shower(set) | 63.64 |
| 自行车 | Bicycle(set) | 69.70 |
| 摩托车 | Motorcycle(set) | 51.52 |
| 汽车(生活用) | Automobile(set) | 6.06 |
| 固定电话机 | Telephone(set) | 45.45 |
| 移动电话 | Mobile Telephone(set) | 190.91 |
| 彩色电视机 | Color TV Set (set) | 118.18 |
| 黑白电视机 | Black and White TV Set (set) | 0.00 |
| 摄像机 | Video Camera(set) | 0.41 |
| 影碟机 | Video Disc Player(set) | 0.11 |
| 照相机 | Camera(set) | 3.03 |
| 家用计算机 | Computer(set) | 18.18 |

# 3-25 按收入等级分的农村居民家庭基本情况(2014年)

| 项　目 | Item | 总平均 Total |
|---|---|---|
| 家庭常住人口(人) | Number of Permanent Residents per Household (person) | 3.0 |
| 就业劳动力(人) | Number of Employed Persons (person) | 0.6 |
| 劳动力文化程度(人) | Education Attainments of Employed Persons (person) | 0.6 |
| 文盲或半文盲 | Few Illiteracy and Illiteracy | 0.1 |
| 小学程度 | Primary School | 0.2 |
| 初中程度 | Junior Secondary School | 0.3 |
| 高中程度 | Senior Secondary School | 0.0 |
| 中专程度 | Secondary Technical School | 0.0 |
| 大专及以上 | Junior College and Above | 0.0 |
| 人均生产性固定资产原值(元) | Per Capita Initial Value of Productive Fixed Assets (yuan) | 4347.9 |
| 人均年内新建房屋面积(平方米) | Per Capita Floor Space of Buildings Newly Started in the Year (sq.m) | 1.7 |
| 人均年内新建房屋价值(元) | Per Capita Value of Buildings Newly Started in the Year (yuan) | 1470.6 |
| 人均年末拥有住房面积(平方米) | Per Capita Housing Area at the Year-end (sq.m) | 45.0 |
| 人均年末经营耕地面积(平方米) | Per Capita Arable Land Area Business End (sq.m) | 1470.1 |
| 人均主要农产品消费量(公斤) | Per Capita Consumption of Major Farm Products (kg) | 419.5 |
| 粮食 | Grain | 182.0 |
| 蔬菜及制品 | Fresh Vegetables and Related Products | 88.1 |
| 食用油 | Edible Oil | 14.1 |
| 食糖 | Sugar | 1.2 |
| 烟叶 | Tobacco | 35.1 |
| 水果 | Fruits | 30.2 |
| 瓜类 | Melon | 0.5 |
| 猪肉 | Pork | 16.5 |
| 牛肉 | Beef | 0.8 |
| 羊肉 | Mutton | 0.3 |
| 家禽 | Poultry | 10.1 |
| 蛋类及制品 | Eggs and Related Products | 9.3 |
| 水产品 | Aquatic Products | 8.8 |
| 奶和奶制品 | Milk and Dairy Products | 7.3 |
| 酒 | Liquor | 15.4 |

## Basic Conditions of Rural Households by Five Equal Parts of Income (2014)

| 低收入户<br>Low Income<br>Households | 中低收入户<br>Lower Middle<br>Income Households | 中等收入户<br>Middle Income<br>Households | 中高收入户<br>Upper Middle<br>Income Households | 高收入户<br>High Income<br>Households |
|---|---|---|---|---|
| 3.4 | 3.2 | 3.2 | 2.8 | 2.6 |
| 0.5 | 0.6 | 0.6 | 0.7 | 0.7 |
| 0.5 | 0.6 | 0.6 | 0.7 | 0.8 |
| 0.1 | 0.1 | 0.1 | 0.1 | 0.1 |
| 0.2 | 0.2 | 0.2 | 0.2 | 0.2 |
| 0.3 | 0.3 | 0.3 | 0.3 | 0.4 |
| 0.0 | 0.0 | 0.0 | 0.1 | 0.1 |
| 0.0 | 0.0 | 0.0 | 0.0 | 0.0 |
| 0.0 | 0.0 | 0.0 | 0.0 | 0.0 |
| 4762.0 | 3160.5 | 3383.9 | 4025.8 | 6840.1 |
| 1.9 | 1.9 | 0.8 | 1.5 | 2.6 |
| 1685.4 | 1835.3 | 600.4 | 1391.5 | 1902.2 |
| 36.3 | 41.2 | 45.2 | 48.6 | 56.9 |
| 1287.8 | 1452.3 | 1401.1 | 1504.8 | 1778.9 |
| 355.0 | 379.8 | 416.6 | 450.3 | 523.3 |
| 166.2 | 169.1 | 180.6 | 191.3 | 210.0 |
| 70.4 | 80.9 | 86.6 | 95.5 | 113.8 |
| 11.0 | 12.3 | 14.4 | 16.3 | 17.5 |
| 1.0 | 1.0 | 1.0 | 1.3 | 1.5 |
| 29.0 | 28.3 | 35.8 | 37.6 | 47.7 |
| 22.1 | 28.2 | 29.8 | 32.7 | 41.2 |
| 0.5 | 0.5 | 0.5 | 0.6 | 0.6 |
| 13.9 | 14.9 | 16.4 | 17.8 | 20.5 |
| 0.5 | 0.6 | 0.7 | 0.9 | 1.2 |
| 0.2 | 0.2 | 0.3 | 0.3 | 0.4 |
| 7.7 | 8.9 | 10.1 | 11.4 | 13.3 |
| 7.2 | 8.7 | 8.9 | 10.0 | 12.3 |
| 7.3 | 7.5 | 8.5 | 9.6 | 12.1 |
| 5.5 | 6.1 | 7.5 | 8.6 | 9.5 |
| 12.3 | 12.7 | 15.5 | 16.2 | 21.6 |

# 3-26 按收入等级分的农村居民家庭人均收入情况(2014 年)

单元:元、%

| 项　　目 | Item | 总平均<br>Total |
|---|---|---|
| 一、可支配收入 | Disposable Income | 9499.8 |
| (一)工资性收入 | Income from Wages and Salaries | 3554.9 |
| (二)家庭经营可支配收入 | Income from Household Operations | 3562.0 |
| 1.第一产业可支配收入 | Income of Primary Industry | 2299.8 |
| 非农产业可支配收入 | Net Income from Non-agricultural Industry | 1262.2 |
| 2.第二产业可支配收入 | Income of Secondary Industry | 289.5 |
| 3.第三产业可支配收入 | Income of Tertiary Industry | 972.7 |
| (三)财产性可支配收入 | Income from Properties | 156.4 |
| (四)转移性可支配收入 | Income from Transfers | 2226.6 |
| 二、总收入 | Total Income | 12467.6 |
| (一)工资性收入 | Income from Wages and Salaries | 3554.9 |
| (二)家庭经营总收入 | Household Business Income | 6274.9 |
| 1.第一产业总收入 | Income of Primary Industry | 4760.3 |
| 2.第二产业总收入 | Income of Secondary Industry | 384.9 |
| 3.第三产业总收入 | Income of Tertiary Industry | 1129.7 |
| (三)财产性总收入 | Property Income | 169.1 |
| (四)转移性总收入 | Transferred Income | 2468.7 |

# Per Capita Income of Rural Households by Five Equal Parts of Income(2014)

(yuan、%)

| 低收入户 Low Income Households | 中低收入户 Lower Middle Income Households | 中等收入户 Middle Income Households | 中高收入户 Upper Middle Income Households | 高收入户 High Income Households |
|---|---|---|---|---|
| 3774.6 | 6539.9 | 8740.5 | 11531.6 | 19411.7 |
| 977.7 | 2027.0 | 3446.0 | 4918.9 | 7475.0 |
| 1701.3 | 2614.7 | 3386.4 | 3497.1 | 7476.9 |
| 1479.3 | 2024.3 | 2131.3 | 2109.1 | 4140.7 |
| 221.9 | 590.4 | 1255.1 | 1388.0 | 3336.3 |
| -74.0 | 83.5 | 288.4 | 311.7 | 1000.4 |
| 295.9 | 506.9 | 966.7 | 1076.3 | 2335.8 |
| 59.0 | 80.5 | 56.8 | 219.1 | 433.8 |
| 1036.7 | 1817.8 | 1851.3 | 2896.5 | 4025.9 |
| 6346.7 | 8559.4 | 11257.6 | 14762.0 | 24353.1 |
| 977.7 | 2027.0 | 3446.0 | 4918.9 | 7475.0 |
| 4034.9 | 4419.7 | 5674.5 | 6485.0 | 12045.7 |
| 3310.1 | 3737.4 | 4292.5 | 4878.1 | 8392.2 |
| 167.2 | 109.4 | 329.4 | 395.6 | 1072.0 |
| 557.5 | 572.9 | 1052.6 | 1211.3 | 2581.5 |
| 67.4 | 82.6 | 82.5 | 220.5 | 461.8 |
| 1266.6 | 2030.1 | 2054.6 | 3137.6 | 4370.6 |

# 3-27 按收入等级分的农村居民家庭人均支出情况（2014年）

单元:元、%

| 项　　目 | Item | 总平均 Total |
|---|---|---|
| 一、总支出 | Total Expenditure | 14176.4 |
| 家庭经营费用支出 | Expenditure for Household Business | 1986.5 |
| 第一产业生产费用支出 | Primary Industry | 1734.0 |
| 第二产业生产费用支出 | Secondary Industry | 95.5 |
| 第三产业生产费用支出 | Tertiary Industry | 157.0 |
| 购置生产性固定资产支出 | Purchase of Productive Fixed Assets | 1275.31 |
| 借贷性和保险支出 | Lending and Insurance Expenditure | 1073.3 |
| 生活消费支出 | Consumption Expenditure | 7980.8 |
| 食品 | Food | 2049.5 |
| 衣着 | Clothing | 474.0 |
| 居住 | Residence | 1686.0 |
| 家庭设备用品及服务 | Household Facilities, Articles and Service | 498.7 |
| 交通通讯 | Traffic and Communications | 811.7 |
| 文教娱乐用品及服务 | Education, Cultural & Recreation Service | 735.1 |
| 医疗保健 | Medicine and Medical Service | 778.8 |
| 其他商品和服务 | Miscellaneous Commodities and Services | 154.1 |
| 财产性支出 | Expenditure for Property | 12.7 |
| 转移性支出 | Transferred Expenditure | 1847.8 |
| 二、现金支出 | Cash Expenditure(yuan) | 12497.1 |
| 家庭经营费用现金支出 | Expenditure for Household Business | 1907.2 |
| 第一产业生产费用支出 | Primary Industry | 1654.8 |
| 第二产业生产费用支出 | Secondary Industry | 95.5 |
| 第三产业生产费用支出 | Tertiary Industry | 157.0 |
| 购置生产性固定资产现金支出 | Purchase of Productive Fixed Assets | 1275.3 |
| 借贷性和保险支出 | Lending and Insurance Expenditure | 1073.3 |
| 生活消费现金支出 | Consumption Expenditure | 6380.7 |
| 财产性现金支出 | Expenditure for Property | 12.7 |
| 转移性现金支出 | Transferred Expenditure | 1847.8 |

## Per Capita Expenditures of Rural Households by Five Equal Parts of Income (2014)

(yuan、%)

| 低收入户 Low Income Households | 中低收入户 Lower Middle Income Households | 中等收入户 Middle Income Households | 中高收入户 Upper Middle Income Households | 高收入户 High Income Households |
|---|---|---|---|---|
| 12301.5 | 11017.6 | 11931.7 | 14188.7 | 23356.5 |
| 2741.5 | 1365.1 | 1467.0 | 1563.5 | 2883.2 |
| 2238.7 | 1273.3 | 1340.1 | 1344.7 | 2566.0 |
| 241.2 | 25.8 | 40.9 | 83.9 | 71.6 |
| 261.6 | 66.0 | 85.9 | 135.0 | 245.7 |
| 1266.4 | 967.1 | 676.2 | 949.6 | 2775.9 |
| 609.8 | 605.7 | 781.1 | 1203.5 | 2485.3 |
| 6417.0 | 6594.2 | 7228.9 | 8510.5 | 12114.1 |
| 1665.4 | 1833.3 | 2016.5 | 2222.8 | 2672.9 |
| 357.5 | 382.2 | 429.5 | 516.1 | 750.0 |
| 1311.1 | 1387.5 | 1562.0 | 1856.9 | 2516.5 |
| 379.7 | 395.4 | 418.8 | 569.5 | 805.0 |
| 788.9 | 608.7 | 659.8 | 815.7 | 1279.3 |
| 638.6 | 693.4 | 679.6 | 833.8 | 874.0 |
| 531.3 | 578.7 | 547.0 | 697.0 | 1732.0 |
| 141.9 | 115.4 | 149.6 | 168.3 | 208.3 |
| 8.5 | 2.1 | 25.6 | 1.4 | 28.0 |
| 1258.4 | 1483.3 | 1752.8 | 1960.3 | 3070.1 |
| 11027.4 | 9599.2 | 10389.1 | 12424.0 | 20743.9 |
| 2667.9 | 1283.3 | 1404.1 | 1492.1 | 2771.0 |
| 2165.1 | 1191.4 | 1277.2 | 1273.2 | 2453.7 |
| 241.2 | 25.8 | 40.9 | 83.9 | 71.6 |
| 1266.4 | 967.1 | 676.2 | 949.6 | 2775.9 |
| 609.7 | 605.7 | 781.1 | 1203.5 | 2485.3 |
| | | | | |
| 5216.5 | 5257.8 | 5749.2 | 6817.3 | 9613.7 |
| 8.5 | 2.1 | 25.6 | 1.4 | 28.0 |
| 1258.4 | 1483.3 | 1752.8 | 1960.3 | 3070.1 |

# 3-28 农村居民家庭户均生产性固定资产原值(2014年)
# Initial Value of Productive Fixed Assets in Rural Households(2014)

| 项 目 | Item | 2014 |
|---|---|---|
| 生产性固定资产原值(元/户) | Initial Value of Productive Fixed Assets(yuan/household) | 4671.56 |
| 1.农业 | (1) Farming | 1903.14 |
| 2.林业 | (2) Forestry | 3.83 |
| 3.牧业 | (3) Animal Husbandry | 270.54 |
| 4.渔业 | (4) Fishery | 30.07 |
| 5.采矿业 | Mining | |
| 6.制造业 | Manufacturing | 380.49 |
| 7.电力煤气与水的生产及供应 | Production and Supply of Electricity, Gas and Water | 1.43 |
| 8.建筑业 | Construction | 108.90 |
| 9.交通运输业、仓储和邮政业 | Transportation, Storage and Postal Services | 691.94 |
| 10.批发和零售贸易业 | Wholesale & Retail Trade | 880.18 |
| 11.住宿和餐饮业 | Accommodation and Catering Trade | 92.99 |
| 12.居民服务与其他服务业 | Resident Services and Other Services | 135.69 |
| 13.教育 | Education | |
| 14.卫生、社会保障和福利业 | Health Care, Social Protection and Social Welfare | |
| 15.文化、体育和娱乐业 | Culture, Sports and Entertainment | |
| 16.其他 | Others | 172.36 |

# 3-29 农村居民家庭人均主要食品消费量(2014 年)
# Per Capita Main Food Consumption of Rural Households(2014)

单位:千克 kg

| 项　　目 | Item | 2014 |
|---|---|---|
| 一、粮食消费量 | Grain | 182.0 |
| #小麦 | #Wheat | 65.9 |
| 二、油脂类消费量 | Oil and Fats | 14.1 |
| 植物油 | Edible Vegetable Oil | 13.2 |
| 动物油 | Edible Animal Oil | 0.9 |
| 三、烟叶消费量 | Tobacco | |
| 四、豆类及豆制品 | Beans and Processed Products | 9.7 |
| 大豆 | Soybean | 1.7 |
| 五、蔬菜及菜制品消费量 | Vegetables and Processed Products | 88.1 |
| 鲜菜 | Fresh Vegetables | 86.4 |
| 六、瓜类 | Melons | |
| 七、水果类 | Fruit | |
| 八、消费茶叶 | Tea | 0.2 |
| 九、坚果消费量 | Nuts and Grain Products | 2.0 |
| 十、肉禽及其制品 | Meat, Poultry and Processed Products | 29.5 |
| 1.猪肉 | Pork | 16.5 |
| 2.牛肉 | Beef | 0.8 |
| 3.羊肉 | Mutton | 0.3 |
| 4.家禽 | Poultry | 10.1 |
| 5.其他肉禽及制品 | Others | 10.7 |
| 十一、蛋类及蛋制品 | Eggs and Processed Products | 9.3 |
| 十二、奶和奶制品 | Milk and Dairy Products | 7.3 |
| 十三、水产品 | Aquatic Products | 8.8 |
| 十四、食糖 | Sugar | 1.2 |
| 十五、酒 | Liquor and Drinks | 15.4 |
| 其中:1.白酒 | Of Which: Wine Spirit | 4.2 |
| 2.啤酒 | Beer | 11.1 |

# 3-30　农村居民家庭年人均出售主要农副产品情况(2014年)
# Annual Selling of Farm and Sideline Products of Rurl Households per Capita(2014)

单位:千克　　kg

| 项　目 | Item | 2014 |
| --- | --- | --- |
| 粮食 | Grain | 1080.8 |
| #小麦 | #Wheat | 488.8 |
| 稻谷 | Paddy | 344.6 |
| 棉花 | Cotton | 6.5 |
| 油料 | Oil Producer | 23.0 |
| 糖料 | Sugar | 5.6 |
| 烟草 | Tobacco | 0.0 |
| 蔬菜 | Vegetable | 24.9 |
| 瓜类 | Melon | 38.9 |
| 水果 | Fruits | 6.7 |
| 茶叶 | Tea | 3.4 |
| 猪肉 | Pork | 21.1 |
| 家禽 | Poultry | 7.1 |
| 蛋类 | Eggs | 4.3 |
| 水产品 | Aquatic Products | 6.1 |

# 3-31 农村居民家庭主要生活用品购买量(2014 年)

# Annual Purchases of Articles for Daily Use of Rural Households per Capita(2014)

| 项　　目 | Item | 单位 | Unit | 2014 |
|---|---|---|---|---|
| 粮食 | Grain | (千克/人) | (kg/person) | 81.27 |
| 植物油 | Edible Vegetable Oil | (千克/人) | (kg/person) | 6.87 |
| 动物油 | Edible Animal Oil | (千克/人) | (kg/person) | 0.89 |
| 蔬菜 | Vegetables | (千克/人) | (kg/person) | 39.37 |
| 猪肉 | Pork | (千克/人) | (kg/person) | 14.88 |
| 牛羊肉 | Beef and Mutton | (千克/人) | (kg/person) | 1.03 |
| 家禽 | Poultry | (千克/人) | (kg/person) | 7.89 |
| 鲜蛋 | Fresh Eggs | (千克/人) | (kg/person) | 5.72 |
| 鲜活鱼类 | Fresh Fish | (千克/人) | (kg/person) | 7.91 |
| 卷烟 | Tobacco | (盒/人) | (pack/person) | 35.00 |
| 酒 | Wine | (千克/人) | (kg/person) | 19.23 |
| 水果 | Fruits | (千克/人) | (kg/person) | |
| 服装 | Clothing | (件/人) | (piece/person) | |
| 鞋类 | Shoes | (双/人) | (two/person) | 3.20 |
| 水泥 | Cement | (千克/人) | (kg/person) | |
| 钢材 | Steel | (千克/人) | (kg/person) | |
| 生活用煤 | Coal | (千克/人) | (kg/person) | |
| 电视机 | TV Sets | (台/百户) | (set/100 households) | 6.06 |
| 洗衣机 | Washing Machine | (台/百户) | (set/100 households) | 6.06 |
| 电风扇 | Electric Fans | (台/百户) | (set/100 households) | |
| 电冰箱 | Refrigerators | (台/百户) | (set/100 households) | 3.03 |
| 自行车 | Bicycle | (辆/百户) | (set/100 households) | 3.03 |
| 摩托车 | Motocycle | (辆/百户) | (set/100 households) | |
| 热水器 | Shower | (台/百户) | (set/100 households) | 3.03 |
| 电话机 | Telephone Sets | (部/百户) | (set/100 households) | 3.03 |
| 手机 | Mobile Phones | (部/百户) | (set/100 households) | 39.39 |

# 3-32 农村居民家庭固定资产投资情况(2014年)
# Fixed Assets Investment of Rural Households(2014)

单位:万元 (10 thousand yuan)

| 项 目 | Item | 2014 |
|---|---|---|
| 新增固定资产原值 | New Original Value of Fixed Assets | 5546289.0 |
| 固定资产投资完成额 | Finished Value of Investment of the Fixed Assets | 6192840.0 |
| 按投资来源分 | Investment by Source | |
| 国内贷款 | Domestic Loans | 1761166.0 |
| 自筹资金 | Self-raising Funds | 3896914.0 |
| 其他资金 | Others | 534760.0 |
| 按投资构成分 | According to Constitute Sub-investment | |
| 建筑工程 | Construction | 4757583.0 |
| 安装工程 | Installation | |
| 设备工、器具购置 | For Equipment, the Purchase of Equipment | 1069376.0 |
| 其他 | Others | 365881.0 |
| 按投资方向分 | According to the Investment Direction Pm | |
| 农业 | Agriculture | 1249725.0 |
| 采矿业 | Mining | |
| 制造业 | Manufacturing | 54302.0 |
| 电力、燃气及水的生产和供应业 | Production and Supply of Electricity, Gas and Water | 45.0 |
| 建筑业 | Construction | 19836.0 |
| 交通运输、仓储和邮政业 | Transport, Storage and Post | 280019.0 |
| 信息传输、计算机服务和软件业 | Information Transmission, Computer Services and Software | |
| 批发和零售业 | Wholesale and Retail Trades | 43429.0 |
| 住宿和餐饮业 | Hotels and Catering Services | 2751.0 |
| 房地产业 | Real Estate | 4396959.0 |
| 居民服务和其他服务业 | Serices to Households and Other Services | 28308.0 |
| 文化、体育和娱乐业 | Culture, Sports and Entertainment | |
| 其它 | Others | 117466.0 |
| 按具体投资项目分 | Based on specific investment projects | |
| 房屋 | Housing | 4723937.0 |
| 道路 | Road | |
| 设备 | Equipment | 1069376.0 |
| 水利 | Water | 3026.0 |
| 其他 | Others | 396501.0 |
| 施工房屋面积(万平方米) | Floor Space of Buildings(10 000 sq.m) | 5482.9 |
| 其中:住宅 | Residential Buildings | 5052.5 |
| 竣工房屋面积(万平方米) | Floor Space of Buildings Completed(10 000 sq.m) | 4453.7 |
| 其中:住宅 | Residential Buildings | 4251.1 |
| 竣工房屋投资完成额 | Completion Amount of Investment of Buildings Completed | 4077385.1 |
| 其中:住宅 | Residential Buildings | 3781813.0 |

# 3-33 各市农村常住居民人均可支配收入和消费支出(2014年)
# Per Capita Disposable Income and Consumption Expenditures of Rural Residents by City(2014)

单位:元 (yuan)

| 地区 | Region | 可支配收入 Disposable Income | 消费支出 Consumption Expenditure |
|---|---|---|---|
| 全省 | Total | 9916 | 7981 |
| 合肥市 | Hefei | 14407 | 9077 |
| 芜湖市 | Wuhu | 14606 | 9606 |
| 蚌埠市 | Bengbu | 10511 | 5544 |
| 淮南市 | Huainan | 10547 | 7238 |
| 马鞍山市 | Maanshan | 14969 | 9833 |
| 淮北市 | Huaibei | 9116 | 6447 |
| 铜陵市 | Tongling | 16405 | 11516 |
| 安庆市 | Anqing | 9024 | 7434 |
| 黄山市 | Huangshan | 10942 | 8151 |
| 滁州市 | Chuzhou | 9171 | 6484 |
| 阜阳市 | Fuyang | 8213 | 6696 |
| 宿州市 | Suzhou | 8332 | 5006 |
| 六安市 | Lu'an | 8287 | 7265 |
| 亳州市 | Bozhou | 8967 | 7592 |
| 池州市 | Chizhou | 10629 | 8779 |
| 宣城市 | Xuancheng | 11251 | 9323 |

# 3-34 各县农村常住居民人均可支配收入(2014 年)
# Per Capita Disposable Income of Rural Residents by County(2014)

单位:元 (yuan)

| 地　　区 | Region | 2014 |
|---|---|---|
| **全　省** | **Total** | **9916** |
| **合肥市** | **Hefei** | **14407** |
| 瑶海区 | Yaohai District | 18482 |
| 庐阳区 | Luyang District | 19168 |
| 蜀山区 | Shushan District | 18810 |
| 包河区 | Baohe District | 19381 |
| 合肥新站区 | Hefei New Station District | 14165 |
| 长丰县 | Changfeng | 13395 |
| 肥东县 | Feidong | 14807 |
| 肥西县 | Feixi | 15070 |
| 庐江县 | Lujiang | 13111 |
| 巢湖市 | Chaohu | 13860 |
| 合肥经开区 | Hefei Economic-technology Development Zone | - |
| 合肥高新区 | Hefei New and High-tech Zone | 14181 |
| **芜湖市** | **Wuhu** | **14606** |
| 镜湖区 | Jinghu District | 18050 |
| 弋江区 | Yijiang District | 15121 |
| 鸠江区 | Jiujiang District | 16039 |
| 三山区 | Sanshan District | 15907 |
| 芜湖县 | Wuhu | 16269 |
| 繁昌县 | Fanchang | 16118 |
| 南陵县 | Nanling | 15786 |
| 无为县 | Wuwei | 12989 |
| **蚌埠市** | **Bengbu** | **10511** |
| 龙子湖区 | Longzihu District | 10334 |

3-34 续表 1 Continued 1

| 地　　区 | Region | 2014 |
|---|---|---|
| 蚌山区 | Bengshan District | 10289 |
| 禹会区 | Yuhui District | 10012 |
| 淮上区 | Huaishang District | 9966 |
| 怀远县 | Huaiyuan | 10610 |
| 五河县 | Wuhe | 10569 |
| 固镇县 | Guzhen | 10670 |
| **淮南市** | **Huainan** | **10547** |
| 大通区 | Datong District | 10884 |
| 田家庵区 | Tianjaan District | 11468 |
| 谢家集区 | Xiejiaji District | 10839 |
| 八公山区 | Bagongshan District | 11026 |
| 潘集区 | Panji District | 10315 |
| 毛集实验区 | Maoji Experimental District | 10122 |
| 凤台县 | Fengtai | 10462 |
| **马鞍山市** | **Maanshan** | **14969** |
| 花山区 | Huashan District | 20298 |
| 雨山区 | Yushan District | 20567 |
| 博望区 | Bowang District | 16601 |
| 当涂县 | Dangtu | 16585 |
| 含山县 | Hanshan | 12954 |
| 和县 | Hexian | 12965 |
| **淮北市** | **Huaibei** | **9116** |
| 杜集区 | Duji District | 9599 |
| 相山区 | Xiangshan District | 9258 |
| 烈山区 | Lieshan District | 9108 |
| 濉溪县 | Suixi | 9056 |
| **铜陵市** | **Tongling** | **16405** |

3-34 续表2 Continued 2

| 地　区 | Region | 2014 |
|---|---|---|
| 铜官山区 | Tongguanshan District | - |
| 铜陵县 | Tongling | 15944 |
| 狮子山区 | Shizishan District | 19443 |
| 郊区 | Suburban District | 18366 |
| **安庆市** | **Anqing** | **9024** |
| 迎江区 | Yingjiang District | 11723 |
| 大观区 | Daguan District | 11501 |
| 宜秀区 | Yixiu District | 11875 |
| 怀宁县 | Huaining | 10457 |
| 枞阳县 | Zongyang | 8456 |
| 潜山县 | Qianshan | 8309 |
| 太湖县 | Taihu | 8010 |
| 宿松县 | Susong | 8074 |
| 望江县 | Wangjiang | 8177 |
| 岳西县 | Yuexi | 8001 |
| 桐城市 | Tongcheng | 10713 |
| 安庆开发区 | Anqing Development Zone | - |
| **黄山市** | **Huangshan** | **10942** |
| 屯溪区 | Tunxi District | 11645 |
| 黄山区 | Huangshan District | 11173 |
| 徽州区 | Huizhou District | 11245 |
| 歙县 | Shexian | 10883 |
| 休宁县 | Xiuning | 10772 |
| 黟县 | Yixian | 10917 |
| 祁门县 | Qimen | 10803 |
| **滁州市** | **Chuzhou** | **9171** |
| 琅琊区 | Langya District | 9874 |

3-34 续表3 Continued 3

| 地 区 | Region | 2014 |
|---|---|---|
| 南谯区 | Nanqiao District | 9486 |
| 来安县 | Laian | 9015 |
| 全椒县 | Quanjiao | 9394 |
| 定远县 | Dingyuan | 8542 |
| 凤阳县 | Fengyang | 8080 |
| 天长市 | Tianchang | 12780 |
| 明光市 | Mingguang | 8529 |
| **阜阳市** | **Fuyang** | **8213** |
| 颍州区 | Yingzhou District | 9634 |
| 颍东区 | Yingdong District | 7769 |
| 颍泉区 | Yingquan District | 8365 |
| 临泉县 | Linquan | 7826 |
| 太和县 | Taihe | 8410 |
| 阜南县 | Funan | 7843 |
| 颍上县 | Yingshang | 8241 |
| 界首市 | Jieshou | 8983 |
| **宿州市** | **Suzhou** | **8332** |
| 埇桥区 | Yongqiao District | 8503 |
| 砀山县 | Dangshan | 8494 |
| 萧县 | Xiaoxian | 8290 |
| 灵璧县 | Lingbi | 8399 |
| 泗县 | Sixian | 7949 |
| **六安市** | **Luan** | **8287** |
| 金安区 | Jinan District | 8933 |
| 裕安区 | Yuan District | 8995 |
| 寿县 | Shouxian | 7813 |
| 霍邱县 | Huoqiu | 7902 |

3-34 续表 4 Continued 4

| 地 区 | Region | 2014 |
|---|---|---|
| 舒城县 | Shucheng | 8410 |
| 金寨县 | Jinzhai | 7762 |
| 霍山县 | Huoshan | 9449 |
| 叶集试验区 | Yeji Experimental District | 8203 |
| **亳州市** | **Bozhou** | **8967** |
| 谯城区 | Qiaocheng District | 9875 |
| 涡阳县 | Guoyang | 8415 |
| 蒙城县 | Mengcheng | 9211 |
| 利辛县 | Lixin | 8340 |
| **池州市** | **Chizhou** | **10629** |
| 贵池区 | Guichi District | 11026 |
| 东至县 | Dongzhi | 10653 |
| 石台县 | Shitai | 7410 |
| 青阳县 | Qingyang | 11158 |
| 九华山景区 | Jiuhuashan Mountain Scenic Area | 11219 |
| 池州开发区 | Chizhou Development Zone | 11285 |
| **宣城市** | **Xuancheng** | **11251** |
| 宣州区 | Xuanzhou District | 11285 |
| 郎溪县 | Langxi | 11020 |
| 广德县 | Guangde | 12770 |
| 泾县 | Jingxian | 10082 |
| 绩溪县 | Jixi | 9335 |
| 旌德县 | Jingde | 9116 |
| 宁国市 | Ningguo | 12567 |

# 3-35 全国及分省(区、市)城镇居民人均可支配收入(2014年)

# Per Capita Disposable Income of Urban Residents by Provinces and Regions(2014)

单位:元 (yuan)

| 地 区 | Region | 2014 |
|---|---|---|
| **全国** | **National** | **28843.85** |
| | | |
| 北京 | Beijing | 48531.85 |
| 天津 | Tianjin | 31506.03 |
| 河北 | Hebei | 24141.34 |
| 山西 | Shanxi | 24069.43 |
| 内蒙古 | Inner Mongolia | 28349.64 |
| | | |
| 辽宁 | Liaoning | 29081.75 |
| 吉林 | Jilin | 23217.82 |
| 黑龙江 | Heilongjiang | 22609.03 |
| | | |
| 上海 | Shanghai | 48841.40 |
| 江苏 | Jiangsu | 34346.26 |
| 浙江 | Zhejiang | 40392.72 |
| **安徽** | **Anhui** | **24838.52** |
| 福建 | Fujian | 30722.39 |
| 江西 | Jiangxi | 24309.19 |
| 山东 | Shandong | 29221.94 |
| | | |
| 河南 | Henan | 23672.06 |
| 湖北 | Hubei | 24852.28 |
| 湖南 | Hunan | 26570.16 |
| 广东 | Guangdong | 32148.11 |
| 广西 | Guangxi | 24669.00 |
| 海南 | Hainan | 24486.53 |
| | | |
| 重庆 | Chongqing | 25147.23 |
| 四川 | Sichuan | 24234.41 |
| 贵州 | Guizhou | 22548.21 |
| 云南 | Yunnan | 24299.01 |
| 西藏 | Tibet | 22015.81 |
| | | |
| 陕西 | Shanxi | 24365.76 |
| 甘肃 | Gansu | 21803.86 |
| 青海 | Qinghai | 22306.57 |
| 宁夏 | Ningxia | 23284.56 |
| 新疆 | Xinjiang | 23214.03 |

# 3-36 全国及分省(区、市)农村居民人均可支配收入(2014年)
# Per Capita Annual Disposible Income of Rural Residents by Provinces and Regions(2014)

单位:元 (yuan)

| 地 区 | Region | 2014 |
|---|---|---|
| **全国** | **National** | **10489** |
| 北京 | Beijing | 18867 |
| 天津 | Tianjin | 17014 |
| 河北 | Hebei | 10186 |
| 山西 | Shanxi | 8809 |
| 内蒙古 | Inner Mongolia | 9976 |
| 辽宁 | Liaoning | 11191 |
| 吉林 | Jilin | 10780 |
| 黑龙江 | Heilongjiang | 10453 |
| 上海 | Shanghai | 21192 |
| 江苏 | Jiangsu | 14958 |
| 浙江 | Zhejiang | 19373 |
| **安徽** | **Anhui** | **9916** |
| 福建 | Fujian | 12650 |
| 江西 | Jiangxi | 10117 |
| 山东 | Shandong | 11882 |
| 河南 | Henan | 9966 |
| 湖北 | Hubei | 10849 |
| 湖南 | Hunan | 10060 |
| 广东 | Guangdong | 12246 |
| 广西 | Guangxi | 8683 |
| 海南 | Hainan | 9913 |
| 重庆 | Chongqing | 9490 |
| 四川 | Sichuan | 9348 |
| 贵州 | Guizhou | 6671 |
| 云南 | Yunnan | 7456 |
| 西藏 | Tibet | 7359 |
| 陕西 | Shanxi | 7932 |
| 甘肃 | Gansu | 6277 |
| 青海 | Qinghai | 7283 |
| 宁夏 | Ningxia | 8410 |
| 新疆 | Xinjiang | 8724 |

# 主要统计指标解读

## 一、收入

**可支配收入** 指调查户在调查期内获得的、可用于最终消费支出和储蓄的总和，即调查户可以用来自由支配的收入。可支配收入既包括现金，也包括实物收入。按照收入的来源，可支配收入包含五项，分别为：工资性收入、经营净收入、财产净收入、转移净收入和自有住房折算净租金。按居民类型划分，有居民可支配收入、城镇常住居民可支配收入、农村常住居民可支配收入，计算公式为：

可支配收入＝工资性收入+经营净收入+财产净收入+转移净收入+自有住房折算净租金

其中：经营净收入＝经营收入－经营费用－生产性固定资产折旧－生产税净额（生产税－生产补贴）

财产净收入＝财产性收入－财产性支出

转移净收入＝转移性收入－转移性支出

**工资性收入** 指就业人员通过各种途径得到的全部劳动报酬和各种福利，包括受雇于单位或个人、从事各种自由职业、兼职和零星劳动得到的全部劳动报酬和福利。

**经营净收入** 指住户或住户成员从事生产经营活动所获得的净收入，是全部经营收入中扣除经营费用、生产性固定资产折旧和生产税净额（生产税减去生产补贴）之后得到的净收入。

**财产净收入** 指住户或住户成员将其所拥有的金融资产和自然资源交由其他机构单位、住户或个人支配而获得的回报并扣除相关的费用之后得到的净收入。财产净收入包括利息净收入、红利收入、储蓄性保险净收益和转让承包土地经营权租金净收入等。

**转移性收入** 指国家、单位、社会团体对住户的各种经常性转移支付和住户之间的经常性收入转移。包括政府、非行政事业单位、社会团体对居民转移的养老金或退休金、社会救济和补助、政策性生活补贴、救灾款、经常性捐赠和赔偿以及报销医疗费等；住户之间的赡养收入、经常性捐赠和赔偿以及农村地区（村委会）在外（含国外）工作的本住户非常住成员寄回带回的收入等。

## 二、消费

**消费支出** 指住户用于满足家庭日常生活消费需要的全部支出，包括用于消费品的支出和用于服务性消费的支出。根据用途不同，消费支出可划分为食品烟酒、衣着、居住、生活用品及服务、交通通信、教育文化娱乐、医疗保健、其他用品及服务八大类。根据来源不同，消费支出可划分为现金消费支出、实物消费支出（含自产自用、来自单位、来自政府和其他社会组织）。

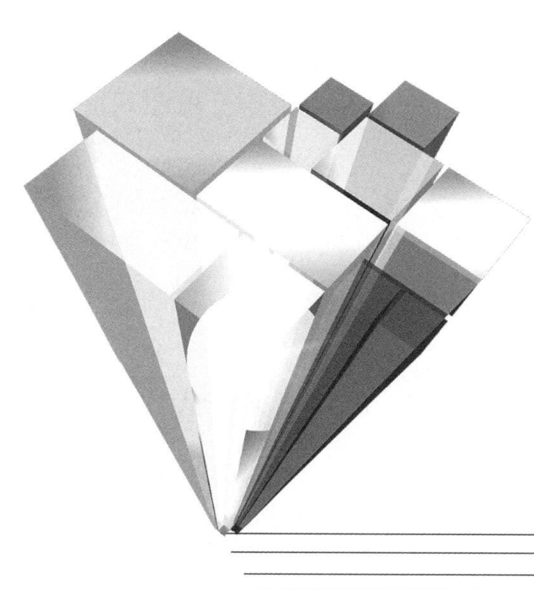

# 价格调查

# Price Survey

# 简 要 说 明

一、本篇资料内容主要反映生产、流通、消费与投资等环节的价格变动趋势和变动幅度。内容主要包括各种价格总指数、居民消费价格指数、商品零售价格指数、农业生产资料价格指数、工业生产者出厂价格指数、工业生产者购进价格指数、固定资产投资价格指数及房地产价格指数等。

二、价格统计调查根据国家统计局《价格统计报表制度》,由安徽调查总队组织实施。

三、消费、零售价格指数采用分层抽样调查方法编制,以样本推断总体,调查实行月报,被抽选的调查市县 16 个。

四、农产品生产者价格调查采用抽样调查和重点调查相结合的方法,调查采用月报和季报相结合的方式,目前抽选的调查县为 31 个。

五、工业生产者价格调查采用重点调查和典型调查相结合的方法,调查实行月报,调查对象包括全省 16 个市的 2600 余家工业企业。

六、固定资产投资价格调查采用重点调查与典型调查相结合的方法,调查实行季报,调查对象为全省重点建筑施工企业和建设单位。

七、房地产价格调查为非全面调查,采用重点调查与典型调查相结合的方法,调查实行月报和季报,调查城市为 3 个。

本版责任编辑:邓　泓　闵志宏　张军锋　邓炜炜　刘玉如

# 4-1 各种价格总指数
# Price Indices

上年=100 (preceding year=100)

| 年 份<br>Year | 居民消费价格指数<br>Consumer Price Index | 城市居民消费价格指数<br>Urban Household | 农村居民消费价格指数<br>Rural Household | 商品零售价格指数<br>Retail Price Index | 工业生产者出厂价格指数<br>Producer Price Index for Industrial Products | 工业生产者购进价格指数<br>Purchasing Price Index for Industrial Producers | 农业生产资料价格指数<br>Price Index of Agricultural Means of Production | 固定资产投资价格指数<br>Price Index for Investment in Fixed Assets |
|---|---|---|---|---|---|---|---|---|
| 1978 | | | | 100.0 | | | 100.1 | |
| 1979 | | 102.6 | | 102.1 | | | 102.4 | |
| 1980 | | 104.1 | | 103.4 | | | 102.1 | |
| 1981 | | 103.2 | | 101.7 | | | 101.7 | |
| 1982 | | 100.1 | | 101.0 | | | 101.3 | |
| 1983 | | 102.2 | | 101.1 | | | 102.8 | |
| 1984 | 102.1 | 102.1 | 102.0 | 102.0 | | | 107.0 | |
| 1985 | 107.1 | 107.8 | 106.4 | 106.4 | | | 101.7 | |
| 1986 | 106.2 | 105.8 | 106.5 | 105.2 | | | 102.1 | |
| 1987 | 109.1 | 109.9 | 108.3 | 109.7 | | | 112.8 | |
| 1988 | 120.9 | 121.4 | 119.1 | 121.8 | | | 118.6 | |
| 1989 | 117.2 | 115.7 | 118.8 | 117.1 | | | 121.7 | |
| 1990 | 102.7 | 102.6 | 102.8 | 101.9 | | | 103.9 | |
| 1991 | 106.1 | 107.4 | 104.1 | 105.7 | | | 102.3 | 114.8 |
| 1992 | 108.2 | 108.8 | 108.0 | 106.6 | | | 102.5 | 119.8 |
| 1993 | 114.7 | 114.4 | 115.4 | 112.9 | 125.3 | 128.7 | 112.9 | 123.0 |
| 1994 | 126.9 | 127.4 | 126.3 | 123.2 | 120.9 | 122.3 | 122.8 | 120.1 |
| 1995 | 114.8 | 115.9 | 113.7 | 112.7 | 117.2 | 117.9 | 128.0 | 106.5 |
| 1996 | 109.9 | 110.1 | 109.7 | 107.1 | 101.5 | 110.0 | 107.2 | 103.4 |
| 1997 | 101.3 | 101.9 | 100.7 | 99.4 | 99.3 | 101.7 | 98.9 | 101.3 |
| 1998 | 100.0 | 100.3 | 99.9 | 98.1 | 96.4 | 96.0 | 94.8 | 100.0 |
| 1999 | 97.8 | 97.6 | 98.0 | 96.6 | 95.9 | 94.5 | 95.3 | 99.3 |
| 2000 | 100.7 | 100.9 | 100.5 | 98.0 | 98.9 | 102.6 | 98.2 | 101.6 |
| 2001 | 100.5 | 100.0 | 101.3 | 99.6 | 98.6 | 100.2 | 97.9 | 99.5 |
| 2002 | 99.0 | 99.1 | 98.7 | 99.2 | 99.8 | 98.2 | 99.9 | 101.1 |
| 2003 | 101.7 | 101.8 | 101.7 | 101.3 | 103.5 | 106.7 | 100.2 | 103.5 |
| 2004 | 104.5 | 104.3 | 104.8 | 102.7 | 108.2 | 115.0 | 112.0 | 106.1 |
| 2005 | 101.4 | 101.0 | 101.9 | 100.6 | 103.3 | 107.2 | 108.3 | 101.0 |
| 2006 | 101.2 | 101.4 | 100.9 | 100.8 | 103.1 | 103.9 | 100.0 | 101.9 |
| 2007 | 105.3 | 105.3 | 105.2 | 104.5 | 103.6 | 105.1 | 106.8 | 105.4 |
| 2008 | 106.2 | 106.0 | 106.4 | 106.3 | 108.4 | 112.4 | 123.9 | 109.4 |
| 2009 | 99.1 | 98.9 | 99.4 | 99.0 | 92.8 | 95.3 | 95.8 | 96.0 |
| 2010 | 103.1 | 103.0 | 103.4 | 103.2 | 109.0 | 111.8 | 102.0 | 105.4 |
| 2011 | 105.6 | 105.4 | 105.9 | 105.3 | 108.3 | 110.8 | 114.3 | 108.1 |
| 2012 | 102.3 | 102.2 | 102.4 | 102.1 | 98.3 | 98.2 | 105.3 | 101.0 |
| 2013 | 102.4 | 102.4 | 102.5 | 101.2 | 98.2 | 96.9 | 100.9 | 100.2 |
| 2014 | 101.6 | 101.7 | 101.5 | 100.4 | 97.4 | 97.2 | 99.6 | 100.3 |

# 4-2 各种价格定基指数
## Fixed-base Price Indices

| 年 份<br>Year | 居民消费价格指数<br>Consumer Price Index<br>(1983=100) | 城市居民消费价格指数<br>Urban Household<br>(1983=100) | 农村居民消费价格指数<br>Rural Household<br>(1983=100) | 商品零售价格指数<br>Retail Price Index<br>(1978=100) | 工业生产者出厂价格指数<br>Producer Price Index for Industrial Products<br>(1983=100) | 工业生产者购进价格指数<br>Purchasing Price Index for Industrial Producers<br>(1983=100) | 农业生产资料价格指数<br>Price Index of Agricultural Means of Production<br>(1978=100) | 固定资产投资价格指数<br>Price Index for Investment in Fixed Assets<br>(1983=100) |
|---|---|---|---|---|---|---|---|---|
| 2001 | 389.7 | 454.9 | 373.5 | 347.1 | 161.3 | 193.4 | 356.6 | 227.5 |
| 2002 | 385.8 | 450.8 | 368.6 | 344.3 | 161.0 | 190.0 | 356.2 | 230.0 |
| 2003 | 392.4 | 458.9 | 374.9 | 348.8 | 166.6 | 202.8 | 356.9 | 238.1 |
| 2004 | 410.0 | 478.6 | 392.9 | 358.2 | 180.2 | 233.2 | 399.8 | 252.5 |
| 2005 | 415.8 | 483.4 | 400.4 | 360.4 | 186.2 | 250.0 | 433.0 | 255.1 |
| 2006 | 420.8 | 490.2 | 404.0 | 363.2 | 192.0 | 259.7 | 433.0 | 259.8 |
| 2007 | 443.1 | 516.2 | 425.0 | 379.6 | 199.0 | 273.0 | 462.4 | 273.8 |
| 2008 | 470.5 | 547.1 | 452.2 | 403.5 | 215.7 | 306.8 | 572.9 | 299.7 |
| 2009 | 466.3 | 541.1 | 449.5 | 399.5 | 200.2 | 292.3 | 548.9 | 287.6 |
| 2010 | 480.7 | 557.4 | 464.7 | 412.3 | 218.2 | 326.6 | 559.8 | 303.0 |
| 2011 | 507.7 | 587.5 | 492.2 | 434.1 | 236.3 | 361.9 | 639.9 | 327.6 |
| 2012 | 519.3 | 600.4 | 504.0 | 443.2 | 232.3 | 355.4 | 673.8 | 330.8 |
| 2013 | 531.8 | 614.8 | 516.6 | 448.5 | 228.1 | 344.4 | 679.9 | 331.4 |
| 2014 | 540.3 | 625.3 | 524.3 | 450.3 | 222.2 | 334.8 | 677.2 | 332.4 |

# 4-3 居民消费价格分类指数(2014 年)
# Consumer Price Indices by Category(2014)

上年=100 (preceding year=100)

| 指 标 | Item | 全省 Provincial Indices | 城市 Urban Indices | 农村 Rural Indices |
|---|---|---|---|---|
| **居民消费价格总指数** | **Consumer Price Index** | **101.6** | **101.7** | **101.5** |
| 非食品价格指数 | Non-food Price Index | 101.2 | 101.2 | 101.1 |
| 服务项目价格指数 | Items of Service Price Index | 102.5 | 102.5 | 102.5 |
| 工业品价格指数 | Industrial Products Price Index | 100.2 | 100.2 | 100.2 |
| 扣除食品和能源价格指数 | Deduction Food and Energy Price Index | 101.4 | 101.4 | 101.4 |
| 扣除鲜菜鲜果总指数 | Deduction Fresh Vegetables and Fruits Price Index | 101.4 | 101.5 | 101.2 |
| 消费品价格指数 | Consumable Price Index | 101.3 | 101.3 | 101.2 |
| **一、食品** | **Food** | **102.5** | **102.6** | **102.3** |
| 1.粮食 | Grain | 102.7 | 103.4 | 101.7 |
| 大米 | Rice | 101.6 | 101.8 | 101.5 |
| 面粉 | Flour | 103.3 | 103.6 | 102.3 |
| 2.淀粉及制品 | Starches and Tubers | 102.1 | 102.6 | 101.1 |
| 3.干豆类及豆制品 | Beans and Bean Products | 104.6 | 103.5 | 107.3 |
| 4.油脂 | Oil or Fat | 94.7 | 95.1 | 93.9 |
| 5.肉禽及其制品 | Meat,Poultry and Their Products | 98.6 | 99.1 | 97.5 |
| (1)食用畜肉及副产品 | Edible Livestock Meat and Subsidiary Products | 96.0 | 96.5 | 95.0 |
| 猪肉 | Pork | 92.6 | 93.0 | 91.8 |
| 牛肉 | Beef | 105.0 | 104.0 | 108.6 |
| 羊肉 | Mutton | 103.2 | 103.5 | 102.5 |
| (2)禽 | Poultry | 105.6 | 105.5 | 105.8 |
| (3)加工肉禽 | Processed Meat and Poultry | 101.9 | 102.2 | 101.3 |
| 6.蛋 | Eggs | 115.0 | 114.8 | 115.3 |
| 7.水产品 | Aquatic Products | 101.1 | 101.8 | 99.7 |
| (1)鱼 | Fish | 97.5 | 97.9 | 96.7 |
| (2)其他水产品 | Other Aquatic Products | 110.0 | 109.6 | 111.1 |
| 8.菜 | Vegetables | 97.2 | 96.8 | 97.9 |
| 鲜菜 | Fresh Vegetables | 96.4 | 96.0 | 97.2 |
| 9.调味品 | Flavoring | 102.0 | 101.6 | 102.7 |
| 10.糖 | Sugar | 100.2 | 100.3 | 100.0 |
| 11.茶及饮料 | Tea and Beverages | 104.0 | 103.6 | 104.7 |

4-3 续表 1 Continued 1

| 指 标 | Item | 全省 Provincial Indices | 城市 Urban Indices | 农村 Rural Indices |
|---|---|---|---|---|
| (1)茶叶 | Tea | 104.8 | 104.3 | 105.5 |
| (2)饮料 | Beverages | 103.3 | 103.1 | 103.7 |
| 12.干鲜瓜果 | Dried and Fresh Melons and Fruits | 118.3 | 117.2 | 120.8 |
| 鲜瓜果 | Fresh Melons and Fruits | 123.7 | 121.7 | 128.6 |
| 13.糕点饼干面包 | Cake, Cookie, Bread | 101.7 | 101.7 | 101.7 |
| 14.液体乳及乳制品 | Milk and Its Products | 107.6 | 107.5 | 108.0 |
| 15.在外用膳食品 | Dinning Out | 103.1 | 102.8 | 103.9 |
| 16.其他食品 | Other Foods | 99.6 | 99.8 | 99.2 |
| **二、烟酒** | **Tobacco, Liquor** | **97.5** | **97.6** | **97.3** |
| 1.烟草 | Tobacco | 100.1 | 100.1 | 100.0 |
| 2.酒 | Liquor | 94.0 | 94.6 | 93.1 |
| **三、衣着** | **Clothing** | **101.0** | **101.1** | **100.8** |
| 1.服装 | Garments | 101.4 | 101.7 | 100.8 |
| (1)男式服装 | Men's Clothing | 101.7 | 101.9 | 101.3 |
| (2)女式服装 | Women's Clothing | 101.3 | 101.4 | 100.9 |
| (3)儿童服装 | Children's Clothing | 100.9 | 101.9 | 99.0 |
| 2.衣着材料 | Clothing Material | 100.4 | 100.7 | 100.1 |
| 3.鞋袜帽 | Footwear, Socks and Hats | 99.7 | 99.3 | 100.6 |
| (1)鞋 | Shoes | 99.6 | 99.2 | 100.4 |
| (2)袜子 | Socks | 101.0 | 100.2 | 103.0 |
| (3)帽子 | Hats | 100.1 | 100.0 | 100.3 |
| 4.衣着加工服务费 | Clothing Processing | 105.6 | 105.1 | 106.5 |
| **四、家庭设备用品及维修服务** | **Household Facilities and Articles** | **101.3** | **101.2** | **101.6** |
| 1.耐用消费品 | Durable Consumer Goods | 100.4 | 100.2 | 100.9 |
| (1)家具 | Furniture | 101.1 | 101.3 | 100.9 |
| (2)家庭设备 | Household Facilities | 100.2 | 99.8 | 100.9 |
| 2.室内装饰品 | Interior Decorations | 101.1 | 100.8 | 101.8 |
| 3.床上用品 | Bed Articles | 99.2 | 98.9 | 100.2 |
| 4.家庭日用杂品 | Daily-Use Household Articles | 100.9 | 100.7 | 101.4 |
| 5.家庭服务及加工维修服务 | Household Service and maintenance | 108.5 | 109.4 | 106.4 |
| **五、医疗保健和个人用品** | **Medic-care and Personal Articles** | **101.6** | **101.3** | **102.3** |
| 1.医疗保健 | Medic-care and health | 101.9 | 101.8 | 102.2 |

4-3 续表 2 Continued 2

| 指　　标 | Item | 全省 Provincial Indices | 城市 Urban Indices | 农村 Rural Indices |
|---|---|---|---|---|
| (1)医疗器具及用品 | Medical Instrument and Articles | 100.8 | 100.1 | 102.2 |
| (2)中药材及中成药 | Traditional Chinese Medicine | 102.7 | 102.6 | 102.9 |
| (3)西药 | Western Medicine | 102.3 | 102.2 | 102.3 |
| (4)保健器具及用品 | Health Care Appliances and Articles | 103.6 | 102.3 | 106.8 |
| (5)医疗保健服务 | Health Care Services | 100.7 | 100.7 | 100.7 |
| 2.个人用品及服务 | Personal Articles and Services | 101.0 | 100.5 | 102.5 |
| (1)化妆美容用品 | Cosmetics | 100.7 | 101.0 | 99.3 |
| (2)清洁类化妆品 | Sanitation Articles | 100.2 | 100.0 | 100.6 |
| (3)个人饰品 | Personal Ornaments | 95.6 | 95.3 | 96.4 |
| (4)个人服务 | Personal Services | 105.4 | 104.4 | 108.4 |
| **六、交通和通信** | **Transportation and Communication** | **99.2** | **99.2** | **99.3** |
| 1.交通 | Transportation | 100.2 | 100.0 | 100.4 |
| (1)交通工具 | Transportation Facility | 97.7 | 97.2 | 98.6 |
| (2)车用燃料及零配件 | Fuels and Parts | 99.2 | 99.2 | 99.1 |
| (3)车辆使用及维修费 | Fees for Vehicles Use and Maintenance | 103.1 | 102.9 | 103.5 |
| (4)市区公共交通费 | Incity Traffic Fare | 101.7 | 102.1 | 100.7 |
| (5)城市间交通费 | Intercity Traffic Fare | 101.2 | 100.5 | 102.8 |
| 2.通信 | Communication | 98.2 | 98.3 | 98.0 |
| (1)通信工具 | Communication Facility | 93.5 | 93.4 | 93.6 |
| (2)通信服务 | Communication Services | 99.2 | 99.1 | 99.5 |
| **七、娱乐教育文化用品及服务** | **Recreation,Education,Culture Articles and Services** | **102.4** | **102.6** | **102.0** |
| 1.文娱用耐用消费品及服务 | Durable Consumer Goods for Recreational Use | 98.7 | 98.4 | 99.3 |
| 2.教育 | Education | 102.6 | 102.7 | 102.4 |
| (1)教材及参考书 | Teaching Materials and Reference Books | 101.7 | 102.0 | 101.2 |
| (2)教育服务 | Education Services | 102.8 | 102.8 | 102.7 |
| 3.文化娱乐类 | Cultural and Recreational Articles | 101.0 | 101.4 | 100.2 |
| (1)文化娱乐用品 | Cultural Articles | 100.3 | 100.5 | 99.8 |
| (2)书报杂志 | Newspapers and Magazines | 100.7 | 100.8 | 100.5 |
| (3)文娱费 | Expenditure on Culture and Recreation | 102.3 | 103.0 | 100.7 |
| 4.旅游 | Tourism | 106.5 | 106.6 | 106.1 |
| **八、居住** | **Residence** | **102.0** | **102.0** | **102.1** |
| 1.建房及装修材料 | Building and Decoration Materials | 101.1 | 101.5 | 100.4 |
| 2.住房租金 | Tenancy | 103.7 | 104.2 | 101.3 |
| 3.自有住房 | Housing | 102.7 | 102.6 | 103.0 |
| 4.水、电、燃料 | Water,Electricity and Fuels | 100.9 | 100.7 | 101.5 |

# 4-4 分月居民消费价格指数(2014年)

上年同月=100

| 指　　标 | Item | 1月 January | 2月 February | 3月 March |
|---|---|---|---|---|
| **居民消费价格总指数** | **Consumer Price Index** | **102.1** | **101.8** | **102.1** |
| 非食品价格指数 | Non-food Price Index | 101.1 | 101.2 | 101.2 |
| 服务项目价格指数 | Items of Service Price Index | 103.0 | 102.9 | 102.7 |
| 工业品价格指数 | Industrial Products Price Index | 99.7 | 100.0 | 100.0 |
| 扣除食品和能源价格指数 | Deduction Food and Energy Price Index | 101.3 | 101.5 | 101.4 |
| 扣除鲜菜鲜果总指数 | Deduction Fresh Vegetables and Fruits Price Index | 101.2 | 100.9 | 101.1 |
| 消费品价格指数 | Consumable Price Index | 101.7 | 101.3 | 101.9 |
| **一、食品** | **Food** | **104.0** | **102.7** | **104.0** |
| 1.粮食 | Grain | 102.0 | 101.6 | 101.8 |
| 大米 | Rice | 100.4 | 100.2 | 100.5 |
| 面粉 | Flour | 104.3 | 103.6 | 103.7 |
| 2.淀粉及制品 | Starches and Tubers | 101.7 | 101.7 | 101.7 |
| 3.干豆类及豆制品 | Beans and Bean Products | 104.4 | 104.5 | 103.5 |
| 4.油脂 | Oil or Fat | 93.7 | 93.7 | 93.2 |
| 5.肉禽及其制品 | Meal,Poultry and Their Products | 97.8 | 93.5 | 95.1 |
| (1)食用畜肉及副产品 | Edible Livestock Meat and Subsidiary Products | 96.5 | 92.2 | 94.0 |
| 猪肉 | Pork | 91.3 | 86.2 | 88.5 |
| 牛肉 | Beef | 110.2 | 105.9 | 106.7 |
| 羊肉 | Mutton | 106.6 | 105.4 | 105.5 |
| (2)禽 | Poultry | 100.4 | 94.6 | 95.9 |
| (3)加工肉禽 | Processed Meat and Poultry | 102.4 | 101.2 | 101.4 |
| 6.蛋 | Eggs | 95.0 | 93.4 | 100.9 |
| 7.水产品 | Aquatic Products | 105.6 | 102.6 | 104.3 |
| (1)鱼 | Fish | 101.0 | 96.3 | 97.4 |
| (2)其他水产品 | Other Aquatic Products | 116.4 | 118.1 | 120.9 |
| 8.菜 | Vegetables | 107.9 | 105.1 | 110.6 |
| 鲜菜 | Fresh Vegetables | 107.8 | 104.9 | 111.0 |
| 9.调味品 | Flavoring | 101.4 | 101.6 | 101.4 |
| 10.糖 | Sugar | 98.7 | 99.9 | 99.9 |
| 11.茶及饮料 | Tea and Beverages | 101.7 | 101.7 | 101.9 |
| (1)茶叶 | Tea | 102.8 | 102.5 | 102.0 |
| (2)饮料 | Beverages | 100.7 | 100.9 | 101.8 |
| 12.干鲜瓜果 | Dried and Fresh Melons and Fruits | 129.9 | 132.5 | 130.9 |

# Consumer Price Indices by Month (2014)

(the same moth last year=100)

| 4月 April | 5月 May | 6月 June | 7月 July | 8月 August | 9月 September | 10月 October | 11月 November | 12月 December |
|---|---|---|---|---|---|---|---|---|
| **101.4** | **102.2** | **101.5** | **101.8** | **101.6** | **101.3** | **101.4** | **101.2** | **101.2** |
| 101.0 | 101.5 | 101.5 | 101.5 | 101.4 | 101.1 | 101.1 | 100.9 | 100.7 |
| 102.6 | 102.8 | 103.0 | 102.7 | 102.6 | 102.4 | 101.9 | 101.7 | 101.6 |
| 99.9 | 100.5 | 100.4 | 100.6 | 100.5 | 100.1 | 100.5 | 100.3 | 100.0 |
| 101.2 | 101.6 | 101.7 | 101.6 | 101.6 | 101.3 | 101.3 | 101.1 | 101.1 |
| 101.2 | 102.0 | 101.7 | 101.8 | 101.8 | 101.5 | 101.5 | 101.3 | 100.9 |
| 101.0 | 101.9 | 100.9 | 101.4 | 101.3 | 100.8 | 101.2 | 100.9 | 101.0 |
| **102.2** | **103.6** | **101.4** | **102.3** | **102.2** | **101.6** | **102.0** | **101.7** | **102.3** |
| 101.9 | 101.8 | 102.6 | 102.9 | 103.2 | 102.9 | 103.5 | 104.1 | 103.9 |
| 100.8 | 100.4 | 101.7 | 102.1 | 102.5 | 102.3 | 102.7 | 103.2 | 102.9 |
| 103.3 | 103.6 | 103.2 | 102.7 | 103.0 | 102.4 | 102.9 | 103.6 | 103.6 |
| 101.8 | 102.0 | 101.9 | 101.5 | 102.0 | 102.5 | 102.3 | 102.2 | 103.9 |
| 103.8 | 104.0 | 105.1 | 105.7 | 105.8 | 105.4 | 105.0 | 104.6 | 103.9 |
| 92.9 | 93.3 | 94.3 | 95.3 | 95.4 | 95.9 | 96.7 | 96.6 | 95.7 |
| 97.6 | 103.0 | 99.3 | 99.2 | 99.9 | 100.5 | 100.1 | 99.2 | 98.1 |
| 93.9 | 100.3 | 96.9 | 96.8 | 96.9 | 97.3 | 96.6 | 95.9 | 95.1 |
| 88.4 | 99.5 | 94.2 | 94.0 | 94.3 | 95.1 | 94.5 | 93.5 | 92.4 |
| 105.3 | 105.4 | 105.0 | 104.8 | 105.2 | 104.3 | 103.0 | 102.9 | 102.3 |
| 104.5 | 103.8 | 103.6 | 103.5 | 103.3 | 102.2 | 101.4 | 100.2 | 98.9 |
| 107.3 | 112.5 | 106.1 | 105.8 | 109.1 | 110.5 | 110.7 | 109.0 | 106.6 |
| 101.2 | 101.5 | 101.5 | 101.8 | 101.9 | 102.5 | 102.8 | 102.3 | 102.4 |
| 111.1 | 127.0 | 121.3 | 130.8 | 126.1 | 116.7 | 121.4 | 122.2 | 119.0 |
| 100.3 | 100.0 | 99.0 | 99.3 | 100.9 | 100.4 | 100.4 | 100.7 | 100.5 |
| 93.4 | 95.0 | 95.2 | 96.4 | 97.8 | 97.9 | 99.6 | 100.3 | 100.0 |
| 117.1 | 112.2 | 108.6 | 106.9 | 108.7 | 106.5 | 102.4 | 101.6 | 101.5 |
| 92.0 | 96.5 | 90.1 | 93.2 | 88.2 | 89.8 | 92.3 | 94.5 | 107.0 |
| 90.5 | 95.7 | 89.1 | 92.3 | 86.5 | 88.4 | 91.0 | 93.4 | 107.4 |
| 101.0 | 101.8 | 101.8 | 102.2 | 102.1 | 102.5 | 102.9 | 102.6 | 102.7 |
| 99.8 | 100.1 | 100.3 | 99.9 | 100.7 | 101.0 | 101.0 | 100.4 | 100.2 |
| 103.8 | 105.2 | 105.4 | 106.2 | 105.9 | 104.7 | 104.4 | 103.8 | 102.9 |
| 104.9 | 107.2 | 106.7 | 106.6 | 106.2 | 105.0 | 105.1 | 104.4 | 104.0 |
| 102.8 | 103.4 | 104.2 | 105.8 | 105.7 | 104.5 | 103.8 | 103.4 | 102.0 |
| 129.8 | 117.8 | 111.0 | 115.5 | 119.9 | 111.4 | 113.1 | 108.2 | 103.7 |

4-4 续表 1

| 指 标 | Item | 1月 January | 2月 February | 3月 March |
| --- | --- | --- | --- | --- |
| 鲜瓜果 | Fresh Melons and Fruits | 140.7 | 143.4 | 141.3 |
| 13.糕点饼干面包 | Cake, Cookie, Bread | 101.9 | 102.5 | 102.6 |
| 14.液体乳及乳制品 | Milk and Its Products | 109.2 | 110.1 | 110.6 |
| 15.在外用膳食品 | Dinning Out | 104.5 | 104.4 | 103.8 |
| 16.其他食品 | Other Foods | 99.6 | 99.5 | 99.0 |
| **二、烟酒** | **Tobacco, Liquor** | **96.4** | **96.5** | **96.9** |
| 1.烟草 | Tobacco | 100.1 | 100.1 | 100.1 |
| 2.酒 | Liquor | 91.5 | 91.8 | 92.7 |
| **三、衣着** | **Clothing** | **99.8** | **100.5** | **100.5** |
| 1.服装 | Garments | 99.6 | 100.4 | 100.7 |
| (1)男式服装 | Men's Clothing | 99.3 | 100.4 | 100.6 |
| (2)女式服装 | Women's Clothing | 99.9 | 100.5 | 100.9 |
| (3)儿童服装 | Children's Clothing | 99.5 | 100.0 | 100.0 |
| 2.衣着材料 | Clothing Material | 99.7 | 99.6 | 99.7 |
| 3.鞋袜帽 | Footwear, Socks and Hats | 99.9 | 100.5 | 99.9 |
| (1)鞋 | Shoes | 99.8 | 100.5 | 99.9 |
| (2)袜子 | Socks | 100.9 | 100.6 | 100.5 |
| (3)帽子 | Hats | 99.5 | 101.1 | 100.4 |
| 4.衣着加工服务费 | Clothing Processing | 105.8 | 105.4 | 105.9 |
| **四、家庭设备用品及维修服务** | **Household Facilities and Articles** | **101.0** | **100.9** | **100.9** |
| 1.耐用消费品 | Durable Consumer Goods | 99.9 | 99.9 | 99.9 |
| (1)家具 | Furniture | 100.3 | 100.3 | 100.4 |
| (2)家庭设备 | Household Facilities | 99.8 | 99.7 | 99.8 |
| 2.室内装饰品 | Interior Decorations | 101.9 | 101.6 | 101.3 |
| 3.床上用品 | Bed Articles | 97.3 | 97.8 | 98.7 |
| 4.家庭日用杂品 | Daily-Use Household Articles | 100.2 | 100.8 | 100.9 |
| 5.家庭服务及加工维修服务 | Household Service and maintenance | 111.4 | 108.1 | 107.5 |
| **五、医疗保健和个人用品** | **Medic-care and Personal Articles** | **101.2** | **101.4** | **101.5** |
| 1.医疗保健 | Medic-care and health | 101.7 | 101.9 | 102.0 |
| (1)医疗器具及用品 | Medical Instrument and Articles | 102.0 | 102.1 | 101.6 |
| (2)中药材及中成药 | Traditional Chinese Medicine | 102.4 | 102.7 | 103.1 |
| (3)西药 | Western Medicine | 101.8 | 101.8 | 101.9 |
| (4)保健器具及用品 | Health Care Appliances and Articles | 103.7 | 104.1 | 104.9 |
| (5)医疗保健服务 | Health Care Services | 100.6 | 100.7 | 100.7 |

Continued 1

| 4月<br>April | 5月<br>May | 6月<br>June | 7月<br>July | 8月<br>August | 9月<br>September | 10月<br>October | 11月<br>November | 12月<br>December |
|---|---|---|---|---|---|---|---|---|
| 139.5 | 122.2 | 113.7 | 120.3 | 126.5 | 114.2 | 116.5 | 110.0 | 103.6 |
| 102.3 | 101.9 | 101.6 | 101.6 | 101.6 | 101.5 | 101.0 | 100.7 | 101.4 |
| 109.0 | 107.6 | 108.0 | 108.1 | 109.1 | 107.9 | 106.3 | 104.6 | 101.9 |
| 103.2 | 102.9 | 102.8 | 102.9 | 102.6 | 102.5 | 102.7 | 102.3 | 102.6 |
| 99.2 | 99.4 | 99.6 | 100.0 | 99.9 | 99.6 | 99.8 | 99.4 | 100.1 |
| **97.1** | **97.4** | **97.4** | **97.5** | **97.5** | **98.2** | **98.5** | **98.2** | **98.4** |
| 100.1 | 100.1 | 100.1 | 100.1 | 100.1 | 100.0 | 100.0 | 100.0 | 100.0 |
| 93.2 | 93.9 | 93.7 | 94.0 | 94.1 | 95.6 | 96.4 | 95.7 | 96.2 |
| **99.8** | **101.5** | **101.5** | **101.6** | **101.6** | **100.2** | **101.9** | **101.5** | **101.3** |
| 99.6 | 102.0 | 102.2 | 102.3 | 102.0 | 100.8 | 102.9 | 102.3 | 102.1 |
| 99.5 | 102.5 | 102.4 | 103.0 | 102.7 | 101.1 | 103.8 | 102.9 | 102.5 |
| 99.6 | 101.9 | 102.3 | 102.2 | 101.9 | 100.3 | 102.5 | 101.6 | 101.4 |
| 99.7 | 100.5 | 101.0 | 100.4 | 100.8 | 101.7 | 101.6 | 102.7 | 103.2 |
| 100.0 | 100.0 | 100.0 | 100.2 | 100.7 | 101.4 | 101.2 | 101.2 | 101.2 |
| 100.1 | 100.1 | 99.4 | 99.9 | 100.1 | 98.4 | 99.4 | 99.4 | 98.9 |
| 100.1 | 100.1 | 99.2 | 99.8 | 100.1 | 98.1 | 99.3 | 99.2 | 98.8 |
| 100.4 | 100.8 | 101.8 | 101.7 | 100.9 | 101.2 | 100.3 | 101.5 | 101.3 |
| 100.0 | 100.1 | 100.4 | 99.9 | 100.2 | 100.1 | 99.8 | 99.7 | 100.0 |
| 105.3 | 105.3 | 105.6 | 105.7 | 105.4 | 105.3 | 105.2 | 106.6 | 106.2 |
| **101.0** | **101.3** | **101.6** | **101.6** | **101.4** | **101.6** | **101.6** | **101.8** | **101.5** |
| 100.2 | 100.6 | 100.7 | 100.6 | 100.4 | 100.7 | 100.8 | 100.6 | 100.6 |
| 100.6 | 101.0 | 101.3 | 101.6 | 101.7 | 101.9 | 101.8 | 101.3 | 101.5 |
| 100.1 | 100.5 | 100.5 | 100.3 | 100.0 | 100.3 | 100.5 | 100.4 | 100.3 |
| 101.3 | 101.1 | 101.1 | 101.0 | 101.0 | 100.9 | 100.7 | 100.6 | 100.6 |
| 99.0 | 99.2 | 100.1 | 99.9 | 100.2 | 100.2 | 99.8 | 100.0 | 98.6 |
| 100.5 | 100.7 | 100.9 | 101.0 | 100.8 | 101.2 | 100.9 | 101.6 | 101.6 |
| 107.5 | 107.8 | 108.8 | 109.6 | 108.1 | 108.2 | 108.7 | 109.1 | 107.8 |
| **101.6** | **101.7** | **101.6** | **101.8** | **101.8** | **101.6** | **101.7** | **101.6** | **102.2** |
| 102.0 | 101.9 | 101.7 | 101.8 | 101.8 | 101.8 | 101.8 | 102.1 | 102.9 |
| 102.1 | 102.1 | 100.6 | 99.8 | 99.6 | 99.7 | 99.8 | 99.8 | 100.0 |
| 102.8 | 102.4 | 101.9 | 102.4 | 102.4 | 102.6 | 102.7 | 103.5 | 104.1 |
| 101.9 | 102.1 | 101.9 | 102.0 | 102.3 | 102.5 | 102.7 | 103.0 | 103.1 |
| 104.7 | 104.0 | 104.2 | 104.3 | 104.4 | 103.1 | 102.7 | 101.7 | 101.8 |
| 100.7 | 100.8 | 100.7 | 100.5 | 100.3 | 100.2 | 100.2 | 100.4 | 102.3 |

4-4 续表2

| 指 标 | Item | 1月 January | 2月 February | 3月 March |
| --- | --- | --- | --- | --- |
| 2.个人用品及服务 | Personal Articles and Services | 100.2 | 100.3 | 100.4 |
| (1)化妆美容用品 | Cosmetics | 100.1 | 100.1 | 100.7 |
| (2)清洁类化妆品 | Sanitation Articles | 99.7 | 99.4 | 99.4 |
| (3)个人饰品 | Personal Ornaments | 90.9 | 92.3 | 93.8 |
| (4)个人服务 | Personal Services | 107.6 | 106.8 | 105.7 |
| **六、交通和通信** | **Transportation and Communication** | **99.9** | **99.4** | **99.2** |
| 1.交通 | Transportation | 101.2 | 100.2 | 99.7 |
| (1)交通工具 | Transportation Facility | 96.7 | 96.3 | 96.7 |
| (2)车用燃料及零配件 | Fuels and Parts | 101.4 | 99.9 | 99.4 |
| (3)车辆使用及维修费 | Fees for Vehicles Use and Maintenance | 103.6 | 103.2 | 102.4 |
| (4)市区公共交通费 | Incity Traffic Fare | 103.1 | 102.1 | 101.9 |
| (5)城市间交通费 | Intercity Traffic Fare | 104.5 | 102.2 | 100.3 |
| 2.通信 | Communication | 98.6 | 98.5 | 98.7 |
| (1)通信工具 | Communication Facility | 92.1 | 92.4 | 93.8 |
| (2)通信服务 | Communication Services | 100.0 | 99.9 | 99.8 |
| **七、娱乐教育文化用品及服务** | **Recreation, Education, Culture Articles and Services** | **102.7** | **103.4** | **102.7** |
| 1.文娱用耐用消费品及服务 | Durable Consumer Goods for Recreational Use | 98.7 | 98.3 | 97.7 |
| 2.教育 | Education | 102.2 | 103.6 | 102.4 |
| (1)教材及参考书 | Teaching Materials and Reference Books | 101.9 | 106.3 | 102.0 |
| (2)教育服务 | Education Services | 102.3 | 103.0 | 102.5 |
| 3.文化娱乐类 | Cultural and Recreational Articles | 101.2 | 101.2 | 101.0 |
| (1)文化娱乐用品 | Cultural Articles | 100.3 | 100.3 | 100.0 |
| (2)书报杂志 | Newspapers and Magazines | 100.8 | 100.8 | 100.6 |
| (3)文娱费 | Expenditure on Culture and Recreation | 102.8 | 102.8 | 102.7 |
| 4.旅游 | Tourism | 110.2 | 109.5 | 110.3 |
| **八、居住** | **Residence** | **102.1** | **102.3** | **102.3** |
| 1.建房及装修材料 | Building and Decoration Material | 102.3 | 102.1 | 102.2 |
| 2.住房租金 | Tenancy | 103.1 | 103.3 | 103.1 |
| 3.自有住房 | Housing | 102.5 | 102.8 | 102.8 |
| 4.水、电、燃料 | Water, Electricity and Fuel | 101.1 | 101.1 | 101.4 |

Continued 2

| 4月 April | 5月 May | 6月 June | 7月 July | 8月 August | 9月 September | 10月 October | 11月 November | 12月 December |
|---|---|---|---|---|---|---|---|---|
| 100.7 | 101.2 | 101.4 | 102.0 | 101.7 | 101.4 | 101.3 | 100.6 | 100.7 |
| 100.7 | 101.3 | 101.4 | 101.3 | 101.3 | 100.4 | 101.1 | 99.8 | 100.1 |
| 99.1 | 99.7 | 100.3 | 100.1 | 100.5 | 100.1 | 100.5 | 101.9 | 101.7 |
| 95.0 | 95.9 | 96.4 | 98.7 | 97.7 | 96.8 | 96.9 | 95.9 | 97.0 |
| 105.6 | 105.7 | 105.7 | 105.6 | 105.3 | 105.8 | 104.9 | 103.5 | 102.9 |
| **99.3** | **100.0** | **99.5** | **99.4** | **99.2** | **98.9** | **98.9** | **98.7** | **98.3** |
| 99.7 | 100.7 | 100.8 | 100.9 | 100.4 | 99.9 | 100.2 | 99.7 | 98.6 |
| 96.4 | 96.8 | 97.8 | 98.1 | 98.6 | 98.8 | 98.7 | 99.1 | 98.8 |
| 101.6 | 104.7 | 105.6 | 105.0 | 100.9 | 96.5 | 95.4 | 92.8 | 87.6 |
| 102.7 | 102.8 | 102.7 | 102.1 | 103.6 | 103.6 | 103.5 | 103.4 | 103.4 |
| 101.9 | 101.9 | 101.9 | 101.5 | 101.2 | 101.2 | 101.4 | 101.0 | 100.9 |
| 99.6 | 102.1 | 100.5 | 101.7 | 100.5 | 100.0 | 102.3 | 101.1 | 99.7 |
| 98.9 | 99.2 | 98.1 | 97.8 | 98.0 | 97.7 | 97.5 | 97.5 | 97.9 |
| 94.4 | 97.1 | 91.6 | 93.4 | 94.4 | 93.8 | 92.3 | 92.6 | 94.6 |
| 99.8 | 99.7 | 99.5 | 98.8 | 98.8 | 98.6 | 98.7 | 98.6 | 98.6 |
| **102.6** | **102.6** | **103.0** | **102.7** | **102.8** | **102.7** | **101.2** | **101.2** | **101.2** |
| 98.1 | 97.9 | 98.3 | 98.5 | 99.2 | 99.2 | 99.5 | 99.3 | 99.8 |
| 102.3 | 102.3 | 102.4 | 102.4 | 102.5 | 102.7 | 102.7 | 102.7 | 102.7 |
| 102.0 | 102.0 | 102.0 | 102.0 | 102.1 | 100.3 | 100.2 | 100.1 | 100.1 |
| 102.4 | 102.3 | 102.5 | 102.4 | 102.6 | 103.3 | 103.3 | 103.3 | 103.3 |
| 101.0 | 101.0 | 101.0 | 101.1 | 100.9 | 100.9 | 100.9 | 101.0 | 100.8 |
| 100.1 | 100.2 | 100.3 | 100.5 | 100.2 | 100.1 | 100.2 | 100.4 | 100.3 |
| 100.6 | 100.7 | 100.5 | 100.8 | 100.8 | 100.8 | 100.7 | 100.6 | 100.5 |
| 102.7 | 102.4 | 102.4 | 102.3 | 102.0 | 101.9 | 102.0 | 102.2 | 101.8 |
| 109.2 | 110.0 | 111.9 | 109.5 | 109.5 | 107.6 | 97.9 | 97.6 | 96.9 |
| 102.2 | 102.3 | 102.5 | 102.4 | 102.1 | 101.9 | 101.8 | 101.5 | 100.8 |
| 101.3 | 100.9 | 100.9 | 100.7 | 100.6 | 100.8 | 100.8 | 100.4 | 100.1 |
| 103.0 | 103.3 | 105.1 | 105.3 | 104.6 | 104.0 | 103.7 | 103.3 | 103.1 |
| 102.8 | 103.0 | 103.2 | 103.1 | 102.9 | 102.6 | 102.4 | 102.3 | 102.1 |
| 101.6 | 101.7 | 101.8 | 101.5 | 101.2 | 100.9 | 100.8 | 100.2 | 98.1 |

# 4-5 各调查市县居民消费价格总指数(1984—2014 年)

上年=100

| 年 份<br>Year | 合肥市<br>Hefei | 芜湖市<br>Wuhu | 蚌埠市<br>Bengbu | 淮南市<br>Huainan | 马鞍山市<br>Maanshan | 淮北市<br>Huaibei | 铜陵市<br>Tongling | 安庆市<br>Anqing |
|---|---|---|---|---|---|---|---|---|
| 1984 | 102.0 | 101.7 | 100.5 | 101.3 | | 101.0 | | 101.5 |
| 1985 | 111.0 | 108.6 | 108.9 | 114.2 | | 107.8 | | 109.1 |
| 1986 | 107.4 | 106.5 | 106.8 | 106.4 | | 104.9 | | 107.1 |
| 1987 | 110.8 | 109.0 | 111.5 | 108.4 | | 109.7 | | 109.1 |
| 1988 | 120.5 | 120.1 | 119.4 | 120.9 | | 124.1 | | 117.6 |
| 1989 | 115.2 | 117.1 | 114.6 | 115.0 | 115.1 | 117.5 | | 117.4 |
| 1990 | 103.6 | 105.5 | 101.9 | 102.5 | 102.6 | 103.5 | | 105.2 |
| 1991 | 109.3 | 107.8 | 107.8 | 109.1 | 109.0 | 107.1 | 108.5 | 107.6 |
| 1992 | 109.7 | 110.1 | 106.8 | 109.1 | 110.6 | 108.5 | 108.5 | 111.0 |
| 1993 | 116.5 | 120.5 | 114.7 | 111.0 | 121.3 | 112.7 | 115.6 | 117.7 |
| 1994 | 127.6 | 131.4 | 124.8 | 126.8 | 125.7 | 124.1 | 132.3 | 129.9 |
| 1995 | 117.1 | 112.7 | 117.7 | 115.1 | 116.8 | 113.5 | 116.2 | 115.3 |
| 1996 | 111.5 | 109.6 | 109.1 | 108.7 | 111.0 | 109.2 | 108.5 | 109.9 |
| 1997 | 102.6 | 101.0 | 102.0 | 103.0 | 101.2 | 100.3 | 103.7 | 101.1 |
| 1998 | 99.1 | 101.5 | 101.2 | 101.7 | 100.3 | 99.4 | 99.4 | 100.1 |
| 1999 | 97.7 | 97.8 | 97.8 | 97.2 | 98.0 | 97.1 | 99.1 | 97.3 |
| 2000 | 101.3 | 100.8 | 102.0 | 101.6 | 102.5 | 99.6 | 99.8 | 101.1 |
| 2001 | 99.4 | 99.6 | 100.6 | 99.9 | 99.5 | 99.8 | 103.7 | 100.0 |
| 2002 | 99.1 | 99.9 | 98.1 | 99.5 | 100.2 | 98.8 | 99.9 | 99.3 |
| 2003 | 101.2 | 101.2 | 101.5 | 103.1 | 101.3 | 103.1 | 100.4 | 101.4 |
| 2004 | 102.2 | 104.5 | 105.2 | 105.1 | 103.8 | 104.5 | 105.1 | 103.6 |
| 2005 | 100.9 | 100.4 | 100.4 | 100.9 | 100.6 | 100.9 | 101.2 | 101.6 |
| 2006 | 100.9 | 101.2 | 102.3 | 100.1 | 102.7 | 101.3 | 100.9 | 102.0 |
| 2007 | 105.6 | 105.3 | 105.2 | 105.2 | 105.2 | 105.2 | 104.6 | 105.8 |
| 2008 | 106.4 | 106.6 | 106.6 | 105.0 | 105.2 | 106.2 | 106.1 | 107.2 |
| 2009 | 99.1 | 99.2 | 99.5 | 98.3 | 98.3 | 98.2 | 98.9 | 98.6 |
| 2010 | 102.7 | 103.8 | 103.0 | 102.3 | 103.0 | 102.9 | 103.0 | 103.6 |
| 2011 | 105.7 | 105.7 | 105.4 | 105.2 | 104.8 | 105.4 | 105.3 | 105.5 |
| 2012 | 102.2 | 102.4 | 102.2 | 102.2 | 102.0 | 102.2 | 102.5 | 102.1 |
| 2013 | 102.7 | 102.5 | 102.2 | 102.6 | 101.8 | 102.1 | 101.9 | 102.6 |
| 2014 | 102.0 | 101.9 | 102.2 | 101.4 | 101.6 | 101.3 | 101.1 | 101.3 |

# Consumer Price Indices in Major Cities (1984—2014)

(preceding year = 100)

| 桐城市 Tongcheng | 黄山市 Huangshan | 歙 县 Shexian | 滁州市 Chuzhou | 阜阳市 Fuyang | 亳州市 Bozhou | 宿州市 Suzhou | 宣城市 Xuancheng | 六安市 Lu' an |
|---|---|---|---|---|---|---|---|---|
| 98.5 | | 100.8 | 101.2 | 102.8 | 99.5 | 105.4 | 101.2 | 102.7 |
| 106.1 | | 107.9 | 103.7 | 104.9 | 107.2 | 104.8 | 106.8 | 110.7 |
| 104.4 | | 107.2 | 107.2 | 104.5 | 108.1 | 108.8 | 106.6 | 107.7 |
| 110.5 | | 112.4 | 109.8 | 110.2 | 111.0 | 107.3 | 111.8 | 110.2 |
| 117.9 | | 121.3 | 116.4 | 123.8 | 122.1 | 119.8 | 122.7 | 123.0 |
| 115.0 | | 114.5 | 119.3 | 116.7 | 116.5 | 119.3 | 117.2 | 116.5 |
| 98.1 | | 102.8 | 102.8 | 103.1 | 98.6 | 104.4 | 102.6 | 104.0 |
| 106.6 | | 101.5 | 106.5 | 107.6 | 109.5 | 105.5 | 102.2 | 104.6 |
| 111.3 | | 109.6 | 110.5 | 110.0 | 110.2 | 108.7 | 107.8 | 109.3 |
| 112.1 | | 124.4 | 118.5 | 111.9 | 113.8 | 113.1 | 114.8 | 114.1 |
| 123.9 | | 125.2 | 125.4 | 121.3 | 125.8 | 124.2 | 126.1 | 133.5 |
| 114.5 | | 112.7 | 116.9 | 112.4 | 111.8 | 112.1 | 116.8 | 112.9 |
| 111.1 | 108.6 | 108.3 | 110.3 | 110.3 | 107.8 | 110.7 | 110.4 | 109.4 |
| 99.9 | 101.2 | 99.9 | 99.8 | 100.7 | 102.0 | 99.3 | 102.7 | 100.9 |
| 99.0 | 100.8 | 99.5 | 99.8 | 98.9 | 100.3 | 99.8 | 100.2 | 99.4 |
| 98.2 | 99.1 | 98.0 | 97.3 | 95.8 | 96.8 | 96.6 | 99.4 | 99.2 |
| 99.3 | 102.4 | 100.8 | 100.9 | 100.8 | 97.6 | 104.8 | 100.2 | |
| 102.9 | 99.1 | 100.9 | 100.0 | 100.7 | 99.8 | | 100.8 | |
| 99.9 | 97.4 | 98.6 | 99.7 | 100.7 | 99.6 | 100.9 | 99.4 | |
| 101.1 | 101.6 | 101.3 | 101.1 | 101.3 | 103.2 | 102.4 | 103.1 | |
| 104.9 | 104.3 | 105.9 | 103.3 | 104.2 | 103.4 | 104.3 | 105.0 | |
| 102.9 | 101.5 | 101.8 | 102.0 | 102.0 | 100.9 | 100.6 | 102.3 | |
| 101.5 | 101.2 | 101.0 | 101.9 | 101.6 | 102.0 | 101.1 | 100.2 | |
| 105.6 | 104.8 | 104.9 | 105.3 | 104.8 | 105.6 | 105.2 | 105.1 | |
| 106.4 | 105.9 | 107.2 | 105.4 | 106.0 | 105.0 | 105.7 | 105.7 | |
| 99.0 | 98.4 | 99.4 | 100.1 | 98.8 | 98.3 | 99.1 | 99.7 | |
| 103.4 | 104.0 | 104.2 | 103.3 | 103.3 | 103.0 | 102.8 | 102.9 | |
| 106.1 | 105.3 | 106.5 | 105.2 | 105.6 | 104.9 | 105.4 | 105.4 | 105.2 |
| 102.8 | 102.4 | 102.8 | 102.1 | 102.5 | 102.2 | 102.0 | 102.0 | 101.5 |
| 102.4 | 103.0 | 103.0 | 102.3 | 102.2 | 102.6 | 102.3 | 102.3 | 102.0 |
| 101.3 | 102.1 | 102.3 | 101.4 | 101.8 | 101.4 | 101.4 | 101.7 | 101.3 |

# 4-6 各市居民消费价格分类指数(2014 年)

上年=100

| 指标 Item | 合肥市 Hefei | 芜湖市 Wuhu | 蚌埠市 Bengbu | 淮南市 Huainan | 马鞍山市 Maanshan | 淮北市 Huaibei |
|---|---|---|---|---|---|---|
| 居民消费价格总指数 Consumer Price Index | 102.0 | 101.9 | 102.2 | 101.4 | 101.6 | 101.3 |
| 非食品价格指数 Non-food Price Index | 102.0 | 101.8 | 101.4 | 101.5 | 101.3 | 101.0 |
| 服务项目价格指数 Items of Service Price Index | 104.0 | 103.3 | 102.3 | 102.8 | 102.1 | 102.7 |
| 工业品价格指数 Industrial Products Price Index | 100.0 | 100.5 | 100.6 | 100.4 | 100.6 | 99.8 |
| 扣除食品和能源价格指数 Deduction Food and Energy Price Index | 102.1 | 102.1 | 101.5 | 101.7 | 101.3 | 101.3 |
| 扣除鲜菜鲜果总指数 Deduction Fresh Vegetables and Fruits Price Index | 102.0 | 101.7 | 102.0 | 101.4 | 101.6 | 101.2 |
| 消费品价格指数 Consumable Price Index | 101.1 | 101.3 | 102.1 | 100.8 | 101.4 | 100.8 |
| **一、食品 Food** | **102.2** | **102.2** | **103.8** | **101.1** | **102.4** | **101.9** |
| 1.粮食 Grain | 103.3 | 103.1 | 103.3 | 103.9 | 102.6 | 103.4 |
| 大米 Rice | 100.4 | 103.0 | 103.9 | 102.4 | 101.5 | 101.1 |
| 面粉 Flour | 109.0 | 102.8 | 101.9 | 103.4 | 101.9 | 103.4 |
| 2.淀粉及制品 Starches and Tubers | 104.8 | 102.1 | 98.6 | 99.7 | 102.7 | 104.2 |
| 3.干豆类及豆制品 Beans and Bean Products | 102.5 | 104.3 | 104.1 | 103.2 | 107.9 | 102.3 |
| 4.油脂 Oil or Fat | 91.9 | 95.3 | 96.2 | 94.7 | 96.1 | 97.7 |
| 5.肉禽及其制品 Meat,Poultry and Their Products | 98.6 | 97.9 | 98.7 | 98.0 | 99.5 | 98.1 |
| (1)食用畜肉及副产品 Edible Livestock Meat and Subsidiary Products | 96.2 | 96.0 | 96.1 | 95.2 | 97.4 | 95.3 |
| 猪肉 Pork | 93.5 | 94.3 | 92.4 | 89.4 | 96.6 | 91.7 |
| 牛肉 Beef | 103.5 | 104.4 | 102.3 | 103.9 | 102.6 | 103.0 |
| 羊肉 Mutton | 100.4 | 96.2 | 111.1 | 106.7 | 101.3 | 101.1 |
| (2)禽 Poultry | 105.1 | 101.6 | 104.1 | 102.9 | 103.8 | 105.6 |

# Consumer Price Indices by Category in Major Cities(2014)

(preceding year=100)

| 铜陵市 Tongling | 安庆市 Anqing | 桐 城 Tongcheng | 黄山市 Huangshan | 歙 县 Shexian | 滁州市 Chuzhou | 阜阳市 Fuyang | 亳州市 Bozhou | 宿州市 Suzhou | 六安市 Lu'an | 宣城市 Xuancheng |
|---|---|---|---|---|---|---|---|---|---|---|
| 101.1 | 101.3 | 101.3 | 102.1 | 102.3 | 101.4 | 101.8 | 101.4 | 101.4 | 101.7 | 101.3 |
| 100.7 | 100.8 | 101.0 | 101.2 | 101.6 | 100.5 | 101.1 | 100.6 | 100.6 | 101.1 | 101.0 |
| 101.7 | 101.6 | 102.0 | 102.2 | 103.4 | 101.6 | 101.9 | 101.4 | 101.5 | 102.1 | 102.4 |
| 99.8 | 100.1 | 100.3 | 100.5 | 100.2 | 99.8 | 100.5 | 100.0 | 99.9 | 100.4 | 100.1 |
| 100.8 | 100.9 | 101.2 | 101.2 | 101.7 | 100.8 | 101.3 | 100.8 | 100.9 | 101.1 | 101.4 |
| 100.7 | 101.1 | 101.2 | 101.6 | 102.0 | 101.2 | 101.4 | 101.2 | 101.2 | 101.4 | 100.9 |
| 100.8 | 101.2 | 101.0 | 102.1 | 101.9 | 101.4 | 101.8 | 101.3 | 101.3 | 101.6 | 100.9 |
| **101.8** | **102.4** | **101.9** | **103.8** | **103.7** | **103.2** | **103.2** | **102.9** | **103.0** | **102.9** | **101.8** |
| 102.6 | 103.5 | 101.9 | 101.2 | 103.1 | 102.1 | 102.6 | 103.2 | 105.8 | 105.3 | 101.0 |
| 101.3 | 103.7 | 101.4 | 101.1 | 103.5 | 101.3 | 101.9 | 99.5 | 99.2 | 104.8 | 100.6 |
| 103.4 | 101.8 | 106.4 | 100.5 | 100.5 | 104.6 | 101.3 | 103.8 | 103.8 | 104.8 | 101.6 |
| 99.7 | 105.3 | 105.4 | 99.3 | 97.8 | 102.3 | 100.3 | 110.9 | 101.2 | 107.3 | 100.8 |
| 106.7 | 102.3 | 106.7 | 102.3 | 108.0 | 104.9 | 102.1 | 103.9 | 104.7 | 101.6 | 107.4 |
| 94.5 | 96.7 | 95.6 | 95.4 | 96.1 | 96.8 | 96.0 | 92.7 | 98.8 | 87.4 | 91.4 |
| 95.3 | 100.2 | 98.0 | 102.2 | 99.2 | 100.0 | 100.5 | 100.5 | 98.5 | 97.9 | 96.5 |
| 90.9 | 97.8 | 95.3 | 101.8 | 96.8 | 98.2 | 97.2 | 98.7 | 95.4 | 96.0 | 94.0 |
| 86.9 | 94.3 | 89.2 | 100.1 | 93.0 | 95.6 | 93.9 | 93.9 | 88.7 | 91.6 | 92.6 |
| 101.1 | 107.5 | 115.2 | 113.5 | 119.2 | 105.9 | 102.9 | 104.2 | 104.3 | 104.3 | 95.4 |
| 94.7 | 108.7 | 108.0 | 102.9 | 102.0 | 101.8 | 102.8 | 105.7 | 102.9 | 117.8 | 98.8 |
| 105.6 | 106.7 | 107.2 | 101.8 | 107.1 | 103.9 | 113.0 | 104.8 | 105.7 | 100.8 | 104.4 |

4-6 续表1

| 指标 Item | 合肥市 Hefei | 芜湖市 Wuhu | 蚌埠市 Bengbu | 淮南市 Huainan | 马鞍山市 Maanshan | 淮北市 Huaibei |
|---|---|---|---|---|---|---|
| (3)加工肉禽 Processed Meat and Poultry | 102.1 | 101.8 | 104.0 | 103.0 | 101.1 | 100.8 |
| 6.蛋 Eggs | 116.0 | 111.9 | 117.3 | 115.6 | 112.6 | 115.9 |
| 7.水产品 Aquatic Products | 101.5 | 101.1 | 104.2 | 101.3 | 97.7 | 106.0 |
| (1)鱼 Fish | 98.2 | 99.3 | 100.1 | 96.4 | 94.8 | 98.5 |
| (2)其他水产品 Other Aquatic Products | 106.5 | 104.7 | 114.2 | 112.1 | 101.7 | 121.7 |
| 8.菜 Vegetables | 95.9 | 95.2 | 99.6 | 94.3 | 94.0 | 96.9 |
| 鲜菜 Fresh Vegetables | 95.3 | 94.3 | 98.7 | 93.0 | 93.2 | 96.2 |
| 9.调味品 Flavoring | 101.6 | 100.9 | 102.1 | 101.6 | 101.1 | 101.8 |
| 10.糖 Sugar | 99.0 | 100.0 | 99.3 | 99.9 | 101.5 | 99.1 |
| 11.茶及饮料 Tea and Beverages | 104.1 | 98.4 | 104.0 | 102.6 | 105.5 | 103.4 |
| (1)茶叶 Tea | 104.9 | 98.4 | 100.5 | 104.9 | 103.9 | 105.2 |
| (2)饮料 Beverages | 103.3 | 98.4 | 105.7 | 101.3 | 107.1 | 102.4 |
| 12.干鲜瓜果 Dried and Fresh Melons and Fruits | 112.9 | 119.2 | 116.8 | 113.4 | 111.8 | 110.0 |
| 鲜瓜果 Fresh Melons and Fruits | 117.1 | 124.7 | 119.7 | 116.4 | 117.8 | 112.2 |
| 13.糕点饼干面包 Cake,Cookie,Bread | 101.3 | 100.2 | 102.8 | 101.8 | 105.5 | 104.1 |
| 14.液体乳及乳制品 Milk and Its Products | 108.4 | 104.5 | 109.2 | 104.0 | 110.3 | 106.5 |
| 15.在外用膳食品 Dinning Out | 102.9 | 105.2 | 105.5 | 100.6 | 103.0 | 100.5 |
| 16.其他食品 Other Foods | 96.4 | 103.4 | 95.5 | 99.1 | 111.0 | 101.9 |
| **二、烟酒 Tobacco,Liquor** | **98.1** | **96.6** | **98.6** | **98.1** | **100.3** | **96.4** |
| 1.烟草 Tobacco | 100.0 | 100.0 | 100.0 | 100.0 | 100.0 | 100.5 |

Continued 1

| 铜陵市 Tongling | 安庆市 Anqing | 桐　城 Tongcheng | 黄山市 Huangshan | 歙　县 Shexian | 滁州市 Chuzhou | 阜阳市 Fuyang | 亳州市 Bozhou | 宿州市 Suzhou | 六安市 Lu'an | 宣城市 Xuancheng |
|---|---|---|---|---|---|---|---|---|---|---|
| 101.2 | 102.0 | 100.6 | 105.0 | 102.4 | 102.9 | 100.1 | 105.5 | 102.8 | 104.5 | 101.2 |
| 111.1 | 112.3 | 120.3 | 114.1 | 113.4 | 114.3 | 115.4 | 114.3 | 116.8 | 114.8 | 112.8 |
| 102.9 | 97.3 | 100.3 | 102.9 | 98.4 | 97.8 | 105.3 | 102.5 | 104.5 | 106.5 | 100.0 |
| 95.5 | 93.1 | 97.7 | 96.5 | 94.3 | 93.1 | 101.0 | 103.0 | 98.5 | 103.3 | 97.3 |
| 117.7 | 107.4 | 111.8 | 114.8 | 114.7 | 106.9 | 115.3 | 101.1 | 115.3 | 111.8 | 109.2 |
| 103.0 | 98.9 | 94.5 | 100.6 | 99.7 | 98.4 | 98.7 | 92.2 | 96.0 | 96.9 | 99.0 |
| 102.2 | 98.3 | 93.3 | 99.5 | 99.0 | 97.4 | 98.1 | 91.4 | 94.2 | 96.3 | 98.6 |
| 101.6 | 102.9 | 101.4 | 99.7 | 103.3 | 100.9 | 100.9 | 103.1 | 100.1 | 101.9 | 103.2 |
| 98.7 | 99.7 | 101.3 | 100.8 | 101.7 | 101.2 | 99.0 | 102.8 | 103.2 | 100.9 | 97.8 |
| 103.1 | 106.5 | 101.3 | 100.3 | 109.7 | 104.8 | 105.7 | 106.4 | 101.7 | 102.3 | 104.0 |
| 105.5 | 107.0 | 101.9 | 106.1 | 116.5 | 108.4 | 103.9 | 106.9 | 104.3 | 104.9 | 100.9 |
| 100.9 | 105.9 | 99.9 | 97.1 | 100.4 | 102.0 | 106.8 | 106.0 | 99.9 | 100.5 | 106.6 |
| 114.0 | 117.0 | 117.8 | 122.7 | 122.3 | 117.4 | 123.5 | 124.6 | 119.5 | 122.2 | 122.0 |
| 119.3 | 122.6 | 126.8 | 132.9 | 130.7 | 122.9 | 128.1 | 127.2 | 124.3 | 126.7 | 128.6 |
| 101.4 | 100.5 | 104.0 | 97.4 | 101.8 | 100.5 | 102.5 | 101.5 | 101.4 | 100.7 | 99.8 |
| 104.8 | 106.4 | 107.9 | 104.4 | 105.9 | 111.8 | 106.6 | 107.4 | 107.7 | 104.0 | 109.0 |
| 102.0 | 102.7 | 102.4 | 103.0 | 106.8 | 104.9 | 100.8 | 102.5 | 101.6 | 103.8 | 103.2 |
| 95.9 | 103.0 | 102.2 | 97.2 | 100.5 | 100.0 | 94.4 | 100.3 | 103.5 | 101.2 | 96.9 |
| **98.3** | **98.5** | **98.2** | **98.1** | **98.3** | **96.0** | **97.5** | **96.0** | **96.8** | **97.8** | **96.4** |
| 100.0 | 100.0 | 100.0 | 100.0 | 100.0 | 100.0 | 100.0 | 100.0 | 101.5 | 100.0 | 100.0 |

4-6 续表2

| 指标<br>Item | 合肥市<br>Hefei | 芜湖市<br>Wuhu | 蚌埠市<br>Bengbu | 淮南市<br>Huainan | 马鞍山市<br>Maanshan | 淮北市<br>Huaibei |
|---|---|---|---|---|---|---|
| 2.酒<br>Liquor | 95.5 | 92.6 | 96.6 | 95.9 | 100.8 | 92.3 |
| **三、衣着<br>Clothing** | **101.5** | **101.1** | **102.1** | **101.4** | **101.5** | **100.7** |
| 1.服装<br>Garments | 101.7 | 100.8 | 103.6 | 101.7 | 102.3 | 100.9 |
| (1)男式服装<br>Men's Clothing | 102.4 | 101.8 | 102.4 | 101.2 | 102.5 | 101.2 |
| (2)女式服装<br>Women's Clothing | 101.0 | 100.2 | 103.3 | 101.4 | 101.8 | 101.5 |
| (3)儿童服装<br>Children's Clothing | 102.4 | 99.4 | 107.9 | 103.9 | 104.3 | 98.0 |
| 2.衣着材料<br>Clothing Material | 101.7 | 100.1 | 99.2 | 100.1 | 100.9 | 102.7 |
| 3.鞋袜帽<br>Footwear,Socks and Hats | 100.8 | 101.7 | 96.9 | 100.7 | 99.2 | 100.0 |
| (1)鞋<br>Shoes | 100.8 | 101.9 | 96.4 | 100.7 | 99.2 | 100.1 |
| (2)袜子<br>Socks | 100.0 | 99.6 | 100.4 | 100.2 | 100.4 | 98.3 |
| (3)帽子<br>Hats | 101.4 | 99.9 | 102.3 | 100.7 | 99.7 | 99.8 |
| 4.衣着加工服务费<br>Clothing Processing | 109.4 | 105.3 | 107.6 | 100.8 | 105.4 | 100.9 |
| **四、家庭设备用品及维修服务<br>Household Facilities and Articles** | **100.8** | **102.4** | **102.1** | **100.7** | **100.4** | **100.0** |
| 1.耐用消费品<br>Durable Consumer Goods | 99.4 | 101.5 | 99.1 | 100.2 | 98.5 | 100.7 |
| (1)家具<br>Furniture | 100.4 | 105.6 | 101.2 | 100.7 | 101.8 | 100.4 |
| (2)家庭设备<br>Household Facilities | 99.1 | 100.3 | 98.5 | 100.0 | 96.9 | 100.8 |
| 2.室内装饰品<br>Interior Decorations | 101.3 | 101.1 | 101.7 | 101.3 | 99.6 | 99.7 |
| 3.床上用品<br>Bed Articles | 98.6 | 96.0 | 92.7 | 99.6 | 100.7 | 98.4 |
| 4.家庭日用杂品<br>Daily-Use Household Articles | 99.5 | 103.8 | 101.3 | 101.6 | 101.1 | 98.3 |
| 5.家庭服务及加工维修服务<br>Household Service and maintenance | 108.3 | 109.3 | 130.0 | 101.6 | 109.9 | 103.2 |

Continued 2

| 铜陵市<br>Tongling | 安庆市<br>Anqing | 桐　城<br>Tongcheng | 黄山市<br>Huangshan | 歙　县<br>Shexian | 滁州市<br>Chuzhou | 阜阳市<br>Fuyang | 亳州市<br>Bozhou | 宿州市<br>Suzhou | 六安市<br>Lu' an | 宣城市<br>Xuancheng |
|---|---|---|---|---|---|---|---|---|---|---|
| 96.1 | 96.0 | 95.5 | 95.3 | 95.8 | 92.5 | 95.4 | 91.5 | 91.0 | 95.1 | 90.5 |
| **100.4** | **100.8** | **100.8** | **101.9** | **100.3** | **101.2** | **100.9** | **100.5** | **99.7** | **100.8** | **101.1** |
| 99.4 | 101.0 | 100.1 | 101.3 | 100.1 | 102.0 | 102.1 | 102.1 | 100.7 | 101.4 | 101.6 |
| 100.1 | 101.4 | 99.3 | 103.1 | 100.9 | 102.9 | 102.7 | 101.8 | 100.3 | 101.4 | 102.8 |
| 98.9 | 101.0 | 100.5 | 99.9 | 99.7 | 102.7 | 101.9 | 101.9 | 100.0 | 101.2 | 101.8 |
| 99.4 | 99.6 | 101.1 | 100.8 | 99.8 | 95.8 | 101.3 | 103.1 | 104.2 | 102.4 | 97.1 |
| 95.2 | 99.9 | 101.3 | 109.4 | 101.5 | 102.7 | 100.1 | 102.3 | 102.9 | 101.3 | 98.5 |
| 103.5 | 100.6 | 102.4 | 103.2 | 100.0 | 98.8 | 97.1 | 96.6 | 97.4 | 99.0 | 99.7 |
| 103.7 | 100.5 | 102.5 | 103.4 | 100.1 | 98.8 | 96.8 | 96.3 | 97.1 | 98.9 | 99.3 |
| 100.4 | 102.1 | 100.1 | 100.0 | 100.0 | 99.9 | 98.7 | 101.4 | 101.0 | 101.0 | 106.3 |
| 99.8 | 100.8 | 100.0 | 101.6 | 99.4 | 98.5 | 102.1 | 94.1 | 101.0 | 100.5 | 100.8 |
| 104.3 | 100.0 | 100.2 | 104.1 | 111.2 | 103.8 | 102.7 | 113.0 | 100.8 | 111.1 | 107.4 |
| **100.2** | **102.1** | **102.8** | **100.3** | **100.1** | **100.3** | **101.9** | **101.5** | **100.9** | **100.5** | **101.7** |
| 100.2 | 100.9 | 101.2 | 99.4 | 99.7 | 99.1 | 100.5 | 101.1 | 101.7 | 98.3 | 101.3 |
| 100.3 | 99.2 | 100.7 | 97.9 | 99.0 | 99.9 | 101.7 | 102.4 | 101.6 | 98.9 | 101.9 |
| 100.2 | 101.3 | 101.4 | 99.8 | 99.9 | 98.8 | 100.1 | 100.7 | 101.7 | 98.2 | 101.1 |
| 98.6 | 99.7 | 102.8 | 100.0 | 101.9 | 100.6 | 103.0 | 99.3 | 99.1 | 98.7 | 101.3 |
| 96.3 | 99.6 | 98.5 | 100.9 | 98.4 | 101.6 | 99.8 | 104.3 | 100.1 | 100.3 | 102.2 |
| 100.2 | 100.8 | 104.5 | 99.4 | 101.0 | 98.6 | 101.8 | 101.2 | 99.6 | 102.4 | 99.9 |
| 105.9 | 112.9 | 108.1 | 104.1 | 100.2 | 110.7 | 110.6 | 101.9 | 101.8 | 106.5 | 108.8 |

4-6 续表3

| 指　　标<br>Item | 合肥市<br>Hefei | 芜湖市<br>Wuhu | 蚌埠市<br>Bengbu | 淮南市<br>Huainan | 马鞍山市<br>Maanshan | 淮北市<br>Huaibei |
|---|---|---|---|---|---|---|
| **五、医疗保健和个人用品<br>Medic-care and Personal Articles** | **101.6** | **102.3** | **102.3** | **101.8** | **101.0** | **101.0** |
| 1.医疗保健<br>Medic-care and health | 101.5 | 102.8 | 102.6 | 103.0 | 101.0 | 101.6 |
| (1)医疗器具及用品<br>Medical Instrument and Articles | 100.1 | 100.5 | 99.8 | 102.6 | 97.8 | 98.3 |
| (2)中药材及中成药<br>Traditional Chinese Medicine | 100.8 | 101.9 | 105.0 | 108.2 | 99.3 | 101.8 |
| (3)西药<br>Western Medicine | 101.8 | 105.0 | 102.6 | 100.4 | 100.8 | 103.0 |
| (4)保健器具及用品<br>Health Care Appliances and Articles | 101.4 | 105.8 | 102.9 | 102.0 | 107.9 | 102.4 |
| (5)医疗保健服务<br>Health Care Services | 101.7 | 100.2 | 100.6 | 101.6 | 100.0 | 100.1 |
| 2.个人用品及服务<br>Personal Articles and Services | 101.7 | 101.2 | 101.9 | 99.2 | 101.0 | 99.7 |
| (1)化妆美容用品<br>Cosmetics | 100.2 | 102.3 | 101.0 | 100.3 | 99.1 | 101.3 |
| (2)清洁类化妆品<br>Sanitation Articles | 100.0 | 99.7 | 98.8 | 99.2 | 99.8 | 100.3 |
| (3)个人饰品<br>Personal Ornaments | 97.0 | 97.0 | 93.6 | 95.6 | 93.3 | 95.4 |
| (4)个人服务<br>Personal Services | 106.7 | 104.3 | 109.1 | 101.4 | 108.5 | 101.9 |
| **六、交通和通信<br>Transportation and Communication** | **98.2** | **98.5** | **99.2** | **100.6** | **99.6** | **99.5** |
| 1.交通<br>Transportation | 98.7 | 99.7 | 99.6 | 102.4 | 100.4 | 100.0 |
| (1)交通工具<br>Transportation Facility | 95.6 | 98.1 | 96.7 | 99.1 | 96.9 | 98.1 |
| (2)车用燃料及零配件<br>Fuels and Parts | 99.3 | 99.5 | 98.2 | 99.3 | 98.8 | 99.4 |
| (3)车辆使用及维修费<br>Fees for Vehicles Use and Maintenance | 100.9 | 100.9 | 102.8 | 102.8 | 103.2 | 105.1 |
| (4)市区公共交通费<br>Incity Traffic Fare | 101.6 | 100.8 | 101.6 | 105.5 | 104.7 | 100.0 |
| (5)城市间交通费<br>Intercity Traffic Fare | 98.4 | 100.3 | 100.2 | 103.4 | 100.3 | 100.9 |
| 2.通信<br>Communication | 97.5 | 97.3 | 98.8 | 98.7 | 98.8 | 99.1 |

Continued 3

| 铜陵市 Tongling | 安庆市 Anqing | 桐 城 Tongcheng | 黄山市 Huangshan | 歙 县 Shexian | 滁州市 Chuzhou | 阜阳市 Fuyang | 亳州市 Bozhou | 宿州市 Suzhou | 六安市 Lu' an | 宣城市 Xuancheng |
|---|---|---|---|---|---|---|---|---|---|---|
| **100.4** | **100.9** | **101.8** | **102.1** | **103.8** | **100.4** | **101.6** | **100.0** | **101.5** | **101.8** | **101.8** |
| 101.0 | 100.7 | 101.9 | 103.2 | 103.2 | 101.2 | 102.6 | 100.6 | 101.9 | 102.6 | 101.9 |
| 99.8 | 96.7 | 100.9 | 101.5 | 100.7 | 108.8 | 98.6 | 101.9 | 99.6 | 101.2 | 103.9 |
| 99.6 | 100.4 | 103.8 | 110.5 | 103.9 | 102.1 | 102.3 | 96.5 | 108.9 | 106.5 | 101.8 |
| 102.0 | 101.8 | 101.4 | 100.4 | 101.8 | 101.6 | 104.2 | 102.0 | 99.6 | 102.1 | 103.2 |
| 104.9 | 99.2 | 102.4 | 104.8 | 115.7 | 98.8 | 104.8 | 99.9 | 97.5 | 100.6 | 101.9 |
| 100.0 | 100.4 | 100.9 | 100.0 | 100.9 | 100.0 | 100.4 | 102.1 | 100.0 | 100.6 | 100.5 |
| 99.3 | 101.3 | 101.5 | 100.1 | 105.8 | 98.6 | 99.9 | 98.9 | 100.6 | 99.3 | 101.5 |
| 97.8 | 102.9 | 101.8 | 103.9 | 100.1 | 100.4 | 102.7 | 102.4 | 100.0 | 100.8 | 97.4 |
| 99.8 | 100.5 | 101.0 | 98.7 | 100.5 | 100.4 | 100.8 | 101.3 | 99.3 | 99.2 | 100.5 |
| 94.3 | 95.0 | 98.0 | 93.8 | 95.4 | 94.3 | 95.1 | 93.2 | 96.0 | 94.4 | 95.8 |
| 104.3 | 105.3 | 104.1 | 103.2 | 116.7 | 100.1 | 101.6 | 100.1 | 105.6 | 101.6 | 106.6 |
| **98.8** | **99.1** | **99.8** | **99.5** | **99.0** | **100.4** | **99.7** | **99.2** | **98.9** | **99.2** | **99.1** |
| 99.9 | 100.1 | 101.6 | 101.0 | 100.0 | 101.4 | 101.1 | 99.8 | 99.4 | 100.1 | 100.0 |
| 95.4 | 97.6 | 99.6 | 97.3 | 98.0 | 97.7 | 98.2 | 98.4 | 97.2 | 99.3 | 98.3 |
| 99.0 | 98.7 | 99.9 | 99.2 | 98.0 | 99.3 | 99.9 | 98.6 | 99.2 | 99.4 | 99.2 |
| 104.5 | 104.0 | 103.3 | 110.4 | 102.0 | 101.1 | 107.6 | 104.1 | 100.4 | 102.1 | 104.7 |
| 102.4 | 100.0 | 100.7 | 100.7 | 101.9 | 104.6 | 102.4 | 103.5 | 100.0 | 100.9 | 100.0 |
| 101.6 | 102.3 | 105.8 | 100.4 | 101.0 | 102.7 | 101.4 | 96.3 | 100.1 | 100.0 | 101.7 |
| 97.5 | 98.2 | 97.8 | 97.9 | 97.9 | 99.4 | 98.4 | 98.6 | 98.4 | 98.3 | 98.2 |

4-6 续表4

| 指标<br>Item | 合肥市<br>Hefei | 芜湖市<br>Wuhu | 蚌埠市<br>Bengbu | 淮南市<br>Huainan | 马鞍山市<br>Maanshan | 淮北市<br>Huaibei |
|---|---|---|---|---|---|---|
| (1)通信工具<br>Communication Facility | 93.4 | 93.2 | 93.7 | 93.6 | 93.3 | 93.3 |
| (2)通信服务<br>Communication Services | 98.1 | 97.9 | 99.6 | 99.7 | 100.0 | 100.0 |
| **七、娱乐教育文化用品及服务<br>Recreation, Education, Culture Articles and Services** | **104.5** | **103.6** | **101.0** | **103.9** | **103.0** | **103.8** |
| 1.文娱用耐用消费品及服务<br>Durable Consumer Goods for Recreational Use | 97.9 | 100.3 | 97.8 | 97.8 | 97.8 | 98.2 |
| 2.教育<br>Education | 105.7 | 101.7 | 101.3 | 102.4 | 104.7 | 103.1 |
| (1)教材及参考书<br>Teaching Materials and Reference Books | 102.9 | 102.9 | 100.4 | 101.8 | 101.5 | 101.5 |
| (2)教育服务<br>Education Services | 106.5 | 101.5 | 101.4 | 102.6 | 105.3 | 103.5 |
| 3.文化娱乐类<br>Cultural and Recreational Articles | 101.8 | 100.3 | 101.5 | 100.7 | 102.0 | 99.8 |
| (1)文化娱乐用品<br>Cultural Articles | 100.2 | 99.9 | 102.5 | 100.9 | 102.3 | 99.4 |
| (2)书报杂志<br>Newspapers and Magazines | 99.9 | 102.6 | 100.0 | 100.0 | 103.1 | 100.0 |
| (3)文娱费<br>Expenditure on Culture and Recreation | 103.8 | 99.4 | 100.9 | 101.0 | 101.2 | 100.3 |
| 4.旅游<br>Tourism | 105.4 | 116.4 | 102.4 | 116.3 | 101.6 | 114.8 |
| **八、居住<br>Residence** | **103.4** | **103.1** | **101.9** | **101.0** | **101.3** | **101.4** |
| 1.建房及装修材料<br>Building and Decoration Materials | 101.1 | 101.4 | 103.0 | 101.3 | 104.3 | 101.6 |
| 2.住房租金<br>Tenancy | 105.5 | 101.6 | 112.1 | 102.5 | 103.5 | 101.6 |
| 3.自有住房<br>Housing | 104.7 | 105.5 | 100.3 | 101.2 | 100.3 | 102.5 |
| 4.水、电、燃料<br>Water, Electricity and Fuels | 100.5 | 100.3 | 100.5 | 99.9 | 100.0 | 99.7 |

Continued 4

| 铜陵市 Tongling | 安庆市 Anqing | 桐　城 Tongcheng | 黄山市 Huangshan | 歙　县 Shexian | 滁州市 Chuzhou | 阜阳市 Fuyang | 亳州市 Bozhou | 宿州市 Suzhou | 六安市 Lu'an | 宣城市 Xuancheng |
|---|---|---|---|---|---|---|---|---|---|---|
| 93.4 | 93.4 | 93.6 | 93.2 | 93.5 | 93.8 | 93.0 | 93.5 | 93.7 | 93.6 | 93.7 |
| 98.0 | 98.8 | 99.3 | 98.8 | 99.4 | 100.2 | 99.5 | 99.4 | 99.1 | 99.6 | 99.6 |
| **103.5** | **101.5** | **102.6** | **103.2** | **100.7** | **102.2** | **101.0** | **100.8** | **101.4** | **101.1** | **102.3** |
| 98.6 | 99.5 | 99.0 | 98.1 | 98.7 | 98.2 | 98.4 | 98.3 | 98.6 | 98.6 | 99.7 |
| 99.9 | 102.2 | 103.3 | 102.7 | 100.7 | 101.8 | 102.1 | 100.3 | 100.3 | 102.2 | 102.7 |
| 100.1 | 101.6 | 101.0 | 101.4 | 101.6 | 102.3 | 101.6 | 102.3 | 102.0 | 101.7 | 101.2 |
| 99.9 | 102.3 | 104.1 | 102.9 | 100.5 | 101.6 | 102.2 | 99.9 | 99.8 | 102.3 | 103.0 |
| 100.7 | 100.7 | 100.7 | 100.7 | 100.8 | 100.1 | 101.6 | 104.8 | 101.1 | 100.6 | 99.6 |
| 100.3 | 101.0 | 100.3 | 100.1 | 100.3 | 99.0 | 100.6 | 99.9 | 100.0 | 101.2 | 99.4 |
| 100.0 | 100.5 | 101.7 | 100.0 | 100.2 | 100.0 | 103.0 | 100.0 | 100.0 | 100.0 | 99.9 |
| 101.4 | 100.3 | 100.7 | 102.7 | 101.9 | 102.2 | 101.9 | 117.5 | 103.8 | 100.1 | 99.9 |
| 124.1 | 101.8 | 106.3 | 115.9 | 103.1 | 109.5 | 99.0 | 100.7 | 106.5 | 99.1 | 107.9 |
| **100.6** | **101.2** | **100.5** | **100.8** | **104.3** | **100.1** | **102.1** | **102.1** | **101.4** | **103.0** | **101.9** |
| 99.7 | 100.4 | 99.3 | 98.1 | 100.7 | 100.5 | 102.2 | 99.9 | 101.4 | 99.5 | 100.9 |
| 100.0 | 102.7 | 100.6 | 100.3 | 102.5 | 98.9 | 104.0 | 103.7 | 104.7 | 105.0 | 101.4 |
| 99.9 | 101.5 | 100.7 | 101.0 | 106.1 | 99.9 | 102.6 | 102.1 | 102.1 | 103.8 | 102.7 |
| 102.9 | 100.8 | 100.9 | 101.9 | 103.1 | 100.4 | 101.0 | 102.7 | 99.5 | 104.5 | 101.6 |

# 4-7 商品零售价格分类指数(2014年)
# Retail Price Indices by Category(2014)

上年=100 (preceding year=100)

| 指　标 | Item | 全省 | 城市 | 农村 |
|---|---|---|---|---|
| **商品零售价格总指数** | **Retail General Price Index** | **100.4** | **100.4** | **100.5** |
| 一、食品 | Food | 101.8 | 101.9 | 101.6 |
| 1.粮食 | Grain | 102.9 | 103.4 | 101.7 |
| 2.淀粉及制品 | Starches and Tubers | 102.8 | 103.3 | 101.1 |
| 3.干豆类及豆制品 | Beans and Bean Products | 104.4 | 103.4 | 107.3 |
| 4.油脂 | Oil or Fat | 94.5 | 94.7 | 93.8 |
| 5.肉禽及其制品 | Meal,Poultry and Their Products | 98.6 | 99.0 | 97.5 |
| (1)食用畜肉及副产品 | Edible Livestock Meat and Subsidiary Products | 96.1 | 96.5 | 94.9 |
| (2)禽 | Poultry | 105.4 | 105.2 | 105.8 |
| (3)加工肉禽 | Processed Meat and Poultry | 102.0 | 102.3 | 101.3 |
| 6.蛋 | Eggs | 114.9 | 114.8 | 115.3 |
| 7.水产品 | Aquatic Products | 101.2 | 101.7 | 99.7 |
| (1)鱼 | Fish | 97.6 | 97.9 | 96.7 |
| (2)其他水产品 | Other Aquatic Products | 109.4 | 109.1 | 111.0 |
| 8.菜 | Vegetables | 97.1 | 96.8 | 97.9 |
| 9.调味品 | Flavoring | 101.9 | 101.6 | 102.7 |
| 10.糖 | Sugar | 100.0 | 100.1 | 99.8 |
| 11.干鲜瓜果 | Dried and Fresh Melons and Fruits | 118.0 | 117.0 | 120.9 |
| 12.糕点饼干面包 | Cake,Cookie,Bread | 101.5 | 101.5 | 101.2 |
| 13.液体乳及乳制品 | Milk and Its Products | 107.6 | 107.4 | 108.0 |
| 14.在外用膳食品 | Dinning Out | 103.1 | 102.9 | 103.8 |
| 15.其他食品 | Other Food | 99.4 | 99.6 | 99.1 |
| 二、饮料、烟酒 | Tobacco,Liquor and Articles | 98.1 | 98.2 | 97.6 |
| 1.茶及饮料 | Tea and Drinks | 104.1 | 103.9 | 104.6 |
| (1)茶叶 | Tea | 104.8 | 104.6 | 105.2 |
| (2)饮料 | Beverages | 103.5 | 103.3 | 104.0 |
| 2.烟草 | Tobacco | 100.1 | 100.1 | 100.0 |
| 3.酒 | Liquor | 94.3 | 94.8 | 93.0 |
| 三、服装、鞋帽 | Garments, Shoes and Hats | 101.0 | 101.0 | 100.8 |
| 1.服装 | Garments | 101.5 | 101.7 | 100.9 |
| (1)男式服装 | Men's Clothing | 101.8 | 102.0 | 101.3 |
| (2)女式服装 | Women's Clothing | 101.3 | 101.4 | 101.0 |
| (3)儿童服装 | Children's Clothing | 101.2 | 102.0 | 99.1 |
| 2.鞋袜帽 | Footwear,Socks and Hats | 99.7 | 99.4 | 100.5 |
| (1)鞋 | Shoes | 99.6 | 99.3 | 100.4 |

4-7 续表 Continued

| 指 标 | Item | 全省 | 城市 | 农村 |
|---|---|---|---|---|
| (2)袜子 | Socks | 100.9 | 100.3 | 103.1 |
| (3)帽子 | Hats | 100.3 | 100.2 | 100.3 |
| 3.其他 | Others | 100.1 | 100.2 | 100.0 |
| 四、纺织品 | Textiles | 99.7 | 99.4 | 100.2 |
| 1.衣着材料 | Clothing Material | 100.5 | 100.8 | 100.1 |
| 2.床上用品 | Bed Articles | 99.2 | 98.8 | 100.3 |
| 五、家用电器及音像器材 | Electric Household Appliance and Sound Apparatus | 99.7 | 99.4 | 100.5 |
| 1.家庭设备 | Household Facilities | 100.0 | 99.7 | 100.9 |
| 2.文娱用耐用消费品 | Durable Consuming Goods for Entertainment | 99.2 | 98.9 | 99.9 |
| 3.专业音像器材 | Sound Apparatus | 99.6 | 99.6 | 99.6 |
| 六、文化办公用品 | Cultural and Office Goods | 99.0 | 99.0 | 99.0 |
| 七、日用品 | Articles for Daily Use | 100.7 | 100.5 | 101.3 |
| 1.日用百货 | Merchandises for Daily Use | 99.6 | 99.5 | 100.0 |
| 2.日用杂品 | Sundries for Daily Use | 100.7 | 100.4 | 101.7 |
| 3.洗涤用品 | Washing and Cleaning Goods | 102.1 | 101.6 | 103.8 |
| 4.其他日用品 | Other Daily-use Goods | 100.8 | 100.8 | 100.9 |
| 八、体育娱乐用品 | Sports and Entertainment Goods | 99.9 | 99.8 | 100.2 |
| 1.体育用品 | Sports Goods | 100.1 | 100.0 | 100.7 |
| 2.娱乐用品 | Recreational Goods | 99.8 | 99.7 | 99.9 |
| 九、交通、通信用品 | Traffic and Telecommunication Goods | 96.8 | 96.8 | 97.0 |
| 1.交通运输机械 | Traffic and Transport Machinery | 97.9 | 97.9 | 98.0 |
| 2.通信器材 | Telecommunication Apparatus | 93.8 | 93.7 | 94.4 |
| 十、家具 | Furniture | 101.0 | 101.0 | 100.9 |
| 十一、化妆品 | Cosmetics | 100.6 | 100.8 | 100.0 |
| 十二、金银珠宝 | Gold and Silver Jewels | 91.9 | 91.5 | 94.5 |
| 十三、中西药品及医疗保健用品 | Chinese and Western Medicines and Health Supplies | 102.2 | 102.0 | 103.0 |
| 1.医疗器具及用品 | Medical-care Apparatus and Goods | 100.7 | 100.0 | 102.1 |
| 2.中药材及中成药 | Chinese Herbs and Patent Medicine | 102.2 | 101.9 | 102.9 |
| 3.西药 | Western Medicine | 102.2 | 102.1 | 102.4 |
| 4.保健器具及用品 | Healthy Devices and Goods | 103.0 | 102.0 | 105.9 |
| 十四、书报杂志及电子出版物 | Books, Magazines and Electronic Publications | 101.4 | 101.6 | 100.6 |
| 1.教材及参考书 | Texts and Reference Books | 101.8 | 102.1 | 100.8 |
| 2.书报杂志 | Newspapers and Magazines | 100.7 | 100.7 | 100.5 |
| 3.电子音像制品 | Electronic Audio and Video Products | 102.0 | 102.6 | 99.7 |
| 十五、燃料 | Fuels | 99.7 | 99.7 | 99.7 |
| 1.煤炭及制品 | Coal and Its Products | 98.5 | 97.6 | 100.1 |
| 2.石油及制品 | Oil and Its Products | 99.9 | 100.0 | 99.6 |
| 十六、建筑材料及五金电料 | Building Apparatus and Hardwares | 100.1 | 100.3 | 99.7 |
| 1.建筑装潢材料 | Building Decoration Materials | 100.0 | 100.3 | 99.4 |
| 2.五金电料 | Hardwares and Electrical Apparatus | 100.6 | 100.5 | 101.0 |

# 4-8　各市商品零售价格总指数(1984—2014 年)

上年＝100

| 年　份<br>Year | 合肥市<br>Hefei | 芜湖市<br>Wuhu | 蚌埠市<br>Bengbu | 淮南市<br>Huainan | 马鞍山市<br>Maanshan | 淮北市<br>Huaibei | 铜陵市<br>Tongling | 安庆市<br>Anqing |
|---|---|---|---|---|---|---|---|---|
| 1984 | 100.6 | 101.4 | 100.3 | 101.3 | | 101.1 | | 101.3 |
| 1985 | 111.4 | 108.4 | 108.8 | 112.5 | | 108.1 | | 109.5 |
| 1986 | 105.9 | 106.5 | 106.2 | 106.4 | | 105.0 | | 107.2 |
| 1987 | 110.3 | 108.9 | 111.0 | 108.1 | | 109.2 | | 109.2 |
| 1988 | 122.1 | 121.2 | 120.8 | 121.9 | | 125.5 | | 118.9 |
| 1989 | 115.0 | 115.9 | 114.8 | 114.6 | 115.3 | 116.2 | | 116.6 |
| 1990 | 101.7 | 103.6 | 100.6 | 102.0 | 100.6 | 101.2 | | 102.6 |
| 1991 | 109.5 | 107.7 | 108.1 | 108.8 | 108.6 | 107.3 | 108.1 | 107.1 |
| 1992 | 108.8 | 108.5 | 106.5 | 108.1 | 108.6 | 107.2 | 106.6 | 108.7 |
| 1993 | 115.0 | 118.9 | 112.3 | 107.4 | 118.3 | 109.5 | 124.0 | 114.3 |
| 1994 | 120.5 | 126.0 | 119.9 | 121.3 | 123.9 | 117.8 | 124.0 | 127.9 |
| 1995 | 113.8 | 115.5 | 111.7 | 112.0 | 111.4 | 112.8 | 112.7 | 113.7 |
| 1996 | 107.1 | 106.9 | 106.7 | 107.0 | 106.6 | 106.5 | 106.7 | 107.0 |
| 1997 | 100.9 | 100.0 | 100.1 | 101.1 | 100.7 | 99.2 | 101.0 | 98.8 |
| 1998 | 98.2 | 98.9 | 99.1 | 97.8 | 98.3 | 98.6 | 98.1 | 98.3 |
| 1999 | 96.5 | 96.2 | 95.8 | 97.0 | 97.6 | 96.8 | 97.2 | 96.6 |
| 2000 | 97.2 | 98.1 | 98.7 | 98.3 | 99.0 | 98.8 | 97.9 | 98.3 |
| 2001 | 97.7 | 98.9 | 98.5 | 99.3 | 99.9 | 99.3 | 98.7 | 98.3 |
| 2002 | 99.3 | 98.9 | 98.8 | 99.2 | 100.3 | 99.6 | 99.9 | 99.5 |
| 2003 | 101.4 | 100.3 | 100.9 | 101.1 | 101.7 | 103.1 | 99.4 | 99.4 |
| 2004 | 100.8 | 102.3 | 103.4 | 102.3 | 103.0 | 102.6 | 102.9 | 102.5 |
| 2005 | 99.7 | 99.2 | 99.8 | 99.8 | 100.2 | 101.4 | 99.9 | 100.7 |
| 2006 | 100.6 | 100.6 | 101.9 | 99.8 | 101.8 | 101.1 | 100.2 | 101.4 |
| 2007 | 104.6 | 104.1 | 104.6 | 104.9 | 104.9 | 104.4 | 103.3 | 104.2 |
| 2008 | 106.3 | 106.2 | 106.4 | 105.6 | 106.6 | 106.3 | 105.6 | 106.8 |
| 2009 | 99.8 | 98.1 | 98.7 | 98.1 | 98.7 | 99.0 | 98.5 | 98.8 |
| 2010 | 102.1 | 102.7 | 102.7 | 101.8 | 103.1 | 103.4 | 102.4 | 103.2 |
| 2011 | 105.1 | 105.0 | 105.4 | 104.9 | 103.9 | 104.9 | 105.5 | 105.1 |
| 2012 | 101.9 | 102.2 | 102.1 | 102.2 | 101.9 | 102.0 | 102.2 | 101.8 |
| 2013 | 101.2 | 101.3 | 101.5 | 101.4 | 101.2 | 101.1 | 101.1 | 101.5 |
| 2014 | 100.3 | 100.6 | 100.9 | 100.0 | 100.4 | 99.9 | 99.9 | 100.4 |

# Overall Retail Price Index in Major Cities (1984—2014)

(preceding year = 100)

| 桐城市<br>Tongcheng | 黄山市<br>Huangshan | 歙县<br>Shexian | 滁州市<br>Chuzhou | 阜阳市<br>Fuyang | 亳州市<br>Bozhou | 宿州市<br>Suzhou | 六安市<br>Lu'an | 宣城市<br>Xuancheng |
|---|---|---|---|---|---|---|---|---|
| 98.3 | | 100.5 | 101.3 | 102.3 | 98.7 | 104.8 | 102.7 | 100.5 |
| 106.2 | | 108.3 | 103.2 | 105.2 | 105.0 | 103.4 | 109.2 | 106.6 |
| 104.1 | | 107.4 | 104.7 | 104.0 | 108.2 | 107.6 | 105.1 | 105.7 |
| 111.0 | | 113.2 | 109.4 | 110.1 | 111.2 | 111.5 | 110.7 | 112.2 |
| 118.1 | | 122.5 | 117.5 | 123.8 | 123.3 | 116.7 | 123.1 | 123.7 |
| 115.9 | | 114.7 | 118.5 | 115.5 | 115.7 | 116.8 | 116.9 | 115.6 |
| 98.2 | | 101.4 | 100.5 | 102.2 | 97.8 | 103.7 | 103.0 | 102.1 |
| 106.6 | | 101.5 | 106.8 | 107.5 | 109.9 | 104.4 | 104.1 | 102.6 |
| 109.8 | | 107.3 | 107.2 | 110.0 | 109.6 | 106.1 | 107.4 | 104.4 |
| 109.5 | | 115.6 | 118.8 | 109.6 | 110.4 | 112.1 | 112.2 | 115.7 |
| 116.4 | | 122.9 | 122.2 | 117.9 | 125.3 | 122.5 | 127.8 | 124.3 |
| 113.2 | | 111.4 | 114.5 | 111.0 | 108.1 | 112.6 | 112.6 | 112.1 |
| 107.4 | 106.8 | 107.8 | 107.3 | 107.7 | 106.7 | 107.7 | 107.1 | 106.9 |
| 98.8 | 98.1 | 98.4 | 99.4 | 99.2 | 97.9 | 98.5 | 98.9 | 99.8 |
| 97.9 | 99.9 | 98.2 | 98.7 | 97.7 | 99.4 | 96.8 | 98.3 | 98.7 |
| 96.2 | 96.8 | 96.1 | 96.8 | 95.5 | 97.3 | 95.1 | 96.6 | 98.4 |
| 98.6 | 99.7 | 97.0 | 97.3 | 97.7 | 96.3 | 96.5 | 0.0 | 98.5 |
| 99.6 | 99.4 | 98.9 | 99.1 | 98 | 100.1 | | | 101.9 |
| 98.9 | 98.4 | 98.3 | 99 | 98.3 | 98.3 | | | 102 |
| 101.4 | 102.5 | 100.6 | 100.2 | 103.1 | 100.6 | 102.0 | | 102.2 |
| 104.2 | 103.8 | 104.6 | 101.4 | 102.4 | 101.8 | 102.4 | | 103.5 |
| 102.3 | 99.9 | 101.3 | 100.7 | 100.6 | 99.4 | 99.9 | | 101.8 |
| 101.4 | 100.4 | 100.7 | 101.0 | 101.3 | 101.3 | 101.0 | | 100.7 |
| 105.2 | 103.9 | 104.7 | 104.2 | 103.9 | 105.5 | 104.9 | | 104.2 |
| 106.3 | 105.6 | 106.3 | 105.2 | 105.5 | 105.0 | 106.1 | | 106.3 |
| 97.8 | 98.9 | 98.9 | 99.6 | 97.9 | 98.4 | 99.0 | | 100.0 |
| 103.9 | 104.2 | 104.5 | 102.7 | 103.1 | 103.9 | 102.6 | | 103.9 |
| 106.4 | 105.4 | 107.0 | 104.6 | 105.4 | 104.4 | 105.1 | 104.8 | 105.6 |
| 102.5 | 101.8 | 102.8 | 101.9 | 102.5 | 102.1 | 101.6 | 101.0 | 101.9 |
| 101.4 | 101.8 | 101.7 | 101.3 | 101.0 | 101.1 | 101.3 | 101.1 | 101.3 |
| 100.5 | 100.9 | 101.1 | 100.4 | 100.7 | 99.8 | 100.3 | 100.8 | 100.2 |

# 4-9 各市商品零售价格分类指数(2014年)

上年=100

| 指标 Item | 合肥市 Hefei | 芜湖市 Wuhu | 蚌埠市 Bengbu | 淮南市 Huainan | 马鞍山市 Maanshan | 淮北市 Huaibei |
|---|---|---|---|---|---|---|
| **商品零售价格总指数 Retail General Price Index** | **100.3** | **100.6** | **100.9** | **100.0** | **100.4** | **99.9** |
| 一、食品 Food | 101.5 | 102.0 | 103.2 | 100.6 | 101.9 | 101.4 |
| 1.粮食 Grain | 103.3 | 103.1 | 103.3 | 103.9 | 102.6 | 103.4 |
| 2.淀粉及制品 Starches and Tubers | 104.8 | 102.1 | 98.6 | 99.7 | 102.7 | 104.2 |
| 3.干豆类及豆制品 Beans and Bean Products | 102.5 | 104.3 | 104.1 | 103.2 | 107.9 | 102.3 |
| 4.油脂 Oil or Fat | 91.9 | 95.3 | 96.2 | 94.7 | 96.1 | 97.7 |
| 5.肉禽及其制品 Meal,Poultry and Their Products | 98.6 | 97.9 | 98.7 | 98.0 | 99.5 | 98.1 |
| (1)食用畜肉及副产品 Edible Livestock Meat and Subsidiary Products | 96.2 | 96.0 | 96.1 | 95.2 | 97.4 | 95.3 |
| (2)禽 Poultry | 105.1 | 101.6 | 104.1 | 102.9 | 103.8 | 105.6 |
| (3)加工肉禽 Processed Meat and Poultry | 102.1 | 101.8 | 104.0 | 103.0 | 101.1 | 100.8 |
| 6.蛋 Eggs | 116.0 | 111.9 | 117.3 | 115.6 | 112.6 | 115.9 |
| 7.水产品 Aquatic Products | 101.5 | 101.1 | 104.2 | 101.3 | 97.7 | 106.0 |
| (1)鱼 Fish | 98.2 | 99.3 | 100.1 | 96.4 | 94.8 | 98.5 |
| (2)其他水产品 Other Aquatic Products | 106.5 | 104.7 | 114.2 | 112.0 | 101.7 | 121.7 |
| 8.菜 Vegetables | 95.9 | 95.2 | 99.6 | 94.3 | 94.0 | 96.9 |
| 9.调味品 Flavoring | 101.6 | 100.9 | 102.1 | 101.6 | 101.1 | 101.8 |
| 10.糖 Sugar | 99.0 | 100.0 | 99.3 | 99.9 | 101.5 | 99.1 |
| 11.干鲜瓜果 Dried and Fresh Melons and Fruits | 112.9 | 119.2 | 116.8 | 113.4 | 111.8 | 110.0 |

# Retail Price Indices by Category in Major Cities (2014)

(preceding year=100)

| 铜陵市 Tongling | 安庆市 Anqing | 桐城 Tongcheng | 黄山市 Huangshan | 歙县 Shexian | 滁州市 Chuzhou | 阜阳市 Fuyang | 亳州市 Bozhou | 宿州市 Suzhou | 六安市 Lu'an | 宣城市 Xuancheng |
|---|---|---|---|---|---|---|---|---|---|---|
| **99.9** | **100.4** | **100.5** | **100.9** | **101.1** | **100.4** | **100.7** | **99.8** | **100.3** | **100.8** | **100.2** |
| 101.3 | 101.9 | 101.5 | 102.7 | 102.9 | 102.7 | 102.2 | 101.9 | 102.2 | 102.1 | 101.1 |
| 102.6 | 103.5 | 101.9 | 101.2 | 103.1 | 102.1 | 102.6 | 103.2 | 105.8 | 105.3 | 101.0 |
| 99.7 | 105.3 | 105.4 | 99.3 | 97.8 | 102.3 | 100.3 | 110.9 | 101.2 | 107.3 | 100.8 |
| 106.7 | 102.3 | 106.7 | 102.3 | 108.0 | 104.9 | 102.1 | 103.9 | 104.7 | 101.6 | 107.4 |
| 94.5 | 96.7 | 95.6 | 95.4 | 96.1 | 96.8 | 96.0 | 92.7 | 98.8 | 87.4 | 91.4 |
| 95.3 | 100.2 | 98.0 | 102.2 | 99.2 | 100.0 | 100.5 | 100.5 | 98.5 | 97.8 | 96.5 |
| 90.9 | 97.8 | 95.3 | 101.8 | 96.8 | 98.2 | 97.2 | 98.7 | 95.4 | 95.9 | 94.0 |
| 105.6 | 106.7 | 107.2 | 101.8 | 107.1 | 103.9 | 113.0 | 104.8 | 105.7 | 100.8 | 104.4 |
| 101.2 | 102.0 | 100.6 | 105.0 | 102.4 | 102.9 | 100.1 | 105.5 | 102.8 | 104.5 | 101.2 |
| 111.1 | 112.3 | 120.3 | 114.1 | 113.4 | 114.3 | 115.4 | 114.3 | 116.8 | 114.8 | 112.8 |
| 102.9 | 97.3 | 100.3 | 102.9 | 98.4 | 97.8 | 105.3 | 102.5 | 104.5 | 106.5 | 100.0 |
| 95.5 | 93.1 | 97.7 | 96.5 | 94.3 | 93.1 | 101.0 | 103.0 | 98.5 | 103.3 | 97.3 |
| 117.7 | 107.4 | 111.8 | 114.8 | 114.7 | 106.9 | 115.3 | 101.1 | 115.3 | 111.8 | 109.2 |
| 103.0 | 98.9 | 94.5 | 100.6 | 99.7 | 98.4 | 98.7 | 92.2 | 96.0 | 96.9 | 99.0 |
| 101.6 | 102.9 | 101.4 | 99.7 | 103.3 | 100.9 | 100.9 | 103.1 | 100.1 | 101.9 | 103.2 |
| 98.7 | 99.7 | 101.3 | 100.8 | 101.7 | 101.2 | 99.0 | 102.8 | 103.2 | 100.9 | 97.8 |
| 114.0 | 117.0 | 117.8 | 122.7 | 122.3 | 117.4 | 123.5 | 124.6 | 119.5 | 122.2 | 122.0 |

4-9 续表1

| 指 标<br>Item | 合肥市<br>Hefei | 芜湖市<br>Wuhu | 蚌埠市<br>Bengbu | 淮南市<br>Huainan | 马鞍山市<br>Maanshan | 淮北市<br>Huaibei |
|---|---|---|---|---|---|---|
| 12.糕点饼干面包<br>Cake, Cookie, Bread | 101.6 | 99.5 | 102.8 | 102.0 | 104.7 | 103.5 |
| 13.液体乳及乳制品<br>Milk and Its Products | 108.4 | 104.6 | 109.2 | 104.0 | 110.3 | 106.5 |
| 14.在外用膳食品<br>Picnic Food | 102.9 | 105.2 | 105.5 | 100.6 | 103.0 | 100.5 |
| 15.其他食品<br>Other Food | 96.4 | 103.4 | 95.5 | 99.1 | 111.0 | 101.9 |
| 二、饮料、烟酒<br>Tobacco, Liquor and Articles | 98.6 | 96.4 | 99.1 | 98.4 | 101.2 | 97.2 |
| 1.茶及饮料<br>Tea and Drinks | 104.1 | 98.4 | 104.0 | 102.6 | 105.5 | 103.4 |
| (1)茶叶<br>Tea | 104.9 | 98.4 | 100.5 | 104.9 | 103.9 | 105.2 |
| (2)饮料<br>Beverages | 103.3 | 98.4 | 105.7 | 101.3 | 107.1 | 102.4 |
| 2.烟草<br>Tobacco | 100.0 | 100.0 | 100.0 | 100.0 | 100.0 | 100.5 |
| 3.酒<br>Liquor | 95.5 | 92.6 | 96.6 | 95.9 | 100.8 | 92.3 |
| 三、服装、鞋帽<br>Garments, Shoes and Hats | 101.5 | 101.0 | 101.6 | 101.4 | 101.7 | 100.6 |
| 1.服装<br>Garments | 101.7 | 100.9 | 103.6 | 101.7 | 102.3 | 100.9 |
| (1)男式服装<br>Men's Clothing | 102.4 | 101.8 | 102.4 | 101.2 | 102.5 | 101.2 |
| (2)女式服装<br>Women's Clothing | 101.0 | 100.3 | 103.3 | 101.4 | 101.8 | 101.5 |
| (3)儿童服装<br>Children's Clothing | 102.4 | 99.9 | 107.9 | 103.9 | 104.3 | 98.0 |
| 2.鞋袜帽<br>Footwear, Socks and Hats | 100.8 | 101.7 | 96.9 | 100.7 | 99.2 | 100.0 |
| (1)鞋<br>Shoes | 100.8 | 101.9 | 96.4 | 100.7 | 99.2 | 100.1 |
| (2)袜子<br>Socks | 100.0 | 99.6 | 100.4 | 100.2 | 100.4 | 98.3 |
| (3)帽子<br>Hats | 101.4 | 99.9 | 102.3 | 100.7 | 99.7 | 99.8 |

Continued 1

| 铜陵市 Tongling | 安庆市 Anqing | 桐 城 Tongcheng | 黄山市 Huangshan | 歙 县 Shexian | 滁州市 Chuzhou | 阜阳市 Fuyang | 亳州市 Bozhou | 宿州市 Suzhou | 六安市 Lu' an | 宣城市 Xuancheng |
|---|---|---|---|---|---|---|---|---|---|---|
| 101.8 | 100.2 | 102.7 | 96.3 | 100.9 | 100.0 | 101.9 | 102.1 | 101.3 | 101.2 | 100.3 |
| 104.8 | 106.4 | 107.9 | 104.4 | 105.9 | 111.8 | 106.6 | 107.4 | 107.7 | 104.0 | 109.0 |
| 102.0 | 102.7 | 102.4 | 103.0 | 106.8 | 104.9 | 100.8 | 102.5 | 101.6 | 103.8 | 103.2 |
| 95.9 | 103.0 | 102.2 | 97.2 | 100.5 | 100.0 | 94.4 | 100.3 | 103.5 | 101.2 | 96.9 |
| 98.7 | 99.3 | 98.2 | 98.0 | 99.8 | 97.2 | 98.6 | 96.6 | 96.6 | 98.2 | 96.3 |
| 103.1 | 106.5 | 101.3 | 100.3 | 109.7 | 104.8 | 105.7 | 106.4 | 101.7 | 102.3 | 104.0 |
| 105.5 | 107.0 | 101.9 | 106.1 | 116.5 | 108.4 | 103.9 | 106.9 | 104.3 | 104.9 | 100.9 |
| 100.9 | 105.9 | 99.9 | 97.1 | 100.4 | 102.0 | 106.8 | 106.0 | 99.9 | 100.5 | 106.6 |
| 100.0 | 100.0 | 100.0 | 100.0 | 100.0 | 100.0 | 100.0 | 100.0 | 101.5 | 100.0 | 100.0 |
| 96.1 | 96.0 | 95.5 | 95.3 | 95.8 | 92.5 | 95.4 | 91.5 | 91.0 | 95.1 | 90.5 |
| 100.7 | 100.8 | 100.7 | 101.7 | 100.3 | 101.1 | 100.7 | 100.2 | 99.7 | 100.7 | 101.0 |
| 99.8 | 101.0 | 100.1 | 101.3 | 100.5 | 102.0 | 102.1 | 102.1 | 100.7 | 101.4 | 101.5 |
| 100.2 | 101.4 | 99.2 | 103.1 | 101.1 | 102.9 | 102.7 | 101.8 | 100.3 | 101.4 | 102.5 |
| 99.5 | 101.0 | 100.5 | 99.9 | 100.0 | 102.7 | 101.9 | 101.9 | 100.0 | 101.2 | 101.8 |
| 99.8 | 99.6 | 101.1 | 100.8 | 100.7 | 95.8 | 101.3 | 103.1 | 104.2 | 102.4 | 97.1 |
| 103.5 | 100.6 | 102.4 | 103.2 | 100.0 | 98.8 | 97.1 | 96.6 | 97.4 | 99.0 | 99.7 |
| 103.7 | 100.5 | 102.5 | 103.4 | 100.1 | 98.8 | 96.8 | 96.3 | 97.1 | 98.9 | 99.3 |
| 100.4 | 102.1 | 100.1 | 100.0 | 100.0 | 99.9 | 98.7 | 101.4 | 101.0 | 101.0 | 106.3 |
| 99.8 | 100.8 | 100.0 | 101.6 | 99.4 | 98.5 | 102.1 | 94.1 | 101.0 | 100.5 | 100.8 |

4-9 续表 2

| 指标<br>Item | 合肥市<br>Hefei | 芜湖市<br>Wuhu | 蚌埠市<br>Bengbu | 淮南市<br>Huainan | 马鞍山市<br>Maanshan | 淮北市<br>Huaibei |
|---|---|---|---|---|---|---|
| 3.其他<br>Others | 106.1 | 99.2 | 95.6 | 100.0 | 98.2 | 98.7 |
| 四、纺织品<br>Textiles | 99.0 | 97.7 | 94.5 | 99.7 | 100.1 | 100.0 |
| 1.衣着材料<br>Clothing Material | 101.7 | 100.2 | 99.2 | 100.1 | 100.9 | 102.7 |
| 2.床上用品<br>Bed Articles | 98.5 | 96.5 | 92.4 | 99.6 | 99.6 | 98.2 |
| 五、家用电器及音像器材<br>Electric Household Appliance and Sound Apparatus | 98.9 | 100.6 | 98.5 | 99.0 | 97.2 | 100.0 |
| 1.家庭设备<br>Household Facilities | 99.1 | 100.3 | 98.5 | 100.0 | 96.9 | 100.8 |
| 2.文娱用耐用消费品<br>Durable Consuming Goods for Entertainment | 98.2 | 101.2 | 98.1 | 97.9 | 97.3 | 98.5 |
| 3.专业音像器材<br>Sound Apparatus | 99.8 | 100.7 | 101.7 | 96.6 | 100.2 | 102.8 |
| 六、文化办公用品<br>Cultural and Office Goods | 98.5 | 99.9 | 99.6 | 98.6 | 99.8 | 98.2 |
| 七、日用品<br>Articles for Daily Use | 99.6 | 100.8 | 100.8 | 102.9 | 100.8 | 99.6 |
| 1.日用百货<br>Merchandises for Daily Use | 98.2 | 100.2 | 99.4 | 102.7 | 99.2 | 100.8 |
| 2.日用杂品<br>Sundries for Daily Use | 99.2 | 99.2 | 105.2 | 100.7 | 99.9 | 99.4 |
| 3.洗涤用品<br>Washing and Cleaning Goods | 99.8 | 102.6 | 100.1 | 105.1 | 103.5 | 98.5 |
| 4.其他日用品<br>Other Daily-use Goods | 101.2 | 101.5 | 100.4 | 102.2 | 100.9 | 99.1 |
| 八、体育娱乐用品<br>Sports and Entertainment Goods | 98.7 | 100.6 | 100.5 | 101.1 | 100.2 | 99.6 |
| 1.体育用品<br>Sports Goods | 98.9 | 100.6 | 100.8 | 102.2 | 104.5 | 99.4 |
| 2.娱乐用品<br>Recreational Goods | 98.5 | 100.6 | 100.3 | 100.6 | 98.2 | 99.7 |
| 九、交通、通信用品<br>Traffic and Telecommunication Goods | 97.0 | 96.5 | 96.8 | 97.5 | 97.0 | 97.0 |
| 1.交通运输机械<br>Traffic and Transport Machinery | 98.2 | 97.3 | 98.0 | 98.6 | 98.3 | 98.3 |

Continued 2

| 铜陵市 Tongling | 安庆市 Anqing | 桐　城 Tongcheng | 黄山市 Huangshan | 歙　县 Shexian | 滁州市 Chuzhou | 阜阳市 Fuyang | 亳州市 Bozhou | 宿州市 Suzhou | 六安市 Lu'an | 宣城市 Xuancheng |
|---|---|---|---|---|---|---|---|---|---|---|
| 100.0 | 100.4 | 99.9 | 100.0 | 99.1 | 99.5 | 98.6 | 94.4 | 102.4 | 99.9 | 101.5 |
| 95.9 | 99.7 | 99.6 | 103.0 | 99.9 | 102.1 | 99.9 | 103.5 | 101.5 | 100.7 | 100.8 |
| 95.2 | 99.9 | 101.3 | 109.4 | 101.5 | 102.7 | 100.1 | 102.3 | 102.9 | 101.3 | 98.5 |
| 96.1 | 99.6 | 98.1 | 101.3 | 98.7 | 101.8 | 99.9 | 104.0 | 100.6 | 100.3 | 102.3 |
| 99.9 | 100.8 | 100.5 | 99.4 | 99.2 | 98.9 | 99.3 | 100.0 | 100.7 | 98.3 | 101.1 |
| 100.2 | 101.3 | 101.4 | 99.8 | 99.9 | 98.8 | 100.1 | 100.7 | 101.7 | 98.2 | 101.1 |
| 99.3 | 100.3 | 99.3 | 98.7 | 98.2 | 98.8 | 98.2 | 99.1 | 99.5 | 99.2 | 101.1 |
| 100.0 | 99.6 | 99.8 | 100.0 | 99.2 | 100.6 | 98.8 | 99.0 | 95.7 | 94.3 | 99.4 |
| 99.1 | 99.6 | 98.7 | 99.3 | 100.0 | 99.0 | 98.7 | 98.0 | 99.2 | 99.9 | 98.7 |
| 99.1 | 100.1 | 103.7 | 99.5 | 99.9 | 100.0 | 101.3 | 101.0 | 100.2 | 101.3 | 100.6 |
| 98.8 | 99.0 | 100.8 | 99.6 | 99.6 | 98.1 | 99.3 | 100.7 | 99.2 | 99.7 | 99.6 |
| 102.5 | 102.0 | 104.1 | 97.9 | 100.4 | 98.7 | 101.5 | 100.0 | 99.4 | 101.3 | 100.9 |
| 97.3 | 99.9 | 109.7 | 99.8 | 99.6 | 102.5 | 103.6 | 102.7 | 102.6 | 105.0 | 101.8 |
| 99.1 | 100.4 | 101.2 | 100.0 | 100.4 | 100.8 | 101.9 | 100.2 | 99.4 | 99.5 | 100.9 |
| 102.0 | 100.9 | 99.4 | 100.0 | 101.6 | 98.7 | 99.6 | 100.1 | 100.3 | 100.1 | 100.1 |
| 102.4 | 101.4 | 98.8 | 99.9 | 101.2 | 96.9 | 98.6 | 100.2 | 100.9 | 100.3 | 101.6 |
| 101.8 | 100.5 | 99.9 | 100.0 | 101.8 | 100.0 | 100.4 | 100.0 | 99.8 | 100.0 | 99.2 |
| 96.1 | 96.9 | 97.3 | 97.2 | 96.9 | 95.9 | 96.9 | 95.9 | 96.1 | 94.8 | 96.9 |
| 97.3 | 98.2 | 98.3 | 98.6 | 98.4 | 96.5 | 98.3 | 96.9 | 96.9 | 95.1 | 97.6 |

4-9 续表3

| 指 标<br>Item | 合肥市<br>Hefei | 芜湖市<br>Wuhu | 蚌埠市<br>Bengbu | 淮南市<br>Huainan | 马鞍山市<br>Maanshan | 淮北市<br>Huaibei |
|---|---|---|---|---|---|---|
| 2.通信器材<br>Telecommunication Apparatus | 93.6 | 94.1 | 93.9 | 93.6 | 93.7 | 93.8 |
| 十、家具<br>Furniture | 100.4 | 105.6 | 101.2 | 100.7 | 101.8 | 100.4 |
| 十一、化妆品<br>Cosmetics | 100.4 | 101.2 | 100.6 | 99.9 | 100.0 | 100.6 |
| 十二、金银珠宝<br>Gold and Silver Jewels | 92.9 | 91.5 | 91.0 | 90.2 | 87.6 | 90.4 |
| 十三、中西药品及医疗保健用品<br>Chinese and Western Medicines and Health Supplies | 101.3 | 103.9 | 103.4 | 103.7 | 101.1 | 102.3 |
| 1.医疗器具及用品<br>Medical-care Apparatus and Goods | 100.1 | 100.5 | 99.8 | 102.6 | 97.8 | 98.3 |
| 2.中药材及中成药<br>Chinese Herbs and Patent Medicine | 100.8 | 101.9 | 105.0 | 108.2 | 99.3 | 101.8 |
| 3.西药<br>Western Medicine | 101.8 | 104.9 | 102.6 | 100.4 | 100.8 | 103.0 |
| 4.保健器具及用品<br>Healthy Devices and Goods | 101.4 | 105.6 | 102.9 | 102.0 | 108.8 | 102.4 |
| 十四、书报杂志及电子出版物<br>Books, Magazines and Electronic Publications | 102.6 | 102.5 | 100.0 | 101.0 | 103.1 | 101.2 |
| 1.教材及参考书<br>Texts and Reference Books | 102.9 | 103.8 | 100.4 | 101.8 | 101.2 | 101.5 |
| 2.书报杂志<br>Newspapers and Magazines | 99.9 | 102.3 | 100.0 | 100.0 | 103.1 | 100.0 |
| 3.电子音像制品<br>Electronic Audio and Video Products | 106.8 | 99.5 | 98.9 | 101.3 | 108.0 | 103.5 |
| 十五、燃料<br>Fuels | 100.7 | 99.3 | 99.9 | 98.3 | 97.7 | 97.3 |
| 1.煤炭及制品<br>Coal and Its Products | 97.6 | 99.7 | 99.3 | 95.1 | 86.9 | 88.4 |
| 2.石油及制品<br>Oil and Its Products | 101.1 | 99.2 | 100.0 | 99.3 | 99.4 | 99.6 |
| 十六、建筑材料及五金电料<br>Building Apparatus and Hardwares | 100.6 | 100.7 | 101.0 | 99.5 | 102.0 | 99.3 |
| 1.建筑装潢材料<br>Building Decoration Materials | 100.5 | 100.4 | 101.1 | 99.5 | 102.8 | 99.3 |
| 2.五金电料<br>Hardwares and Electrical Apparatus | 101.3 | 101.3 | 100.4 | 99.5 | 100.1 | 99.4 |

Continued 3

| 铜陵市 Tongling | 安庆市 Anqing | 桐　城 Tongcheng | 黄山市 Huangshan | 歙　县 Shexian | 滁州市 Chuzhou | 阜阳市 Fuyang | 亳州市 Bozhou | 宿州市 Suzhou | 六安市 Lu'an | 宣城市 Xuancheng |
|---|---|---|---|---|---|---|---|---|---|---|
| 93.9 | 93.5 | 95.0 | 93.6 | 93.9 | 94.0 | 93.1 | 93.9 | 93.7 | 94.2 | 94.1 |
| 100.3 | 99.2 | 100.7 | 97.9 | 99.0 | 99.9 | 101.7 | 102.4 | 101.6 | 98.9 | 101.9 |
| 98.5 | 102.2 | 101.8 | 102.2 | 100.5 | 100.6 | 102.0 | 101.6 | 99.6 | 99.8 | 98.9 |
| 95.5 | 90.5 | 95.9 | 95.4 | 96.0 | 90.1 | 91.8 | 89.2 | 92.5 | 91.2 | 92.7 |
| 101.3 | 100.8 | 102.4 | 104.5 | 104.2 | 101.7 | 103.5 | 98.3 | 102.7 | 103.4 | 102.7 |
| 99.8 | 96.7 | 100.9 | 101.5 | 100.7 | 108.8 | 98.6 | 101.9 | 99.6 | 101.2 | 103.9 |
| 99.6 | 100.4 | 103.8 | 110.5 | 103.9 | 102.1 | 102.3 | 95.3 | 108.9 | 106.5 | 101.8 |
| 102.0 | 101.8 | 101.4 | 100.4 | 101.8 | 101.6 | 104.2 | 102.0 | 99.6 | 102.1 | 103.2 |
| 104.9 | 99.2 | 102.1 | 104.8 | 115.6 | 98.8 | 104.8 | 99.9 | 97.5 | 100.6 | 102.2 |
| 100.2 | 100.9 | 101.6 | 100.5 | 100.8 | 101.4 | 102.0 | 101.2 | 100.7 | 100.8 | 100.0 |
| 100.4 | 101.6 | 101.3 | 101.4 | 101.1 | 102.3 | 101.6 | 102.3 | 101.7 | 101.7 | 100.5 |
| 100.0 | 100.5 | 101.7 | 100.0 | 100.4 | 100.0 | 103.0 | 100.0 | 100.0 | 100.0 | 99.9 |
| 100.4 | 100.2 | 102.0 | 100.0 | 100.4 | 102.2 | 100.7 | 101.5 | 100.0 | 98.8 | 97.5 |
| 99.7 | 99.5 | 99.2 | 100.7 | 100.4 | 98.9 | 99.8 | 97.9 | 97.5 | 105.9 | 99.7 |
| 100.7 | 100.0 | 100.1 | 100.0 | 100.7 | 97.2 | 104.2 | 94.8 | 91.6 | 112.6 | 99.6 |
| 99.4 | 99.5 | 98.8 | 100.7 | 100.3 | 99.1 | 99.0 | 99.7 | 99.7 | 103.8 | 99.7 |
| 100.9 | 100.3 | 98.7 | 97.9 | 100.9 | 99.6 | 100.8 | 98.7 | 100.4 | 99.7 | 99.8 |
| 98.5 | 100.3 | 98.1 | 96.6 | 100.2 | 99.5 | 101.2 | 98.3 | 100.3 | 99.9 | 99.7 |
| 106.8 | 100.0 | 100.3 | 100.9 | 103.2 | 99.8 | 99.3 | 99.7 | 100.7 | 98.9 | 99.9 |

# 4-10 农业生产资料价格分类指数(2011—2014年)
# Price Indices by Category of Agricultural Means of Production(2011—2014)

上年=100 (preceding year=100)

| 指　标 | Item | 2011 | 2012 | 2013 | 2014 |
|---|---|---|---|---|---|
| **农业生产资料价格指数** | **Price Index of Agricultural Means of Production** | **114.3** | **105.3** | **100.9** | **99.6** |
| 一、农用手工工具 | Agricultural Craft Tool | 107.9 | 107.3 | 102.5 | 104.9 |
| 二、饲料 | Forage | 111.1 | 108.9 | 105.1 | 102.4 |
| 三、产品畜 | Animals for Products | 157.3 | 104.8 | 102.7 | 101.7 |
| 四、半机械化农具 | Semi-mechanized Farm Tools | 104.5 | 100.8 | 100.0 | 100.3 |
| 五、机械化农具 | Mechanized Farm Machinery | 106.4 | 103.1 | 100.5 | 102.5 |
| 六、化学肥料 | Chemical Fertilizer | 114.5 | 103.5 | 95.7 | 92.2 |
| 氮肥 | Nitrogenous Fertilizer | 116.8 | 101.1 | 93.8 | 89.6 |
| 磷肥 | Phosphatic Fertilizer | 111.8 | 105.3 | 103.6 | 98.5 |
| 钾肥 | Potassic Fertilizer | 105.6 | 99.9 | 96.2 | 97.0 |
| 复合肥料 | Complex Fertilizer | 114.6 | 106.0 | 95.1 | 91.9 |
| 七、农药及农药器械 | Pesticide & Its Appliances | 101.5 | 101.1 | 101.4 | 102.5 |
| 1.化学农药 | Chemical Pesticide | 101.4 | 101.0 | 101.4 | 102.6 |
| 2.农药器械 | Pesticide Appliances | 103.2 | 102.3 | 102.1 | 102.0 |
| 八、农用机油 | Oil for Farm Machinery | 114.5 | 103.7 | 99.5 | 98.9 |
| 九、其他农业生产资料 | Other Agricultural Means of Production | 109.8 | 107.5 | 102.5 | 102.7 |
| 1.农用种子 | Agricultural Seeds | 112.6 | 111.0 | 103.7 | 103.2 |
| 2.其他 | Others | 105.5 | 101.8 | 100.3 | 101.9 |
| 十、农业生产服务 | Agricultural Production Service | 111.7 | 109.0 | 104.4 | 104.7 |

# 4-11 各调查市县农业生产资料分类指数(2014 年)
# Price Indices by Category of Agricultural Means of Production by Cities Surveyed(2014)

上年=100 (preceding year=100)

| 指 标 | Item | 桐城市 Tongcheng | 歙 县 Shexian | 宣城市 Xuancheng |
|---|---|---|---|---|
| **农业生产资料价格指数** | **Price Index of Agricultural Means of Production** | **101.2** | **98.4** | **99.4** |
| 一、农用手工工具 | Agricultural Craft Tool | 105.0 | 107.1 | 102.9 |
| 二、饲料 | Forage | 105.3 | 101.2 | 101.1 |
| 三、产品畜 | Animals for Products | 97.4 | 101.7 | 104.2 |
| 四、半机械化农具 | Semi-mechanized Farm Tools | 101.4 | 99.6 | 100.0 |
| 五、机械化农具 | Mechanized Farm Machinery | 108.8 | 100.9 | 99.7 |
| 六、化学肥料 | Chemical Fertilizer | 93.9 | 90.9 | 92.1 |
| 氮肥 | Nitrogenous Fertilizer | 90.6 | 87.6 | 90.6 |
| 磷肥 | Phosphatic Fertilizer | 101.4 | 104.2 | 92.0 |
| 钾肥 | Potassic Fertilizer | 90.7 | 97.5 | 99.2 |
| 复合肥料 | Complex Fertilizer | 95.3 | 88.7 | 91.7 |
| 七、农药及农药器械 | Pesticide & Its Appliances | 104.3 | 100.4 | 102.7 |
| 1.化学农药 | Chemical Pesticide | 104.1 | 100.4 | 103.0 |
| 2.农药器械 | Pesticide Appliances | 107.9 | 100.0 | 100.0 |
| 八、农用机油 | Oil for Farm Machinery | 98.3 | 98.0 | 99.8 |
| 九、其他农业生产资料 | Other Agricultural Means of Production | 106.3 | 101.9 | 101.3 |
| 1.农用种子 | Agricultural Seeds | 108.1 | 102.2 | 101.4 |
| 2.其他 | Others | 103.3 | 101.4 | 101.0 |
| 十、农业生产服务 | Agricultural Production Service | 106.5 | 103.6 | 104.5 |

# 4-12 分月农业生产资料价格指数（2014 年）

上年同月＝100

| 指　　标 | Item | 1月 January | 2月 February |
|---|---|---|---|
| **农业生产资料价格指数** | **Price Index of Agricultural Means of Production** | **99.5** | **99.0** |
| 一、农用手工工具 | Agricultural Craft Tool | 102.7 | 104.0 |
| 二、饲料 | Forage | 103.0 | 103.0 |
| 三、产品畜 | Animals for Products | 100.1 | 98.5 |
| 四、半机械化农具 | Semi-mechanized Farm Tools | 100.0 | 99.9 |
| 五、机械化农具 | Mechanized Farm Machinery | 102.0 | 101.8 |
| 六、化学肥料 | Chemical Fertilizer | 92.2 | 91.0 |
| 氮肥 | Nitrogenous Fertilizer | 90.4 | 88.6 |
| 磷肥 | Phosphatic Fertilizer | 99.6 | 98.7 |
| 钾肥 | Potassic Fertilizer | 95.6 | 94.6 |
| 复合肥料 | Complex Fertilizer | 91.2 | 90.6 |
| 七、农药及农药器械 | Pesticide & Its Appliances | 102.2 | 102.1 |
| 1.化学农药 | Chemical Pesticide | 102.1 | 102.0 |
| 2.农药器械 | Pesticide Appliances | 102.8 | 102.8 |
| 八、农用机油 | Oil for Farm Machinery | 98.9 | 98.2 |
| 九、其他农业生产资料 | Other Agricultural Means of Production | 103.9 | 104.2 |
| 1.农用种子 | Agricultural Seeds | 105.5 | 105.8 |
| 2.其他 | Others | 100.9 | 101.1 |
| 十、农业生产服务 | Agricultural Production Service | 105.4 | 105.4 |

# Price Indices of Agricultural Means of Production by Month (2014)

(the same month last year = 100)

| 3月 March | 4月 April | 5月 May | 6月 June | 7月 July | 8月 August | 9月 September | 10月 October | 11月 November | 12月 December |
|---|---|---|---|---|---|---|---|---|---|
| **98.7** | **98.6** | **98.6** | **99.1** | **99.3** | **101.2** | **101.0** | **100.8** | **100.2** | **99.6** |
| 103.8 | 104.8 | 105.5 | 106.3 | 105.8 | 105.3 | 105.3 | 105.3 | 105.3 | 105.0 |
| 102.4 | 101.7 | 103.6 | 103.4 | 103.2 | 103.3 | 102.3 | 102.0 | 101.0 | 100.6 |
| 102.3 | 103.4 | 97.7 | 99.0 | 96.3 | 111.2 | 105.6 | 105.0 | 103.3 | 97.8 |
| 99.7 | 99.7 | 99.9 | 100.0 | 100.2 | 100.6 | 101.6 | 100.9 | 100.6 | 100.6 |
| 102.3 | 102.9 | 103.3 | 103.5 | 103.4 | 103.0 | 103.1 | 102.4 | 101.1 | 101.0 |
| 89.3 | 88.1 | 88.4 | 89.6 | 91.8 | 93.3 | 95.2 | 96.0 | 96.0 | 96.6 |
| 85.1 | 83.2 | 84.1 | 86.0 | 89.5 | 91.5 | 94.0 | 95.9 | 95.2 | 94.4 |
| 98.2 | 97.3 | 96.9 | 98.0 | 99.1 | 99.1 | 99.1 | 97.8 | 98.8 | 99.8 |
| 96.2 | 96.3 | 97.0 | 97.2 | 97.4 | 97.7 | 98.1 | 98.3 | 98.0 | 97.6 |
| 89.8 | 88.8 | 88.7 | 89.4 | 90.8 | 92.5 | 94.5 | 95.1 | 95.5 | 97.5 |
| 101.8 | 102.1 | 103.2 | 102.3 | 102.5 | 102.7 | 102.7 | 103.3 | 102.9 | 102.6 |
| 101.7 | 102.1 | 103.3 | 102.2 | 102.4 | 102.7 | 102.8 | 103.5 | 103.1 | 102.8 |
| 102.8 | 102.8 | 102.8 | 102.8 | 102.8 | 102.8 | 102.1 | 100.0 | 100.0 | 100.0 |
| 98.1 | 99.6 | 101.7 | 102.2 | 101.9 | 101.1 | 98.0 | 97.2 | 96.1 | 94.0 |
| 102.8 | 102.6 | 102.6 | 102.8 | 102.6 | 102.9 | 103.7 | 102.1 | 101.5 | 101.5 |
| 103.3 | 103.0 | 103.0 | 103.0 | 103.0 | 103.4 | 104.6 | 102.1 | 101.1 | 101.1 |
| 101.9 | 101.9 | 101.9 | 102.3 | 102.0 | 101.9 | 102.1 | 102.1 | 102.1 | 102.1 |
| 105.4 | 107.5 | 105.5 | 105.5 | 104.4 | 103.3 | 104.2 | 103.7 | 103.2 | 103.2 |

# 4-13 工业生产者出厂价格分类指数(1993—2014年)
# Producer Price Indices for Industrial Products by Category(1993—2014)

上年=100 (preceding year=100)

| 年份 Year | 工业生产者出厂价格指数 Producer Price Indices for Industrial Products | 轻工业 Light Industry | 以农产品为原料 Agricultural products as raw materials | 以非农产品为原料 Non-agricultural Products as Raw Materials | 重工业 Heavy Industry | 采掘 Mining & Quarrying Industry | 原料 Raw Materials Industry | 加工 Processing Industry | 生产资料 Means of Production | 生活资料 Consumer Goods |
|---|---|---|---|---|---|---|---|---|---|---|
| 1993 | 125.3 | 109.1 | 109.3 | 108.3 | 143.6 | 135.1 | 161.7 | 121.5 | 140.0 | 109.0 |
| 1994 | 120.9 | 125.3 | 129.0 | 113.2 | 116.3 | 117.3 | 112.6 | 120.1 | 116.9 | 125.7 |
| 1995 | 117.2 | 124.0 | 126.4 | 115.7 | 110.1 | 116.0 | 104.4 | 115.0 | 113.2 | 121.9 |
| 1996 | 101.5 | 99.9 | 100.3 | 99.0 | 103.5 | 113.8 | 103.1 | 101.9 | 102.7 | 100.5 |
| 1997 | 99.3 | 99.1 | 99.4 | 98.7 | 99.4 | 99.3 | 100.2 | 98.5 | 98.9 | 100.1 |
| 1998 | 96.4 | 96.4 | 96.7 | 96.1 | 96.1 | 92.1 | 96.0 | 97.0 | 95.7 | 97.1 |
| 1999 | 95.9 | 94.4 | 94.1 | 96.4 | 97.3 | 94.2 | 97.9 | 97.2 | 96.9 | 94.5 |
| 2000 | 98.9 | 95.7 | 95.4 | 97.6 | 102.1 | 101.0 | 106.1 | 97.7 | 102.1 | 93.7 |
| 2001 | 98.6 | 96.9 | 96.9 | 97.1 | 100.2 | 105.2 | 99.0 | 100.2 | 99.8 | 96.3 |
| 2002 | 99.8 | 97.5 | 97.1 | 98.7 | 101.6 | 115.4 | 99.2 | 100.0 | 100.1 | 99.3 |
| 2003 | 103.5 | 101.7 | 102.7 | 100.7 | 104.9 | 102.4 | 107.2 | 103.8 | 105.3 | 98.9 |
| 2004 | 108.2 | 104.6 | 106.5 | 102.7 | 110.9 | 116.7 | 115.6 | 106.5 | 110.9 | 101.4 |
| 2005 | 103.3 | 99.0 | 99.6 | 98.5 | 106.3 | 112.2 | 111.3 | 101.3 | 105.0 | 98.7 |
| 2006 | 103.1 | 99.8 | 99.7 | 99.8 | 105.1 | 98.0 | 115.2 | 99.9 | 104.6 | 98.4 |
| 2007 | 103.6 | 103.4 | 103.8 | 103.0 | 103.8 | 104.2 | 102.9 | 104.3 | 103.7 | 103.3 |
| 2008 | 108.4 | 105.4 | 107.1 | 103.8 | 110.1 | 119.0 | 104.9 | 111.7 | 109.3 | 105.4 |
| 2009 | 92.8 | 97.0 | 97.9 | 96.2 | 90.5 | 95.4 | 90.3 | 89.5 | 91.4 | 97.8 |
| 2010 | 109.0 | 104.8 | 106.4 | 103.2 | 111.4 | 111.0 | 116.6 | 108.1 | 110.9 | 103.0 |
| 2011 | 108.3 | 107.7 | 109.9 | 103.6 | 108.5 | 104.8 | 110.9 | 107.7 | 109.2 | 105.6 |
| 2012 | 98.3 | 101.4 | 101.3 | 101.5 | 97.1 | 96.9 | 99.3 | 96.1 | 97.0 | 101.7 |
| 2013 | 98.2 | 101.5 | 102.2 | 100.1 | 96.9 | 92.9 | 96.9 | 97.4 | 96.9 | 101.5 |
| 2014 | 97.4 | 100.4 | 100.8 | 99.8 | 96.3 | 90.1 | 95.9 | 97.2 | 96.2 | 100.7 |

# 4-14 分月工业生产者出厂价格指数(2014 年)
# Producer Price Indices for Industrial Products by Month (2014)

上年同月=100 (the same month last year=100)

| 类别 | Item | 全年 Total | 1月 January | 2月 February | 3月 March | 4月 April | 5月 May | 6月 June |
|---|---|---|---|---|---|---|---|---|
| **工业生产者出厂价格指数** | **Producer Price Indices for Industrial Products** | **97.4** | **98.6** | **98.0** | **97.1** | **97.3** | **97.7** | **97.7** |
| 轻工业 | Light Industry | 100.4 | 100.8 | 100.7 | 100.8 | 100.6 | 100.7 | 100.7 |
| 以农产品为原料 | Using Farm Produces as Raw Materials | 100.8 | 101.4 | 101.2 | 101.2 | 101.0 | 101.2 | 100.9 |
| 以非农产品为原料 | Using Non-farm Produces as Raw Materials | 99.8 | 99.7 | 99.8 | 99.9 | 99.8 | 99.9 | 100.3 |
| 重工业 | Heavy Industry | 96.3 | 97.8 | 97.0 | 95.7 | 96.0 | 96.5 | 96.6 |
| 采掘 | Mining and Quarrying | 90.1 | 98.4 | 95.9 | 91.3 | 90.9 | 90.5 | 89.8 |
| 原料 | Raw Material | 95.9 | 95.8 | 95.1 | 93.9 | 95.1 | 96.4 | 97.2 |
| 加工 | Processing | 97.2 | 98.7 | 98.1 | 97.1 | 97.0 | 97.2 | 97.1 |
| 生产资料 | Means of Production | 96.2 | 97.8 | 97.0 | 95.7 | 96.0 | 96.4 | 96.6 |
| 采掘 | Mining and Quarrying | 90.1 | 98.4 | 95.9 | 91.3 | 90.9 | 90.5 | 89.8 |
| 原料 | Raw Material | 95.7 | 95.5 | 94.8 | 93.6 | 94.8 | 96.2 | 97.1 |
| 加工 | Processing | 97.1 | 98.8 | 98.2 | 97.3 | 97.1 | 97.2 | 97.1 |
| 生活资料 | Life Material | 100.7 | 100.9 | 100.8 | 100.8 | 100.7 | 101.0 | 100.9 |
| 食品 | Food | 101.0 | 101.2 | 100.9 | 101.1 | 100.9 | 101.6 | 101.4 |
| 衣着 | Clothing | 102.5 | 103.9 | 103.6 | 102.6 | 102.8 | 102.6 | 102.2 |
| 一般日用品 | Articles for Daily Use | 100.9 | 101.4 | 101.5 | 101.3 | 101.1 | 100.8 | 100.7 |
| 耐用消费品 | Durable Consumers' Goods | 99.8 | 99.7 | 99.8 | 99.9 | 99.9 | 99.9 | 100.2 |

4-14 续表 Continued

| 类别 | Item | 7月 July | 8月 August | 9月 September | 10月 October | 11月 November | 12月 December |
|---|---|---|---|---|---|---|---|
| **工业生产者出厂价格指数** | **Producer Price Indices for Industrial Products** | **98.5** | **97.9** | **97.1** | **96.7** | **96.4** | **95.6** |
| 轻工业 | Light Industry | 100.8 | 100.4 | 100.3 | 100.1 | 99.7 | 99.6 |
| 以农产品为原料 | Using Farm Produces as Raw Materials | 101.1 | 100.8 | 100.6 | 100.4 | 99.7 | 99.7 |
| 以非农产品为原料 | Using Non-farm Produces as Raw Materials | 100.2 | 99.7 | 99.7 | 99.7 | 99.7 | 99.6 |
| 重工业 | Heavy Industry | 97.7 | 97.0 | 96.0 | 95.4 | 95.1 | 94.1 |
| 采掘 | Mining and Quarrying | 90.3 | 90.8 | 86.8 | 85.9 | 85.8 | 83.4 |
| 原料 | Raw Material | 98.7 | 97.5 | 96.5 | 95.4 | 95.0 | 93.9 |
| 加工 | Processing | 98.0 | 97.4 | 96.7 | 96.6 | 96.3 | 95.5 |
| 生产资料 | Means of Production | 97.6 | 96.8 | 95.8 | 95.3 | 95.0 | 94.0 |
| 采掘 | Mining and Quarrying | 90.3 | 90.8 | 86.8 | 85.9 | 85.8 | 83.4 |
| 原料 | Raw Material | 98.7 | 97.4 | 96.4 | 95.2 | 94.9 | 93.8 |
| 加工 | Processing | 97.8 | 97.2 | 96.6 | 96.4 | 96.1 | 95.3 |
| 生活资料 | Life Material | 101.1 | 100.8 | 100.6 | 100.5 | 100.1 | 100.1 |
| 食品 | Food | 101.6 | 101.4 | 101.2 | 100.9 | 100.1 | 100.1 |
| 衣着 | Clothing | 102.3 | 102.7 | 102.6 | 102.6 | 101.4 | 101.1 |
| 一般日用品 | Articles for Daily Use | 101.1 | 100.6 | 100.7 | 100.8 | 100.5 | 100.4 |
| 耐用消费品 | Durable Consumers' Goods | 100.0 | 99.6 | 99.5 | 99.5 | 99.7 | 99.5 |

# 4-15 分行业工业生产者出厂价格指数(2014年)

上年同月=100

| 类别 | Item | 全年 Total | 1月 January |
|---|---|---|---|
| **总指数** | **General Index** | **97.4** | **98.6** |
| 煤炭开采和洗选业 | Coal Mining and Selecting Industry | 88.2 | 90.1 |
| 烟煤和无烟煤开采洗选 | The Bituminous Coal and Anthracite Coals Mining and Dressing | 88.2 | 90.1 |
| 黑色金属矿采选业 | Black Metal Mineral Mining and Selecting Industry | 86.1 | 101.0 |
| 铁矿采选 | The Iron Mineral Mining and Selecting | 85.9 | 101.2 |
| 锰矿、铬矿采选 | Other Black Metal Mineral Mining and Selecting | 107.3 | 83.7 |
| 有色金属矿采选业 | Colored Metal Mineral Mining and Selecting | 93.1 | 91.1 |
| 常用有色金属矿采选 | The Regular Colored Metal Mineral Mining and Selecting | 93.3 | 93.6 |
| 贵金属矿采选 | The Precious Metal Mineral Mining and Selecting | 91.0 | 77.0 |
| 非金属矿采选业 | Non-Metal Mineral Mining and Selecting | 101.5 | 98.9 |
| 土砂石开采 | Gravel Mining and Selecting | 102.1 | 99.2 |
| 化学矿开采 | Chemical Mineral Mining and Selecting | 91.0 | 97.3 |
| 采盐 | Salt Mining | 89.9 | 85.4 |
| 石棉及其他非金属矿采选 | Asbestos and Other Non-Metal Mineral Mining and Selecting | 107.4 | 105.7 |
| 农副食品加工业 | Farm and Side-Line Food Processed Industry | 101.2 | 101.7 |
| 谷物磨制 | Corn Whetted | 102.6 | 102.6 |
| 饲料加工 | Forage Processed | 101.0 | 102.7 |
| 植物油加工 | Planting-Oil Processed | 97.8 | 101.5 |
| 屠宰及肉类加工 | Slaughtered Meat and Meat Processes | 99.1 | 97.7 |
| 水产品加工 | Fishery Product Processed | 98.9 | 99.9 |
| 蔬菜、水果和坚果加工 | Vegetable, Fruit and Nut Processed | 100.3 | 101.1 |
| 其他农副食品加工 | Other Farm and Side-line Food Processed | 103.3 | 107.1 |
| 食品制造业 | Food Manufacture Industry | 100.8 | 98.7 |
| 焙烤食品制造 | Baked Food Manufacturing | 102.4 | 100.4 |
| 糖果、巧克力及蜜饯制造 | Candy, Chocolate and Preserves Manufacturing | 102.2 | 100.3 |
| 方便食品制造 | Convenient Food Manufacturing | 101.6 | 101.3 |
| 乳制品制造 | Dairy Products Manufacturing | 112.2 | 117.0 |
| 罐头食品制造 | Canning | 103.8 | 102.5 |
| 调味品、发酵制品制造 | Condiment, Ferment Product Manufacturing | 90.4 | 80.6 |
| 其他食品制造 | Other Food Manufacturing | 96.1 | 99.3 |
| 酒、饮料和精制茶制造业 | Beverage Manufacture Industry | 100.1 | 101.0 |
| 酒的制造 | Wine Manufacturing | 100.3 | 100.9 |
| 饮料制造 | Beverage Manufacturing | 99.3 | 100.2 |
| 精制茶加工 | Refined-tea Process | 100.1 | 102.4 |
| 烟草制品业 | Tobacco Product Industry | 100.1 | 100.2 |

## Producer Price Indices for Industrial Products by Industry (2014)

(the same month last year=100)

| 2月 February | 3月 March | 4月 April | 5月 May | 6月 June | 7月 July | 8月 August | 9月 September | 10月 October | 11月 November | 12月 December |
|---|---|---|---|---|---|---|---|---|---|---|
| **98.0** | **97.1** | **97.3** | **97.7** | **97.7** | **98.5** | **97.9** | **97.1** | **96.7** | **96.4** | **95.6** |
| 89.7 | 86.2 | 86.1 | 86.9 | 87.8 | 90.3 | 91.3 | 88.8 | 87.4 | 87.5 | 86.2 |
| 89.7 | 86.2 | 86.1 | 86.9 | 87.8 | 90.3 | 91.3 | 88.8 | 87.4 | 87.5 | 86.2 |
| 97.8 | 92.4 | 92.6 | 89.9 | 86.9 | 86.1 | 83.6 | 78.9 | 76.8 | 75.0 | 71.8 |
| 97.8 | 92.4 | 92.5 | 89.6 | 86.6 | 85.7 | 83.2 | 78.6 | 76.5 | 74.8 | 71.5 |
| 91.5 | 96.3 | 103.2 | 119.3 | 119.3 | 134.9 | 124.6 | 114.8 | 100.7 | 100.7 | 107.3 |
| 90.0 | 86.1 | 89.6 | 95.3 | 94.9 | 99.5 | 97.8 | 95.6 | 92.8 | 93.5 | 92.4 |
| 91.6 | 86.6 | 89.9 | 95.3 | 94.6 | 99.2 | 97.6 | 95.5 | 92.2 | 93.3 | 91.2 |
| 80.5 | 81.9 | 86.9 | 94.0 | 95.4 | 101.0 | 98.2 | 95.6 | 96.2 | 94.2 | 99.7 |
| 100.2 | 99.1 | 101.0 | 101.2 | 101.3 | 103.0 | 103.4 | 103.9 | 102.6 | 102.2 | 101.0 |
| 101.2 | 99.4 | 101.9 | 101.3 | 102.3 | 104.3 | 105.1 | 104.4 | 102.9 | 102.6 | 101.1 |
| 92.4 | 90.6 | 91.3 | 93.1 | 85.9 | 83.8 | 87.8 | 95.7 | 92.3 | 90.3 | 91.9 |
| 88.0 | 87.7 | 86.6 | 94.2 | 85.6 | 85.7 | 83.0 | 96.9 | 99.0 | 99.0 | 93.9 |
| 103.7 | 107.5 | 107.5 | 107.5 | 109.4 | 111.1 | 110.1 | 107.2 | 106.2 | 106.2 | 107.0 |
| 100.8 | 101.1 | 101.6 | 102.1 | 101.8 | 102.3 | 101.8 | 101.1 | 100.5 | 100.0 | 99.8 |
| 102.4 | 102.4 | 102.7 | 103.0 | 102.9 | 103.4 | 102.9 | 102.9 | 102.3 | 102.0 | 101.6 |
| 101.9 | 102.1 | 101.7 | 101.9 | 101.0 | 101.6 | 100.4 | 100.3 | 99.6 | 99.4 | 99.6 |
| 99.7 | 100.1 | 100.1 | 100.5 | 100.2 | 101.6 | 97.1 | 93.7 | 93.3 | 92.4 | 93.6 |
| 94.6 | 96.3 | 97.9 | 100.3 | 99.7 | 100.3 | 102.3 | 101.2 | 100.3 | 99.7 | 99.0 |
| 99.5 | 100.2 | 100.9 | 98.3 | 97.7 | 99.0 | 99.2 | 98.8 | 98.4 | 97.4 | 96.9 |
| 101.3 | 101.4 | 101.3 | 100.9 | 100.8 | 100.2 | 100.5 | 100.1 | 99.3 | 98.4 | 98.4 |
| 105.5 | 104.7 | 104.5 | 103.8 | 105.2 | 103.6 | 103.6 | 101.7 | 100.4 | 100.5 | 99.5 |
| 99.7 | 99.3 | 99.5 | 100.2 | 100.6 | 101.2 | 101.5 | 102.8 | 102.8 | 101.6 | 101.6 |
| 100.5 | 100.6 | 101.1 | 101.2 | 101.9 | 102.7 | 103.3 | 104.0 | 104.4 | 104.4 | 103.7 |
| 100.2 | 101.6 | 100.3 | 102.0 | 102.5 | 102.6 | 103.8 | 103.8 | 103.4 | 103.3 | 103.0 |
| 101.5 | 101.5 | 101.4 | 101.6 | 102.2 | 101.6 | 101.9 | 101.5 | 101.5 | 101.7 | 101.9 |
| 118.4 | 116.7 | 116.9 | 115.5 | 112.5 | 110.9 | 110.9 | 110.6 | 109.5 | 105.6 | 104.5 |
| 104.4 | 103.5 | 102.7 | 101.5 | 102.8 | 103.8 | 104.3 | 104.4 | 105.7 | 104.9 | 104.8 |
| 82.0 | 82.8 | 83.2 | 88.2 | 91.1 | 94.3 | 94.4 | 99.6 | 98.0 | 96.9 | 98.3 |
| 99.4 | 97.3 | 97.6 | 94.5 | 93.0 | 93.0 | 93.1 | 94.2 | 97.5 | 97.1 | 97.2 |
| 102.2 | 103.0 | 99.8 | 101.6 | 100.1 | 99.7 | 98.7 | 99.2 | 100.0 | 97.4 | 99.0 |
| 102.6 | 103.7 | 99.7 | 102.2 | 100.1 | 99.8 | 98.4 | 99.1 | 100.6 | 97.2 | 99.5 |
| 100.1 | 100.2 | 100.0 | 100.2 | 100.0 | 98.4 | 99.4 | 99.5 | 98.6 | 97.3 | 97.2 |
| 102.1 | 101.9 | 100.3 | 100.3 | 100.3 | 100.4 | 99.5 | 99.3 | 98.9 | 98.5 | 97.9 |
| 100.2 | 100.0 | 100.0 | 100.0 | 100.0 | 100.0 | 100.0 | 100.0 | 100.1 | 100.3 | 100.3 |

4-15 续表1

| 类 别 | Item | 全 年 Total | 1月 January |
|---|---|---|---|
| 烟叶复烤 | Tobacco Leaves Redrying | 105.6 | 100.0 |
| 卷烟制造 | Cigarette Manufacturing | 100.0 | 100.0 |
| 其他烟草制品制造 | Other Tobacco Products Manufacturing | 101.8 | 112.0 |
| 纺织业 | Textile Industry | 99.4 | 100.3 |
| 棉纺织及印染精加工 | Cotton Textile and Printing and Dyeing Refined Processing | 96.1 | 97.5 |
| 毛纺织及染整精加工 | Wool Textile and Printing and Dyeing Refined Processing | 103.5 | 104.4 |
| 麻纺织及染整精加工 | Hemp Textile and Printing and Dyeing Refined Processing | 103.5 | 102.2 |
| 丝绢纺织及印染精加工 | Silk-textile and Refined Process | 98.8 | 102.2 |
| 针织或钩针编织物及其制品制造 | Knitted Fabric and Its Products Manufacturing | 104.7 | 107.5 |
| 家用纺织制成品制造 | Textile Products Manufacturing | 102.4 | 101.5 |
| 非家用纺织制成品制造 | Knitwear, Knitted Products | 100.7 | 98.1 |
| 纺织服装、服饰业 | Textile Clothing Industry | 101.8 | 103.1 |
| 机织服装制造 | Woven Clothing Manufacturing | 101.8 | 103.1 |
| 服饰制造 | Textile Clothing Manufacturing | 100.0 | 100.0 |
| 皮革、毛皮、羽毛及其制品和制鞋业 | Leather, Furriery, Feather and Its Products Industry | 102.7 | 110.3 |
| 皮革鞣制加工 | Leather Processing | 108.4 | 111.1 |
| 皮革制品制造 | Leather Product Processing | 101.5 | 100.8 |
| 毛皮鞣制及制品加工 | Leather Processing and Its Products Manufacturing | 104.4 | 110.7 |
| 羽毛(绒)加工及制品制造 | Feather Processing and Its Products Manufacturing | 102.5 | 114.3 |
| 制鞋业 | Shoe Industry | 102.7 | 101.7 |
| 木材加工和木、竹、藤、棕、草制品业 | Bamboo, Ratten, Palm and Straw Products | 100.0 | 101.0 |
| 木材加工 | Wood-Material Processing | 99.8 | 100.6 |
| 人造板制造 | Artificial Plank Manufacturing | 98.8 | 101.3 |
| 木制品制造 | Timber Product Manufacturing | 102.4 | 102.1 |
| 竹、藤、棕、草等制品制造 | Bamboo, Ratten, Palm and Straw Product Manufacturing | 102.3 | 99.0 |
| 家具制造业 | Furniture Manufacture Industry | 102.3 | 101.2 |
| 木质家具制造 | Timber Furniture Manufacture | 102.6 | 102.5 |
| 竹、藤家具制造 | Bamboo Furniture Manufacture | 95.5 | 94.9 |
| 金属家具制造 | Metal Furniture Manufacturing | 100.0 | 100.0 |
| 其他家具制造 | Other Furniture Manufacturing | 103.9 | 98.4 |
| 造纸和纸制品业 | Paper Making and Paper Products Industry | 100.0 | 99.9 |
| 纸浆制造 | Paper Pulp Manufacturing | 103.3 | 109.7 |
| 造纸 | Paper Making | 99.6 | 97.9 |
| 纸制品制造 | Paper Products Manufacturing | 100.8 | 103.0 |
| 印刷和记录媒介复制业 | Printing and Reproduction of Recording Media | 100.1 | 97.0 |

Continued 1

| 2月 February | 3月 March | 4月 April | 5月 May | 6月 June | 7月 July | 8月 August | 9月 September | 10月 October | 11月 November | 12月 December |
|---|---|---|---|---|---|---|---|---|---|---|
| 100.0 | 100.0 | 100.0 | 100.0 | 100.0 | 100.0 | 100.0 | 100.0 | 112.7 | 127.0 | 127.0 |
| 100.0 | 100.0 | 100.0 | 100.0 | 100.0 | 100.0 | 100.0 | 100.0 | 100.0 | 100.0 | 100.0 |
| 112.0 | 100.0 | 100.0 | 100.0 | 100.0 | 100.0 | 100.0 | 100.0 | 100.0 | 100.0 | 100.0 |
| 99.7 | 99.9 | 100.3 | 99.8 | 99.5 | 99.0 | 99.3 | 98.9 | 98.9 | 98.2 | 98.5 |
| 97.0 | 97.2 | 97.7 | 96.5 | 96.7 | 95.6 | 95.8 | 95.3 | 95.2 | 94.3 | 94.9 |
| 104.5 | 102.7 | 103.1 | 102.8 | 103.3 | 104.3 | 103.8 | 103.7 | 104.4 | 103.8 | 100.9 |
| 101.4 | 102.0 | 102.4 | 103.6 | 103.8 | 103.8 | 104.5 | 105.4 | 104.8 | 104.3 | 104.4 |
| 98.9 | 99.9 | 100.1 | 100.3 | 100.4 | 99.6 | 98.1 | 96.6 | 96.9 | 96.0 | 97.4 |
| 106.6 | 105.5 | 106.1 | 105.5 | 103.3 | 102.6 | 103.9 | 104.0 | 104.1 | 103.6 | 103.4 |
| 101.6 | 101.6 | 102.4 | 102.3 | 102.2 | 103.2 | 102.8 | 102.5 | 102.4 | 102.8 | 103.0 |
| 98.8 | 100.9 | 100.0 | 101.2 | 100.1 | 101.1 | 102.6 | 101.8 | 102.4 | 101.5 | 100.5 |
| 103.0 | 101.8 | 101.9 | 101.7 | 101.7 | 102.1 | 102.2 | 102.1 | 102.0 | 100.3 | 99.9 |
| 103.1 | 101.8 | 102.0 | 101.7 | 101.8 | 102.1 | 102.2 | 102.1 | 102.0 | 100.3 | 99.9 |
| 100.0 | 100.0 | 100.0 | 100.0 | 100.0 | 100.0 | 100.0 | 100.0 | 100.0 | 100.0 | 100.0 |
| 109.6 | 107.6 | 105.2 | 102.6 | 100.5 | 101.3 | 100.8 | 100.3 | 99.5 | 98.9 | 97.8 |
| 110.4 | 110.9 | 110.8 | 110.8 | 108.7 | 108.0 | 109.9 | 108.0 | 105.8 | 104.3 | 103.0 |
| 100.8 | 101.4 | 101.7 | 101.7 | 102.0 | 101.6 | 101.8 | 101.4 | 101.7 | 101.6 | 102.2 |
| 110.7 | 110.7 | 110.7 | 103.3 | 103.3 | 102.0 | 102.0 | 102.0 | 100.0 | 100.0 | 100.0 |
| 113.5 | 110.2 | 106.4 | 102.2 | 99.0 | 99.9 | 99.1 | 98.7 | 97.6 | 96.8 | 95.2 |
| 101.0 | 100.8 | 101.0 | 102.4 | 103.0 | 104.5 | 104.2 | 104.1 | 103.5 | 103.5 | 103.3 |
| 100.3 | 100.3 | 100.1 | 99.8 | 100.1 | 100.0 | 99.8 | 99.4 | 100.0 | 99.7 | 99.6 |
| 100.5 | 100.8 | 100.2 | 100.0 | 99.7 | 99.4 | 99.3 | 99.3 | 99.4 | 99.2 | 99.2 |
| 100.0 | 99.6 | 99.5 | 99.0 | 99.0 | 98.6 | 98.3 | 97.5 | 97.9 | 97.3 | 97.2 |
| 102.6 | 102.8 | 102.8 | 102.8 | 103.0 | 102.3 | 102.2 | 102.1 | 102.0 | 102.1 | 101.8 |
| 99.3 | 100.2 | 100.0 | 100.0 | 101.9 | 103.0 | 103.0 | 103.7 | 105.7 | 105.9 | 106.4 |
| 101.6 | 101.8 | 101.1 | 102.7 | 102.7 | 103.2 | 103.2 | 102.8 | 102.2 | 102.4 | 102.5 |
| 103.2 | 103.4 | 102.3 | 102.6 | 102.5 | 103.3 | 103.2 | 102.6 | 101.8 | 102.2 | 102.3 |
| 94.2 | 99.8 | 95.8 | 95.6 | 93.8 | 94.1 | 95.8 | 95.6 | 95.3 | 95.7 | 95.4 |
| 100.0 | 100.0 | 100.0 | 100.0 | 100.0 | 100.0 | 100.0 | 100.0 | 100.0 | 100.0 | 100.0 |
| 98.7 | 98.8 | 98.6 | 106.6 | 106.7 | 107.0 | 107.1 | 106.9 | 106.7 | 106.3 | 106.2 |
| 101.4 | 100.8 | 100.7 | 99.8 | 100.0 | 99.8 | 99.9 | 100.0 | 99.5 | 99.5 | 99.2 |
| 103.7 | 103.5 | 103.5 | 103.3 | 103.4 | 103.4 | 102.7 | 102.6 | 102.3 | 102.4 | 99.7 |
| 100.1 | 100.0 | 100.3 | 99.1 | 99.2 | 99.1 | 99.2 | 99.5 | 100.0 | 100.4 | 100.0 |
| 103.3 | 101.9 | 101.2 | 101.0 | 101.4 | 100.9 | 101.0 | 100.9 | 98.6 | 98.0 | 97.9 |
| 98.3 | 98.9 | 98.4 | 98.1 | 98.7 | 101.4 | 100.6 | 103.2 | 102.4 | 101.7 | 102.2 |

4-15　续表2

| 类　别 | Item | 全　年 Total | 1月 January |
|---|---|---|---|
| 印刷 | Printing | 100.0 | 97.0 |
| 装订及印刷相关服务 | Binding and Other Painting Service Activity | 102.0 | 103.0 |
| 文教、工美、体育和娱乐用品制造业 | Culture, Education and Athletics Manufacture Industry | 101.8 | 104.2 |
| 文教办公用品制造 | Culture Articles Manufacturing | 100.1 | 98.7 |
| 工艺美术品制造 | Arts and Crafts Manufacturing | 102.9 | 107.5 |
| 体育用品制造 | Atheletic Articles Manufacturing | 103.1 | 103.4 |
| 玩具制造 | Toy Manufacturing | 99.8 | 100.4 |
| 游艺器材及娱乐用品制造 | Athletics Manufacture Industry | 96.8 | 87.5 |
| 石油加工、炼焦和核燃料加工业 | Petroleum Process, Coking and Nuclear Fuel Processing Industry | 95.0 | 97.7 |
| 精炼石油产品制造 | Refined Coking Petroleum Manufacturing | 96.6 | 99.0 |
| 炼焦 | Coking | 85.1 | 89.5 |
| 化学原料和化学制品制造业 | Chemical Material and Chemical Product Manufacturing | 96.4 | 98.4 |
| 基础化学原料制造 | Basic Chemical Material Manufacturing | 97.3 | 107.0 |
| 肥料制造 | Fertilizer Manufacture | 89.6 | 89.2 |
| 农药制造 | Insectcide Manufacture | 103.1 | 107.5 |
| 涂料、油墨、颜料及类似产品制造 | Coating, Printing Ink, Pigment and the Similar Products Manufacture | 102.0 | 101.5 |
| 合成材料制造 | Compounded Material Manufacture | 100.1 | 99.5 |
| 专用化学产品制造 | Specialized Chemical Product Manufacture | 102.2 | 101.4 |
| 炸药、火工及焰火产品制造 | Explosive and Fireworks Product Manufacture | 97.9 | 102.3 |
| 日用化学产品制造 | Daily Chemical Product Manufacture | 97.8 | 97.4 |
| 医药制造业 | Medical Manufacture Industry | 101.3 | 101.4 |
| 化学药品原料药制造 | Original Medicine of Chemical Medicine Manufacture | 99.9 | 98.1 |
| 化学药品制剂制造 | Chemical Medicine Agent Manufacture | 99.3 | 100.6 |
| 中药饮片加工 | TCM Decoction Pieces Processing | 104.2 | 104.3 |
| 中成药生产 | Medium Paternt Manufacture | 101.8 | 103.0 |
| 兽用药品制造 | Medicine in Herbs Manufacture | 100.0 | 100.0 |
| 生物药品制造 | Biology, Bio-chemical Product Manufacture | 102.3 | 101.5 |
| 卫生材料及医药用品制造 | Medical Products Manufacture | 98.6 | 100.4 |
| 化学纤维制造业 | Chemaical Fiber Manufacture Industry | 97.6 | 97.1 |
| 纤维素纤维原料及纤维制造 | Cellulose Fiber Material and Fiber Manufacture | 96.5 | 100.0 |
| 合成纤维制造 | Synthetic Fiber Manufacture | 97.7 | 96.7 |
| 橡胶和塑料制品业 | Rubber and Plastic Products Industry | 95.7 | 98.4 |
| 橡胶制品业 | Rubber Product Industry | 88.9 | 95.8 |
| 塑料制品业 | Plastic Product Industry | 98.4 | 99.5 |
| 非金属矿物制品业 | Non-metal Mineral Product Industry | 99.7 | 107.0 |

Continued 2

| 2月 February | 3月 March | 4月 April | 5月 May | 6月 June | 7月 July | 8月 August | 9月 September | 10月 October | 11月 November | 12月 December |
|---|---|---|---|---|---|---|---|---|---|---|
| 98.2 | 98.8 | 98.4 | 98.1 | 98.7 | 101.4 | 100.6 | 103.2 | 102.4 | 101.7 | 102.2 |
| 103.2 | 103.3 | 103.2 | 102.3 | 101.8 | 102.2 | 103.0 | 102.4 | 101.0 | 100.1 | 98.9 |
| 103.4 | 104.0 | 103.1 | 102.0 | 101.7 | 102.1 | 100.9 | 100.5 | 100.8 | 99.7 | 99.7 |
| 99.5 | 100.1 | 100.3 | 100.1 | 100.2 | 100.0 | 100.3 | 100.6 | 100.2 | 100.1 | 101.2 |
| 105.6 | 106.7 | 105.0 | 102.2 | 101.4 | 102.6 | 100.7 | 100.8 | 101.6 | 100.2 | 100.7 |
| 103.3 | 102.7 | 102.8 | 103.6 | 104.0 | 104.4 | 103.2 | 103.3 | 102.6 | 102.6 | 101.9 |
| 100.9 | 101.0 | 100.8 | 101.2 | 101.7 | 100.7 | 100.2 | 98.9 | 98.4 | 97.3 | 96.6 |
| 87.5 | 89.7 | 92.1 | 97.2 | 100.0 | 100.0 | 102.9 | 102.9 | 102.9 | 102.9 | 100.0 |
| 95.2 | 93.8 | 96.1 | 101.1 | 103.1 | 104.0 | 97.8 | 92.2 | 90.4 | 87.2 | 82.4 |
| 96.7 | 95.6 | 98.3 | 103.8 | 105.9 | 106.9 | 99.7 | 93.3 | 91.3 | 87.8 | 81.8 |
| 85.4 | 82.9 | 82.2 | 84.8 | 86.0 | 86.2 | 86.0 | 85.4 | 84.3 | 82.8 | 85.9 |
| 97.5 | 96.5 | 96.5 | 96.2 | 96.7 | 96.4 | 97.1 | 97.0 | 95.8 | 95.0 | 94.1 |
| 104.0 | 99.8 | 99.0 | 98.2 | 100.1 | 100.7 | 97.8 | 95.0 | 91.8 | 89.3 | 86.0 |
| 88.3 | 87.8 | 87.7 | 87.8 | 88.4 | 88.2 | 90.8 | 92.8 | 91.8 | 91.0 | 91.8 |
| 107.5 | 107.8 | 107.9 | 105.0 | 100.8 | 97.5 | 100.9 | 100.6 | 100.9 | 101.1 | 100.3 |
| 101.1 | 101.7 | 101.1 | 102.2 | 102.7 | 102.1 | 102.8 | 102.9 | 102.3 | 102.9 | 101.1 |
| 99.0 | 98.5 | 99.7 | 100.0 | 101.1 | 100.7 | 102.8 | 101.6 | 99.4 | 100.8 | 97.9 |
| 102.6 | 102.3 | 104.1 | 103.1 | 103.8 | 103.5 | 102.6 | 102.4 | 101.1 | 100.3 | 99.5 |
| 99.7 | 101.3 | 100.9 | 100.6 | 101.0 | 95.7 | 96.7 | 96.1 | 95.1 | 91.9 | 93.3 |
| 97.3 | 97.2 | 97.0 | 97.2 | 97.4 | 97.5 | 97.8 | 97.6 | 98.8 | 99.2 | 99.0 |
| 101.3 | 100.6 | 100.9 | 101.3 | 101.2 | 101.8 | 102.4 | 101.7 | 101.3 | 101.0 | 100.6 |
| 98.8 | 98.2 | 98.7 | 100.2 | 100.1 | 100.6 | 100.6 | 100.7 | 101.1 | 100.3 | 101.0 |
| 100.5 | 100.2 | 100.5 | 100.2 | 100.3 | 100.1 | 98.5 | 98.1 | 97.4 | 97.5 | 97.5 |
| 103.9 | 102.4 | 102.5 | 102.9 | 102.9 | 104.7 | 108.4 | 106.1 | 105.1 | 104.7 | 102.7 |
| 101.6 | 101.9 | 102.0 | 102.0 | 101.6 | 101.5 | 101.2 | 102.0 | 101.6 | 101.4 | 101.5 |
| 100.0 | 100.0 | 100.0 | 100.0 | 100.0 | 100.0 | 100.0 | 100.0 | 100.0 | 100.0 | 100.0 |
| 101.5 | 101.5 | 103.0 | 102.5 | 102.2 | 101.9 | 102.8 | 102.8 | 102.8 | 102.8 | 102.8 |
| 100.8 | 98.3 | 98.1 | 98.1 | 98.1 | 98.2 | 98.0 | 98.9 | 98.1 | 98.1 | 98.1 |
| 95.9 | 96.2 | 96.5 | 97.7 | 99.0 | 98.8 | 98.8 | 98.1 | 97.3 | 97.5 | 98.5 |
| 100.0 | 94.4 | 94.4 | 94.4 | 94.4 | 94.2 | 97.4 | 97.4 | 97.4 | 97.4 | 96.1 |
| 95.5 | 96.3 | 96.7 | 98.0 | 99.5 | 99.3 | 99.0 | 98.2 | 97.3 | 97.5 | 98.7 |
| 98.0 | 97.6 | 95.6 | 94.7 | 94.8 | 94.7 | 95.2 | 95.2 | 94.8 | 95.1 | 93.6 |
| 95.4 | 93.5 | 87.5 | 84.3 | 85.7 | 85.5 | 87.8 | 88.3 | 88.1 | 89.0 | 84.9 |
| 99.0 | 99.2 | 99.0 | 99.1 | 98.6 | 98.5 | 98.3 | 98.0 | 97.5 | 97.6 | 97.1 |
| 105.8 | 105.0 | 102.1 | 101.0 | 100.3 | 99.1 | 97.5 | 96.9 | 96.5 | 94.1 | 92.1 |

4-15 续表3

| 类　别 | Item | 全　年 Total | 1月 January |
| --- | --- | --- | --- |
| 水泥、石灰和石膏制造 | Cement, Lime and Gypsum Manufacture | 100.5 | 113.9 |
| 石膏、水泥制品及类似制品制造 | Cement and Gypsum Product Manufacture | 102.0 | 105.4 |
| 砖瓦、石材等建筑材料制造 | Brick, Stone Material and Other Buildings | 97.0 | 96.2 |
| 玻璃制造 | Glass Manufacture | 94.4 | 108.7 |
| 玻璃制品制造 | Glass Product Manufacture | 98.0 | 98.7 |
| 玻璃纤维和玻璃纤维增强塑料制品制造 | Fiberglass and Reinforced Plastic Products Manufacture | 96.2 | 94.0 |
| 陶瓷制品制造 | Ceramics Product Manufacture | 102.4 | 101.8 |
| 耐火材料制品制造 | Refractory Product Manufacture | 98.5 | 98.5 |
| 石墨及其他非金属矿物制品制造 | Graphite and Other Non-metal Mineralses Product Manufacture | 100.2 | 104.6 |
| 黑色金属冶炼和压延加工业 | Black Metal Coking and Pressing Process Industry | 93.2 | 96.8 |
| 炼铁 | Iron Making | 91.1 | 92.9 |
| 炼钢 | Steel Making | 93.8 | 92.4 |
| 黑色金属铸造 | Black Metal | 99.8 | 99.0 |
| 钢压延加工 | Pressed Steel Processing | 92.6 | 96.7 |
| 铁合金冶炼 | Iron-alloy Smeltering | 98.4 | 96.8 |
| 有色金属冶炼和压延加工业 | Coloured Metal Coking and Pressing Process Industry | 94.2 | 93.8 |
| 常用有色金属冶炼 | General Non-ferrous Metal Coking | 94.0 | 94.4 |
| 贵金属冶炼 | Precious Metal Smelting | 84.2 | 68.2 |
| 稀有稀土金属冶炼 | Rare Earth Metal Smelting | 99.8 | 87.5 |
| 有色金属合金制造 | Non-ferrous Metal Alloy Manufacture | 97.3 | 95.7 |
| 有色金属压延加工 | Coloured Metal Pressing Process Industry | 94.6 | 93.0 |
| 金属制品业 | Metal Product Industry | 97.3 | 98.3 |
| 结构性金属制品制造 | Structural Metal Product | 96.7 | 97.5 |
| 金属工具制造 | Metal Tools Manufacture | 98.3 | 95.8 |
| 集装箱及金属包装容器制造 | Container and Metal Packing Container Manufacture | 94.7 | 94.8 |
| 金属丝绳及其制品制造 | Metal Silk Rope and Its Product Manufacture | 96.7 | 97.3 |
| 建筑、安全用金属制品制造 | Building, Metal Production Safety Producing Manufacture | 104.2 | 107.0 |
| 金属表面处理及热处理加工 | Metal Finishing and Heat Treatment | 98.1 | 98.8 |
| 搪瓷制品制造 | Enamelled Ware Manufacture | 95.1 | 103.9 |
| 金属制日用品制造 | Stainless Steel and Similar Daily Metal Product Manufacture | 100.0 | 100.0 |
| 其他金属制品制造 | Other Metal Product Manufacture | 98.9 | 101.0 |
| 通用设备制造业 | General Equipment Manufacture | 99.1 | 99.4 |
| 锅炉及原动设备制造 | Boiler and Original Motor | 103.9 | 100.2 |
| 金属加工机械制造 | Metal Process and Machinery Manufacture | 95.5 | 94.3 |
| 物料搬运设备制造 | Hoisting Transportation Equipment Manufacture | 99.4 | 100.1 |

Continued 3

| 2月 February | 3月 March | 4月 April | 5月 May | 6月 June | 7月 July | 8月 August | 9月 September | 10月 October | 11月 November | 12月 December |
|---|---|---|---|---|---|---|---|---|---|---|
| 112.4 | 111.1 | 105.6 | 103.2 | 101.9 | 99.4 | 96.4 | 95.2 | 94.8 | 89.8 | 86.1 |
| 103.9 | 103.8 | 102.3 | 101.8 | 101.2 | 101.5 | 101.7 | 101.0 | 100.6 | 100.5 | 100.2 |
| 96.8 | 97.0 | 96.8 | 97.2 | 98.1 | 98.3 | 96.3 | 96.8 | 96.4 | 96.6 | 97.0 |
| 108.0 | 105.3 | 102.1 | 96.8 | 93.9 | 90.2 | 87.7 | 88.6 | 85.7 | 85.0 | 84.5 |
| 98.4 | 97.7 | 97.8 | 98.0 | 98.1 | 98.2 | 98.0 | 98.1 | 97.7 | 97.6 | 97.5 |
| 93.7 | 92.7 | 93.3 | 94.0 | 94.7 | 96.2 | 97.9 | 98.9 | 99.1 | 100.5 | 100.4 |
| 100.0 | 100.0 | 100.0 | 100.7 | 103.0 | 103.3 | 103.3 | 103.3 | 103.3 | 105.1 | 105.1 |
| 98.7 | 99.1 | 100.4 | 100.1 | 99.8 | 99.7 | 98.9 | 97.7 | 97.0 | 96.0 | 96.3 |
| 103.6 | 103.6 | 98.7 | 100.5 | 99.8 | 99.0 | 99.2 | 98.9 | 98.9 | 99.1 | 97.0 |
| 95.7 | 93.3 | 93.3 | 93.2 | 93.4 | 95.7 | 94.1 | 91.2 | 91.3 | 90.6 | 89.1 |
| 90.3 | 91.0 | 92.1 | 92.0 | 92.7 | 93.3 | 91.2 | 90.5 | 89.3 | 90.0 | 87.4 |
| 90.9 | 90.7 | 92.0 | 94.6 | 96.7 | 99.0 | 97.4 | 94.9 | 93.8 | 93.3 | 90.9 |
| 100.1 | 99.5 | 99.7 | 100.6 | 100.7 | 100.5 | 100.3 | 100.4 | 99.6 | 99.1 | 98.6 |
| 95.6 | 92.9 | 92.8 | 92.6 | 92.8 | 95.3 | 93.6 | 90.4 | 90.6 | 89.8 | 88.2 |
| 94.1 | 95.3 | 94.4 | 99.8 | 99.0 | 99.1 | 99.3 | 101.3 | 100.3 | 100.5 | 101.2 |
| 90.9 | 88.5 | 91.3 | 94.6 | 95.9 | 99.6 | 97.7 | 96.3 | 94.4 | 94.9 | 93.5 |
| 90.7 | 88.2 | 91.1 | 94.0 | 96.2 | 99.6 | 97.4 | 96.2 | 93.8 | 94.2 | 92.8 |
| 72.7 | 75.1 | 80.4 | 86.1 | 90.6 | 104.3 | 96.3 | 90.9 | 90.2 | 83.6 | 86.0 |
| 93.9 | 89.3 | 93.2 | 100.5 | 101.5 | 106.5 | 110.6 | 108.6 | 106.0 | 102.9 | 102.9 |
| 94.4 | 92.1 | 94.7 | 97.4 | 97.8 | 100.9 | 98.7 | 100.6 | 99.2 | 98.6 | 97.9 |
| 91.2 | 89.2 | 91.6 | 95.6 | 95.3 | 99.4 | 98.0 | 96.3 | 95.1 | 96.0 | 94.7 |
| 97.9 | 97.5 | 97.4 | 97.9 | 97.6 | 97.4 | 97.2 | 96.9 | 96.7 | 96.5 | 95.8 |
| 96.9 | 96.8 | 96.5 | 97.5 | 97.1 | 97.1 | 97.2 | 96.5 | 96.0 | 95.7 | 95.0 |
| 97.9 | 98.3 | 98.6 | 99.7 | 99.8 | 100.5 | 99.4 | 98.0 | 97.9 | 96.9 | 97.3 |
| 94.9 | 95.2 | 93.3 | 93.0 | 92.5 | 92.5 | 93.0 | 93.1 | 98.4 | 98.0 | 98.3 |
| 96.8 | 95.2 | 95.6 | 96.4 | 97.3 | 99.9 | 97.8 | 98.4 | 96.4 | 95.6 | 94.4 |
| 107.0 | 105.9 | 104.1 | 104.5 | 105.3 | 105.9 | 103.1 | 103.2 | 103.4 | 103.0 | 98.8 |
| 98.0 | 98.0 | 98.1 | 98.3 | 97.0 | 95.9 | 95.9 | 98.8 | 99.4 | 99.6 | 99.0 |
| 103.9 | 101.0 | 102.4 | 102.5 | 103.7 | 89.1 | 87.0 | 87.0 | 87.1 | 88.8 | 86.5 |
| 100.0 | 100.0 | 100.0 | 100.0 | 100.0 | 100.0 | 100.0 | 100.0 | 100.0 | 100.0 | 100.0 |
| 100.5 | 99.6 | 100.7 | 99.8 | 99.2 | 98.9 | 99.1 | 98.6 | 96.6 | 96.8 | 96.5 |
| 99.3 | 99.3 | 98.9 | 99.1 | 98.6 | 98.3 | 98.4 | 99.1 | 99.8 | 99.8 | 99.7 |
| 100.5 | 101.8 | 101.6 | 103.8 | 104.3 | 105.2 | 105.3 | 105.2 | 106.1 | 106.2 | 106.3 |
| 94.8 | 95.6 | 95.0 | 95.3 | 93.2 | 92.0 | 91.5 | 95.4 | 99.2 | 99.9 | 100.1 |
| 99.9 | 99.3 | 99.5 | 99.4 | 99.0 | 99.0 | 99.3 | 99.5 | 99.5 | 99.4 | 99.1 |

4-15 续表4

| 类 别 | Item | 全 年 Total | 1月 January |
|---|---|---|---|
| 泵、阀门、压缩机及类似机械制造 | Pump, Valve, Compressor and Its Similar Mechanical Manufacture | 100.5 | 102.1 |
| 轴承、齿轮和传动部件制造 | Bearing, Gear Wheel and Drive Parts Manufacture | 100.7 | 102.6 |
| 烘炉、风机、衡器、包装等设备制造 | Wind-fanning Machine, Scaling and Packing Equipment | 96.5 | 95.8 |
| 文化、办公用机械制造 | Office Equipments Manufacture | 100.3 | 101.2 |
| 通用零部件制造 | General Machine Components Manufacture | 98.8 | 101.9 |
| 专用设备制造业 | Special Equipment Manufacture | 100.7 | 100.5 |
| 采矿、冶金、建筑专用设备制造 | Ore Mountain, Metallurgy, Building Special Equipment Manufacture | 100.8 | 100.3 |
| 化工、木材、非金属加工专用设备制造 | Chemical Engineering, Timber, Non-Metal Processed Special Equipments Manufacture | 100.4 | 100.8 |
| 食品、饮料、烟草及饲料生产专用设备制造 | The Food, Beverage, Tobacco and Fodder Production Special Equipments Manufacture | 104.0 | 106.3 |
| 印刷、制药、日化及日用品生产专用设备制造 | Printing, Pharmacy, and Commoditys Manufacture | 95.2 | 99.8 |
| 纺织、服装和皮革加工专用设备制造 | Textile, Clothing and Leather Processing Equipments Manufacture | 100.0 | 99.9 |
| 电子和电工机械专用设备制造 | Electronics and Electrical Machinery Manufacture | 99.9 | 99.7 |
| 农、林、牧、渔专用机械制造 | Agriculture, Forestry, Animal Husbandry and Fishery Specific Machinery Manufacture | 103.2 | 103.7 |
| 医疗仪器设备及器械制造 | Medical Instruments Manufacture | 98.9 | 96.1 |
| 环保、社会公共服务及其他专用设备制造 | Environment Protection, Public Social Secure and Other Specific Equipment Manufacture | 100.7 | 100.6 |
| 汽车制造业 | Vehicle Manufacture Industry | 100.0 | 100.2 |
| 汽车整车制造 | Completely Builded Vehicle Manufacture | 100.2 | 100.3 |
| 改装汽车制造 | Refit Vehicle Manufacture | 101.8 | 100.2 |
| 汽车车身、挂车制造 | Vehicle Body and Trailer Manufacture | 100.9 | 99.5 |
| 汽车零部件及配件制造 | Auto Parts Manufacture | 99.0 | 99.9 |
| 铁路、船舶、航空航天和其他运输设备制造业 | Rail, Ships, Aeronautical and Other Transportation Equipments Manufacture | 100.8 | 100.4 |
| 铁路运输设备制造 | Rail Transportation Equipment Manufacture | 99.3 | 100.7 |
| 船舶及相关装置制造 | Ships and Related Equipment Manufacture | 100.9 | 100.5 |
| 摩托车制造 | Motorcycle Manufacture | 102.4 | 98.5 |
| 自行车制造 | Bicycle Manufacture | 100.3 | 100.4 |
| 非公路休闲车及零配件制造 | Leisure Car and Related Parts Manufacture | 100.0 | 100.0 |
| 电气机械和器材制造业 | Electricity Machine and Its Equipment Manufacture | 99.1 | 98.7 |
| 电机制造 | Electric Engineering Manufacture | 100.7 | 99.5 |
| 输配电及控制设备制造 | Electricity Mixed and Control Equipments Manufacture | 101.3 | 98.1 |

Continued 4

| 2月 February | 3月 March | 4月 April | 5月 May | 6月 June | 7月 July | 8月 August | 9月 September | 10月 October | 11月 November | 12月 December |
|---|---|---|---|---|---|---|---|---|---|---|
| 102.3 | 101.9 | 101.0 | 101.0 | 100.5 | 100.3 | 100.0 | 99.9 | 99.7 | 99.2 | 98.8 |
| 102.2 | 101.1 | 101.7 | 101.4 | 101.0 | 100.4 | 101.2 | 100.8 | 99.6 | 98.5 | 98.6 |
| 95.3 | 94.9 | 96.1 | 96.1 | 96.5 | 96.7 | 97.2 | 97.1 | 97.5 | 97.5 | 97.5 |
| 101.2 | 101.2 | 100.0 | 100.0 | 100.0 | 100.0 | 100.0 | 100.0 | 100.0 | 100.0 | 100.0 |
| 101.3 | 101.1 | 98.8 | 98.6 | 98.2 | 97.4 | 97.8 | 97.6 | 97.8 | 97.7 | 97.7 |
| 100.4 | 100.6 | 100.7 | 100.2 | 100.3 | 100.7 | 101.0 | 101.1 | 100.9 | 101.1 | 101.3 |
| 100.5 | 101.0 | 100.6 | 100.3 | 100.3 | 100.7 | 101.0 | 101.3 | 101.1 | 101.3 | 101.5 |
| 99.2 | 99.6 | 101.2 | 99.5 | 99.8 | 100.7 | 100.9 | 100.3 | 100.1 | 100.4 | 101.8 |
| 106.3 | 106.3 | 106.3 | 100.0 | 103.3 | 103.3 | 103.3 | 103.3 | 103.3 | 103.3 | 103.3 |
| 94.6 | 94.8 | 94.8 | 94.7 | 94.8 | 95.0 | 94.9 | 94.8 | 95.0 | 94.8 | 94.9 |
| 99.9 | 99.9 | 99.9 | 100.0 | 100.0 | 100.0 | 100.0 | 100.0 | 100.0 | 100.0 | 100.0 |
| 100.1 | 99.1 | 99.1 | 99.6 | 99.9 | 99.7 | 100.2 | 100.8 | 100.1 | 100.3 | 100.6 |
| 103.8 | 103.3 | 102.8 | 103.0 | 103.0 | 103.1 | 103.1 | 103.2 | 103.2 | 103.2 | 102.6 |
| 97.1 | 96.6 | 98.7 | 98.4 | 99.6 | 100.0 | 100.7 | 100.8 | 100.2 | 100.2 | 98.1 |
| 100.7 | 100.6 | 100.7 | 100.8 | 100.5 | 101.1 | 100.8 | 100.7 | 100.8 | 100.6 | 100.3 |
| 100.4 | 99.6 | 99.8 | 99.9 | 99.8 | 100.3 | 99.7 | 99.8 | 99.9 | 100.0 | 100.2 |
| 100.3 | 100.3 | 100.3 | 100.2 | 100.1 | 100.1 | 100.1 | 100.2 | 100.2 | 100.2 | 100.2 |
| 102.4 | 101.0 | 100.8 | 100.9 | 98.8 | 102.7 | 102.3 | 102.4 | 102.5 | 105.4 | 102.5 |
| 99.6 | 99.7 | 98.9 | 99.8 | 101.3 | 102.6 | 101.9 | 102.4 | 101.6 | 101.0 | 103.3 |
| 100.0 | 98.1 | 98.9 | 99.1 | 99.4 | 99.8 | 98.3 | 98.4 | 98.5 | 98.2 | 99.3 |
| 100.2 | 100.7 | 101.0 | 101.5 | 101.4 | 101.5 | 100.8 | 100.9 | 100.7 | 100.2 | 99.9 |
| 101.0 | 101.2 | 101.0 | 101.0 | 101.1 | 100.6 | 97.7 | 97.1 | 96.9 | 96.9 | 96.9 |
| 100.2 | 100.8 | 101.0 | 101.5 | 101.4 | 101.6 | 101.0 | 101.1 | 100.8 | 100.2 | 100.1 |
| 99.2 | 98.8 | 101.3 | 104.0 | 104.0 | 104.0 | 104.4 | 104.4 | 103.5 | 103.7 | 103.2 |
| 100.4 | 99.4 | 100.1 | 100.2 | 100.3 | 99.9 | 100.0 | 100.5 | 101.1 | 101.1 | 99.7 |
| 100.0 | 100.0 | 100.0 | 100.0 | 100.0 | 100.0 | 100.0 | 100.0 | 100.0 | 100.0 | 100.0 |
| 98.6 | 98.3 | 98.9 | 99.5 | 99.7 | 100.2 | 99.4 | 99.3 | 98.9 | 99.2 | 98.7 |
| 99.7 | 99.6 | 99.7 | 100.2 | 100.2 | 100.6 | 100.5 | 100.9 | 102.6 | 102.5 | 102.8 |
| 99.1 | 99.9 | 100.4 | 99.6 | 99.8 | 101.8 | 102.9 | 103.5 | 103.6 | 103.7 | 103.4 |

4-15 续表5

| 类 别 | Item | 全 年 Total | 1月 January |
|---|---|---|---|
| 电线、电缆、光缆及电工器材制造 | Wire, Cable, Fiber Optic Cable and the Electric Device Manufacture | 97.7 | 97.5 |
| 电池制造 | Battery Manufacture | 99.8 | 97.2 |
| 家用电力器具制造 | Electrical Appliance Manufacture | 99.4 | 99.7 |
| 非电力家用器具制造 | Household Appliance Manufacture | 100.8 | 101.8 |
| 照明器具制造 | Luminaires Manufacture | 100.2 | 100.9 |
| 其他电气机械及器材制造 | Other Electric Machines and Device Manufacture | 89.6 | 80.5 |
| 计算机、通信和其他电子设备制造业 | Tele-communication Equipment, Computer and Other Electronic Equipment Manufacture Industry | 97.2 | 95.7 |
| 计算机制造 | Computer Manufacture | 108.3 | 100.0 |
| 通信设备制造 | Tele-communication Equipment Manufacture | 100.0 | 103.2 |
| 广播电视设备制造 | Broadcasting and Television Equipment Manufacture | 100.0 | 100.0 |
| 雷达及配套设备制造 | Radar and Its Equipment Manufacture | 100.0 | 100.0 |
| 视听设备制造 | Audio-visual Equipment Manufacture | 99.5 | 97.8 |
| 电子器件制造 | Electronic Appliances | 99.3 | 99.2 |
| 电子元件制造 | Electronic Components | 92.3 | 90.5 |
| 其他电子设备制造 | Other Electronic Equipment | 98.8 | 98.7 |
| 仪器仪表制造业 | Instruments and Apparatuses Manufacture | 100.7 | 100.5 |
| 通用仪器仪表制造 | General Instruments Manufacture | 99.7 | 100.3 |
| 专用仪器仪表制造 | Special Instruments Manufacture | 101.3 | 100.6 |
| 光学仪器及眼镜制造 | Optical Instrument and Glasses | 100.0 | 100.0 |
| 其他制造业 | Other Manufacture | 98.7 | 96.5 |
| 日用杂品制造 | Daily Groceries Manufacture | 98.0 | 96.9 |
| 煤制品制造 | Coal products Manufacture | 99.1 | 96.2 |
| 废弃资源综合利用业 | Waste Resource Comprehensive Utilization | 87.9 | 84.4 |
| 金属废料和碎屑加工处理 | Metal Scrap Processing | 85.4 | 81.1 |
| 非金属废料和碎屑加工处理 | Non-metal Scrap Processing | 97.6 | 98.4 |
| 金属制品、机械和设备修理业 | Metal Products Repair Business | 100.3 | 99.8 |
| 金属制品修理 | Metal Products, Machinery and Equipments Repair | 99.0 | 101.2 |
| 专用设备修理 | Special Equipment Repair | 101.8 | 100.4 |
| 电气设备修理 | Electric Equipment Repair | 99.4 | 95.7 |
| 电力、热力生产和供应业 | Electronic, Thermodynamic Product and Supply Industry | 98.8 | 98.6 |
| 电力生产 | Electric Power Production | 98.3 | 98.0 |
| 电力供应 | Electric Power Supply | 99.2 | 98.8 |
| 热力生产和供应 | Fuel Production and Supply Industry | 100.2 | 101.0 |
| 燃气生产和供应业 | Fuel Production and Supply Industry | 106.6 | 106.9 |
| 水的生产和供应业 | Water Production and Supply Industry | 106.2 | 105.8 |
| 自来水生产和供应 | Tapping-water Production and Supply | 106.5 | 106.6 |
| 污水处理及其再生利用 | Sewage Treatment and Recycled Use | 103.9 | 100.0 |

Continued 5

| 2月 February | 3月 March | 4月 April | 5月 May | 6月 June | 7月 July | 8月 August | 9月 September | 10月 October | 11月 November | 12月 December |
|---|---|---|---|---|---|---|---|---|---|---|
| 96.3 | 95.2 | 96.9 | 98.8 | 98.7 | 100.2 | 98.9 | 98.7 | 97.4 | 97.7 | 96.7 |
| 99.8 | 99.9 | 101.5 | 101.3 | 102.0 | 102.5 | 100.0 | 98.0 | 98.0 | 98.3 | 99.5 |
| 99.9 | 99.8 | 99.7 | 99.7 | 100.2 | 99.6 | 98.9 | 98.8 | 98.8 | 99.0 | 98.9 |
| 102.1 | 101.4 | 100.8 | 100.6 | 100.7 | 100.6 | 100.6 | 100.5 | 100.6 | 100.1 | 99.7 |
| 101.0 | 100.9 | 101.0 | 100.6 | 100.0 | 99.8 | 99.2 | 100.0 | 99.5 | 100.3 | 99.5 |
| 83.7 | 90.4 | 87.8 | 89.0 | 93.6 | 94.2 | 89.9 | 89.7 | 88.8 | 96.1 | 94.7 |
| 95.5 | 95.9 | 95.8 | 95.6 | 96.1 | 96.6 | 96.7 | 96.9 | 99.4 | 101.1 | 100.6 |
| 100.0 | 100.0 | 100.0 | 100.0 | 100.0 | 100.0 | 100.0 | 100.0 | 133.3 | 133.3 | 133.3 |
| 103.8 | 101.9 | 100.5 | 100.4 | 100.4 | 100.5 | 98.6 | 97.6 | 97.3 | 98.6 | 98.0 |
| 100.0 | 100.0 | 100.0 | 100.0 | 100.0 | 100.0 | 100.0 | 100.0 | 100.0 | 100.0 | 100.0 |
| 100.0 | 100.0 | 100.0 | 100.0 | 100.0 | 100.0 | 100.0 | 100.0 | 100.0 | 100.0 | 100.0 |
| 97.0 | 97.7 | 99.0 | 98.1 | 99.6 | 100.8 | 101.1 | 99.8 | 101.4 | 101.4 | 100.6 |
| 99.3 | 100.3 | 99.2 | 100.3 | 99.3 | 100.1 | 98.9 | 99.5 | 99.9 | 98.8 | 97.1 |
| 90.4 | 91.0 | 90.4 | 90.2 | 90.8 | 90.9 | 91.7 | 92.8 | 93.9 | 98.1 | 98.0 |
| 98.7 | 98.1 | 98.1 | 98.1 | 98.1 | 98.7 | 98.7 | 98.7 | 99.3 | 100.0 | 100.0 |
| 101.5 | 101.3 | 101.0 | 102.3 | 101.6 | 100.8 | 101.4 | 100.3 | 99.9 | 99.7 | 98.7 |
| 100.9 | 101.4 | 101.3 | 101.2 | 101.0 | 100.2 | 99.6 | 98.8 | 97.5 | 97.8 | 96.5 |
| 101.9 | 101.3 | 100.8 | 102.9 | 101.9 | 101.1 | 102.4 | 101.2 | 101.3 | 100.8 | 99.8 |
| 100.0 | 100.0 | 100.0 | 100.0 | 100.0 | 100.0 | 100.0 | 100.0 | 100.0 | 100.0 | 100.0 |
| 96.5 | 97.5 | 96.6 | 97.7 | 97.9 | 99.6 | 100.5 | 100.9 | 99.8 | 99.7 | 101.5 |
| 97.1 | 96.8 | 96.0 | 95.6 | 95.9 | 96.3 | 98.7 | 99.5 | 100.8 | 100.6 | 102.3 |
| 96.2 | 97.9 | 97.0 | 99.1 | 99.1 | 101.8 | 101.8 | 101.8 | 99.1 | 99.1 | 100.9 |
| 84.7 | 82.2 | 88.0 | 95.4 | 91.6 | 95.6 | 89.6 | 87.2 | 90.2 | 87.1 | 80.8 |
| 81.5 | 78.5 | 85.3 | 94.7 | 89.9 | 95.4 | 87.4 | 84.4 | 88.8 | 84.7 | 77.3 |
| 98.2 | 98.4 | 99.2 | 98.4 | 98.3 | 96.6 | 98.3 | 98.1 | 96.0 | 96.6 | 94.7 |
| 99.9 | 101.9 | 101.3 | 101.5 | 100.0 | 100.6 | 99.8 | 100.0 | 100.3 | 99.5 | 99.4 |
| 101.0 | 100.9 | 100.5 | 100.8 | 98.8 | 99.1 | 97.8 | 96.9 | 96.6 | 97.1 | 97.3 |
| 99.1 | 103.1 | 102.5 | 102.7 | 101.1 | 102.3 | 101.7 | 102.5 | 103.6 | 101.3 | 101.0 |
| 99.5 | 100.6 | 99.8 | 99.8 | 99.8 | 99.6 | 98.7 | 99.8 | 99.8 | 99.8 | 99.8 |
| 98.9 | 98.7 | 98.8 | 98.6 | 98.6 | 98.6 | 98.8 | 99.0 | 98.9 | 99.2 | 99.5 |
| 97.9 | 97.9 | 98.0 | 98.1 | 97.9 | 98.0 | 98.2 | 98.1 | 98.7 | 99.4 | 99.3 |
| 99.4 | 99.1 | 99.3 | 99.0 | 98.9 | 99.0 | 99.1 | 99.5 | 99.1 | 99.0 | 99.5 |
| 100.5 | 98.5 | 98.7 | 98.5 | 98.5 | 98.5 | 98.5 | 98.7 | 98.7 | 106.2 | 106.2 |
| 107.4 | 107.6 | 107.7 | 108.0 | 107.7 | 107.1 | 106.3 | 105.8 | 103.9 | 105.7 | 105.6 |
| 105.7 | 105.8 | 105.7 | 106.0 | 106.0 | 106.8 | 106.9 | 107.0 | 106.3 | 106.2 | 106.2 |
| 106.5 | 106.6 | 106.5 | 106.9 | 105.9 | 106.8 | 106.9 | 107.1 | 106.3 | 106.2 | 106.2 |
| 100.0 | 100.0 | 100.0 | 100.0 | 106.7 | 106.7 | 106.7 | 106.7 | 106.7 | 106.7 | 106.7 |

# 4-16 工业生产者购进价格指数(1993—2014 年)

上年=100

| 年 份<br>Year | 总指数<br>General Index | 燃料、动力类<br>Fuel and Power | 黑色金属材料类<br>Ferrous Metals | 钢材<br>Rolle Steel | 有色金属材料和电线类<br>Nonferrous Metals and Wires |
|---|---|---|---|---|---|
| 1993 | 128.7 | 129.6 | 169.4 | 167.3 | 127.3 |
| 1994 | 122.3 | 119.9 | 101.9 | 99.6 | 109.6 |
| 1995 | 117.9 | 107.4 | 94.4 | 94.1 | 129.3 |
| 1996 | 110.0 | 114.2 | 99.7 | 100.3 | 93.8 |
| 1997 | 101.7 | 106.5 | 95.4 | 94.6 | 100.7 |
| 1998 | 96.0 | 100.5 | 95.4 | 94.4 | 86.0 |
| 1999 | 94.5 | 96.9 | 94.8 | 94.5 | 89.0 |
| 2000 | 102.6 | 103.2 | 102.9 | 102.3 | 110.5 |
| 2001 | 100.2 | 101.6 | 98.7 | 97.3 | 95.8 |
| 2002 | 98.2 | 101.7 | 99.1 | 98.8 | 96.3 |
| 2003 | 106.7 | 105.9 | 108.9 | 111.7 | 104.8 |
| 2004 | 115.0 | 113.9 | 122.2 | 118.7 | 128.4 |
| 2005 | 107.2 | 115.0 | 108.4 | 106.7 | 116.4 |
| 2006 | 103.9 | 105.7 | 99.2 | 99.5 | 135.1 |
| 2007 | 105.1 | 102.4 | 105.8 | 105.7 | 106.2 |
| 2008 | 112.4 | 116.7 | 119.4 | 118.8 | 97.5 |
| 2009 | 95.3 | 98.5 | 86.9 | 88.2 | 84.3 |
| 2010 | 111.8 | 110.9 | 113.5 | 105.3 | 124.9 |
| 2011 | 103.4 | 108.0 | 102.0 | 103.0 | 101.4 |
| 2012 | 98.2 | 100.1 | 94.0 | 94.7 | 95.4 |
| 2013 | 96.9 | 91.6 | 96.9 | 95.4 | 93.8 |
| 2014 | 97.2 | 93.3 | 95.9 | 96.1 | 95.6 |

# Purchasing Price Indices for Industrial Producers(1993—2014)

(preceding year=100)

| 化工原料类<br>Raw Chemical Materials | 木材及纸浆类<br>Timber and Paper Pulp | 建筑材料及非金属矿类<br>Building Material and Non-metal Ore | 其他工业原材料及半成品类<br>Other Materials and Semi-finished Category | 农副产品类<br>Agricultural Products | 纺织原料类<br>Textile Materials |
|---|---|---|---|---|---|
| 120.3 | 122.2 | 145.6 | 112.7 | 103.1 | 112.5 |
| 121.1 | 132.4 | 106.3 | 113.5 | 139.5 | 150.1 |
| 127.7 | 121.1 | 115.2 | 107.1 | 146.0 | 117.5 |
| 95.6 | 107.0 | 99.9 | 104.3 | 128.1 | 93.4 |
| 97.7 | 104.9 | 99.7 | 95.3 | 100.7 | 96.1 |
| 91.3 | 95.3 | 99.9 | 88.8 | 92.9 | 93.7 |
| 94.8 | 93.4 | 98.7 | 92.5 | 91.9 | 93.8 |
| 109.0 | 100.2 | 95.2 | 100.8 | 94.3 | 104.0 |
| 98.5 | 99.1 | 95.8 | 99.5 | 100.1 | 100.3 |
| 97.1 | 97.8 | 99.5 | 97.5 | 94.2 | 95.8 |
| 105.2 | 100.5 | 100.6 | 103.3 | 111.0 | 110.7 |
| 112.7 | 103.9 | 107.1 | 112.6 | 116.5 | 107.5 |
| 107.2 | 103.2 | 106.2 | 104.5 | 98.1 | 95.4 |
| 102.1 | 102.1 | 100.7 | 102.6 | 102.8 | 102.6 |
| 104.4 | 104.3 | 103.3 | 106.4 | 110.6 | 100.1 |
| 107.8 | 110.5 | 110.3 | 110.7 | 114.9 | 102.2 |
| 90.5 | 99.3 | 100.2 | 94.2 | 96.1 | 97.0 |
| 111.3 | 103.9 | 106.9 | 105.9 | 110.1 | 108.5 |
| 100.8 | 112.2 | 98.5 | 100.5 | 108.0 | 99.5 |
| 97.1 | 104.4 | 98.3 | 98.1 | 103.1 | 96.2 |
| 97.9 | 99.6 | 95.7 | 98.7 | 103.4 | 100.3 |
| 98.3 | 100.4 | 99.8 | 98.4 | 100.8 | 99.1 |

# 4-17 分月工业生产者购进价格指数(2014年)

上年同月=100

| 类别 | Item | 累计 Total | 1月 January | 2月 February |
|---|---|---|---|---|
| **总指数** | **General Index** | **97.2** | **97.4** | **97.0** |
| 燃料、动力类 | Fules and Power | 93.3 | 92.1 | 92.2 |
| 黑色金属材料类 | Material of Black Metal | 95.9 | 98.7 | 97.8 |
| #钢材 | #Rolled Steel | 96.1 | 97.2 | 96.3 |
| 其他 | Others | 95.4 | 101.8 | 100.7 |
| 有色金属材料及电线类 | Material of Non-ferrous Metal Material and ElectricWire | 95.6 | 94.7 | 93.9 |
| 化工原料类 | Chemical Material | 98.3 | 98.5 | 98.1 |
| 木材及纸浆类 | Wood and Paper Pulp | 100.4 | 100.0 | 100.4 |
| 建筑材料及非金属类 | Building Material and Non-metal Ore | 99.8 | 95.9 | 96.1 |
| 其他工业原材料及半成品类 | Other Industrial Raw Material and Semi-finished Category | 98.4 | 98.9 | 98.3 |
| 农副产品类 | Agricultural and Side-line Produces | 100.8 | 102.5 | 101.5 |
| 纺织原料类 | Raw Textile Material | 99.1 | 100.1 | 100.3 |

# 4-18 分月工业生产者购进价格环比指数(2014年)

上月=100

| 类别 | Item | 新涨价因素 New Price -rising Factor | 1月 January | 2月 February |
|---|---|---|---|---|
| **总指数** | **General Index** | **98.0** | **100.2** | **99.6** |
| 燃料、动力类 | Fules and Power | 96.2 | 100.5 | 99.6 |
| 黑色金属材料类 | Material of Black Metal | 96.2 | 99.7 | 99.3 |
| #钢材 | #Rolled Steel | 97.4 | 99.8 | 99.3 |
| 其他 | Other | 93.9 | 99.7 | 99.4 |
| 有色金属材料及电线类 | Material of Non-ferrous Metal Material and Electric Wire | 97.3 | 100.9 | 99.1 |
| 化工原料类 | Chemical Material | 98.3 | 99.7 | 99.7 |
| 木材及纸浆类 | Wood and Paper Pulp | 100.1 | 99.8 | 100.1 |
| 建筑材料及非金属类 | Building Material and Non-metal Ore | 99.8 | 100.4 | 99.7 |
| 其他工业原材料及半成品类 | Other Industrial Raw Material and Semi-finished Category | 99.3 | 100.4 | 99.6 |
| 农副产品类 | Agricultural and Side-line Produces | 99.8 | 100.0 | 99.9 |
| 纺织原料类 | Raw Textile Material | 98.9 | 100.0 | 100.2 |

## Purchasing Price Indices for Industrial Producers by Month (2014)

(the same month last year = 100)

| 3月 March | 4月 April | 5月 May | 6月 June | 7月 July | 8月 August | 9月 September | 10月 October | 11月 November | 12月 December |
|---|---|---|---|---|---|---|---|---|---|
| **96.3** | **96.6** | **97.5** | **97.9** | **98.3** | **98.5** | **97.7** | **96.8** | **96.5** | **95.5** |
| 91.4 | 91.7 | 93.1 | 93.6 | 94.5 | 96.2 | 94.6 | 94.4 | 93.5 | 92.3 |
| 97.4 | 97.2 | 97.3 | 97.6 | 97.2 | 96.6 | 94.2 | 93.0 | 92.3 | 91.3 |
| 95.8 | 95.7 | 96.3 | 96.8 | 96.8 | 96.7 | 96.4 | 95.6 | 95.0 | 94.3 |
| 100.4 | 100.1 | 99.2 | 99.1 | 97.9 | 96.3 | 89.7 | 87.9 | 87.0 | 85.5 |
| 90.8 | 92.9 | 95.9 | 96.0 | 99.2 | 99.3 | 98.7 | 96.1 | 96.0 | 93.9 |
| 97.7 | 98.1 | 98.4 | 98.9 | 99.3 | 99.6 | 99.2 | 98.4 | 97.8 | 95.6 |
| 100.5 | 100.5 | 100.8 | 100.8 | 100.8 | 100.8 | 100.5 | 100.1 | 99.9 | 100.0 |
| 100.0 | 99.7 | 100.9 | 100.8 | 101.2 | 100.2 | 100.9 | 101.2 | 100.6 | 100.5 |
| 97.6 | 97.6 | 98.3 | 99.1 | 98.9 | 98.8 | 98.7 | 98.1 | 98.3 | 98.0 |
| 101.8 | 101.5 | 101.6 | 101.3 | 101.0 | 100.9 | 100.5 | 99.6 | 99.2 | 98.7 |
| 100.3 | 100.3 | 100.2 | 99.3 | 98.9 | 98.6 | 98.6 | 97.9 | 97.4 | 96.9 |

## Purchasing Price Indices for Industrial Producers Comparing with Last Month (2014)

(last month = 100)

| 3月 March | 4月 April | 5月 May | 6月 June | 7月 July | 8月 August | 9月 September | 10月 October | 11月 November | 12月 December |
|---|---|---|---|---|---|---|---|---|---|
| **99.0** | **99.5** | **100.1** | **100.0** | **99.6** | **99.9** | **99.2** | **99.5** | **99.5** | **99.1** |
| 98.7 | 98.8 | 99.1 | 99.7 | 99.4 | 99.3 | 98.8 | 99.7 | 99.1 | 99.4 |
| 99.7 | 99.7 | 99.6 | 99.3 | 99.0 | 99.5 | 97.6 | 99.1 | 99.3 | 99.0 |
| 99.6 | 99.8 | 99.7 | 99.8 | 99.6 | 99.5 | 99.5 | 99.2 | 99.3 | 99.1 |
| 99.8 | 99.7 | 99.5 | 98.4 | 97.9 | 99.6 | 93.8 | 98.9 | 99.2 | 98.7 |
| 95.8 | 99.7 | 101.8 | 99.9 | 101.1 | 100.7 | 99.1 | 98.6 | 99.4 | 97.9 |
| 99.4 | 99.6 | 100.0 | 100.0 | 100.1 | 100.3 | 99.8 | 99.4 | 99.6 | 98.1 |
| 100.0 | 100.1 | 100.2 | 100.2 | 99.9 | 100.0 | 100.0 | 100.0 | 100.0 | 99.9 |
| 100.1 | 99.5 | 100.7 | 99.6 | 99.2 | 99.3 | 100.6 | 100.5 | 100.3 | 100.6 |
| 99.4 | 99.7 | 100.3 | 100.9 | 98.8 | 100.0 | 99.6 | 99.9 | 99.6 | 99.6 |
| 100.4 | 99.6 | 99.9 | 99.9 | 100.2 | 100.3 | 100.0 | 99.0 | 99.9 | 99.5 |
| 100.1 | 99.6 | 100.2 | 99.0 | 99.7 | 99.7 | 99.9 | 99.3 | 99.6 | 99.7 |

# 4-19 合肥市住宅销售价格指数(2014 年)

| 指 标 | Item | | 1 月 January |
|---|---|---|---|
| 定基价格指数 the Year 2010=100 | 新建住宅价格指数 | Price Indices of New Houses | 113.4 |
| | 新建商品住宅 | Commercialized Buildings | 114.5 |
| | 一、$90m^2$ 及以下 | $90m^2$ and Below | 116.7 |
| | 二、$90\sim144m^2$ | $90\sim144m^2$ | 114.0 |
| | 三、$144m^2$ 以上 | above $144m^2$ | 111.6 |
| | 二手住宅价格指数 | Second-hand Housing | 106.7 |
| | 一、$90m^2$ 及以下 | $90m^2$ and Below | 110.4 |
| | 二、$90\sim144m^2$ | $90\sim144m^2$ | 107.4 |
| | 三、$144m^2$ 以上 | above $144m^2$ | 105.8 |
| 同比价格指数 the same month last year=100 | 新建住宅价格指数 | Price Indices of New Houses | 109.8 |
| | 新建商品住宅 | Commercialized Buildings | 110.7 |
| | 一、$90m^2$ 及以下 | $90m^2$ and Below | 110.4 |
| | 二、$90\sim144m^2$ | $90\sim144m^2$ | 111.0 |
| | 三、$144m^2$ 以上 | above $144m^2$ | 110.2 |
| | 二手住宅价格指数 | Second-hand Housing | 106.9 |
| | 一、$90m^2$ 及以下 | $90m^2$ and Below | 106.3 |
| | 二、$90\sim144m^2$ | $90\sim144m^2$ | 106.7 |
| | 三、$144m^2$ 以上 | above $144m^2$ | 107.2 |
| 环比价格指数 last month=100 | 新建住宅价格指数 | Price Indices of New Houses | 100.5 |
| | 新建商品住宅 | Commercialized Buildings | 100.6 |
| | 一、$90m^2$ 及以下 | $90m^2$ and Below | 100.7 |
| | 二、$90\sim144m^2$ | $90\sim144m^2$ | 100.5 |
| | 三、$144m^2$ 以上 | above $144m^2$ | 100.9 |
| | 二手住宅价格指数 | Second-hand Housing | 100.5 |
| | 一、$90m^2$ 及以下 | $90m^2$ and Below | 100.9 |
| | 二、$90\sim144m^2$ | $90\sim144m^2$ | 100.6 |
| | 三、$144m^2$ 以上 | above $144m^2$ | 101.1 |

# Price Indices for Real Estate of Hefei (2014)

| 2月<br>February | 3月<br>March | 4月<br>April | 5月<br>May | 6月<br>June | 7月<br>July | 8月<br>August | 9月<br>September | 10月<br>October | 11月<br>November | 12月<br>December |
|---|---|---|---|---|---|---|---|---|---|---|
| 113.9 | 114.1 | 114.3 | 114.3 | 113.9 | 113.1 | 112.4 | 111.2 | 111.0 | 111.0 | 110.9 |
| 115.0 | 115.3 | 115.5 | 115.4 | 115.0 | 114.1 | 113.3 | 112.0 | 111.8 | 111.8 | 111.7 |
| 117.4 | 117.7 | 117.8 | 117.9 | 117.6 | 116.8 | 116.3 | 115.0 | 114.7 | 114.8 | 114.8 |
| 114.5 | 114.7 | 115.0 | 114.9 | 114.5 | 113.6 | 112.7 | 111.5 | 111.4 | 111.4 | 111.4 |
| 112.0 | 112.2 | 112.2 | 112.2 | 111.2 | 109.9 | 109.0 | 107.1 | 106.7 | 106.7 | 105.9 |
| 107.2 | 107.9 | 108.7 | 108.7 | 108.2 | 107.2 | 107.2 | 106.3 | 105.3 | 104.9 | 104.7 |
| 109.4 | 110.4 | 111.0 | 111.0 | 110.9 | 110.1 | 110.4 | 109.5 | 108.3 | 108.0 | 108.1 |
| 106.8 | 107.4 | 108.3 | 108.2 | 107.5 | 106.3 | 106.4 | 105.6 | 104.6 | 104.2 | 103.9 |
| 104.6 | 105.8 | 106.4 | 106.7 | 106.3 | 105.4 | 105.0 | 103.8 | 102.7 | 102.2 | 101.9 |
| 109.1 | 108.5 | 107.8 | 106.9 | 105.7 | 104.0 | 102.7 | 101.1 | 100.5 | 99.4 | 98.3 |
| 109.9 | 109.2 | 108.5 | 107.5 | 106.2 | 104.4 | 103.0 | 101.2 | 100.5 | 99.3 | 98.1 |
| 109.6 | 108.7 | 108.0 | 106.9 | 105.9 | 103.9 | 103.1 | 101.5 | 100.8 | 99.9 | 99.0 |
| 110.1 | 109.5 | 108.8 | 107.7 | 106.5 | 104.7 | 103.1 | 101.4 | 100.7 | 99.5 | 98.1 |
| 109.3 | 108.8 | 108.4 | 107.7 | 105.6 | 103.4 | 101.8 | 99.1 | 98.4 | 97.2 | 95.7 |
| 107.1 | 106.6 | 106.7 | 106.3 | 105.9 | 104.3 | 104.1 | 102.3 | 100.7 | 99.5 | 98.5 |
| 106.9 | 106.3 | 100.6 | 106.0 | 106.7 | 105.8 | 105.7 | 103.8 | 102.0 | 101.2 | 99.9 |
| 100.3 | 106.7 | 106.8 | 106.3 | 105.3 | 103.6 | 103.2 | 101.5 | 100.1 | 98.9 | 98.1 |
| 106.2 | 107.2 | 107.2 | 107.3 | 107.2 | 105.3 | 105.0 | 102.9 | 101.0 | 99.5 | 98.1 |
| 100.4 | 100.2 | 100.2 | 100.0 | 99.6 | 99.3 | 99.4 | 98.9 | 99.8 | 100.0 | 99.9 |
| 100.4 | 100.2 | 100.2 | 100.0 | 99.6 | 99.2 | 99.3 | 98.8 | 99.8 | 100.0 | 99.9 |
| 100.6 | 100.3 | 100.1 | 100.1 | 99.8 | 99.4 | 99.5 | 98.9 | 99.7 | 100.1 | 100.0 |
| 100.4 | 100.2 | 100.2 | 99.9 | 99.6 | 99.2 | 99.2 | 98.9 | 99.9 | 100.0 | 99.9 |
| 100.3 | 100.2 | 100.0 | 100.0 | 99.1 | 98.8 | 99.2 | 98.2 | 99.6 | 100.0 | 99.2 |
| 100.4 | 100.7 | 100.7 | 100.0 | 99.5 | 99.1 | 100.1 | 99.2 | 99.0 | 99.6 | 99.8 |
| 100.6 | 100.9 | 100.6 | 100.0 | 99.9 | 99.3 | 100.3 | 99.2 | 98.9 | 99.8 | 100.1 |
| 100.3 | 100.6 | 100.8 | 99.9 | 99.4 | 99.0 | 100.1 | 99.2 | 99.1 | 99.6 | 99.7 |
| 100.5 | 101.1 | 100.5 | 100.3 | 99.6 | 99.2 | 99.6 | 98.9 | 98.9 | 99.6 | 99.7 |

# 4-20 蚌埠市住宅销售价格指数(2014 年)

| 指 标 | | Item | 1 月<br>January |
|---|---|---|---|
| 定基价格指数<br>the Year 2010=100 | 新建住宅价格指数 | Price Indices of New Houses | 108.8 |
| | 新建商品住宅 | Commercialized Buildings | 109.0 |
| | 一、$90m^2$ 及以下 | $90m^2$ and Below | 112.8 |
| | 二、90~$144m^2$ | 90~$144m^2$ | 107.5 |
| | 三、$144m^2$ 以上 | above $144m^2$ | 110.4 |
| | 二手住宅价格指数 | Second-hand Housing | 108.1 |
| | 一、$90m^2$ 及以下 | $90m^2$ and Below | 110.3 |
| | 二、90~$144m^2$ | 90~$144m^2$ | 108.7 |
| | 三、$144m^2$ 以上 | above $144m^2$ | 107.9 |
| 同比价格指数<br>the same month last year=100 | 新建住宅价格指数 | Price Indices of New Houses | 104.8 |
| | 新建商品住宅 | Commercialized Buildings | 104.9 |
| | 一、$90m^2$ 及以下 | $90m^2$ and Below | 107.8 |
| | 二、90~$144m^2$ | 90~$144m^2$ | 103.7 |
| | 三、$144m^2$ 以上 | above $144m^2$ | 106.0 |
| | 二手住宅价格指数 | Second-hand Housing | 103.5 |
| | 一、$90m^2$ 及以下 | $90m^2$ and Below | 105.4 |
| | 二、90~$144m^2$ | 90~$144m^2$ | 103.7 |
| | 三、$144m^2$ 以上 | above $144m^2$ | 103.3 |
| 环比价格指数<br>last month=100 | 新建住宅价格指数 | Price Indices of New Houses | 100.4 |
| | 新建商品住宅 | Commercialized Buildings | 100.5 |
| | 一、$90m^2$ 及以下 | $90m^2$ and Below | 100.7 |
| | 二、90~$144m^2$ | 90~$144m^2$ | 100.3 |
| | 三、$144m^2$ 以上 | above $144m^2$ | 101.2 |
| | 二手住宅价格指数 | Second-hand Housing | 100.5 |
| | 一、$90m^2$ 及以下 | $90m^2$ and Below | 100.9 |
| | 二、90~$144m^2$ | 90~$144m^2$ | 100.2 |
| | 三、$144m^2$ 以上 | above $144m^2$ | 100.2 |

# Price Indices for Real Estate of Bengbu (2014)

| 2月 February | 3月 March | 4月 April | 5月 May | 6月 June | 7月 July | 8月 August | 9月 September | 10月 October | 11月 November | 12月 December |
|---|---|---|---|---|---|---|---|---|---|---|
| 109.0 | 109.2 | 109.3 | 108.9 | 108.3 | 107.7 | 106.7 | 104.7 | 103.4 | 102.7 | 102.3 |
| 109.2 | 109.4 | 109.5 | 109.0 | 108.5 | 107.9 | 106.9 | 104.8 | 103.5 | 102.7 | 102.3 |
| 113.1 | 113.2 | 113.3 | 112.7 | 112.3 | 111.9 | 111.0 | 109.0 | 107.6 | 106.6 | 105.8 |
| 107.7 | 107.8 | 108.0 | 107.6 | 107.0 | 106.4 | 105.4 | 103.3 | 102.0 | 101.4 | 101.0 |
| 110.8 | 111.2 | 110.9 | 110.7 | 109.8 | 108.3 | 107.3 | 105.3 | 104.0 | 103.1 | 103.0 |
| 108.9 | 109.6 | 109.9 | 110.1 | 109.6 | 108.8 | 107.4 | 106.2 | 104.6 | 103.6 | 102.8 |
| 109.2 | 110.3 | 110.7 | 111.0 | 110.6 | 109.8 | 108.1 | 106.9 | 105.4 | 104.3 | 103.4 |
| 108.4 | 108.7 | 108.9 | 108.9 | 108.4 | 107.6 | 106.5 | 105.3 | 103.6 | 102.6 | 102.1 |
| 107.7 | 107.9 | 108.0 | 108.1 | 107.9 | 107.1 | 105.8 | 104.6 | 103.1 | 102.2 | 101.5 |
| 104.5 | 104.2 | 104.0 | 103.0 | 102.0 | 101.4 | 100.0 | 97.4 | 95.6 | 94.7 | 94.4 |
| 104.6 | 104.3 | 104.1 | 103.1 | 102.1 | 101.5 | 100.0 | 97.4 | 95.6 | 94.6 | 94.3 |
| 107.4 | 107.1 | 106.8 | 105.4 | 104.4 | 104.0 | 102.1 | 99.1 | 96.6 | 95.3 | 94.5 |
| 103.5 | 103.1 | 103.0 | 102.1 | 101.1 | 100.5 | 99.3 | 96.7 | 95.2 | 94.4 | 94.2 |
| 106.0 | 105.9 | 105.2 | 104.3 | 103.5 | 101.7 | 100.1 | 97.4 | 95.5 | 94.5 | 94.5 |
| 104.1 | 104.6 | 104.4 | 104.0 | 103.5 | 102.7 | 101.1 | 100.1 | 98.3 | 96.9 | 95.5 |
| 104.5 | 105.4 | 100.4 | 104.8 | 104.4 | 103.6 | 101.7 | 100.8 | 99.4 | 97.7 | 95.9 |
| 100.6 | 103.7 | 103.6 | 103.0 | 102.4 | 101.5 | 100.2 | 99.1 | 97.0 | 95.8 | 95.1 |
| 103.0 | 103.3 | 103.0 | 102.6 | 102.2 | 101.4 | 100.2 | 98.4 | 96.4 | 95.5 | 94.6 |
| 100.2 | 100.1 | 100.1 | 99.6 | 99.5 | 99.4 | 99.1 | 98.1 | 98.8 | 99.3 | 99.6 |
| 100.2 | 100.1 | 100.1 | 99.6 | 99.5 | 99.4 | 99.1 | 98.1 | 98.7 | 99.3 | 99.6 |
| 100.3 | 100.1 | 100.0 | 99.5 | 99.6 | 99.6 | 99.2 | 98.2 | 98.8 | 99.0 | 99.3 |
| 100.2 | 100.1 | 100.1 | 99.6 | 99.5 | 99.4 | 99.1 | 98.0 | 98.7 | 99.4 | 99.7 |
| 100.4 | 100.3 | 99.8 | 99.8 | 99.2 | 98.7 | 99.0 | 98.1 | 98.7 | 99.2 | 99.9 |
| 100.7 | 100.6 | 100.3 | 100.1 | 99.6 | 99.2 | 98.7 | 98.9 | 98.5 | 99.0 | 99.3 |
| 100.8 | 100.9 | 100.4 | 100.3 | 99.7 | 99.2 | 98.4 | 98.9 | 98.5 | 99.0 | 99.1 |
| 100.6 | 100.2 | 100.2 | 100.0 | 99.5 | 99.3 | 99.0 | 98.8 | 98.4 | 99.0 | 99.5 |
| 100.1 | 100.2 | 100.1 | 100.0 | 99.9 | 99.2 | 98.8 | 98.9 | 98.5 | 99.2 | 99.3 |

# 4-21 安庆市住宅销售价格指数(2014年)

| 指　　标 | | Item | 1月<br>January |
|---|---|---|---|
| 定基价格指数<br>the Year 2010=100 | 新建住宅价格指数 | Price Indices of New Houses | 109.8 |
| | 新建商品住宅 | Commercialized Buildings | 110.1 |
| | 一、90m² 及以下 | 90m² and Below | 112.9 |
| | 二、90~144m² | 90~144m² | 109.7 |
| | 三、144m² 以上 | above 144m² | 110.4 |
| | 二手住宅价格指数 | Second-hand Housing | 101.2 |
| | 一、90m² 及以下 | 90m² and Below | 101.1 |
| | 二、90~144m² | 90~144m² | 101.4 |
| | 三、144m² 以上 | above 144m² | 101.7 |
| 同比价格指数<br>the same month last year=100 | 新建住宅价格指数 | Price Indices of New Houses | 106.1 |
| | 新建商品住宅 | Commercialized Buildings | 106.5 |
| | 一、90m² 及以下 | 90m² and Below | 108.3 |
| | 二、90~144m² | 90~144m² | 106.3 |
| | 三、144m² 以上 | above 144m² | 106.4 |
| | 二手住宅价格指数 | Second-hand Housing | 102.0 |
| | 一、90m² 及以下 | 90m² and Below | 101.4 |
| | 二、90~144m² | 90~144m² | 101.3 |
| | 三、144m² 以上 | above 144m² | 101.3 |
| 环比价格指数<br>last month=100 | 新建住宅价格指数 | Price Indices of New Houses | 100.4 |
| | 新建商品住宅 | Commercialized Buildings | 100.4 |
| | 一、90m² 及以下 | 90m² and Below | 101.5 |
| | 二、90~144m² | 90~144m² | 100.2 |
| | 三、144m² 以上 | above 144m² | 100.7 |
| | 二手住宅价格指数 | Second-hand Housing | 99.9 |
| | 一、90m² 及以下 | 90m² and Below | 99.9 |
| | 二、90~144m² | 90~144m² | 100.0 |
| | 三、144m² 以上 | above 144m² | 100.1 |

# Price Indices for Real Estate of Anqing (2014)

| 2月 February | 3月 March | 4月 April | 5月 May | 6月 June | 7月 July | 8月 August | 9月 September | 10月 October | 11月 November | 12月 December |
|---|---|---|---|---|---|---|---|---|---|---|
| 109.6 | 109.6 | 109.5 | 109.2 | 108.9 | 108.0 | 106.9 | 105.5 | 104.7 | 103.7 | 103.2 |
| 109.9 | 110.0 | 109.8 | 109.5 | 109.1 | 108.3 | 107.1 | 105.5 | 104.7 | 103.7 | 103.2 |
| 112.5 | 112.4 | 112.0 | 112.0 | 111.7 | 110.7 | 109.0 | 107.8 | 107.1 | 106.5 | 106.1 |
| 109.5 | 109.6 | 109.5 | 109.2 | 109.1 | 108.2 | 107.0 | 105.2 | 104.4 | 103.4 | 102.9 |
| 110.3 | 110.2 | 109.9 | 109.6 | 108.6 | 107.9 | 106.8 | 105.8 | 104.8 | 103.6 | 103.1 |
| 101.2 | 101.1 | 101.0 | 100.8 | 100.5 | 100.0 | 98.9 | 98.1 | 97.2 | 96.8 | 96.7 |
| 101.1 | 101.1 | 100.9 | 100.8 | 100.4 | 99.9 | 98.9 | 98.1 | 97.2 | 96.8 | 96.7 |
| 101.4 | 101.4 | 101.2 | 101.1 | 100.6 | 99.9 | 99.0 | 98.2 | 97.4 | 96.8 | 96.8 |
| 101.6 | 101.7 | 101.6 | 101.4 | 101.3 | 100.8 | 99.7 | 98.6 | 97.6 | 96.9 | 96.7 |
| 105.3 | 104.3 | 103.8 | 102.9 | 102.1 | 101.4 | 99.7 | 97.8 | 96.4 | 95.0 | 94.4 |
| 105.6 | 104.6 | 104.0 | 103.1 | 102.2 | 101.5 | 99.7 | 97.7 | 96.2 | 94.7 | 94.1 |
| 107.2 | 105.2 | 104.3 | 103.5 | 102.6 | 101.9 | 99.5 | 98.0 | 96.7 | 95.8 | 95.5 |
| 105.3 | 104.2 | 103.7 | 102.8 | 102.1 | 101.4 | 99.8 | 97.5 | 96.0 | 94.5 | 94.0 |
| 105.9 | 105.4 | 104.7 | 103.8 | 102.5 | 101.7 | 99.7 | 98.0 | 96.6 | 95.2 | 94.0 |
| 101.6 | 101.4 | 101.0 | 100.6 | 100.1 | 99.3 | 98.0 | 97.0 | 96.0 | 95.5 | 95.5 |
| 101.7 | 101.4 | 99.9 | 100.6 | 100.1 | 99.3 | 98.0 | 97.0 | 96.0 | 95.5 | 95.5 |
| 99.9 | 101.3 | 100.7 | 100.4 | 99.8 | 98.6 | 97.6 | 96.8 | 95.9 | 95.4 | 95.3 |
| 101.3 | 101.3 | 101.2 | 100.8 | 100.7 | 99.7 | 98.3 | 97.1 | 96.1 | 95.4 | 94.9 |
| 99.9 | 100.0 | 99.8 | 99.8 | 99.7 | 99.2 | 98.9 | 98.7 | 99.3 | 99.1 | 99.5 |
| 99.9 | 100.0 | 99.8 | 99.8 | 99.7 | 99.2 | 98.9 | 98.6 | 99.2 | 99.0 | 99.5 |
| 99.7 | 99.9 | 99.6 | 100.0 | 99.7 | 99.1 | 98.5 | 98.9 | 99.3 | 99.4 | 99.7 |
| 99.9 | 100.1 | 99.9 | 99.8 | 99.9 | 99.2 | 98.9 | 98.3 | 99.3 | 99.0 | 99.5 |
| 99.9 | 100.0 | 99.7 | 99.7 | 99.2 | 99.3 | 98.9 | 99.1 | 99.0 | 98.8 | 99.5 |
| 100.0 | 100.0 | 99.9 | 99.8 | 99.6 | 99.5 | 99.0 | 99.2 | 99.1 | 99.6 | 99.9 |
| 100.0 | 99.9 | 99.9 | 99.8 | 99.7 | 99.5 | 99.0 | 99.2 | 99.1 | 99.6 | 99.9 |
| 99.9 | 100.0 | 99.8 | 99.9 | 99.5 | 99.3 | 99.2 | 99.2 | 99.2 | 99.4 | 99.9 |
| 99.8 | 100.1 | 99.9 | 99.9 | 99.8 | 99.5 | 98.9 | 98.9 | 99.0 | 99.3 | 99.7 |

## 4-22 固定资产投资价格指数(2014年)
## Price Indices of Investment in Fixed Assets (2014)

上年同期=100　　(same period of preceding year=100)

| 项目名称 | Item | 一季度指数 First Quarter | 二季度指数 Second Quarter | 三季度指数 Third Quarter | 四季度指数 Fourth Quarter | 全年指数 Annual Year |
|---|---|---|---|---|---|---|
| **固定资产投资** | **General Index** | **102.7** | **100.1** | **99.7** | **98.8** | **100.3** |
| 建筑安装、装饰工程 | Construction and Installation | 104.1 | 100.2 | 99.4 | 98.0 | 100.4 |
| 设备、工器具购置 | Purchase of Equipment, Tools & Instruments | 99.5 | 99.6 | 99.7 | 99.8 | 99.6 |
| 其他费用 | Others | 101.4 | 100.1 | 101.4 | 100.9 | 101.0 |

## 4-23 固定资产投资价格指数(1991—2014年)
## Price Indices of Investment in Fixed Assets(1991—2014)

上年=100　　(preceding year=100)

| 年份 Year | 固定资产投资 Investment in Fixed Assets | 建筑安装工程 Construction and Installation | 设备工器具购置 Purchase of Equipment, Tools and Instruments | 其他费用 Others |
|---|---|---|---|---|
| 1991 | 114.8 | 114.7 | 114.4 | 117.4 |
| 1992 | 119.8 | 118.9 | 113.0 | 153.2 |
| 1993 | 123.0 | 124.4 | 119.6 | 122.2 |
| 1994 | 120.1 | 119.2 | 120.7 | 124.3 |
| 1995 | 106.5 | 102.4 | 107.7 | 131.1 |
| 1996 | 103.4 | 104.3 | 101.8 | 102.1 |
| 1997 | 101.3 | 101.1 | 101.6 | 101.4 |
| 1998 | 100.0 | 100.3 | 99.3 | 99.7 |
| 1999 | 99.3 | 100.8 | 96.1 | 100.1 |
| 2000 | 101.6 | 102.8 | 100.1 | 98.2 |
| 2001 | 99.5 | 99.6 | 98.8 | 100.5 |
| 2002 | 101.1 | 102.1 | 98.7 | 100.4 |
| 2003 | 103.5 | 105.8 | 98.3 | 101.1 |
| 2004 | 106.1 | 108.1 | 100.1 | 105.6 |
| 2005 | 101.0 | 101.0 | 100.3 | 102.3 |
| 2006 | 101.9 | 100.9 | 101.3 | 105.9 |
| 2007 | 105.4 | 107.4 | 100.4 | 103.7 |
| 2008 | 109.4 | 113.7 | 101.2 | 103.8 |
| 2009 | 96.0 | 94.4 | 97.1 | 101.1 |
| 2010 | 105.4 | 107.5 | 101.2 | 101.5 |
| 2011 | 108.1 | 111.0 | 101.9 | 104.0 |
| 2012 | 101.0 | 101.3 | 99.2 | 102.3 |
| 2013 | 100.2 | 100.3 | 99.0 | 101.2 |
| 2014 | 100.3 | 100.4 | 99.6 | 101.0 |

# 4-24 农产品生产者价格指数(2011—2014年)
# Producers' Price Indices for Farm Products(2011—2014)

上年=100 (preceding year=100)

| 指　标 | Item | 2011 | 2012 | 2013 | 2014 |
|---|---|---|---|---|---|
| **总指数** | **General Index** | **112.8** | **103.0** | **103.7** | **100.2** |
| **农业产品** | **Crop Products** | **106.1** | **103.0** | **103.8** | **100.7** |
| 谷物 | Cereals | 110.3 | 103.1 | 103.4 | 103.3 |
| 稻谷 | Rice | 114.9 | 102.3 | 100.3 | 104.7 |
| 小麦 | Wheat | 105.0 | 105.4 | 109.2 | 104.1 |
| 玉米 | Corn | 110.7 | 104.2 | 100.5 | 100.9 |
| 薯类 | Tubers | 116.5 | 93.5 | 100.8 | 101.1 |
| 油料 | Oil-bearing Crops | 113.9 | 99.9 | 101.3 | 99.9 |
| 豆类 | Beans | 102.4 | 103.0 | 105.0 | 101.4 |
| 棉花(籽棉) | Cotton | 73.7 | 94.3 | 103.7 | 95.5 |
| 蔬菜 | Vegetables | 101.9 | 103.9 | 105.4 | 95.6 |
| 茶叶 | Tea | 116.2 | 107.7 | 100.3 | 99.7 |
| 绿茶 | Green Tea | 116.1 | 107.2 | 100.6 | 99.6 |
| **林业产品** | **Forestry Products** | **110.7** | **106.8** | **104.0** | **102.3** |
| 苗木类 | Seedlings | 117.9 | 117.9 | 108.4 | 103.2 |
| 木材采伐产品 | Felling and Transport of Wood | 107.6 | 103.1 | 102.8 | 102.6 |
| 原木 | Log | 109.9 | 103.2 | 103.1 | 102.6 |
| 竹材采伐产品 | Felling and Transport of Bamboo | 104.5 | 104.8 | 99.4 | 100.3 |
| **饲养动物及其产品** | **Animal Husbandry Products** | **126.7** | **97.4** | **102.1** | **97.9** |
| 活牲畜 | Live Domestic Animals | 134.7 | 96.7 | 102.2 | 92.6 |
| 猪 | Hogs | 138.1 | 93.5 | 99.7 | 91.0 |
| 活牛 | Cattle and Buffaloes | 109.0 | 115.9 | 122.2 | 103.2 |
| 活羊 | Sheep and Goats | 123.2 | 110.1 | 109.8 | 101.4 |
| 活家禽 | Live Poultry | 108.9 | 99.4 | 101.2 | 106.3 |
| 活鸡 | Chicken | 108.5 | 98.8 | 101.2 | 106.4 |
| 活鸭 | Duck | 116.4 | 99.5 | 99.9 | 106.5 |
| 畜禽产品 | Livestock and Poultry Products | 112.8 | 96.7 | 103.1 | 111.3 |
| 禽蛋 | Poultry Eggs | 114.2 | 94.9 | 102.3 | 113.4 |
| **渔业产品** | **Fishery Products** | **112.5** | **110.8** | **107.6** | **102.9** |
| 淡水养殖产品 | Freshwater Aquatic Products | 112.5 | 110.8 | 107.6 | 102.9 |
| 养殖淡水鱼 | Freshwater Fish | 113.5 | 111.9 | 108.0 | 103.9 |
| 淡水养殖虾 | Freshwater Shrimps | 113.4 | 110.7 | 106.7 | 111.8 |
| 淡水养殖蟹 | Freshwater Crab | 102.8 | 104.9 | 107.7 | 85.5 |
| 其他淡水养殖产品 | Other Freshwater Aquatic Products | 110.6 | 107.7 | 101.4 | 102.0 |

# 4-25 分季农产品生产者价格指数(2014 年)
# Quarterly Producers' Price Indices for Farm Products (2014)

上年=100 (preceding year=100)

| 指 标 | Item | 全年 Annual Year | 1 季度 1st Quarter | 2 季度 2nd Quarter | 3 季度 3rd Quarter | 4 季度 4th Quarter |
|---|---|---|---|---|---|---|
| **总指数** | **General Index** | **100.2** | **96.9** | **101.8** | **102.3** | **96.9** |
| **农业产品** | **Crop products** | **100.7** | **100.6** | **101.3** | **101.6** | **95.3** |
| 谷物 | Cereals | 103.3 | 102.9 | 104.3 | 104.3 | 101.6 |
| 稻谷 | Rice | 104.7 | 101.8 | 105.3 | 106.3 | 102.0 |
| 小麦 | Wheat | 104.1 | 107.2 | 104.3 | 102.4 | 102.4 |
| 玉米 | Corn | 100.9 | 101.4 | 99.5 | 103.9 | 98.2 |
| 大麦 | Barley | 105.9 | 0.0 | 105.9 | 105.9 | 0.0 |
| 薯类 | Tubers | 101.1 | 109.0 | 96.7 | 101.5 | 100.0 |
| 油料 | Oil-bearing Crops | 99.9 | 90.5 | 100.1 | 101.4 | 107.1 |
| 花生 | Peanuts | 97.7 | 83.4 | 92.9 | 107.1 | 107.0 |
| 油菜籽 | Rapeseeds | 100.0 | 98.7 | 100.4 | 100.6 | 0.0 |
| 芝麻 | Sesames | 105.6 | 103.8 | 101.0 | 110.0 | 107.0 |
| 油茶籽 | Camellia Seeds | 120.7 | 130.6 | 0.0 | 0.0 | 108.9 |
| 豆类 | Beans | 101.4 | 103.2 | 98.2 | 98.4 | 103.2 |
| 大豆 | Soybean | 101.1 | 103.2 | 98.2 | 97.7 | 103.2 |
| 黄大豆 | Soybean | 100.2 | 102.6 | 98.2 | 97.7 | 102.2 |
| 棉花 | Cotton | 95.5 | 103.5 | 105.7 | 95.8 | 76.4 |
| 籽棉 | Un-ginned Cotton | 95.5 | 103.5 | 105.7 | 95.8 | 76.4 |
| 未加工烟草 | Unmanufactured Tobacco | 107.8 | 0.0 | 0.0 | 110.0 | 105.7 |
| 蔬菜及食用菌 | Vegetables and Edible Fungus | 95.7 | 96.2 | 95.2 | 96.5 | 94.9 |
| 蔬菜 | Vegetables | 95.6 | 95.7 | 95.4 | 96.4 | 94.8 |
| 食用菌 | Edible Fungus | 95.5 | 114.8 | 88.9 | 100.7 | 96.5 |
| 水果及坚果 | Fruits and Nuts | 92.4 | 68.6 | 95.9 | 86.4 | 100.8 |
| 水果(园林水果) | Fruits | 94.0 | 0.0 | 95.9 | 81.0 | 104.2 |
| 食用坚果 | Edible Nuts | 87.1 | 68.6 | 0.0 | 102.4 | 88.2 |
| 茶及饮料原料 | Tea and Beverage Materials | 99.7 | 94.5 | 99.1 | 105.7 | 102.3 |
| 茶叶 | Tea | 99.7 | 94.5 | 99.1 | 105.7 | 102.3 |

4-25 续表 Continued

| 指 标 | Item | 全年 Annual Year | 1季度 1st Quarter | 2季度 2nd Quarter | 3季度 3rd Quarter | 4季度 4th Quarter |
|---|---|---|---|---|---|---|
| 红茶 | Black Tea | 104.1 | 0.0 | 104.1 | 0.0 | 0.0 |
| 绿茶 | Green Tea | 99.6 | 94.5 | 98.9 | 105.7 | 102.3 |
| 中草药材 | Chinese Herbal Medicinal Materials | 106.6 | 108.0 | 97.9 | 124.1 | 108.6 |
| **林业产品** | **Forestry Products** | **102.3** | **106.1** | **104.7** | **100.9** | **101.0** |
| 育种及苗木 | Seedlings | 103.2 | 108.4 | 107.6 | 99.7 | 101.9 |
| 木材采伐产品 | Felling and Transport of Wood | 102.6 | 103.8 | 102.6 | 102.2 | 102.8 |
| 原木 | Log | 102.6 | 103.8 | 102.6 | 102.2 | 102.8 |
| 竹材采伐产品 | Felling and Transport of Bamboo | 100.3 | 105.6 | 101.6 | 96.1 | 98.4 |
| **饲养动物及其产品** | **Animal Husbandry Products** | **97.9** | **90.6** | **102.3** | **104.4** | **97.5** |
| 活牲畜 | Live Domestic Animals | 92.6 | 88.1 | 93.3 | 97.2 | 92.8 |
| 猪 | Hogs | 91.0 | 83.7 | 91.8 | 96.7 | 92.6 |
| 其他活猪 | Other Live Pigs | 91.0 | 83.7 | 91.8 | 96.7 | 92.6 |
| 牛 | Cattle | 103.2 | 109.3 | 102.5 | 103.1 | 98.3 |
| 黄牛 | Cattle and Buffaloes | 103.2 | 109.3 | 102.5 | 103.1 | 98.3 |
| 羊 | Sheep and Goats | 101.4 | 108.8 | 102.7 | 101.1 | 92.6 |
| 山羊 | Goats | 101.4 | 108.8 | 102.7 | 101.1 | 92.6 |
| 活家禽 | Live Poultry | 106.3 | 96.7 | 118.9 | 116.3 | 102.2 |
| 活鸡 | Chicken | 106.4 | 95.6 | 118.7 | 117.1 | 103.4 |
| 活鸭 | Duck | 106.5 | 116.6 | 108.5 | 98.8 | 98.2 |
| 畜禽产品 | Livestock and Poultry Products | 111.3 | 97.2 | 116.5 | 125.1 | 108.4 |
| 禽蛋 | Poultry Eggs | 113.4 | 97.2 | 121.6 | 128.1 | 113.1 |
| 鸡蛋 | Hen Eggs | 114.3 | 97.4 | 121.7 | 128.1 | 113.1 |
| 鸭蛋 | Duck Eggs | 105.0 | 93.3 | 120.4 | 0.0 | 0.0 |
| **渔业产品** | **Fishery Products** | **102.9** | **104.5** | **102.2** | **102.9** | **101.8** |
| 淡水养殖产品 | Freshwater Aquatic Products | 102.9 | 104.5 | 102.2 | 102.9 | 101.8 |
| 养殖淡水鱼 | Freshwater Fish | 103.9 | 103.5 | 103.4 | 104.4 | 104.2 |
| 淡水养殖虾 | Freshwater Shrimps | 111.8 | 134.4 | 98.7 | 102.5 | 111.1 |
| 淡水养殖蟹 | Freshwater Crab | 85.5 | 102.0 | 0.0 | 71.3 | 81.2 |
| 其他淡水养殖产品 | Other Freshwater Aquatic Products | 102.0 | 108.5 | 100.1 | 100.0 | 106.6 |

# 4-26 分月农村集贸市场农副产品价格(2014年)

单位:元/公斤

| 指　标 | Item | 省平均价 Average Price | 1月 January | 2月 February |
|---|---|---|---|---|
| 一、粮食 | Grain | | | |
| 籼稻 | Nonglutinous Rice | 2.67 | 2.63 | 2.65 |
| 粳稻 | Round-grained Rice | 2.90 | 2.86 | 2.87 |
| 小麦 | Wheat | 2.35 | 2.36 | 2.34 |
| 玉米 | Corn | 2.46 | 2.43 | 2.42 |
| 大豆 | Soybean | 5.65 | 5.67 | 5.66 |
| 籼米 | Long-grained Nonglutinous Rice | 4.37 | 4.44 | 4.32 |
| 粳米 | Polished Round-grained Rice | 5.12 | 5.07 | 5.11 |
| 二、经济作物类 | Economic Crops | | | |
| 棉花(籽棉) | Cotton | 8.13 | 8.76 | 8.40 |
| 花生仁 | Peanut | 11.72 | 12.11 | 12.04 |
| 油菜籽 | Rapeseed | 5.56 | 5.72 | 5.72 |
| 三、畜产品 | Livestock Products | | | |
| 活猪 | Live Hogs | 14.22 | 14.92 | 14.46 |
| 仔猪 | Piglet | 23.00 | 24.20 | 23.55 |
| 猪肉 | Pork | 23.20 | 24.18 | 23.40 |
| 活牛 | Live Cattle | 24.64 | 24.40 | 24.08 |
| 牛肉 | Beef | 58.18 | 61.44 | 59.25 |
| 活羊 | Live Sheep | 29.86 | 32.00 | 31.33 |
| 羊肉 | Mutton | 59.83 | 62.00 | 62.00 |
| 活鸡 | Live Chicken | 14.17 | 13.38 | 12.88 |
| 鸡蛋 | Eggs | 10.95 | 10.17 | 9.77 |
| 四、水产品 | Aquatic Products | | | |
| 草鱼 | Grass Carp | 15.13 | 15.42 | 14.89 |
| 鲤鱼 | Carp | 11.04 | 11.67 | 10.79 |
| 鲢鱼 | Silver Carp | 8.24 | 8.24 | 8.07 |
| 带鱼 | Hairtail | 19.89 | 19.58 | 19.67 |
| 五、蔬菜 | Vegetables | | | |
| 大白菜 | Chinses Cabbage | 2.03 | 1.60 | 1.56 |
| 黄瓜 | Cucumber | 4.61 | 6.15 | 6.14 |
| 西红柿 | Tomato | 5.12 | 6.68 | 6.81 |
| 菜椒 | Sweet Pepper | 4.60 | 6.75 | 6.51 |
| 四季豆 | Kidney Bean | 7.18 | 8.33 | 9.20 |
| 六、水果 | Fruits | | | |
| 红富士苹果 | Redfuji Apple | 8.45 | 7.35 | 7.38 |
| 香蕉 | Banana | 6.59 | 5.41 | 5.50 |
| 橙子 | Orange | 6.72 | 6.37 | 6.37 |

# Monthly Prices of Agricultural Products of Rural Market Fairs (2014)

(yuan/kg)

| 3月 March | 4月 April | 5月 May | 6月 June | 7月 July | 8月 August | 9月 September | 10月 October | 11月 November | 12月 December |
|---|---|---|---|---|---|---|---|---|---|
| 2.66 | 2.66 | 2.68 | 2.70 | 2.70 | 2.70 | 2.68 | 2.66 | 2.67 | 2.68 |
| 2.87 | 2.87 | 2.90 | 2.91 | 2.92 | 2.92 | 2.92 | 2.92 | 2.90 | 2.94 |
| 2.35 | 2.32 | 2.28 | 2.30 | 2.33 | 2.37 | 2.39 | 2.38 | 2.38 | 2.38 |
| 2.42 | 2.39 | 2.45 | 2.49 | 2.52 | 2.60 | 2.57 | 2.44 | 2.37 | 2.39 |
| 5.66 | 5.62 | 5.65 | 5.67 | 5.71 | 5.71 | 5.69 | 5.58 | 5.61 | 5.53 |
| 4.34 | 4.35 | 4.37 | 4.39 | 4.40 | 4.41 | 4.36 | 4.36 | 4.36 | 4.36 |
| 5.11 | 5.11 | 5.11 | 5.11 | 5.11 | 5.14 | 5.13 | 5.13 | 5.14 | 5.11 |
| | | | | | | | | | |
| 8.44 | 8.30 | 8.35 | 8.35 | 8.35 | 8.38 | 8.33 | 7.70 | 7.15 | 7.07 |
| 11.80 | 11.56 | 11.56 | 11.50 | 11.52 | 11.60 | 11.60 | 11.66 | 11.78 | 11.95 |
| 5.70 | 5.69 | 5.51 | 5.53 | 5.44 | 5.44 | 5.45 | 5.45 | 5.45 | 5.64 |
| | | | | | | | | | |
| 13.50 | 12.22 | 13.95 | 13.58 | 14.33 | 15.28 | 14.96 | 14.66 | 14.45 | 14.30 |
| 22.33 | 20.96 | 23.56 | 23.06 | 23.76 | 24.06 | 23.30 | 23.18 | 22.24 | 21.84 |
| 21.80 | 20.50 | 22.60 | 22.70 | 23.20 | 24.10 | 24.40 | 24.36 | 23.76 | 23.38 |
| 24.08 | 24.00 | 24.04 | 24.40 | 24.40 | 24.78 | 25.00 | 25.34 | 25.56 | 25.62 |
| 58.63 | 58.00 | 57.57 | 56.17 | 56.25 | 56.25 | 57.71 | 57.86 | 59.13 | 59.88 |
| 30.83 | 29.08 | 29.80 | 29.13 | 29.50 | 29.25 | 29.63 | 29.70 | 29.70 | 28.40 |
| 60.40 | 57.60 | 57.60 | 57.00 | 59.00 | 59.00 | 59.50 | 61.80 | 60.14 | 61.88 |
| 13.14 | 13.64 | 14.34 | 14.24 | 14.30 | 14.93 | 14.86 | 14.95 | 14.80 | 14.56 |
| 9.87 | 10.37 | 10.98 | 10.71 | 11.31 | 12.03 | 12.08 | 11.52 | 11.44 | 11.16 |
| | | | | | | | | | |
| 14.84 | 14.87 | 15.33 | 15.49 | 15.48 | 15.61 | 15.10 | 14.94 | 14.68 | 14.88 |
| 10.85 | 10.52 | 11.08 | 11.14 | 11.13 | 11.33 | 11.15 | 11.25 | 10.65 | 10.87 |
| 8.13 | 8.16 | 8.23 | 8.18 | 8.36 | 8.16 | 8.48 | 8.48 | 8.18 | 8.18 |
| 19.50 | 19.67 | 19.83 | 20.17 | 20.00 | 20.00 | 20.00 | 20.00 | 20.20 | 20.00 |
| | | | | | | | | | |
| 1.52 | 1.83 | 1.86 | 2.28 | 2.50 | 2.53 | 2.53 | 2.38 | 2.13 | 1.64 |
| 5.78 | 3.89 | 2.81 | 2.35 | 3.27 | 3.52 | 4.56 | 4.33 | 5.49 | 7.06 |
| 6.40 | 5.46 | 4.80 | 3.52 | 3.79 | 3.93 | 4.50 | 4.71 | 5.10 | 5.79 |
| 5.91 | 4.96 | 3.46 | 2.94 | 2.97 | 3.48 | 4.22 | 4.09 | 4.35 | 5.56 |
| 9.33 | 7.83 | 5.80 | 5.28 | 5.70 | 6.07 | 6.90 | 6.73 | 6.52 | 8.52 |
| | | | | | | | | | |
| 7.54 | 7.96 | 8.58 | 9.29 | 9.50 | 9.12 | 8.90 | 8.46 | 8.50 | 8.79 |
| 5.80 | 6.36 | 7.20 | 6.89 | 6.86 | 7.47 | 7.64 | 7.14 | 6.56 | 6.25 |
| 6.55 | 6.53 | 6.50 | 6.60 | 6.50 | 6.50 | 6.50 | 6.50 | 8.20 | 7.53 |

# 4-27 全国及分省(区、市)居民消费价格指数(2010—2014年)
# Consumer Price Indices by Provinces and Regions(2010—2014)

上年=100 (preceding year=100)

| 地　区 | Region | 2010 | 2011 | 2012 | 2013 | 2014 |
|---|---|---|---|---|---|---|
| **全国平均** | **National Average** | **103.3** | **105.4** | **102.6** | **102.6** | **102.0** |
| 北　京 | Beijing | 102.4 | 105.6 | 103.3 | 103.3 | 101.6 |
| 天　津 | Tianjin | 103.5 | 104.9 | 102.7 | 103.1 | 101.9 |
| 河　北 | Hebei | 103.1 | 105.7 | 102.6 | 103.0 | 101.7 |
| 山　西 | Shanxi | 103.0 | 105.2 | 102.5 | 103.1 | 101.7 |
| 内蒙古 | Inner Mongolia | 103.2 | 105.6 | 103.1 | 103.2 | 101.6 |
| 辽　宁 | Liaoning | 103.0 | 105.2 | 102.8 | 102.4 | 101.7 |
| 吉　林 | Jilin | 103.7 | 105.2 | 102.5 | 102.9 | 102.0 |
| 黑龙江 | Heilongjiang | 103.9 | 105.8 | 103.2 | 102.2 | 101.5 |
| 上　海 | Shanghai | 103.1 | 105.2 | 102.8 | 102.3 | 102.7 |
| 江　苏 | Jiangsu | 103.8 | 105.3 | 102.6 | 102.3 | 102.2 |
| 浙　江 | Zhejiang | 103.8 | 105.4 | 102.2 | 102.3 | 102.1 |
| **安　徽** | **Anhui** | **103.1** | **105.6** | **102.3** | **102.4** | **101.6** |
| 福　建 | Fujian | 103.2 | 105.3 | 102.4 | 102.5 | 102.0 |
| 江　西 | Jiangxi | 103.0 | 105.2 | 102.7 | 102.5 | 102.3 |
| 山　东 | Shandong | 102.9 | 105.0 | 102.1 | 102.2 | 101.9 |
| 河　南 | Henan | 103.5 | 105.6 | 102.5 | 102.9 | 101.9 |
| 湖　北 | Hubei | 102.9 | 105.8 | 102.9 | 102.8 | 102.0 |
| 湖　南 | Hunan | 103.1 | 105.5 | 102.0 | 102.5 | 101.9 |
| 广　东 | Guangdong | 103.1 | 105.3 | 102.8 | 102.5 | 102.3 |
| 广　西 | Guangxi | 103.0 | 105.9 | 103.2 | 102.2 | 102.1 |
| 海　南 | Hainan | 104.8 | 106.1 | 103.2 | 102.8 | 102.4 |
| 重　庆 | Chongqing | 103.2 | 105.3 | 102.6 | 102.7 | 101.8 |
| 四　川 | Sichuan | 103.2 | 105.3 | 102.5 | 102.8 | 101.6 |
| 贵　州 | Guizhou | 102.9 | 105.1 | 102.7 | 102.5 | 102.4 |
| 云　南 | Yunnan | 103.7 | 104.9 | 102.7 | 103.1 | 102.4 |
| 西　藏 | Tibet | 102.2 | 105.0 | 103.5 | 103.6 | 102.9 |
| 陕　西 | Shanxi | 104.0 | 105.7 | 102.8 | 103.0 | 101.6 |
| 甘　肃 | Gansu | 104.1 | 105.9 | 102.7 | 103.2 | 102.1 |
| 青　海 | Qinghai | 105.4 | 106.1 | 103.1 | 103.9 | 102.8 |
| 宁　夏 | Ningxia | 104.1 | 106.3 | 102.0 | 103.4 | 101.9 |
| 新　疆 | Xinjiang | 104.3 | 105.9 | 103.8 | 103.9 | 102.1 |

# 4-28 全国及分省(区、市)商品零售价格指数(2010—2014年)
# Retail Price Indices by Provinces and Regions(2010—2014)

上年=100 (preceding year=100)

| 地 区 | Region | 2010 | 2011 | 2012 | 2013 | 2014 |
|---|---|---|---|---|---|---|
| **全国平均** | **National Average** | **103.1** | **104.9** | **102.0** | **101.4** | **101.0** |
| 北 京 | Beijing | 100.4 | 103.2 | 100.6 | 99.8 | 99.1 |
| 天 津 | Tianjin | 103.4 | 104.7 | 103.0 | 101.7 | 100.9 |
| 河 北 | Hebei | 103.1 | 105.0 | 102.2 | 102.2 | 101.0 |
| 山 西 | Shanxi | 102.3 | 104.9 | 101.8 | 101.8 | 100.6 |
| 内蒙古 | Inner Mongolia | 103.0 | 104.9 | 102.5 | 102.6 | 100.7 |
| 辽 宁 | Liaoning | 103.2 | 105.0 | 102.2 | 101.6 | 101.0 |
| 吉 林 | Jilin | 104.1 | 104.9 | 101.7 | 101.6 | 101.2 |
| 黑龙江 | Heilongjiang | 103.1 | 104.5 | 102.2 | 101.1 | 100.8 |
| 上 海 | Shanghai | 101.7 | 104.1 | 101.2 | 100.2 | 100.9 |
| 江 苏 | Jiangsu | 103.2 | 104.6 | 102.1 | 101.4 | 101.6 |
| 浙 江 | Zhejiang | 103.9 | 105.5 | 101.9 | 101.0 | 100.9 |
| **安 徽** | **Anhui** | **103.2** | **105.3** | **102.1** | **101.3** | **100.4** |
| 福 建 | Fujian | 103.4 | 104.8 | 101.8 | 101.1 | 101.1 |
| 江 西 | Jiangxi | 102.7 | 104.8 | 102.1 | 101.5 | 101.2 |
| 山 东 | Shandong | 102.7 | 104.7 | 101.6 | 101.4 | 101.0 |
| 河 南 | Henan | 103.7 | 105.7 | 102.3 | 101.9 | 101.0 |
| 湖 北 | Hubei | 103.1 | 105.6 | 102.6 | 101.8 | 100.9 |
| 湖 南 | Hunan | 103.1 | 105.5 | 101.7 | 101.7 | 101.2 |
| 广 东 | Guangdong | 103.3 | 105.1 | 102.2 | 101.0 | 101.4 |
| 广 西 | Guangxi | 103.0 | 106.0 | 102.3 | 101.2 | 101.4 |
| 海 南 | Hainan | 104.6 | 105.4 | 102.7 | 101.5 | 101.2 |
| 重 庆 | Chongqing | 101.7 | 104.7 | 101.6 | 101.8 | 100.9 |
| 四 川 | Sichuan | 103.0 | 104.6 | 101.6 | 101.7 | 100.6 |
| 贵 州 | Guizhou | 103.0 | 105.5 | 102.0 | 101.5 | 101.2 |
| 云 南 | Yunnan | 103.6 | 105.1 | 102.4 | 102.6 | 101.6 |
| 西 藏 | Tibet | 101.0 | 103.7 | 102.9 | 103.0 | 102.2 |
| 陕 西 | Shanxi | 103.6 | 104.8 | 102.3 | 101.8 | 100.7 |
| 甘 肃 | Gansu | 104.6 | 105.4 | 102.6 | 102.6 | 101.7 |
| 青 海 | Qinghai | 104.3 | 105.4 | 102.1 | 102.7 | 101.5 |
| 宁 夏 | Ningxia | 103.2 | 105.3 | 101.0 | 102.4 | 100.9 |
| 新 疆 | Xinjiang | 104.6 | 105.1 | 103.3 | 103.3 | 101.7 |

# 4-29 36个大中城市居民消费价格指数(2010—2014年)
# Consumer Price Indices of 36 Large-and-Medium Size Cities(2010—2014)

上年=100 (preceding year=100)

| 地 区 | Region | 2010 | 2011 | 2012 | 2013 | 2014 |
|---|---|---|---|---|---|---|
| **全国平均** | **National Average** | **103.1** | **105.3** | **102.8** | **102.7** | **102.1** |
| 北 京 | Beijing | 102.4 | 105.6 | 103.3 | 103.3 | 101.6 |
| 天 津 | Tianjin | 103.5 | 104.9 | 102.7 | 103.1 | 101.9 |
| 石家庄 | Shijiazhuang | 103.0 | 105.7 | 102.8 | 102.9 | 102.0 |
| 太 原 | Taiyuan | 103.0 | 105.4 | 102.1 | 103.1 | 102.2 |
| 呼和浩特 | Hohhot | 102.6 | 105.5 | 103.1 | 103.8 | 101.2 |
| 沈 阳 | Shenyang | 102.9 | 105.4 | 103.0 | 102.5 | 102.2 |
| 大 连 | Dalian | 102.7 | 105.4 | 103.4 | 102.5 | 102.0 |
| 长 春 | Changchun | 103.6 | 105.5 | 102.3 | 103.0 | 102.2 |
| 哈尔滨 | Harbin | 103.7 | 105.6 | 103.2 | 102.1 | 102.0 |
| 上 海 | Shanghai | 103.1 | 105.2 | 102.8 | 102.3 | 102.7 |
| 南 京 | Nanjing | 104.2 | 105.4 | 102.7 | 102.7 | 102.6 |
| 杭 州 | Hangzhou | 103.9 | 104.8 | 102.5 | 102.5 | 102.0 |
| 宁 波 | Ningbo | 103.7 | 105.3 | 101.7 | 102.2 | 101.9 |
| **合 肥** | **Hefei** | **102.7** | **105.7** | **102.2** | **102.7** | **102.0** |
| 福 州 | Fuzhou | 103.5 | 104.9 | 102.0 | 102.6 | 101.7 |
| 厦 门 | Xiamen | 103.0 | 105.2 | 102.1 | 102.3 | 102.2 |
| 南 昌 | Nanchang | 103.3 | 105.0 | 102.9 | 102.3 | 102.5 |
| 济 南 | Jinan | 102.1 | 105.4 | 102.4 | 102.8 | 102.2 |
| 青 岛 | Qingdao | 102.2 | 105.0 | 102.7 | 102.5 | 102.6 |
| 郑 州 | Zhengzhou | 103.0 | 104.9 | 102.7 | 102.8 | 102.0 |
| 武 汉 | Wuhan | 103.0 | 105.2 | 102.8 | 102.4 | 101.9 |
| 长 沙 | Changsha | 102.9 | 105.5 | 102.3 | 102.8 | 102.7 |
| 广 州 | Guangzhou | 103.2 | 105.5 | 103.0 | 102.6 | 102.3 |
| 深 圳 | Shenzhen | 103.5 | 105.4 | 102.8 | 102.7 | 102.0 |
| 南 宁 | Nanning | 102.5 | 105.7 | 102.9 | 102.1 | 101.6 |
| 海 口 | Haikou | 104.2 | 105.4 | 103.3 | 102.9 | 102.2 |
| 重 庆 | Chongqing | 103.2 | 105.3 | 102.6 | 102.7 | 101.8 |
| 成 都 | Chengdu | 103.0 | 105.4 | 103.0 | 103.1 | 101.3 |
| 贵 阳 | Guiyang | 102.9 | 105.5 | 102.6 | 103.2 | 102.7 |
| 昆 明 | Kunming | 104.2 | 104.9 | 103.1 | 103.9 | 103.1 |
| 拉 萨 | Lasa | 102.2 | 105.0 | 103.2 | 103.4 | 103.0 |
| 西 安 | Xi'an | 103.5 | 105.6 | 102.8 | 102.7 | 101.4 |
| 兰 州 | Lanzhou | 103.8 | 105.4 | 102.4 | 103.5 | 102.2 |
| 西 宁 | Xining | 104.5 | 105.7 | 102.7 | 103.8 | 102.8 |
| 银 川 | Yinchuan | 103.8 | 105.5 | 102.6 | 103.5 | 102.1 |
| 乌鲁木齐 | Urumqi | 102.7 | 104.5 | 103.4 | 103.5 | 102.8 |

# 4-30 36个大中城市商品零售价格指数(2010—2014年)
# Retail Price Indices of 36 Large-and-Medium Size Cities(2010—2014)

上年=100　　(preceding year=100)

| 地　区 | Region | 2010 | 2011 | 2012 | 2013 | 2014 |
|---|---|---|---|---|---|---|
| **全国平均** | **National Average** | **102.5** | **104.5** | **101.8** | **101.0** | **100.8** |
| 北　京 | Beijing | 100.4 | 103.2 | 100.6 | 99.8 | 99.1 |
| 天　津 | Tianjin | 103.4 | 104.7 | 103.0 | 101.7 | 100.9 |
| 石家庄 | Shijiazhuang | 103.4 | 104.9 | 101.9 | 102.1 | 101.2 |
| 太　原 | Taiyuan | 102.6 | 104.8 | 101.2 | 101.3 | 100.7 |
| 呼和浩特 | Hohhot | 102.6 | 104.7 | 101.5 | 101.9 | 98.6 |
| 沈　阳 | Shenyang | 102.6 | 105.2 | 102.4 | 101.6 | 101.3 |
| 大　连 | Dalian | 104.0 | 104.4 | 102.5 | 101.0 | 101.0 |
| 长　春 | Changchun | 104.6 | 104.8 | 101.8 | 101.3 | 101.2 |
| 哈尔滨 | Harbin | 101.9 | 104.4 | 102.5 | 101.2 | 101.5 |
| 上　海 | Shanghai | 101.7 | 104.1 | 101.2 | 100.2 | 100.9 |
| 南　京 | Nanjing | 103.5 | 104.2 | 101.4 | 101.2 | 102.0 |
| 杭　州 | Hangzhou | 103.7 | 104.4 | 101.9 | 101.5 | 100.8 |
| 宁　波 | Ningbo | 103.9 | 105.7 | 101.8 | 101.0 | 100.3 |
| **合　肥** | **Hefei** | **102.1** | **105.1** | **101.9** | **101.2** | **100.3** |
| 福　州 | Fuzhou | 102.9 | 104.0 | 101.1 | 101.0 | 100.6 |
| 厦　门 | Xiamen | 102.8 | 104.7 | 101.6 | 100.4 | 100.7 |
| 南　昌 | Nanchang | 103.0 | 105.2 | 102.4 | 101.3 | 101.1 |
| 济　南 | Jinan | 101.3 | 104.6 | 101.8 | 101.3 | 101.2 |
| 青　岛 | Qingdao | 101.4 | 104.5 | 101.7 | 101.4 | 102.3 |
| 郑　州 | Zhengzhou | 102.7 | 104.9 | 102.4 | 101.4 | 101.1 |
| 武　汉 | Wuhan | 103.1 | 104.7 | 102.3 | 100.9 | 100.5 |
| 长　沙 | Changsha | 103.8 | 105.4 | 101.5 | 101.2 | 101.7 |
| 广　州 | Guangzhou | 103.2 | 105.1 | 101.9 | 100.5 | 101.5 |
| 深　圳 | Shenzhen | 103.2 | 105.3 | 102.4 | 100.7 | 101.0 |
| 南　宁 | Nanning | 102.3 | 104.9 | 101.7 | 100.8 | 100.7 |
| 海　口 | Haikou | 103.7 | 105.0 | 102.8 | 101.6 | 101.2 |
| 重　庆 | Chongqing | 101.7 | 104.7 | 101.6 | 101.8 | 100.9 |
| 成　都 | Chengdu | 102.4 | 104.3 | 101.4 | 101.7 | 100.4 |
| 贵　阳 | Guiyang | 103.2 | 105.0 | 102.0 | 101.9 | 101.2 |
| 昆　明 | Kunming | 103.6 | 104.9 | 102.0 | 102.5 | 101.8 |
| 拉　萨 | Lasa | 101.2 | 103.9 | 102.9 | 103.5 | 102.3 |
| 西　安 | Xi'an | 102.7 | 104.4 | 102.3 | 101.7 | 100.7 |
| 兰　州 | Lanzhou | 103.9 | 105.4 | 102.4 | 102.7 | 101.8 |
| 西　宁 | Xining | 104.6 | 106.0 | 102.3 | 102.5 | 101.2 |
| 银　川 | Yinchuan | 102.5 | 104.2 | 100.6 | 102.3 | 100.8 |
| 乌鲁木齐 | Urumqi | 103.4 | 104.1 | 102.9 | 103.5 | 102.4 |

# 4-31 全国及分省(区、市)工业生产者出厂价格指数(2010—2014年)

# Producer Price Indices for Industrial Products by Provinces and Regions(2010—2014)

上年同月=100 (the same month last year=100)

| 地 区 | Region | 2010 | 2011 | 2012 | 2013 | 2014 |
|---|---|---|---|---|---|---|
| **全 国** | **National** | **105.5** | **106.0** | **98.3** | **98.1** | **98.1** |
| 北 京 | Beijing | 102.2 | 102.3 | 98.4 | 97.4 | 99.1 |
| 天 津 | Tianjin | 105.1 | 103.8 | 97.0 | 97.0 | 96.3 |
| 河 北 | Hebei | 109.0 | 107.7 | 94.7 | 96.6 | 95.2 |
| 山 西 | Shanxi | 109.5 | 107.5 | 94.5 | 90.7 | 91.4 |
| 内蒙古 | Inner Mongolia | 106.7 | 107.8 | 100.2 | 97.0 | 97.3 |
| 辽 宁 | Liaoning | 107.4 | 106.5 | 99.9 | 99.0 | 98.2 |
| 吉 林 | Jilin | 105.2 | 105.4 | 99.1 | 98.7 | 99.1 |
| 黑龙江 | Heilongjiang | 115.0 | 112.0 | 100.0 | 98.0 | 97.1 |
| 上 海 | Shanghai | 102.3 | 102.9 | 98.4 | 98.2 | 98.9 |
| 江 苏 | Jiangsu | 107.3 | 106.2 | 97.1 | 98.0 | 98.3 |
| 浙 江 | Zhejiang | 106.2 | 105.0 | 97.3 | 98.2 | 98.8 |
| **安 徽** | **Anhui** | **109.0** | **108.3** | **98.3** | **98.2** | **97.4** |
| 福 建 | Fujian | 103.2 | 103.9 | 98.7 | 98.4 | 98.6 |
| 江 西 | Jiangxi | 115.3 | 111.3 | 96.5 | 98.5 | 97.8 |
| 山 东 | Shandong | 107.2 | 106.0 | 98.4 | 98.4 | 98.4 |
| 河 南 | Henan | 107.8 | 107.2 | 99.4 | 98.5 | 98.1 |
| 湖 北 | Hubei | 104.9 | 106.6 | 100.3 | 99.2 | 98.4 |
| 湖 南 | Hunan | 106.9 | 108.5 | 99.1 | 98.5 | 98.4 |
| 广 东 | Guangdong | 103.2 | 103.7 | 99.5 | 98.8 | 98.9 |
| 广 西 | Guangxi | 112.0 | 108.5 | 97.8 | 98.2 | 98.4 |
| 海 南 | Hainan | 107.7 | 108.8 | 100.8 | 99.5 | 97.6 |
| 重 庆 | Chongqing | 103.1 | 103.8 | 99.9 | 98.0 | 98.3 |
| 四 川 | Sichuan | 105.0 | 107.3 | 98.6 | 98.7 | 98.7 |
| 贵 州 | Guizhou | 104.7 | 105.4 | 101.0 | 97.4 | 98.3 |
| 云 南 | Yunnan | 108.8 | 104.7 | 97.9 | 97.5 | 97.8 |
| 西 藏 | Tibet | 105.8 | 104.3 | 99.7 | 99.8 | 99.0 |
| 陕 西 | Shanxi | 108.7 | 107.2 | 100.7 | 97.3 | 97.1 |
| 甘 肃 | Gansu | 115.0 | 111.0 | 96.8 | 96.9 | 96.7 |
| 青 海 | Qinghai | 109.4 | 107.4 | 96.9 | 97.0 | 96.1 |
| 宁 夏 | Ningxia | 109.1 | 109.5 | 97.4 | 96.0 | 96.3 |
| 新 疆 | Xinjiang | 125.3 | 114.8 | 96.9 | 96.5 | 96.2 |

# 4-32 全国及分省(区、市)工业生产者购进价格指数(2010—2014年)
# Indices of Purchasing Prices of by Provinces and Regions(2010—2014)

上年同月=100 (the same month last year=100)

| 地 区 | Region | 2010 | 2011 | 2012 | 2013 | 2014 |
|---|---|---|---|---|---|---|
| **全 国** | **National** | **109.6** | **109.1** | **98.2** | **98.0** | **97.8** |
| 北 京 | Beijing | 110.5 | 108.4 | 98.7 | 97.8 | 98.8 |
| 天 津 | Tianjin | 110.0 | 109.7 | 97.1 | 97.4 | 97.1 |
| 河 北 | Hebei | 110.9 | 110.9 | 96.2 | 97.6 | 95.6 |
| 山 西 | Shanxi | 109.0 | 108.1 | 98.1 | 95.5 | 96.2 |
| 内蒙古 | Inner Mongolia | 105.0 | 106.1 | 102.0 | 99.3 | 98.4 |
| 辽 宁 | Liaoning | 108.6 | 108.3 | 99.0 | 98.5 | 98.0 |
| 吉 林 | Jilin | 108.6 | 106.1 | 99.3 | 99.4 | 99.2 |
| 黑龙江 | Heilongjiang | 114.5 | 111.1 | 98.8 | 98.7 | 97.6 |
| 上 海 | Shanghai | 111.2 | 107.5 | 94.7 | 96.5 | 95.9 |
| 江 苏 | Jiangsu | 112.8 | 108.9 | 95.8 | 97.1 | 97.0 |
| 浙 江 | Zhejiang | 112.0 | 108.3 | 96.7 | 97.7 | 98.2 |
| **安 徽** | **Anhui** | **111.8** | **110.8** | **98.2** | **96.9** | **97.2** |
| 福 建 | Fujian | 107.7 | 108.0 | 97.7 | 98.4 | 98.3 |
| 江 西 | Jiangxi | 111.8 | 112.4 | 98.3 | 98.4 | 98.4 |
| 山 东 | Shandong | 109.3 | 109.2 | 99.2 | 98.4 | 98.2 |
| 河 南 | Henan | 110.2 | 110.1 | 99.2 | 99.3 | 98.4 |
| 湖 北 | Hubei | 110.4 | 111.5 | 98.9 | 98.2 | 97.8 |
| 湖 南 | Hunan | 110.0 | 110.8 | 100.1 | 98.4 | 97.9 |
| 广 东 | Guangdong | 107.3 | 107.3 | 99.5 | 98.2 | 98.8 |
| 广 西 | Guangxi | 111.2 | 110.0 | 99.2 | 98.9 | 98.2 |
| 海 南 | Hainan | 110.3 | 115.3 | 99.6 | 97.0 | 99.0 |
| 重 庆 | Chongqing | 106.9 | 105.7 | 99.5 | 97.6 | 98.1 |
| 四 川 | Sichuan | 106.1 | 112.6 | 100.0 | 99.2 | 98.7 |
| 贵 州 | Guizhou | 109.8 | 115.0 | 102.3 | 96.4 | 98.6 |
| 云 南 | Yunnan | 109.0 | 108.0 | 99.3 | 98.8 | 99.0 |
| 西 藏 | Tibet | | | | | |
| 陕 西 | Shanxi | 109.7 | 109.6 | 100.0 | 99.3 | 98.5 |
| 甘 肃 | Gansu | 114.4 | 115.1 | 98.7 | 97.8 | 97.6 |
| 青 海 | Qinghai | 108.6 | 107.0 | 98.6 | 98.8 | 97.6 |
| 宁 夏 | Ningxia | 114.1 | 112.8 | 99.5 | 97.0 | 97.0 |
| 新 疆 | Xinjiang | 123.9 | 117.8 | 97.9 | 97.8 | 97.5 |

# 4-33 全国及分省(区、市)固定资产投资价格分类指数(2014 年)

# Price Indices of Investment in Fixed Assets by Provinces and Regions (2014)

| 地 区 | Region | 固定资产投资 Investment in Fixed Assets | 建筑工程 Construction and Installation | 设备、工器具购置 Purchase of Equipment, Tools and Instruments | 其他费用 Others |
|---|---|---|---|---|---|
| **全 国** | **National** | **100.5** | **100.6** | **99.7** | **101.4** |
| 北 京 | Beijing | 100.0 | 98.5 | 99.4 | 101.7 |
| 天 津 | Tianjin | 100.5 | 100.5 | 99.3 | 101.6 |
| 河 北 | Hebei | 100.2 | 100.2 | 99.5 | 101.9 |
| 山 西 | Shanxi | 99.6 | 99.5 | 99.7 | 100.2 |
| 内 蒙 | Inner Mongolia | 99.8 | 99.8 | 99.7 | 100.9 |
| 辽 宁 | Liaoning | 99.7 | 99.3 | 99.6 | 101.7 |
| 吉 林 | Jilin | 100.2 | 100.4 | 99.7 | 100.6 |
| 黑龙江 | Heilongjiang | 100.0 | 99.9 | 99.7 | 101.4 |
| 上 海 | Shanghai | 100.5 | 100.3 | 99.5 | 101.5 |
| 江 苏 | Jiangsu | 101.1 | 101.7 | 99.6 | 101.9 |
| 浙 江 | Zhejiang | 100.6 | 100.3 | 99.5 | 102.0 |
| **安 徽** | **Anhui** | **100.3** | **100.4** | **99.6** | **101.0** |
| 福 建 | Fujian | 100.4 | 100.4 | 99.7 | 100.7 |
| 江 西 | Jiangxi | 100.1 | 100.0 | 99.6 | 102.1 |
| 山 东 | Shandong | 100.3 | 100.2 | 99.9 | 101.4 |
| 河 南 | Henan | 100.0 | 100.1 | 99.4 | 100.7 |
| 湖 北 | Hubei | 101.0 | 101.1 | 99.5 | 102.6 |
| 湖 南 | Hunan | 101.5 | 101.5 | 100.0 | 103.4 |
| 广 东 | Guangdong | 101.5 | 102.0 | 99.7 | 101.3 |
| 广 西 | Guangxi | 101.6 | 102.2 | 100.4 | 100.7 |
| 海 南 | Hainan | 100.6 | 100.6 | 99.7 | 101.1 |
| 四 川 | Sichuan | 100.5 | 100.6 | 99.9 | 101.1 |
| 贵 州 | Guizhou | 101.1 | 101.3 | 99.3 | 101.1 |
| 云 南 | Yunnan | 101.0 | 101.2 | 99.4 | 100.7 |
| 重 庆 | Chongqing | 100.3 | 100.4 | 99.7 | 100.4 |
| 陕 西 | Shanxi | 101.1 | 101.2 | 99.9 | 101.8 |
| 甘 肃 | Gansu | 100.1 | 100.2 | 99.1 | 101.6 |
| 青 海 | Qinghai | 100.9 | 101.1 | 99.4 | 102.2 |
| 宁 夏 | Ningxia | 100.8 | 101.1 | 99.6 | 100.0 |
| 新 疆 | Xinjiang | 100.3 | 100.2 | 99.3 | 103.7 |

# 4-34 全国及分省(区、市)固定资产投资价格指数(2010—2014年)
# Price Indices of Investment in Fixed Assets by Provinces and Regions(2010—2014)

| 地 区 | Region | 2010 | 2011 | 2012 | 2013 | 2014 |
|---|---|---|---|---|---|---|
| **全 国** | **National** | **103.6** | **106.6** | **101.1** | **100.3** | **100.5** |
| 北 京 | Beijing | 102.5 | 105.7 | 101.3 | 99.9 | 100.0 |
| 天 津 | Tianjin | 102.6 | 105.7 | 100.0 | 99.5 | 100.5 |
| 河 北 | Hebei | 103.7 | 105.5 | 100.3 | 99.9 | 100.2 |
| 山 西 | Shanxi | 103.7 | 105.5 | 101.2 | 100.5 | 99.6 |
| 内 蒙 | Inner Mongolia | 105.4 | 106.3 | 101.6 | 99.6 | 99.8 |
| 辽 宁 | Liaoning | 103.3 | 106.6 | 101.0 | 100.0 | 99.7 |
| 吉 林 | Jilin | 102.4 | 105.6 | 100.4 | 100.0 | 100.2 |
| 黑龙江 | Heilongjiang | 105.2 | 107.5 | 100.8 | 100.1 | 100.0 |
| 上 海 | Shanghai | 103.8 | 106.5 | 99.4 | 100.2 | 100.5 |
| 江 苏 | Jiangsu | 105.1 | 106.8 | 98.6 | 100.5 | 101.1 |
| 浙 江 | Zhejiang | 104.7 | 107.5 | 99.2 | 100.0 | 100.6 |
| **安 徽** | **Anhui** | **105.4** | **108.1** | **101.0** | **100.2** | **100.3** |
| 福 建 | Fujian | 103.3 | 106.2 | 100.3 | 100.1 | 100.4 |
| 江 西 | Jiangxi | 104.8 | 108.4 | 101.0 | 100.4 | 100.1 |
| 山 东 | Shandong | 103.6 | 106.8 | 100.8 | 100.4 | 100.3 |
| 河 南 | Henan | 103.5 | 107.4 | 101.0 | 99.9 | 100.0 |
| 湖 北 | Hubei | 104.7 | 107.3 | 101.8 | 100.5 | 101.0 |
| 湖 南 | Hunan | 104.0 | 107.2 | 101.7 | 101.3 | 101.5 |
| 广 东 | Guangdong | 103.0 | 105.5 | 101.5 | 101.4 | 101.5 |
| 广 西 | Guangxi | 103.0 | 106.2 | 100.6 | 100.1 | 101.6 |
| 海 南 | Hainan | 105.2 | 106.4 | 102.0 | 99.3 | 100.6 |
| 四 川 | Sichuan | 102.5 | 105.2 | 101.0 | 100.4 | 100.5 |
| 贵 州 | Guizhou | 102.7 | 105.4 | 101.5 | 100.9 | 101.1 |
| 云 南 | Yunnan | 102.7 | 104.6 | 101.4 | 101.1 | 101.0 |
| 重 庆 | Chongqing | 102.1 | 105.9 | 101.8 | 100.5 | 100.3 |
| 陕 西 | Shanxi | 103.6 | 105.9 | 102.6 | 102.0 | 101.1 |
| 甘 肃 | Gansu | 103.5 | 104.7 | 102.1 | 100.4 | 100.1 |
| 青 海 | Qinghai | 103.8 | 106.5 | 102.2 | 101.5 | 100.9 |
| 宁 夏 | Ningxia | 104.2 | 107.5 | 101.5 | 99.8 | 100.8 |
| 新 疆 | Xinjiang | 104.6 | 107.1 | 100.6 | 100.5 | 100.3 |

# 主要统计指标解读

**居民消费价格指数** 反映一定时期内居民所消费商品及服务项目的价格水平变动趋势和变动程度。居民消费价格水平的变动率在一定程度上反映了通货膨胀(或紧缩)的程度。编制居民消费价格指数的目的,是了解全国各地价格变动的基本情况,分析研究价格变动对社会经济和居民生活的影响,满足各级政府制定政策和计划、进行宏观调控的需要,以及为国民经济核算提供参考依据。

**商品零售价格指数** 反映一定时期内工业、商业、餐饮业和其他零售企业向城乡居民、机关团体出售生活消费品和办公用品的价格的变动趋势和变动程度。其目的在于掌握商品价格的变动趋势,为国家宏观调控和国民经济核算提供参考依据。

**农业生产资料价格指数** 是工业、商业及其他单位和个人向农民出售农业生产资料(包括主要生产性服务)的价格的变动趋势和变动程度。其目的在于掌握农业生产资料的平均价格水平,为国家制定经济政策提供依据;同时,为研究城乡市场流通状况和国民经济核算提供参考依据。

**农产品生产者价格指数** 是反映一定时期内,农产品生产者出售农产品价格水平变动趋势及幅度的相对数。该指数可以客观反映全国农产品生产者价格水平和结构变动情况,满足农业与国民经济核算需要。其中某代表品生产者价格指数是通过对全部有出售该产品行为的调查单位的个体指数进行几何平均求得的,类价格指数是通过对其所属的类(或代表品)的价格指数进行加权平均求得的。季度累计价格指数的计算方法与分季指数的计算方法相同。

**工业生产者出厂价格指数(PPI)** 是反映一定时期内全部工业产品出厂价格总水平的变动趋势和程度的相对数,包括工业企业售给本企业以外所有单位的各种产品和直接售给居民用于生活消费的产品。该指数可以观察出厂价格变动对工业总产值及增加值的影响。

**工业生产者购进价格指数** 是反映工业企业作为生产投入,而从物资交易市场和能源、原材料生产企业购买原材料、燃料和动力产品时,所支付的价格水平变动趋势和程度的统计指标,是扣除工业企业物质消耗成本中的价格变动影响的重要依据。

目前,我国编制的工业生产者购进价格指数所调查的产品包括燃料动力、黑色金属、有色金属、化工、建材等九大类的近 6000 种产品。”

**固定资产投资价格指数** 是反映一定时期内固定资产投资品及项目的价格变动趋势和程度的相对数。固定资产投资额是由建筑安装工程投资完成额、设备工器具购置投资完成额和其他费用投资完成额三部分组成的。编制固定资产投资价格指数应首先分别编制上述三部分投资的价格指数,然后采用加权算术平均法求出固定资产投资价格总指数。

该指数可以准确地反映固定资产投资中

涉及的各类投资品和取费项目价格变动趋势和变动幅度，消除按现价计算的固定资产投资指标中的价格变动因素，真实地反映固定资产投资的规模、速度、结构和效益，为国家科学地制定、检查固定资产投资计划并提高宏观调控水平，为完善国民经济核算体系提供科学的、可靠的依据。

**房地产价格指数** 是反映一定时期内房地产价格变动趋势和程度的相对数，目前主要编制房屋销售价格指数，包括重建住宅和二手住宅价格指数，采用由下到上逐级汇总的方法。

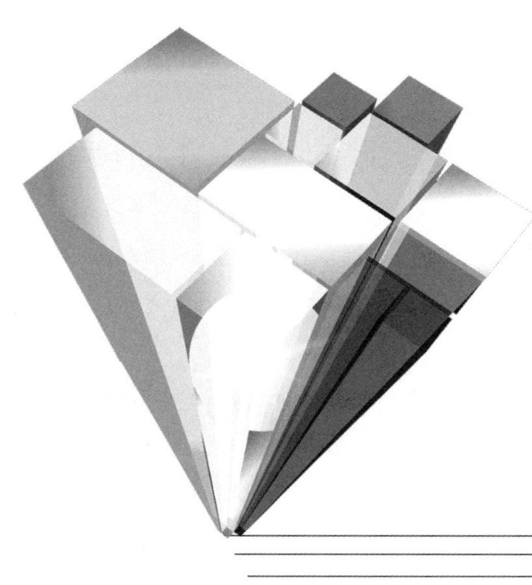

# 专项调查

Special Survey

# 简 要 说 明

一、退耕还林(草)监测调查根据国家统计局《退耕还林(草)监测调查方案》,由安徽调查总队组织实施。主要对实施退耕还林工程县的经济、社会发展、退耕工程运行及巩固退耕还林成果项目实施情况以及对实施退耕还林(草)的农户退耕还林工程完成情况及生产、生活状况进行抽样调查。目前抽选的调查县有18个。

二、农村贫困监测调查,由安徽调查总队组织实施,目前国家扶贫开发重点县有20个,省扶贫开发重点县有10个。

本版责任编辑:邓业轩　王　方　阚天宇

# 5-1 安徽退耕还林(草)监测调查情况(2010—2014年)
# Monitoring Survey of Conversion of Degraded Farm Land into Forest(2010—2014)

| 指标名称 | Item | 单位 | Unit | 2010 | 2011 | 2012 | 2013 | 2014 |
|---|---|---|---|---|---|---|---|---|
| **一、退耕户基本情况(总计)** | **Basic Condition (Total)** | *** | | | | | | |
| (一)家庭基本情况(调查户数) | Number of Surveyed Households | 户 | household | 1300 | 1300 | 1300 | 1300 | 1300 |
| 1. 年末常住人口 | Total Usual Residents at Year-end | 人 | person | 5285 | 5262 | 5239 | 5213 | 5206 |
| 2. 年末劳动力 | Number of Laborers at Year-end | 人 | person | 3523 | 3483 | 3489 | 3459 | 3457 |
| 其中:从事非农产业的劳动力 | Of Which:Laborers of Non-agricultural Industry | 人 | person | 1280 | 1449 | 1413 | 1419 | 1461 |
| 3. 本年内外出从业的劳动力 | Laborers Working Outside | 人 | person | 1297 | 1297 | 1292 | 1358 | 1406 |
| **二、退耕户的退耕还林(草)完成情况(人均)** | **Conditions of Conversion of Degraded Farm Land into Forest(Grass) (Per Capita)** | *** | | | | | | |
| (一)退耕地造林种草面积和效益情况 | Area and Benefit | *** | | | | | | |
| 1. 本年末退耕地造林种草累计面积 | Area of Conversion of Degraded Farm Land into Forest(Grass) at Year-end | 亩 | mu | 0.9 | 0.9 | 0.9 | 0.9 | 0.91 |
| 其中:实际保存面积 | Of Whcih:Real Area | 亩 | mu | 0.9 | 0.9 | 0.9 | 0.9 | 0.91 |
| 2. 按林草种分 | By Type of Forest | *** | | | | | | |
| 生态林 | Ecological Forest | 亩 | mu | 0.8 | 0.8 | 0.8 | 0.7 | 0.75 |
| 经济林 | By-product Forest | 亩 | mu | 0.1 | 0.1 | 0.1 | 0.2 | 0.15 |
| 草 | Grass | 亩 | mu | | | | | |
| (二)退耕地生态林效益情况 | Benefit of Conversion of Degraded Farm Land into Forest | *** | | | | | | |
| 1. 面积 | Area | 亩 | mu | 0.4 | 1.9 | 0.4 | 0.5 | 0.47 |
| 2. 年末该地块树木棵数 | Number of Trees at Year-end | 棵 | unit | 35.1 | 79.2 | 34.5 | 37.9 | 39.08 |
| 3. 年末种植的树木平均树龄 | Average Ages of Trees Planted | 年 | year | 1.8 | 8.3 | 2.3 | 2.5 | 2.68 |
| (三)退耕还林(草)补助和巩固退耕还林成果情况 | Grant Funds and Achievements for Conversion of Degraded Farm Land into Forest(Grass) Projects | *** | | | | | | |
| 1. 本年退耕地林产品总值 | Total Value of Forestry Products on Degraded Farm Land | 元 | yuan | 277.4 | 364.5 | 368.4 | 414.4 | 407.1 |
| 其中:中药材价值 | Of Which:Value of Traditional Chinese Medicinal Materials | 元 | yuan | 12.0 | 25.3 | 42.0 | 43.8 | 38.9 |
| 木材价值 | Value of Timber | 元 | yuan | 183.1 | 218.7 | 183.0 | 225.4 | 167.52 |
| 竹材价值 | Value of Bamboo Wood | 元 | yuan | 1.0 | 1.1 | 1.1 | 41.3 | 2.03 |
| 干鲜果产品价值 | Value of Fresh and Dried Fruits | 元 | yuan | 52.1 | 92.2 | 84.8 | 100.3 | 129.9 |
| **三、全年纯收入** | **Annual Net Income** | **元** | **yuan** | **6209.3** | **7362.2** | **8556.2** | **11645.1** | **11035.8** |
| (一)工资性收入 | Income from Wages and Salaries | 元 | yuan | 3086.4 | 3851.8 | 4648.6 | 5391.8 | 6289.8 |
| (二)家庭经营纯收入 | Income from Household Operations | 元 | yuan | 2375.1 | 2783.8 | 3185.5 | 5402.3 | 3884.3 |
| (三)财产性纯收入 | Income from Properties | 元 | yuan | 118.8 | 92.7 | 86.4 | 66.6 | 107.7 |
| (四)转移性纯收入 | Income from Transfers | 元 | yuan | 629.0 | 634.4 | 635.8 | 784.4 | 754.1 |

注:为数据衔接,"人均数"为人均退耕面积10亩以下户的数据

Note: To dovetail the data, the data per capita refers to the households that area of degraded farm land smaller than 10 mu per capita

# 5-2 退耕还林县级监测情况(2010—2013年)
# Monitor Situation of Conversion of Degraded Farm Land into Forest by County-level(2010—2013)

| 指标名称 | Item | 单位 | Unit | 2010 | 2011 | 2012 | 2013 |
|---|---|---|---|---|---|---|---|
| 一、基本情况 | Basic Condition | | | | | | |
| (一)年末总户数* | Number of Households at Year-end* | 万户 | 10000 households | 471.4 | 475.5 | 479.0 | |
| (二)年末总人口* | Total Population at Year-end* | 万人 | 10000 persons | 1487.3 | 1495.7 | 1503.0 | |
| (三)年末乡村从业人员数* | Number of Rural Employed Persons at Year-end* | 万人 | 10000 persons | 740.5 | 743.0 | 739.0 | |
| 其中:农林牧渔业从业人员* | Of Which:Agriculture,Forestry,Husbandry and Fishery Employee* | 万人 | 10000 persons | 379.7 | 371.3 | 363.0 | |
| 外出务工* | Working Outside* | 万人 | 10000 persons | 305.3 | 326.7 | 332.0 | |
| 二、退耕还林(草)工程情况 | Conditions of Conversion of Degraded Farm Land into Forest(Grass)Projects | | | | | | |
| (一)截至本年末累计完成退耕还林(草)面积 | Area of Conversion of Degraded Farm Land into Forest(Grass) at Year-end | 公顷 | hectare | 169293.3 | 170363.8 | 176787.3 | 173685.7 |
| 其中:实际保存面积 | Of Which:Real Area | 公顷 | hectare | 163126.0 | 164213.5 | 170482.6 | 167177.1 |
| 按工程类型分: | By Type of Projects | | | | | | |
| 1. 退耕地造林 | Grain for Green Projects | 公顷 | hectare | 77360.5 | 75467.6 | 80448.7 | 76109.7 |
| 2. 荒山荒地造林 | Afforestation of Barren Hills and Wasteland | 公顷 | hectare | 76000.5 | 74797.3 | 76824.6 | 74076.0 |
| 3. 封山育林 | Close Hillsides to Facilitate Afforestation | 公顷 | hectare | 15932.3 | 20098.9 | 19514.0 | 23500.0 |
| 按林种分: | By Type of Forest | | | | | | |
| 1. 生态林 | Ecological Forest | 公顷 | hectare | 155425.4 | 162643.8 | 164348.4 | 161179.8 |
| 2. 经济林 | By-product Forest | 公顷 | hectare | 13850.9 | 7703.0 | 12421.9 | 12488.9 |
| 3. 草 | Grass | 公顷 | hectare | 17.0 | 17.0 | 17.0 | 17.0 |
| (二)年末退耕还林(草)总户数 | Number of Rural Households Conduct the Conversion Work at Year-end | 万户 | 10000 households | 58.9 | 57.4 | 87.0 | 85.6 |
| (三)年末退耕还林(草)总人口 | Population Conduct the Conversion Work at Year-end | 万人 | 10000 persons | 224.2 | 220.2 | 301.0 | 294.6 |
| (四)本年退耕还林(草)补助资金 | Grant Funds for Conversion of Degraded Farm Land into Forest(Grass) Projects During the Year | 万元 | 10000 yuan | 31004.4 | 27973.4 | 26343.8 | 24477.4 |

5-2 续表 Continued

| 指标名称 | Item | 单位 | Unit | 2010 | 2011 | 2012 | 2013 |
|---|---|---|---|---|---|---|---|
| 1. 原政策到期补助资金 | Grant Funds After the Existing Arrangement | 万元 | 10000 yuan | 13342.2 | 4434.6 | 3213.7 | 1811.3 |
| 2. 完善退耕还林(草)补助资金 | Grant Funds for Perfecting the Outcome of the Conversion | 万元 | 10000 yuan | 8608.3 | 14583.5 | 13960.6 | 13947.3 |
| 3. 巩固退耕还林(草)成果专项资金 | Special Fund for Concreting the Outcome of the Conversion | 万元 | 10000 yuan | 8232.9 | 8092.3 | 8184.5 | 7847.8 |
| 4. 荒山造林补助资金 | Grant Funds for Afforestation of Barren Hills and Wasteland | 万元 | 10000 yuan | 355.0 | 560.0 | 642.0 | 598.0 |
| 5. 封山育林补助资金 | Grant Funds for Close Hillsides to Facilitate Afforestation | 万元 | 10000 yuan | 466.0 | 303.0 | 343.0 | 273.0 |
| (五)退耕还林(草)成果巩固情况 | Conditions of Concreting the Outcome of the Conversion | | | | | | |
| 1. 国家规划基本口粮田累计完成面积 | Area of The Basic Grain Ration Cropland by National Planning | 公顷 | hectare | 13689.8 | 14923.5 | 11289.1 | 3913.1 |
| 2. 新能源建设 | New Energy | | | | | | |
| 年末沼气池个数 | Number of Marsh Gas Pool at Year-end | 个 | Unit | 35448 | 64071 | 81309 | 101469 |
| 年末节煤节柴灶个数 | Number of Coal and Firewood Saving Stove at Year-end | 眼 | Unit | 40818 | 233424 | 265890 | 269879 |
| 年末太阳灶个数 | Number of Solar Cooker at Year-end | 个 | Unit | | | | |
| 3. 后续产业建设 | Subsequent Industry Construction | | | | | | |
| 其中:种植业 | Of Which:Crop Farming | 公顷 | hectare | 1184.4 | 2768.1 | 2389.5 | 2311.1 |
| 林果茶业 | Forestry, Fruit and Tea | 公顷 | hectare | 1953.7 | 10966.5 | 11435.1 | 8175.3 |
| 养殖业棚圈 | Livestock Shed | 平方米 | sq.m | 6123 | 133400 | 231230 | 37080 |
| 养殖业青贮窖 | Silage Silo | 立方米 | sq.m | 125410 | | | 200 |
| 4. 退耕户参加技能培训 | Technical Training of Rural Households Conduct the Conversion Work | 人次 | person-time | 46106 | 50129 | 64140 | 16803 |
| 5. 本年生态移民人数 | Organized Migration Due to Ecological Reason | 人 | person | 21817 | 20691 | 19526 | 55005 |
| 6. 本年补植补造面积 | Repairing of Plantation | 公顷 | hectare | 8337.4 | 2023.9 | 1642.7 | 1528.5 |

# 5-3 全省农村贫困监测情况(2014 年)
# Poverty Monitoring in Rural Areas by Region (2014)

| 地　区 | Region | 减贫人数(人) Poverty Reduction Population (person) | 减贫幅度(%) Poverty Reduction Rate (%) | 贫困人数(人) Poor Population (person) | 贫困发生率(%) Proportion of Poor Population to the Total (%) |
|---|---|---|---|---|---|
| **全省合计** | **Total** | **850089** | **17.6** | **3989911** | **7.5** |
| **合肥市** | **Hefei** | **40922** | **19** | **174678** | **3.9** |
| 长丰县 | Changfeng | 9856 | 19.2 | 41444 | 6.3 |
| 肥东县 | Feidong | 4300 | 17.3 | 20600 | 2.2 |
| 肥西县 | Feixi | 3000 | 16.8 | 14900 | 2.1 |
| 庐江县 | Lujiang | 17766 | 19.7 | 72434 | 6.7 |
| 巢湖市 | Chaohu | 6000 | 19.2 | 25300 | 3.8 |
| **蚌埠市** | **Bengbu** | **23000** | **17.0** | **111900** | **3.9** |
| 怀远县 | Huaiyuan | 9000 | 15.9 | 47600 | 4.2 |
| 五河县 | Wuhe | 8000 | 18.7 | 34900 | 5.8 |
| 固镇县 | Guzhen | 6000 | 17.0 | 29400 | 5.1 |
| **安庆市** | **Anqing** | **145102** | **18.3** | **646198** | **12.3** |
| 潜山县 | Qianshan | 15312 | 17.3 | 73288 | 13.9 |
| 太湖县 | Taihu | 23230 | 18.7 | 100870 | 19.6 |
| 宿松县 | Susong | 22004 | 17.8 | 101396 | 13.5 |
| 望江县 | Wangjiang | 23033 | 18.1 | 104367 | 18.0 |
| 岳西县 | Yuexi | 22300 | 20.2 | 88200 | 23.7 |
| 枞阳县 | Zongyang | 21000 | 18.3 | 94000 | 11.0 |
| 宜秀区 | Yixiu District | 1310 | 18.0 | 5990 | 4.4 |
| 怀宁县 | Huaining | 4913 | 15.4 | 27087 | 4.2 |
| 桐城市 | Tongcheng | 12000 | 19.1 | 51000 | 7.4 |
| **滁州市** | **Chuzhou** | **34726** | **17.2** | **167374** | **4.7** |
| 定远县 | Dingyuan | 19021 | 17.0 | 92579 | 11.5 |
| 来安县 | Laian | 3166 | 16.9 | 15534 | 3.9 |
| 全椒县 | Quanjiao | 3339 | 18.4 | 14861 | 4.5 |
| 凤阳县 | Fengyang | 6000 | 17.5 | 28200 | 4.2 |

5-3 续表 1 Continued 1

| 地 区 | Region | 减贫人数(人) Poverty Reduction Population (person) | 减贫幅度(%) Poverty Reduction Rate (%) | 贫困人数(人) Poor Population (person) | 贫困发生率(%) Proportion of Poor Population to the Total (%) |
|---|---|---|---|---|---|
| 明光市 | Mingguang | 3200 | 16.5 | 16200 | 3.0 |
| | | | | | |
| **阜阳市** | **Fuyang** | **170403** | **16.9** | **839497** | **9.4** |
| 颍州区 | Yingzhou District | 7070 | 18.2 | 31830 | 6.8 |
| 颍东区 | Yingdong District | 19010 | 18.2 | 85390 | 14.0 |
| 颍泉区 | Yingquan District | 11000 | 16.2 | 57000 | 10.1 |
| 临泉县 | Linquan | 37794 | 16.9 | 185406 | 9.1 |
| 太和县 | Taihe | 25345 | 17.0 | 123455 | 7.9 |
| 阜南县 | Funan | 32000 | 16.2 | 165800 | 11.6 |
| 颍上县 | Yingshang | 27174 | 16.5 | 137526 | 9.1 |
| 界首市 | Jieshou | 11010 | 17.2 | 53090 | 7.8 |
| | | | | | |
| **宿州市** | **Suzhou** | **106360** | **17.4** | **506340** | **9.8** |
| 埇桥区 | Yongqiao District | 21649 | 17.5 | 102151 | 8.4 |
| 砀山县 | Dangshan | 17832 | 17.4 | 84568 | 10.1 |
| 萧县 | Xiaoxian | 36789 | 17.3 | 176111 | 14.5 |
| 灵璧县 | Lingbi | 16890 | 17.8 | 78111 | 7.1 |
| 泗 县 | Sixian | 13200 | 16.8 | 65400 | 8.3 |
| | | | | | |
| **六安市** | **Lu' an** | **150139** | **17.8** | **692761** | **10.8** |
| 金安区 | Jin' an District | 14150 | 16.9 | 69750 | 9.8 |
| 裕安区 | Yu' an District | 27391 | 19.9 | 110009 | 12.1 |
| 寿 县 | Shouxian | 22632 | 17.0 | 110668 | 8.4 |
| 霍邱县 | Huoqiu | 31808 | 17.1 | 154792 | 9.9 |
| 舒城县 | Shucheng | 19162 | 17.6 | 89838 | 10.2 |
| 金寨县 | Jinzhai | 24064 | 18.5 | 106036 | 18.1 |
| 霍山县 | Huoshan | 7836 | 16.9 | 38464 | 11.8 |
| 叶集实验区 | Yeji Experimental District | 3097 | 19.0 | 13203 | 9.5 |
| | | | | | |
| **亳州市** | **Bozhou** | **81081** | **16.6** | **408419** | **8.0** |
| 谯城区 | Qiaocheng District | 10870 | 15.0 | 61730 | 4.9 |

5-3 续表 2 Continued 2

| 地 区 | Region | 减贫人数(人) Poverty Reduction Population (person) | 减贫幅度(%) Poverty Reduction Rate (%) | 贫困人数(人) Poor Population (person) | 贫困发生率(%) Proportion of Poor Population to the Total (%) |
|---|---|---|---|---|---|
| 涡阳县 | Guoyang | 19000 | 16.0 | 99500 | 7.4 |
| 蒙城县 | Mengcheng | 14491 | 16.8 | 71809 | 6.5 |
| 利辛县 | Lixin | 36720 | 17.3 | 175380 | 12.8 |
| | | | | | |
| **池州市** | **Chizhou** | **16575** | **15.7** | **89325** | **6.6** |
| 贵池区 | Guichi District | 6335 | 16.5 | 32065 | 6.2 |
| 石台县 | Shitai | 2163 | 9.0 | 21837 | 22.8 |
| 东至县 | Dongzhi | 6050 | 19.3 | 25350 | 5.2 |
| 青阳县 | Qingyang | 2027 | 16.8 | 10073 | 4.4 |
| | | | | | |
| **淮南市** | **Huainan** | **9114** | **17.9** | **41786** | **3.0** |
| 潘集区 | Panji District | 4003 | 19.3 | 16697 | 4.5 |
| 淮南其他区 | Other District | 1393 | 18.6 | 6107 | 2.5 |
| 凤台县 | Fengtai | 3000 | 16.0 | 15800 | 3.1 |
| 毛集实验区 | Maoji Experimental District | 718 | 18.4 | 3182 | 3.1 |
| | | | | | |
| **黄山市** | **Huangshan** | **17289** | **18.3** | **77011** | **6.5** |
| 黄山区 | Huangshan District | 1500 | 17.4 | 7100 | 5.4 |
| 徽州区 | Huizhou District | 864 | 18.0 | 3936 | 4.6 |
| 黟县 | Yixian | 1035 | 17.3 | 4965 | 6.5 |
| 歙县 | Shexian | 7800 | 18.8 | 33800 | 7.8 |
| 休宁县 | Xiuning | 3262 | 19.3 | 13638 | 5.4 |
| 祁门县 | Qimen | 2828 | 17.2 | 13572 | 9.1 |
| | | | | | |
| **宣城市** | **Xuancheng** | **17278** | **19.3** | **72122** | **3.0** |
| 宣州区 | Xuanzhou District | 5539 | 17.9 | 25461 | 3.4 |
| 郎溪县 | Langxi | 4113 | 21.3 | 15187 | 5.6 |
| 泾 县 | Jingxian | 4044 | 17.2 | 19456 | 6.6 |
| 绩溪县 | Jixi | 2677 | 26.5 | 7423 | 5.2 |
| 旌德县 | Jingde | 905 | 16.5 | 4595 | 3.7 |

5-3 续表 3 Continued 3

| 地 区 | Region | 减贫人数(人) Poverty Reduction Population (person) | 减贫幅度(%) Poverty Reduction Rate (%) | 贫困人数(人) Poor Population (person) | 贫困发生率(%) Proportion of Poor Population to the Total (%) |
|---|---|---|---|---|---|
| **芜湖市** | **Wuhu** | **25000** | **18.7** | **108500** | **4.5** |
| 南陵县 | Nanling | 3000 | 15.3 | 16600 | 3.4 |
| 无为县 | Wuwei | 22000 | 19.3 | 91900 | 11.6 |
| | | | | | |
| **马鞍山市** | **Maanshan** | **6600** | **21.6** | **23900** | **1.7** |
| 含山县 | Hanshan | 3000 | 22.1 | 10600 | 3.0 |
| 和 县 | Hexian | 3600 | 21.3 | 13300 | 3.1 |
| | | | | | |
| 淮北市 | Huaibei | 6500 | 17.8 | 30100 | 2.2 |
| 濉溪县 | Suixi | 6500 | 17.8 | 30100 | 3.2 |

# 5-4 农民工监测情况(2014年)
# Monitor Situation of Migrant Workers(2014)

| 指标名称 | Item | 单位 | Unit | 总 计 |
|---|---|---|---|---|
| **住户成员基本情况** | **Basic Conditions of Household Member** | — | | |
| 一、调查人口基本情况 | Basic Conditions | — | | |
| (一)期内住户成员数 | Household Members During the Period | 人 | person | 13516 |
| (二)期末住户成员数 | Household Members End of the Period | 人 | person | 13516 |
| (三)期内住户常住成员数 | Permanent Household Members During the Period | 人 | person | 11369 |
| (四)期内增加的住户成员数 | Increased Household Members During the Period | 人 | person | 56 |
| (五)期内减少的住户成员数 | Reduced Household Members During the Period | 人 | person | 138 |
| 二、住户成员情况 | Basic Conditions of Household Members | — | | |
| (一)住户成员与户主关系 | Relationship with the Householder | | | |
| 1.户主 | Householder | 人 | person | 3649 |
| 2.配偶 | Spouse | 人 | person | 3263 |
| 3.子女 | Children | 人 | person | 4059 |
| 4.父母 | Parents | 人 | person | 480 |
| 5.岳父母或公婆 | Parents-in-law | 人 | person | 17 |
| 6.祖父母 | Grandparents | 人 | person | 7 |
| 7.媳婿 | Daughter-in-law or Son-in-law | 人 | person | 776 |
| 8.孙子女 | Grandchildren | 人 | person | 1223 |
| 9.兄弟姐妹 | Sibling | 人 | person | 23 |
| 10.其他 | Others | 人 | person | 19 |
| (二)性别 | Gender | | | |
| 1.男性 | Male | 人 | person | 7076 |
| 2.女性 | Female | 人 | person | 6440 |
| (三)年龄 | Age | | | |
| 1.5岁及以下 | Aged 5 and Below | 人 | person | 805 |
| 2.6~15岁 | Aged 6~15 | 人 | person | 1536 |
| 3.16~19岁 | Aged 16~18 | 人 | person | 627 |
| 4.20~24岁 | Aged 19~22 | 人 | person | 1179 |
| 5.25~29岁 | Aged 23~25 | 人 | person | 1095 |
| 6.30~34岁 | Aged 26~30 | 人 | person | 801 |
| 7.35~40岁 | Aged 31~40 | 人 | person | 1031 |
| 8.41~50岁 | Aged 41~50 | 人 | person | 2668 |
| 9.51~60岁 | Aged 51~60 | 人 | person | 1592 |
| 10.61~65岁 | Aged 61~65 | 人 | person | 875 |
| 11.66岁及以上 | Aged 66 and Over | 人 | person | 1307 |
| (四)民族 | Nationality | | | |
| 1.汉族 | Han Nationality | 人 | person | 13433 |
| 2.壮族 | Zhuang Nationality | 人 | person | 3 |

5-4 续表 1 Continued 1

| 指标名称 | Item | 单位 | Unit | 总 计 |
|---|---|---|---|---|
| 3.回族 | Hui Nationality | 人 | person | 66 |
| 4.苗族 | Miao Nationality | 人 | person | 3 |
| 5.维吾尔族 | Uigur Nationality | 人 | person | |
| 6.蒙古族 | Mongolian Nationality | 人 | person | |
| 7.藏族 | Tibetan Nationality | 人 | person | |
| 8.其他民族 | Other Nationality | 人 | person | 11 |
| (五)户口登记地 | Registered Permanent Residence | | | |
| 1.本村(居委会) | Village | 人 | person | 12754 |
| 2.村外乡(镇、街道)内 | Other Village of this Town | 人 | person | 445 |
| 3.乡外县(区)内 | Other Town of this County | 人 | person | 136 |
| 4.县外市内 | Other County of this City | 人 | person | 93 |
| 5.市外省内 | Other City of this Province | 人 | person | 39 |
| 6.省外 | Other Provinces | 人 | person | 29 |
| 7.其他(如户口待定) | Others | 人 | person | 12 |
| (六)户口性质 | Household Registration | | | |
| 1.农业 | Rural | 人 | person | 12831 |
| 2.非农业 | Non-rural | 人 | person | 670 |
| 3.其他 | Other | 人 | person | 15 |
| (七)健康状况 | Health Condition | | | |
| 1.健康 | Healthy | 人 | person | 12125 |
| 2.基本健康 | Basically Healthy | 人 | person | 884 |
| 3.不健康,但生活能自理 | Unhealthy but Could Look After Oneself | 人 | person | 438 |
| 4.生活不能自理 | Unable to Look After Oneself | 人 | person | 69 |
| (八)参加医疗保险情况 | Conditions of Medical Insurance | | | |
| 1.新型农村合作医疗 | New Rural Cooperative Medical | 人 | person | 12380 |
| 2.城镇职工基本医疗保险 | Basic Medical Insurance for Urban Employees | 人 | person | 301 |
| 3.(城镇)居民基本医疗保险 | Basic Medical Insurance for (Urban) Residents | 人 | person | 741 |
| 4.公费医疗 | Free Medical Care | 人 | person | 19 |
| 5.商业医疗保险 | Commercial Medical Insurance | 人 | person | 26 |
| 6.其他医疗保险 | Other Medical Insurance | 人 | person | 57 |
| 7.没有参加任何医疗保险 | Not Participating Medical Insurance | 人 | person | 139 |
| (九)是否在校学生(6 周岁及以上填写) | School Student or Not (Aged 6 and Over) | | | |
| 1.由本户供养的在校学生 | Supported by This Household | 人 | person | 2153 |
| 2.不由本户供养的在校学生 | Not Supported by This Household | 人 | person | 13 |
| 3.非在校学生 | Non School Student | 人 | person | 10544 |
| (十)6 周岁及以上住户成员受教育程度 | Education of Household Members Aged 6 and Over | | | |
| 1.未上过学 | Without School | 人 | person | 1163 |

5-4 续表 2 Continued 2

| 指标名称 | Item | 单位 | Unit | 总 计 |
|---|---|---|---|---|
| 2.小学 | Primary School | 人 | person | 3951 |
| 3.初中 | Junior Secondary School | 人 | person | 5757 |
| 4.高中 | Senior Secondary School | 人 | person | 1188 |
| 5.大学专科 | Junior College | 人 | person | 423 |
| 6.大学本科 | Undergraduate | 人 | person | 211 |
| 7.研究生 | Postgraduate | 人 | person | 17 |
| (十一)15 周岁及以上住户成员婚姻状况 | Marital Condition of Household Members Aged 15 and Over | | | |
| 1.未婚 | Single | 人 | person | 2054 |
| 2.有配偶 | Married | 人 | person | 8649 |
| 3.离婚 | Divorced | 人 | person | 109 |
| 4.丧偶 | Widowed | 人 | person | 482 |
| 5.其他 | Others | 人 | person | 16 |
| (十二)过去三个月在本住宅居住的时间(月) | Time Living in This House in the Past 3 Months | | | |
| 1.一个半月(<1.5) | One and a Half Months | 人 | person | 1731 |
| 2.一个半月及以上(≥1.5) | Longer than One and a Half Months | 人 | person | 10171 |
| 3.从未在本住宅居住(=0) | Never Living in This House | 人 | person | 1614 |
| **农村劳动力全年从业情况** | **Employment** | — | | |
| (一)本年度主要从业地区 | Working Area | 人 | person | |
| 1.乡内 | Town | 人 | person | 5974 |
| 2.乡外县内 | Other Town of this County | 人 | person | 487 |
| 3.县外省内 | Other County of this Province | 人 | person | 508 |
| 4.省外国内 | Other Provinces | 人 | person | 2092 |
| 5.国外及港澳台地区 | Abroad, Hongkong, Macao or Taiwan | 人 | person | 2 |
| (二)本年度从事主要行业 | Industries Engaged | | | |
| 1.第一产业 | Primary Industry | 人 | person | 3485 |
| (1)农、林、牧、渔业 | Agriculture, Forestry, Animal Husbandry and Fishery | 人 | person | 3485 |
| 2.第二产业 | Secondary Industry | 人 | person | 3154 |
| (2)采矿业 | Mining | 人 | person | 100 |
| (3)制造业 | Manufacturing | 人 | person | 1494 |
| (4)电力、热力、燃气及水的生产和供应业 | Production and Supply of Electricity, Gas and Water | 人 | person | 66 |
| (5)建筑业 | Construction | 人 | person | 1494 |
| 3.第三产业 | Tertiary Industry | 人 | person | 2424 |
| (6)批发和零售业 | Wholesale and Retail Trades | 人 | person | 716 |
| (7)交通运输、仓储和邮政业 | Transport, Storage and Post | 人 | person | 312 |
| (8)住宿和餐饮业 | Hotels and Catering Services | 人 | person | 410 |

5-4 续表 3 Continued 3

| 指标名称 | Item | 单位 | Unit | 总 计 |
|---|---|---|---|---|
| (9)信息传输、软件和信息技术服务业 | Information Transmission, Computer Services and Software | 人 | person | 82 |
| (10)金融业 | Financial Intermediation | 人 | person | 17 |
| (11)房地产业 | Real Estate | 人 | person | 14 |
| (12)租赁和商务服务业 | Leasing and Business Services | 人 | person | 67 |
| (13)科学研究和技术服务 | Scientific Research, Technical Services, and Geological Prospecting | 人 | person | 16 |
| (14)水利、环境和公共设施管理业 | Management of Water Conservancy, Environment and Public Facilities | 人 | person | 15 |
| (15)居民服务、修理和其他服务业 | Serices to Households and Other Services | 人 | person | 541 |
| (16)教育 | Education | 人 | person | 72 |
| (17)卫生、社会工作 | Health, Social Securities and Social Welfare | 人 | person | 70 |
| (18)文化、体育和娱乐业 | Culture, Sports and Entertainment | 人 | person | 15 |
| (19)公共管理、社会保障和社会组织 | Public Management, Social Insurance and Social Organizations | 人 | person | 77 |
| (20)国际组织 | International Organizations | 人 | person | |
| (三)本年度从事主要职业 | Profession Engaged | | | |
| 1.国家机关、党群组织、企业、事业单位负责人 | Responsible Person of Government Organs, Public Organizations, Enterprises and Institutions | 人 | person | 53 |
| 2.专业技术人员 | Professional and Technical Personnel | 人 | person | 712 |
| 3.办事人员和有关人员 | Clerk and Related Workers | 人 | person | 312 |
| 4.商业、服务业人员 | Business, Service | 人 | person | 1232 |
| 5.农、林、牧、渔、水利业生产人员 | Agriculture, Forestry, Animal Husbandry, Fishery and Water Conservancy | 人 | person | 3417 |
| 6.生产、运输设备操作人员及有关人员 | Operators of Production and Transport Equipment | 人 | person | 1874 |
| 7.军人 | Solider | 人 | person | 3 |
| 8.不便分类的其他从业人员 | Others | 人 | person | 1460 |
| (四)本年度本地务农 | Engaged in Agriculture at Home | | | |
| 1.从事过本地务农的人数 | Number of People Engaged in Agriculture Locally | 人 | person | 4974 |
| 2.从事本地务农的时间(合计) | Total Time that Engaged in Agriculture Locally | 月 | month | 23142.30 |
| (五)本年度本地非农自营 | Nonfarm Self-employed Locally | | | |
| 1.从事过本地非农自营的人数 | Number of People Nonfarm Self-employed Locally | 人 | person | 816 |
| 2.从事本地非农自营的时间(合计) | Total Time that Nonfarm Self-employed Locally | 月 | month | 6833.90 |
| 3.从事本地非农自营的收入(合计) | Total Income of Nonfarm Self-employed Locally | 元 | yuan | 20793181.00 |
| (六)本年度本地非农务工 | Non-agricultural Working Locally | | | |

5-4 续表 4 Continued 4

| 指标名称 | Item | 单位 | Unit | 总 计 |
|---|---|---|---|---|
| 1.从事过本地非农务工的人数 | Number of People Non-agricultural Working Locally | 人 | person | 2061 |
| 2.从事本地非农务工的时间(合计) | Total Time that Non-agricultural Working Locally | 月 | month | 15467.90 |
| 3.从事本地非农务工的收入(合计) | Total Income of Non-agricultural Working Locally | 元 | yuan | 40435595.00 |
| (七)本年度外出务工 | Working Outside | | | |
| 1.从事过外出务工的人数 | Number of People Working Outside | 人 | person | 2858 |
| 2.外出务工的时间(合计) | Total Time that Working Outside | 月 | month | 26250.90 |
| 3.外出务工的收入(合计) | Total Income of Working Outside | 元 | yuan | 86961306.00 |
| 4.寄带回金额(合计) | Total Amount Sent Back | 元 | yuan | 39604079.00 |
| 5.生活消费总支出(合计) | Total Consumption Expenditure | 元 | yuan | 26249968.00 |
| #确定收入的人数 | #Number of People Whose Income are Definitized | 人 | person | 2858 |
| (八)本年度外出自营 | Self-employed Outside | | | |
| 1.从事过外出自营的人数 | Number of People Self-employed Outside | 人 | person | 366 |
| 2.外出自营的时间(合计) | Time Self-employed Outside | 月 | month | 3489.40 |
| 3.外出自营的收入(合计) | Income of Self-employed Outside | 元 | yuan | 15412710.00 |
| 4.寄带回金额(合计) | Sent Back | 元 | yuan | 7674500.00 |
| 5.生活消费总支出(合计) | Consumption Expenditure | 元 | yuan | 3914630.00 |
| #确定收入的人数 | #Number of People Whose Income are Definitized | 人 | person | 366 |
| (九)外出从业情况 | Working Outside | | | |
| 1.上年外出人数 | Number of People Working Outside Last Year | 人 | person | 2955 |
| 其中:本年未继续外出人数 | Of Which: Not Working Outside This Year | 人 | person | 109 |
| 2.本年新增外出人数 | Initially Working Outside This Year | 人 | person | 378 |
| 3.连续两年外出人数 | Working Outside for Two Consecutive Years | 人 | person | 2846 |
| 4.外出时间不足 1 个月人数 | Working Outside for Less than One Month | 人 | person | 5849 |
| (十)上年外出而本年未继续外出的原因 | Causes not Continuing Workinging Outside this Year | | | |
| 1.找不到工作 | Cannot Find a Job | 人 | person | 4 |
| 2.在外生活条件差 | Poor Living Condition Outside | 人 | person | 10 |
| 3.收入没有在家稳定 | Unstable Income | 人 | person | 10 |
| 4.受歧视 | Discrimination | 人 | person | 2 |
| 5.疾病或伤残 | Illness or Disability | 人 | person | 4 |
| 6.家中农业生产缺乏劳动力 | Short of Agricultural Labor Force at Home | 人 | person | 31 |
| 7.回家结婚、生育 | Going Home to Marry and Bear | 人 | person | 8 |
| 8.其他原因 | Others | 人 | person | 40 |
| (十一)曾经外出情况 | Once Workinging Outside | | | |
| 1.有外出从业经历的人数 | Number of People Once Working Outside | 人 | person | 3881 |
| 2.距离初次外出时间(合计) | Time Since Initially Working Outside | 月 | month | 125620395.00 |
| (十二)当前就业状况 | Employment | | | |

5-4 续表 5 Continued 5

| 指标名称 | Item | 单位 | Unit | 总 计 |
|---|---|---|---|---|
| 1.本地务农 | Engaged in Agriculture Locally | 人 | person | 3433 |
| 2.本地非农自营 | Nonfarm Self-employed Locally | 人 | person | 683 |
| 3.本地非农务工 | Non-agricultural Working Locally | 人 | person | 1579 |
| 4.外出从业 | Working Outside | 人 | person | 3033 |
| 5.其他从业 | Other Employment | 人 | person | 91 |
| 6.未从业 | Non-employed | 人 | person | 244 |
| (十三)技能培训情况 | Skills Training | | | |
| 1.接受过农业技术培训人数 | Number of People Got Agro-technical Trainings | 人 | person | 1184 |
| 2.接受过非农技术培训人数 | Number of People Got Nonagro-technical Trainings | 人 | person | 1798 |
| **外出从业人员情况** | **Conditions of Woking Outside** | — | | |
| (一)外出地区 | Working Area | 人 | person | 3223 |
| 1.本省 | In the Province | 人 | person | 1051 |
| (1)乡外县内 | Other Town of this County | 人 | person | 508 |
| (2)县外省内 | Other County of this Province | 人 | person | 543 |
| 2.省外 | Outside the Province | 人 | person | 2172 |
| (1)东部地区 | The East Area | 人 | person | 2057 |
| 北京 | Beijing | 人 | person | 70 |
| 天津 | Tianjin | 人 | person | 32 |
| 河北 | Hebei | 人 | person | 12 |
| 辽宁 | Liaoning | 人 | person | 5 |
| 上海 | Shanghai | 人 | person | 376 |
| 江苏 | Jiangsu | 人 | person | 607 |
| 浙江 | Zhejiang | 人 | person | 769 |
| 福建 | Fujian | 人 | person | 24 |
| 山东 | Shandong | 人 | person | 64 |
| 广东 | Guangdong | 人 | person | 93 |
| 海南 | Hainan | 人 | person | 5 |
| (2)中部地区 | The Central Area | 人 | person | 61 |
| 山西 | Shanxi | 人 | person | 9 |
| 吉林 | Jilin | 人 | person | 1 |
| 黑龙江 | Heilongjiang | 人 | person | 2 |
| 安徽 | Anhui | 人 | person | 1051 |
| 江西 | Jiangxi | 人 | person | 12 |
| 河南 | Henan | 人 | person | 15 |
| 湖北 | Hubei | 人 | person | 18 |
| 湖南 | Hunan | 人 | person | 4 |
| (3)西部地区 | The Western Area | 人 | person | 50 |
| 内蒙古 | Inner Mongolia | 人 | person | 5 |
| 广西 | Guangxi | 人 | person | 11 |

5-4 续表6 Continued 6

| 指标名称 | Item | 单位 | Unit | 总计 |
|---|---|---|---|---|
| 重庆 | Chongqing | 人 | person | 2 |
| 四川 | Sichuan | 人 | person | 5 |
| 贵州 | Guizhou | 人 | person | |
| 云南 | Yunnan | 人 | person | 6 |
| 西藏 | Tibet | 人 | person | 2 |
| 陕西 | Shanxi | 人 | person | 5 |
| 甘肃 | Gansu | 人 | person | 2 |
| 青海 | Qinghai | 人 | person | 2 |
| 宁夏 | Ningxia | 人 | person | |
| 新疆 | Xinjiang | 人 | person | 10 |
| (4)其他地区 | Other Area | 人 | person | 4 |
| 港澳台 | Hongkong, Macao or Taiwan | 人 | person | |
| 国外 | Abroad | 人 | person | 4 |
| (二)外出地区类型 | Type of Migrant Areas | | | |
| 1.直辖市 | Municipality | 人 | person | 399 |
| 2.省会城市 | City of Provincial Capital | 人 | person | 594 |
| 3.地级市 | Prefectural-Level City | 人 | person | 1284 |
| 4.县市城区 | County-Level City | 人 | person | 672 |
| 5.建制镇 | Designated Town | 人 | person | 198 |
| 6.村委会 | Village | 人 | person | 45 |
| 7.其他地区 | Other Area | 人 | person | 31 |
| (三)外出方式 | The Way Woking Outside | | | |
| 1.政府(单位)组织 | Organized by Government or Unit | 人 | person | 33 |
| 2.中介组织介绍 | Introduced by Intermediary Organization | 人 | person | 65 |
| 3.亲朋好友介绍 | Introduced by Kith and Kin | 人 | person | 1599 |
| 4.自发 | Spontaneously | 人 | person | 1339 |
| 5.其他 | Others | 人 | person | 187 |
| (四)本年度从事主要行业 | Industries Engaged | | | |
| 1.第一产业 | Primary Industry | 人 | person | 40 |
| (1)农、林、牧、渔业 | Agriculture, Forestry, Animal Husbandry and Fishery | 人 | person | 40 |
| 2.第二产业 | Secondary Industry | 人 | person | 1865 |
| (2)采矿业 | Mining | 人 | person | 32 |
| (3)制造业 | Manufacturing | 人 | person | 981 |
| (4)电力、热力、燃气及水的生产和供应业 | Production and Supply of Electricity, Gas and Water | 人 | person | 36 |
| (5)建筑业 | Construction | 人 | person | 816 |
| 3.第三产业 | Tertiary Industry | 人 | person | 1318 |
| (6)批发和零售业 | Wholesale and Retail Trades | 人 | person | 315 |

5-4 续表 7 Continued 7

| 指标名称 | Item | 单位 | Unit | 总 计 |
|---|---|---|---|---|
| (7)交通运输、仓储和邮政业 | Transport, Storage and Post | 人 | person | 167 |
| (8)住宿和餐饮业 | Hotels and Catering Services | 人 | person | 282 |
| (9)信息传输、软件和信息技术服务业 | Information Transmission, Computer Services and Software | 人 | person | 71 |
| (10)金融业 | Financial Intermediation | 人 | person | 12 |
| (11)房地产业 | Real Estate | 人 | person | 11 |
| (12)租赁和商务服务业 | Leasing and Business Services | 人 | person | 54 |
| (13)科学研究和技术服务 | Scientific Research, Technical Services, and Geological Prospecting | 人 | person | 15 |
| (14)水利、环境和公共设施管理业 | Management of Water Conservancy, Environment and Public Facilities | 人 | person | 5 |
| (15)居民服务、修理和其他服务业 | Serices to Households and Other Services | 人 | person | 321 |
| (16)教育 | Education | 人 | person | 18 |
| (17)卫生、社会工作 | Health, Social Securities and Social Welfare | 人 | person | 29 |
| (18)文化、体育和娱乐业 | Culture, Sports and Entertainment | 人 | person | 9 |
| (19)公共管理、社会保障和社会组织 | Public Management and Social Organizations | 人 | person | 9 |
| (20)国际组织 | International Organizations | 人 | person | |
| (五)本年度从事主要职业 | Profession Engaged | | | |
| 1.国家机关、党群组织、企业、事业单位负责人 | Responsible Persons of Government Organs, Public Organizations, Enterprises and Institutions | 人 | person | |
| 2.专业技术人员 | Professional and Technical Personnel | 人 | person | 436 |
| 3.办事人员和有关人员 | Clerk and Related Workers | 人 | person | 154 |
| 4.商业、服务业人员 | Business, Service | 人 | person | 665 |
| 5.农、林、牧、渔、水利业生产人员 | Agriculture, Forestry, Animal Husbandry, Fishery and Water Conservancy | 人 | person | 45 |
| 6.生产、运输设备操作人员及有关人员 | Operators of Production and Transport Equipment | 人 | person | 1062 |
| 7.军人 | Solider | 人 | person | 1 |
| 8.不便分类的其他从业人员 | Others | 人 | person | 860 |
| (六)外出从业住所类型 | Type of Accommodation | | | |
| 1.单位宿舍 | Dormitory of the Unit | 人 | person | 742 |
| 2.工地工棚 | Site Hut | 人 | person | 310 |
| 3.生产经营场所 | Production or Business Premises | 人 | person | 120 |
| 4.与人合租住房 | Flat-share Housing | 人 | person | 492 |
| 5.独立租赁住房 | Rental Housing Oneself | 人 | person | 1012 |
| 6.务工地自购房 | Purchasing House in the Migrant Areas | 人 | person | 23 |
| 7.乡外从业但回家居住(老家) | Living at Home While Woking Outside the Town | 人 | person | 410 |

5-4 续表8 Continued 8

| 指标名称 | Item | 单位 | Unit | 总 计 |
|---|---|---|---|---|
| 8.其他 | Others | 人 | person | 114 |
| (七)外出从业时间 | Working Time Outside | | | |
| 1.从事当前工作的时间(合计) | Engaged in the Job | 月 | month | 177992.00 |
| 其中:1年以下 | Less than One Year | 人 | person | 594 |
| 1~2年 | 1~2 Years | 人 | person | 540 |
| 2~5年 | 2~5 Years | 人 | person | 1067 |
| 5年及以上 | 5 Years and Over | 人 | person | 1022 |
| 2.每月平均工作的天数(合计) | Average Days in One Month | 天 | day | 81359.00 |
| 其中:15天以下 | Less than 15 Days | 人 | person | 41 |
| 15~22天 | 15~22 Days | 人 | person | 528 |
| 22~26天 | 22~26 Days | 人 | person | 1518 |
| 26天以上 | More than 26 Days | 人 | person | 1136 |
| 3.每天平均工作的小时数(合计) | Average Hours in a Day | 小时 | hour | 29038.00 |
| 其中:6小时以下 | Less than 6 Hours | 人 | person | 29 |
| 6~8小时 | 6~8 Hours | 人 | person | 50 |
| 8~10小时 | 8~10 Hours | 人 | person | 1922 |
| 其中:8小时 | 8 Hours | 人 | person | 1489 |
| 10~12小时 | 10~12 Hours | 人 | person | 1019 |
| 12小时及以上 | More than 12 Hours | 人 | person | 203 |
| (八)外出月收支情况 | Income and Expenditure | | | |
| 1.每月平均收入(合计) | Monthly Income | 元 | yuan | 10635537.00 |
| 其中:800元以下 | Less Than 600 Yuan | 人 | person | 2 |
| 800~1000元 | 600~800 yuan | 人 | person | 3 |
| 1000~1500元 | 1000~1500 yuan | 人 | person | 55 |
| 1500~2000元 | 1500~2000 yuan | 人 | person | 189 |
| 2000~3000元 | 2000~3000 yuan | 人 | person | 988 |
| 3000~5000元 | 3000~5000 yuan | 人 | person | 1655 |
| 5000元及以上 | 5000 yuan and Over | 人 | person | 331 |
| #明确收入水平的人数 | #People that Knowing Their Income | 人 | person | 3223 |
| #不清楚收入水平的人数 | #People that not Knowing Their Income | 人 | person | |
| 2.每月平均居住支出(合计) | Average Housing Expenditure per Month | 元 | yuan | 1188972.00 |
| 其中:200元以下 | Less Than 200 Yuan | 人 | person | 796 |
| 200~500元 | 200~500 yuan | 人 | person | 546 |
| 500~1000元 | 500~1000 yuan | 人 | person | 633 |
| 1000元及以上 | 1000 yuan and Over | 人 | person | 405 |
| #不清楚 | #Unknown | 人 | person | |
| (九)社会保障与福利情况 | Welfare and Social Security | | | |
| 1.外出从业的劳动关系 | Employment Relations | | | |
| ①无固定期限劳动合同工 | Labor Contracts without a Fixed Period | 人 | person | 455 |

5-4 续表 9 Continued 9

| 指标名称 | Item | 单位 | Unit | 总 计 |
|---|---|---|---|---|
| ②一年及以上劳动合同工 | Labor Contracts of One-year and Over | 人 | person | 554 |
| ③一年以下劳动合同工 | Labor Contracts Less than One-year | 人 | person | 65 |
| ④没有劳动合同 | Without Labor Contracts | 人 | person | 1650 |
| ⑤自营 | Self-employed | 人 | person | 422 |
| ⑥其他 | Others | 人 | person | 77 |
| 2.单位或雇主提供伙食情况 | Meals Supplied by Employer or Unit | | | |
| ①每天提供三顿 | Three Meals Everyday | 人 | person | 403 |
| ②每天提供两顿 | Two Meals Everyday | 人 | person | 339 |
| ③每天提供一顿 | One Meal Everyday | 人 | person | 562 |
| ④不提供,但补贴部分伙食费 | No Meal, but Having Food Allowance | 人 | person | 144 |
| ⑤不提供,也没有补贴 | Neither Meal nor Food Allowance | 人 | person | 1276 |
| 3.单位或雇主提供住宿情况 | Accommodation Supplied by Employer or Unit | | | |
| ①提供住宿 | Accommodation Supplied | 人 | person | 1102 |
| ②不提供住宿,但住房有补贴 | No Accommodation, but Having Allowance | 人 | person | 238 |
| ③不提供住宿,也没有住房补贴 | Neither Accommodation nor Allowance | 人 | person | 1384 |
| 4.单位或雇主拖欠工资情况 | Arrears of Wages | | | |
| ①被拖欠工资人数 | Number of Employees Unpaid | 人 | person | 12 |
| ②被拖欠工资的金额(合计) | Amount of Wages Unpaid | 元 | yuan | 118520.00 |
| 5.五险一金缴纳情况 | Effecting Insurance and Funds for Workers or Not | | | |
| ①缴纳养老保险 | Employer or Unit Effecting Endowment Insurance for Workers | 人 | person | 339 |
| ②缴纳工伤保险 | Employer or Unit Effecting Work-Related Injury Insurances for Workers | 人 | person | 667 |
| ③缴纳医疗保险 | Employer or Unit Effecting Medical Insurances for Workers | 人 | person | 386 |
| ④缴纳失业保险 | Employer or Unit Effecting Unemployment Insurances for Workers | 人 | person | 200 |
| ⑤缴纳生育保险 | Employer or Unit Effecting Maternity Insurances for Workers | 人 | person | 144 |
| ⑥缴纳住房公积金 | Employer or Unit Paying Housing Funds | 人 | person | 140 |
| (十)返乡情况 | Returning Home | | | |
| 1.返乡人数 | Number of Migrant Workers Returning Home | 人 | person | 238 |
| 其中:外出时间超过 1 个月的 | Working Outside for more than one Month | 人 | person | 230 |
| 2.返乡原因 | Reasons of Returning Home | 人 | person | |
| ①回家过年 | for the Spring Festival | 人 | person | 7 |
| ②企业裁员 | Enterprises Layoffs | 人 | person | |
| ③收入低 | Low Income | 人 | person | 12 |
| ④家庭原因 | Family Reasons | 人 | person | 52 |

5-4 续表10 Continued 10

| 指标名称 | Item | 单位 | Unit | 总 计 |
|---|---|---|---|---|
| ⑤找不到工作 | Unable to Find a Job | 人 | person | 6 |
| ⑥家中农业生产缺乏劳动力 | Short of Agricultural Labor Force at Home | 人 | person | 30 |
| ⑦想回本地就业 | Returning Home to Find a Job | 人 | person | 34 |
| ⑧只是临时回家 | Returning Home Temporarily | 人 | person | 44 |
| ⑨其他原因 | Other Reasons | 人 | person | 53 |
| (十一)今后的就业打算 | Employment Plan | | | |
| 1.本地务农 | Engaged in Agriculture Locally | 人 | person | 49 |
| 2.本地非农自营 | Nonfarm Self-employed Locally | 人 | person | 407 |
| 3.本地非农务工 | Non-agricultural Working Locally | 人 | person | 273 |
| 4.回返乡在务工地找工作 | Apply for a Job Back to the Same Place befor Returning Home | 人 | person | 94 |
| 5.去另一个地方找工作 | Apply for a Job Elsewhere | 人 | person | 40 |
| 6.不确定 | Uncertain | 人 | person | 69 |
| 7.其他 | Others | 人 | person | 12 |
| (十二)务工期间更换工作人数 | People Changing Jobs | | 353 | |
| 1.更换工作的次数 | Frequency of Changing Jobs | 人 | person | 531 |
| 2.更换过工作的人数 | Number of People Having Changed Jobs | 人 | person | |
| 其中:换过1次工作 | Of Which:Once | 人 | person | |
| 换过2次工作 | Twice | 人 | person | |
| 换过超3次以上工作 | More than Three Times | 人 | person | |
| **本地非农务工人员情况** | **Conditions of Non-agricultural Working Locally** | — | | |
| (一)本年度非农务工主要行业 | Industries Engaged | | | |
| 1.第一产业 | Primary Industry | 人 | person | |
| (1)农、林、牧、渔业 | Agriculture, Forestry, Animal Husbandry and Fishery | 人 | person | |
| 2.第二产业 | Secondary Industry | 人 | person | 1046 |
| (2)采矿业 | Mining | 人 | person | 62 |
| (3)制造业 | Manufacturing | 人 | person | 414 |
| (4)电力、热力、燃气及水的生产和供应业 | Production and Supply of Electricity, Gas and Water | 人 | person | 28 |
| (5)建筑业 | Construction | 人 | person | 542 |
| 3.第三产业 | Tertiary Industry | 人 | person | 419 |
| (6)批发和零售业 | Wholesale and Retail Trades | 人 | person | 46 |
| (7)交通运输、仓储和邮政业 | Transport, Storage and Post | 人 | person | 62 |
| (8)住宿和餐饮业 | Hotels and Catering Services | 人 | person | 64 |
| (9)信息传输、软件和信息技术服务业 | Information Transmission, Computer Services and Software | 人 | person | 8 |
| (10)金融业 | Financial Intermediation | 人 | person | 3 |
| (11)房地产业 | Real Estate | 人 | person | 1 |
| (12)租赁和商务服务业 | Leasing and Business Services | 人 | person | 4 |

5-4 续表 11 Continued 11

| 指标名称 | Item | 单位 | Unit | 总 计 |
|---|---|---|---|---|
| (13)科学研究和技术服务 | Scientific Research, Technical Services, and Geological Prospecting | 人 | person | 1 |
| (14)水利、环境和公共设施管理业 | Management of Water Conservancy, Environment and Public Facilities | 人 | person | 7 |
| (15)居民服务、修理和其他服务业 | Serices to Households and Other Services | 人 | person | 115 |
| (16)教育 | Education | 人 | person | 30 |
| (17)卫生、社会工作 | Health, Social Securities and Social Welfare | 人 | person | 28 |
| (18)文化、体育和娱乐业 | Culture, Sports and Entertainment | 人 | person | 2 |
| (19)公共管理、社会保障和社会组织 | Public Management, Social Insurance and Social Organizations | 人 | person | 48 |
| (20)国际组织 | International Organizations | 人 | person | |
| (二)本年度从事主要职业 | Profession Engaged | | | |
| 1.国家机关、党群组织、企业、事业单位负责人 | Responsible Persons of Government Organs, Public Organizations, Enterprises and Institutions | 人 | person | 6 |
| 2.专业技术人员 | Professional and Technical Personnel | 人 | person | 190 |
| 3.办事人员和有关人员 | Clerk and Related Workers | 人 | person | 113 |
| 4.商业、服务业人员 | Business, Service | 人 | person | 140 |
| 5.农、林、牧、渔、水利业生产人员 | Agriculture, Forestry, Animal Husbandry, Fishery and Water Conservancy | 人 | person | 11 |
| 6.生产、运输设备操作人员及有关人员 | Operators of Production and Transport Equipment | 人 | person | 606 |
| 7.军人 | Solider | 人 | person | 1 |
| 8.不便分类的其他从业人员 | Others | 人 | person | 398 |
| (三)外出从业时间 | Working Time Outside | | | |
| 1.从事当前工作的时间 | Engaged in the Job | | | |
| 其中:1 年以下 | Less than One Year | 人 | person | 164 |
| 1~2 年 | 1~2 Years | 人 | person | 178 |
| 2~5 年 | 2~5 Years | 人 | person | 535 |
| 5 年及以上 | 5 Years and Over | 人 | person | 588 |
| 2.每月平均工作的天数 | Average Days per Month | | | |
| 其中:15 天以下 | Less than 15 Days | 人 | person | 55 |
| 15~22 天 | 15~22 Days | 人 | person | 359 |
| 22~26 天 | 22~26 Days | 人 | person | 680 |
| 26 天以上 | More than 26 Days | 人 | person | 371 |
| 3.每天平均工作的小时数 | Average Hours in a Day | | | |
| 其中:6 小时以下 | Less than 6 Hours | 人 | person | 27 |
| 6~8 小时 | 6~8 Hours | 人 | person | 65 |
| 8~10 小时 | 8~10 Hours | 人 | person | 893 |

5-4 续表 12 Continued 12

| 指标名称 | Item | 单位 | Unit | 总 计 |
|---|---|---|---|---|
| 其中:8 小时 | 8 Hours | 人 | person | 678 |
| 10~12 小时 | 10~12 Hours | 人 | person | 438 |
| 12 小时及以上 | More than 12 Hours | 人 | person | 42 |
| (四)外出月收支情况 | Income and Expenditure | | | |
| 1.每月平均收入 | Monthly Income | | | |
| 其中:500 元以下 | Less Than 500 Yuan | 人 | person | 6 |
| 500~1000 元 | 500~1000 yuan | 人 | person | 60 |
| 1000~1500 元 | 1000~1500 yuan | 人 | person | 129 |
| 1500~2000 元 | 1500~2000 yuan | 人 | person | 285 |
| 2000~3000 元 | 2000~3000 yuan | 人 | person | 484 |
| 3000 元及以上 | 3000 yuan and Over | 人 | person | 501 |
| #明确收入水平的人数 | #People that Knowing Their Income | 人 | person | 1465 |
| #不清楚收入水平的人数 | #People that not Knowing Their Income | 人 | person | |
| (五)社会保障与福利情况 | Welfare and Social Security | 人 | person | |
| 1.外出从业的劳动关系 | Employment Relations | | | |
| ①无固定期限劳动合同工 | Labor Contracts without a Fixed Period | 人 | person | 183 |
| ②一年及以上劳动合同工 | Labor Contracts of One-year and Over | 人 | person | 172 |
| ③一年以下劳动合同工 | Labor Contracts Less than One-year | 人 | person | 24 |
| ④没有劳动合同 | Without Labor Contracts | 人 | person | 935 |
| ⑤其他 | Others | 人 | person | 151 |
| 2.单位或雇主提供伙食情况 | Meals Supplied by Employer or Unit | | | |
| ①每天提供三顿 | Three Meals Everyday | 人 | person | 40 |
| ②每天提供两顿 | Two Meals Everyday | 人 | person | 65 |
| ③每天提供一顿 | One Meal Everyday | 人 | person | 424 |
| ④不提供,但补贴部分伙食费 | No Meal,but Having Food Allowance | 人 | person | 61 |
| ⑤不提供,也没有补贴 | Neither Meal nor Food Allowance | 人 | person | 875 |
| 3.单位或雇主提供住宿情况 | Accommodation Supplied by Employer or Unit | | | |
| ①提供住宿 | Accommodation Supplied | 人 | person | 75 |
| ②不提供住宿,但住房有补贴 | No Accommodation, but Having Allowance | 人 | person | 47 |
| ③不提供住宿,也没有住房补贴 | Neither Accommodation nor Allowance | 人 | person | 1343 |
| 4.单位或雇主拖欠工资情况 | Arrears of Wages | | | 1465 |
| ①被拖欠工资人数 | Number of Employees Unpaid | 人 | person | 16 |
| ②被拖欠工资的金额(合计) | Amount of Wages Unpaid | 人 | person | 157500 |
| 5.五险一金缴纳情况 | Effecting Insurance and Funds for Workers or Not | | | |
| ①缴纳养老保险 | Employer or Unit Effecting Endowment Insurance for Workers | 人 | person | 160 |
| ②缴纳工伤保险 | Employer or Unit Effecting Work-Related Injury Insurances for Workers | 人 | person | 258 |

## 5-4 续表 13 Continued 13

| 指标名称 | Item | 单位 | Unit | 总 计 |
|---|---|---|---|---|
| ③缴纳医疗保险 | Employer or Unit Effecting Medical Insurances for Workers | 人 | person | 141 |
| ④缴纳失业保险 | Employer or Unit Effecting Unemployment Insurances for Workers | 人 | person | 106 |
| ⑤缴纳生育保险 | Employer or Unit Effecting Maternity Insurances for Workers | 人 | person | 64 |
| ⑥缴纳住房公积金 | Employer or Unit Paying Housing Funds | 人 | person | 66 |
| **本地非农自营人员情况** | **Conditions of Nonfarm Self-employed Locally** | — | | |
| (一)本年度非农自营主要行业 | Industries Engaged | | | |
| 1.第一产业 | Primary Industry | 人 | person | |
| (1)农、林、牧、渔业 | Agriculture, Forestry, Animal Husbandry and Fishery | 人 | person | |
| 2.第二产业 | Secondary Industry | 人 | person | 113 |
| (2)采矿业 | Mining | 人 | person | 2 |
| (3)制造业 | Manufacturing | 人 | person | 57 |
| (4)电力、热力、燃气及水的生产和供应业 | Production and Supply of Electricity, Gas and Water | 人 | person | |
| (5)建筑业 | Construction | 人 | person | 54 |
| 3.第三产业 | Tertiary Industry | 人 | person | 557 |
| (6)批发和零售业 | Wholesale and Retail Trades | 人 | person | 329 |
| (7)交通运输、仓储和邮政业 | Transport, Storage and Post | 人 | person | 74 |
| (8)住宿和餐饮业 | Hotels and Catering Services | 人 | person | 57 |
| (9)信息传输、软件和信息技术服务业 | Information Transmission, Computer Services and Software | 人 | person | 2 |
| (10)金融业 | Financial Intermediation | 人 | person | |
| (11)房地产业 | Real Estate | 人 | person | 2 |
| (12)租赁和商务服务业 | Leasing and Business Services | 人 | person | 6 |
| (13)科学研究和技术服务 | Scientific Research, Technical Services, and Geological Prospecting | 人 | person | |
| (14)水利、环境和公共设施管理业 | Management of Water Conservancy, Environment and Public Facilities | 人 | person | 1 |
| (15)居民服务、修理和其他服务业 | Serices to Households and Other Services | 人 | person | 77 |
| (16)教育 | Education | 人 | person | |
| (17)卫生、社会工作 | Health, Social Securities and Social Welfare | 人 | person | 6 |
| (18)文化、体育和娱乐业 | Culture, Sports and Entertainment | 人 | person | 2 |
| (19)公共管理、社会保障和社会组织 | Public Management, Social Insurance and Social Organizations | 人 | person | 1 |
| (20)国际组织 | International Organizations | 人 | person | |

5-4 续表 14 Continued 14

| 指标名称 | Item | 单位 | Unit | 总 计 |
|---|---|---|---|---|
| (二)从事当前自营工作的时间(合计) | Total Time | 月 | month | 64065.00 |
| 其中:1 年以下 | Less than One Year | 人 | person | 43 |
| 1~2 年 | 1~2 Years | 人 | person | 51 |
| 2~5 年 | 2~5 Years | 人 | person | 165 |
| 5 年及以上 | More than 5 Years | 人 | person | 411 |
| (三)非农自营活动性质 | Nature | | | |
| 1.注册企业 | Registered Enterprise | 人 | person | 14 |
| 2.个体经营 | Individual Operation | 人 | person | 533 |
| 3.小摊小贩 | Vendor | 人 | person | 123 |
| (四)雇工人数 | Number of Employees | | | |
| 1.没有雇工 | None | 人 | person | 469 |
| 2.3 人以下 | Less than 3 Employees | 人 | person | 51 |
| 3.4~9 人 | 4~9 Employees | 人 | person | 20 |
| 4.10~19 人 | 10~19 Employees | 人 | person | 7 |
| 5.20~49 人 | 20~49 Employees | 人 | person | |
| 6.50 人及以上 | More than 50 Employees | 人 | person | |
| (五)初始资金来源 | Initial Source of Funds | | | |
| 1.全部自筹 | Self-raised | 人 | person | 489 |
| 2.与其他人合伙 | Forming a Partnership with Others | 人 | person | 21 |
| 3.金融机构贷款 | Loans by Financial Institutions | 人 | person | 10 |
| 4.其他 | Others | 人 | person | 27 |
| (六)初始投资是否得到政府支持 | Whether Having the Support of Government | | | |
| 1.是 | Yes | 人 | person | 38 |
| 2.否 | No | 人 | person | 509 |
| (七)希望政府给予的支持 | the Government' s Support Wanted | | | |
| 1.贷款 | Loan | 人 | person | 108 |
| 2.税收优惠 | Tax Incentives | 人 | person | 57 |
| 3.生产技术指导 | Technical Direction | 人 | person | 27 |
| 4.销售服务 | Marketing Service | 人 | person | 65 |
| 5.不需要 | Unwanted | 人 | person | 290 |
| (八)是否曾经外出务工 | Whether Having Worked Outside | | | |
| 1.是 | Yes | 人 | person | 55 |
| 2.否 | No | 人 | person | 492 |
| (九)原外出务工的主要行业 | Industries Engaged While Working Outside | | | |
| 1.第一产业 | Primary Industry | 人 | person | 2 |
| (1)农、林、牧、渔业 | Agriculture, Forestry, Animal Husbandry and Fishery | 人 | person | 2 |
| 2.第二产业 | Secondary Industry | 人 | person | 29 |
| (2)采矿业 | Mining | 人 | person | 1 |

5-4 续表 15 Continued 15

| 指标名称 | Item | 单位 | Unit | 总 计 |
|---|---|---|---|---|
| (3)制造业 | Manufacturing | 人 | person | 15 |
| (4)电力、热力、燃气及水的生产和供应业 | Production and Supply of Electricity, Gas and Water | 人 | person | |
| (5)建筑业 | Construction | 人 | person | 13 |
| 3.第三产业 | Tertiary Industry | 人 | person | 24 |
| (6)批发和零售业 | Wholesale and Retail Trades | 人 | person | 10 |
| (7)交通运输、仓储和邮政业 | Transport, Storage and Post | 人 | person | 2 |
| (8)住宿和餐饮业 | Hotels and Catering Services | 人 | person | 4 |
| (9)信息传输、软件和信息技术服务业 | Information Transmission, Computer Services and Software | 人 | person | |
| (10)金融业 | Financial Intermediation | 人 | person | |
| (11)房地产业 | Real Estate | 人 | person | |
| (12)租赁和商务服务业 | Leasing and Business Services | 人 | person | 1 |
| (13)科学研究和技术服务 | Scientific Research, Technical Services, and Geological Prospecting | 人 | person | 1 |
| (14)水利、环境和公共设施管理业 | Management of Water Conservancy, Environment and Public Facilities | 人 | person | |
| (15)居民服务、修理和其他服务业 | Serices to Households and Other Services | 人 | person | 5 |
| (16)教育 | Education | 人 | person | |
| (17)卫生、社会工作 | Health, Social Securities and Social Welfare | 人 | person | |
| (18)文化、体育和娱乐业 | Culture, Sports and Entertainment | 人 | person | |
| (19)公共管理、社会保障和社会组织 | Public Management and Social Organizations | 人 | person | 1 |
| (20)国际组织 | International Organizations | 人 | person | |
| **子女教育情况** | **Children's Education** | — | | |
| (一)在本年度的主要居住地点 | Primary Residence of the Year | | | |
| 1.本村 | Village | 人 | person | 2017 |
| 2.村外乡内 | Other Village of this Town | 人 | person | 112 |
| 3.乡外县内 | Other Town of this County | 人 | person | 138 |
| 4.县外省内 | Other County of this Province | 人 | person | 36 |
| 5.省外国内 | Other Provinces | 人 | person | 124 |
| 6.国外及港澳台 | Abroad and Hong Kong, Macao or Taiwan | 人 | person | |
| (二)父亲在本年度的主要居住地点 | Father's Primary Residence of the Year | | | |
| 1.本村 | Village | 人 | person | 1271 |
| 2.村外乡内 | Other Village of this Town | 人 | person | 36 |
| 3.乡外县内 | Other Town of this County | 人 | person | 87 |
| 4.县外省内 | Other County of this Province | 人 | person | 105 |

5-4 续表16 Continued 16

| 指标名称 | Item | 单位 | Unit | 总 计 |
|---|---|---|---|---|
| 5.省外国内 | Other Provinces | 人 | person | 906 |
| 6.国外及港澳台 | Abroad and Hong Kong, Macao or Taiwan | 人 | person | 6 |
| 7.其他 | Others | 人 | person | 16 |
| (三)母亲在本年度的主要居住地点 | Mather's Primary Residence of the Year | | | |
| 1.本村 | Village | 人 | person | 1646 |
| 2.村外乡内 | Other Village of this Town | 人 | person | 41 |
| 3.乡外县内 | Other Town of this County | 人 | person | 78 |
| 4.县外省内 | Other County of this Province | 人 | person | 65 |
| 5.省外国内 | Other Provinces | 人 | person | 563 |
| 6.国外及港澳台 | Abroad and Hong Kong, Macao or Taiwan | 人 | person | 4 |
| 7.其他 | Others | 人 | person | 30 |
| (四)子女本年度主要和谁居住在一起 | With Whom the Children Live Together | | | |
| 1.父母双方 | Both Parents | 人 | person | 1236 |
| 2.父亲一方 | Father | 人 | person | 46 |
| 3.母亲一方 | Mather | 人 | person | 497 |
| 4.(外)祖父母 | Grandparents | 人 | person | 558 |
| 5.亲属 | Relatives | 人 | person | 9 |
| 6.独自居住 | Alone | 人 | person | 43 |
| 7.其他 | Others | 人 | person | 38 |
| (五)在校生情况 | Conditions of Students on Campus | | | |
| #其他 | #Others | 人 | person | 2 |
| 1.学校类型 | 1. Types of School | 人 | person | 1643 |
| ①公立 | Public Schools | 人 | person | 1488 |
| ②私立 | Private Schools | 人 | person | 147 |
| ③农民工子弟学校 | Migrant Schools | 人 | person | 5 |
| ④其他 | Others | 人 | person | 3 |
| 2.离住家距离 | Distance from Home | | | |
| 其中:1公里以内 | Less than 1 Kilometre | 人 | person | 846 |
| 1~2公里 | 1~2 Kilometres | 人 | person | 268 |
| 2~5公里 | 2~5 Kilometres | 人 | person | 333 |
| 5公里以上 | over 5 Kilometres | 人 | person | 196 |
| 3.是否住校 | Resident Student or Not | | | 1643 |
| ①是 | Yes | 人 | person | 278 |
| ②否 | No | 人 | person | 1365 |
| 4.去学校方式 | Way to Go to School | | | 1643 |
| ①步行 | Walking | 人 | person | 699 |
| ②骑自行车 | Cycling | 人 | person | 329 |

5-4 续表 17 Continued 17

| 指标名称 | Item | 单位 | Unit | 总 计 |
|---|---|---|---|---|
| ③公交车 | By Bus | 人 | person | 132 |
| ④校车 | By School Bus | 人 | person | 110 |
| ⑤租车 | Renting Car | 人 | person | 24 |
| ⑥其他 | Other | 人 | person | 349 |
| 5.费用缴纳情况 | Payment of Fees | 人 | person | |
| ①其中:赞助、借读或择校费(合计) | Of Which:Total Sponsorship,Temporary Schooling and Choice Fee | 元 | yuan | 242362.00 |
| 其他教育费用(合计) | Other Education Fee | 元 | yuan | 1187115.00 |
| 家庭承担的其他相关费用(合计) | Other Related Costs | 元 | yuan | 2478334.00 |
| ②其中:低于 200 元 | Of Which:Less than 200 Yuan | 人 | person | 683 |
| 200~500 元 | 200~500 Yuan | 人 | person | 484 |
| 500~1000 元 | 500~1000 Yuan | 人 | person | 169 |
| 1000~2000 元 | 1000~2000 Yuan | 人 | person | 124 |
| 2000~5000 元 | 2000~5000 Yuan | 人 | person | 129 |
| 50000~10000 元 | 5000~10000 Yuan | 人 | person | 40 |
| 1 万~3 万元 | 10000~30000 Yuan | 人 | person | 11 |
| 3 万元以上 | More than 30000 Yuan | 人 | person | |
| (六)子女辍学情况 | Children's Dropping Out | | | |
| 1.辍学的主要原因 | Main Reason | 人 | person | |
| ①务工地入学难 | Difficult to be Enrolled Where Parents Working | 人 | person | |
| ②学校距离太远、交通不便 | Far from School and Inconvenient Rransportation | 人 | person | 1 |
| ③家庭经济困难或缺少劳动力 | Poor Families or Lack of Workers | 人 | person | |
| ④孩子个人原因 | Children's Personal Reasons | 人 | person | 22 |
| ⑤其他 | Others | 人 | person | 5 |
| 2.辍学前所在年级 | Grade before Dropping Out | | | |
| ①小学 | Primary School | 人 | person | 5 |
| ②初中 | Junior Middle School | 人 | person | 23 |
| ③高中 | High School | 人 | person | |
| 3.现在主要干什么 | Current State | | | |
| ①没有工作 | Not Working | 人 | person | 10 |
| ②家庭经营帮工 | Family Business | 人 | person | 1 |
| ③本地务工经商 | Doing Business or Seek Jobs Locally | 人 | person | 1 |
| ④外出务工经商 | Doing Business or Seek Jobs Outside | 人 | person | 8 |
| ⑤其他 | Others | 人 | person | 8 |
| (七)学龄前儿童情况 | Conditions of Preschool Children | | | |
| 1.是否在幼儿园就读 | Enter Kindergarten or Not | 人 | person | 756 |
| ①是 | Yes | 人 | person | 249 |

5-4 续表18 Continued 18

| 指标名称 | Item | 单位 | Unit | 总 计 |
|---|---|---|---|---|
| ②否 | No | 人 | person | 507 |
| 2.本年度向幼儿园交纳的总费用(合计) | Total Fees Paid | 元 | | 511190.00 |
| 其中:低于200元 | Less than 200 Yuan | 人 | person | 3 |
| 200~500元 | 200~500 Yuan | 人 | person | 18 |
| 500~1000元 | 500~1000 Yuan | 人 | person | 42 |
| 1000~2000元 | 1000~2000 Yuan | 人 | person | 99 |
| 2000~5000元 | 2000~5000 Yuan | 人 | person | 75 |
| 5000~1万元 | 5000~10000 Yuan | 人 | person | 12 |
| 1万~3万元 | 10000~30000 Yuan | 人 | person | |
| 3万元以上 | More than 30000 Yuan | 人 | person | |
| **举家外出情况** | **Conditions of Migrant Families** | — | | |
| 调查村数目 | Number of Villages Surveyed | 个 | unit | 378 |
| (一)调查小区户籍住户、人口与劳动力情况 | Household, Population and Labors in the Area Surveyed | — | | |
| 1.调查小区总户数 | Number of Households | 户 | household | 43468 |
| 2.调查小区总人口 | Number of Persons | 人 | person | 161717 |
| 3.调查小区总劳动力 | Number of Labors | 人 | person | 99198 |
| (二)调查小区举家在外情况 | Migrant Families | — | | |
| 1.举家在外户数 | Number of Migrant Families | 户 | household | 5745 |
| 2.举家在外人口 | Number of Persons in Migrant Families | 人 | person | 20929 |
| 其中:劳动力 | Of Which: Labors | 人 | person | 13440 |
| (三)调查小区新增举家外出情况 | New Migrant Families | — | | |
| 1.举家外出户数 | Number of Migrant Families | 户 | household | 255 |
| 2.举家外出人口 | Number of Persons in Migrant Families | 人 | person | 869 |
| 其中:劳动力 | Of Which: Labors | 人 | person | 542 |
| (四)调查小区住户举家返回情况 | Returning Families | — | | |
| 1.举家返回户数 | Number of Returning Families | 人 | person | 209 |
| 2.举家返回人口 | Number of Persons in Returning Families | 人 | person | 674 |
| 其中:劳动力 | Of Which: Labors | 人 | person | 424 |

# 主要统计指标解读

**农民工** 是指户籍仍在农村，在本地从事非农产业或外出从业6个月及以上的农村劳动力；还包括举家外出的农村劳动力。

**本地农民工** 指在户籍所在乡镇地域以内从业的农民工。

**外出农民工** 指在户籍所在乡镇地域外从业的农民工。

**举家外出** 指农村劳动力及家人离开原居住地，到户籍所在乡镇以外的区域居住。

**退耕还林（草）面积** 是指退耕还林（草）工程累计完成的退耕地造林还草、荒山荒地造林、封山育林的面积之和。

**农村贫困人口** 是指以2010年农村居民人均纯收入低于2300元为基数，综合考虑历年物价变动后确定的贫困线，农村居民人均纯收入低于贫困线的农村户籍人口及五保户、部分低保户构成贫困人口。

**贫困发生率** 是指贫困人口占区域内农村户籍人口的比例。

**五保户** 指《农村五保供养工作条例》中的五保供养对象，主要包括村民中符合下列条件的老年人、残疾人和未成年人：1.无法定扶养义务人，或者虽有法定扶养义务人，但是扶养义务人无扶养能力的；2.无劳动能力的；3.无生活来源的。国家对符合上述条件的人在以下五个方面给予生活照顾：保吃、保穿、保医、保住、保葬（孤儿为保教）。

**低保户** 指家庭人均月收入低于当地低保标准的居（村）民，低保户享受国家最低生活保障。

**图书在版编目(CIP)数据**

安徽调查年鉴.2015/ 国家统计局安徽调查总队编.—合肥:安徽人民出版社,2015.7

ISBN 978-7-212-08238-3

Ⅰ.①安… Ⅱ.①国… Ⅲ.①统计资料—安徽省—2015—年鉴 Ⅳ.①C832.54-54

中国版本图书馆 CIP 数据核字(2015)第 149279 号

# 安徽调查年鉴.2015

国家统计局安徽调查总队 编

出 版 人:胡正义　　责任编辑:胡小薇

装帧设计:宋文岚　　责任印制:董 亮

出版发行:时代出版传媒股份有限公司 http://www.press-mart.com

安徽人民出版社 http://www.ahpeople.com

合肥市政务文化新区翡翠路 1118 号出版传媒广场八楼

邮编:230071

营销部电话:0551-63533258　0551-63533292(传真)

制　版:合肥市中旭制版有限责任公司

印　制:合肥联众印刷有限公司

(如发现印装质量问题,影响阅读,请与印刷厂商联系调换)

开本:880×1230　1/16　印张:18.5　插页:80 面　字数:1000 千

版次:2015 年 9 月第 1 版　2015 年 9 月第 1 次印刷

标准书号:ISBN 978-7-212-08238-3　定价:320.00 元